法政大学大原社会問題研究所叢書

高齢者の住まいとケア
―― 自立した生活、その支援と住環境 ――

嶺　学 編著

御茶の水書房

はしがき

　本書は、日本の最近時点における、高齢期の生活の基礎である住まいと、私的にも社会的にも重要なケアについて、制度や実態について概観し、課題を探ろうとするものである。

　ケアのうちの介護については、社会福祉の一環としての介護福祉として把握するが、その実践的な内容には立ち入らず、もっとも原則的なことにふれるにとどめている。

　介護福祉の原則的なことのうち、利用者の自己決定、自立支援が特に重要である。優れたグループホームは、これを実現しており、本書では、第8章にその実例が示されている。高齢者が介護を必要とするとき、生活し介護を受ける場は、自宅、高齢者住宅、施設などである。施設に入ると、介護を受けることはできるが、なんらかの程度において、自己決定が限定されがちである。

　施設には、利用者が入居（最近まで入所といわれた）するが、住まいは、本人の生活の拠点であり、人びとはそこを中心に自立して生活している。自由である代わりに、生活のすべてについて、自己責任を負うことが原則である。しかし、高齢者は、加齢による心身機能の弱化、病気、障害などのため、生活の一定部分、または全般に、他人の支援を要するようになるか、そうなることを予測し不安をもつ場合が多い。高齢者住宅では、バリアフリーの構造のほか、緊急時に対応する人や介護する人を配置するなどして、高齢者の求めに応じている。高齢者の住まいは、ケアに関して、必要な場合、外部からサービスを受け入れる自宅と、生活全般に関するケアの提供が可能な（可能であるべき）施設の中間に位置する高齢者住宅等からなる。本書では、第1章Ⅰで叙述の枠組みについて述べた後、この中間的な住まいの主なものについて、第6章〜9章、第1章Ⅱで扱っているが、施設については、ほぼ、比較のため言及するにとどめている。また、住まいとケアをめぐって包括的な政策（国レベルの「安心ハウス構想」、東京都の「ケア・リビング」）があったので、紹介しているが、これらは、包括的には進展しなかった（第2〜3章）。高齢者の住まいのうち、各種の名称で呼ばれる、高齢者が、交流しつつ助け合いつつ共に住む住まいが

i

生まれつつあり、新しい協同性の芽をもつとも思われる。これを推進している2人の方から、寄稿していただいている（第10章、第11章）。

　高齢者の多くは、自宅で生活を続けることを望んでいる。それを実現するには、住宅がバリアフリー化されていることが不可欠であり、それについて、第4～5章で扱っている。また、居宅で必要な介護の基本的部分は、介護保険制度として、サービスが供給されるが、制度改正にあたり、小規模多機能型居宅介護のサービスが新設された。これについては、第1章の付論で扱った。高齢期を自宅で生活し続けるためには、介護のほか、在宅医療が充実している必要があるが、このことに関連して、当叢書等で先に扱った[注]。その後、経過を踏まえ改訂も必要であるが、基本的な課題は変わっていないと考えている。

　本書の各章は、法政大学大原社会問題研究所の「加齢過程における福祉研究会」という公開の研究会での報告（2003～2004年）を基礎としている。報告後、時日を経過し、関連の施策、背景事情の変化があり、原則として、報告者に改訂していただいたが、新たに書き下ろされた方もある。変更の必要がない章はもとのままである。このシリーズの研究会の会合は、全体としてまとまりあるものとして計画したが、本書は、基本的に報告・論文集となっている。ただ、第12章は、編者が原案を書き、執筆者の意見を伺ったうえ、編者の責任でまとめた。

　執筆された方がたには、ご多忙のなか、長期にわたりご協力いただき、感謝申し上げたい。情報の提供などでご協力いただいた東京都の職員各位、市川禮子氏、落合明美氏その他の多くの方がた、高齢者住宅等について助言してくださった海老塚良吉氏と福田あつ美氏、研究会の運営などを支えてきた研究所のスタッフ、そして、出版のため御配慮、ご尽力いただいた御茶の水書房の橋本盛作社長と小堺章夫氏にお礼申しあげたい。

（注）『高齢者のコミュニティケア——医療を要する在宅療養者の生活の質の向上を目指して』（御茶の水書房、1999年）
　　　『高齢者の在宅ターミナルケア——その人らしく生ききることを支える』（御茶の水書房、2002年）

2007年12月

編集担当　嶺　　学

高齢者の住まいとケア

目　次

目　次

はじめに

第1章　高齢者の住まいとケア
――全社会的福祉のなかの介護福祉と居住福祉―― 3
嶺　　　学

Ⅰ　枠組みの設定と基本的考察 3
1　用語の定義とその背景　3
2　「社会政策」と社会保障、全社会的福祉　7
3　社会福祉――生活の困難に対する支援　10
4　生活と生活機能　11
5　市場における弱者の保護　18
6　ウェルビーイングの向上の主体としての高齢者
　　――国連基準を中心に　23

Ⅱ　高齢者の住まいとケア―背景、制度、実態と課題 28
1　社会的背景と高齢者の意識　28
2　日本における住宅政策と住宅市場　35
3　自宅・在宅、高齢者住宅、施設の現況と課題　40
4　ケアハウス　47
5　有料老人ホーム　50
6　認知症高齢者グループホーム　57
7　高齢者向け住宅　60
8　まとめ　71

付論　小規模多機能型居宅介護をめぐって 77

第2章　「安心ハウス構想」とその後の展開 83
坂田英督

1　安心ハウス構想の生い立ち
　　――雇用創出による経済活性化を目指して　83

iv

2　安心ハウス構想とは　*84*

　　3　安心ハウスは増加したのか　*92*

　　4　介護保険財政と入居者負担額から見た安心ハウスと介護保険三施設　*94*

　　5　介護を受けながら住み続ける住まいのあり方
　　　　　――原点からの検討　*97*

　　6　高齢者専用賃貸住宅の登場　*100*

　　終わりにあたって　*101*

第3章　東京都における高齢者の住まいとケアに関する施策
　　　　　　　　　　　　　　　　　　　　　　　　　　　　　103
　　　　　　　　　　　　　　　　　　　　　　　嶺　　学

　　1　高齢者の住まいとケアの実態的側面　*103*

　　2　東京都における福祉政策と「ケア・リビング」の経過　*111*

　　3　主要な中間的住まいの動向と施策　*118*

　　4　東京都における住宅政策と高齢者への配慮　*124*

　　5　東京都における主要な高齢者に関する住宅施策　*128*

　　6　まとめ　*135*

第4章　高齢期を安心して住まう――自宅と在宅　*141*
　　　　　　　　　　　　　　　　　　　　　　前川佳史

　　1　高齢者と住まう場　*142*

　　2　高齢者の身体的特性とバリアフリー化　*144*

　　3　認知症高齢者への対応　*146*

　　4　自宅でない在宅――グループホームとユニット型施設　*148*

第5章　高齢期に適した住宅の条件をめぐって……… *165*
高本明生

1　介護が必要な高齢者のための住宅改修についての問題点と課題　*166*

2　これからの住まいづくりにあたって考慮したい事柄　*171*

3　高齢になっても障害を得ても安心して暮しつづけられる住まいづくり──バリアフリーから誰でも使いよいユニバーサルデザインへ──　*175*

第6章　ケアハウスの現状と課題……………………… *187*
池田敏史子

1　単身高齢者等の増加と自立期・介護期の住まい　*187*

2　住替えは第二自立期のテーマ　*188*

3　自立者対象の福祉施設（ケアハウス）　*191*

第7章　有料老人ホーム──経過、現状、課題…………… *207*
五十嵐さち子

1　経過（制度の変遷）　*207*

2　有料老人ホームの現状　*220*

3　有料老人ホームの課題　*223*

第8章　高齢者グループホームにおけるケアのあり方をめぐって──住まい方、ケアの在り方の優れたところ……… *229*
吉田正浩

1　グループホームにおけるケアのあり方の基本　*229*

2　ケアの本質の具体化──お年寄りのできないところを助ける　*230*

3　ケアの実際にあたって考えていること　*234*

4　ターミナルケアをめぐって　*236*

5　小旅行をしたときのこと　*238*

目　次

第9章　認知症高齢者グループホームの展開と課題……… 255
　　　　　　　　　　　　　　　　　　　　　　嶺　　　学
　1　高齢者グループホームの形成と発展　255
　2　グループホームにおける介護の基本的ありかた　262
　3　グループホーム運営に関する諸課題　263

第10章　高齢者に対応する共生住宅、その現実と課題……271
　　　　　　　　　　　　　　　　　　　　　岡本健次郎
　1　高齢者の共生住宅　4つの側面　271
　2　高齢者居住の福祉的側面──施設から在宅へ　276
　3　高齢者居住の住宅的側面　279
　4　高齢者居住の地域的側面　283
　5　高齢者居住の社会経済的側面　286
　6　高齢者共生住宅は、社会改革の事業　290

第11章　共に住む家のあるやさしくやわらかい街………… 293
　　　　　　　　　　　　　　　　　　　　　　﨑野早苗
　1　下宿屋バンクの概要　293
　2　下宿屋バンク形成の動機　296
　3　下宿屋バンクの活動と役割　299
　4　グループリビングの視点と課題　300
　5　有料老人ホームとシェアハウスの対比　305
　6　「ひとつ屋根の下の運動」──人がふれ合える街づくり　308

第12章　終りに──自立した生活、その支援と住環境……………311

執筆者紹介（巻末）

高齢者の住まいとケア

――自立した生活、その支援と住環境――

第1章　高齢者の住まいとケア
　　　——全社会的福祉のなかの介護福祉と居住福祉

嶺　　学

I　枠組みの設定と基本的考察

1　用語の定義とその背景

(1) ケア

　最初に、ケアと住まいなど、基本用語を定義する。定義は論議の背景にある論理と関わっている。各論の各章では執筆者により、必ずしもそのまま用いられていないが、論理は支持されている。

　まず、高齢者に対するケア（care）について。いくつかの辞書を参照したが、ケアとは世話すること、看護と介護といった説明をするものもあった。今日、介護とともに日常的に使用されている。包括的用語として、医療的なケアも含めることとしたい。在宅医療については、今回扱っていないが、在宅医療には、診察・治療等（health care, cure）を目的とする医師の訪問がなされ、訪問看護師などとの協力があるのが通例である。そこで、在宅における医療的ケアには、在宅等の診療も含むこととする。

　辞書によるケアの説明のなかに看護と介護が並列されているのは、病気や障害があり、配慮・手助けを要する人に対する世話として、両者が同じ起源をもつこと、現実には両者の境界線を引くことはできにくいこととも関連しているであろう。看護を職業とする看護師は、保健・医療の分野——生物学的生存に関わる分野——の活動に専門化した。生存が維持されたうえで成立するそれ以外の人間の活動である日常生活について支援する活動が介護とされるようになってきたといえよう。しかし、看護と介護の分担を明確にすることが容易でないのは、人びとの生活においては、生存することとそれ以外のさまざまな活動の切り離しがたい実態によると考えられる。

高齢者等が家族と一緒に生活している場合は、専門知識・技術に乏しい家族が同じように世話をする場合があるが、介護福祉士等の第三者がそれをする場合は、サービスの提供となる。サービスの内容は、主として人による人に対するもので、対人サービスである。
　「介護」という用語は、介護保険制度の成立とともに、日常化したと思われるが、特別養護老人ホームができたときに用いられるようになったといわれる。生活することを支援するとして、生活するには専門性は要しないが、その支援には専門性が求められる。そこで、国家資格として介護福祉士が設けられた（1987年）。社会福祉士及び介護福祉士法には、介護、介護福祉の定義や、目的の規定はなく、介護福祉士の定義が、業務内容を示す形でなされている。すなわち、「専門的知識及び技術をもって、身体上又は精神上の障害がある者につき、入浴、排泄、食事その他の介護を行い、並びにその者及びその介護者に対して介護に関する指導をすること」が業務内容であるとしている。介護職の業務の例示は、日常生活動作に関するもので、生活の狭い範囲に関するものという印象を与える。
　しかし、介護保険のもとでは、文書上は、「入浴、排泄、食事その他の介護」の、その他の部分が、拡大されている。例えば、訪問介護については、法律をうけた厚生労働省令による基準によると、基本方針として、指定訪問介護の事業は、利用者がその有する能力に応じ自立した生活ができるよう、入浴、排泄、食事の介護その他の生活全般にわたる援助を行うものでなければならないとしている。その他の範囲が広いものとなっている。また、援助の目的も、能力に応じて、自立した生活ができるようにすることであるとされている。この目的については、法律に定められているいくつかの理念などのひとつである。
　介護保険法では、その理念等として、上記のほか、人間としての尊厳の保持、要介護・要支援状態の軽減又は悪化の防止、医療との連携、利用者によるサービスの選択、居宅中心の介護、国民の共同連帯（社会保険）などがあげられている。要介護高齢者が、人間としての尊厳を保持すること、（所得のことは、しばらくおき）生活における自立を目的として介護がなされるべきことは、基底的な理念であり、憲法に定める、個人の尊重、生命、自由、幸福追求の権利（第13条）、健康で文化的な生活を営む権利（第25条）という基本的人権を背景としているといえよう。生活は、生物的生存にとどまらず、時代、社会の状況に応じた社会的な次元をもつものである。

社会福祉（制度）は、このような、生存のレベルを含みまたそれを超えた生活を、自主的に、自己決定により行うために支障がある場合に、社会制度として、支援する社会的な政策・制度・運営である。これについては、再度ふれる。社会福祉の一環としての介護を、介護福祉と呼ぶこととしたい。介護保険制度が定着して以降は、介護の重要な部分は、介護保険のサービスとなっており、以上を踏まえ、介護福祉は、生活を自立して行うことに支障がある場合に、その人を支援することを意味すると理解したい。それは、その能力に応じた自立と人間の尊厳を保つことを理念としている。なお、実態は理念に照らして判断すべきものと考えられる。

　日本では、社会制度化される以前は、介護は、基本的に家族によって行われてきた。現在でも、家族介護が行われており、状況によっては、介護を受ける人、家族介護者の双方にとって望ましいことがあろうが、家族のあり方の変化、家族の就業、高齢化の進展、介護を要する期間の延伸などにより、介護の社会化が必要とされるに至った。日本では、社会保険のシステムとして、これを行うようになったはずであると理解することができよう。

（2）住まい

　住まいは、通常の場合、生活の基盤また拠点である。民法は市民社会の人が通常住所をもつことを想定している。生活の本拠が住所である。住まいは英語の home に当たると思われる。米語では、house を同じ意味で使うことがあるようであるが、house は通常物的な住宅を意味する。home は、家庭とも訳され、自分たちの住宅に家族がともに生活することが通常であった。しかし、現代では、家族のあり方が変貌しており、単身独居の人も多くなった。家族でない人がともに住むこともある。それでも、誰でも生活する以上はその拠点が必要である。拠点は普通、建造物としての住宅（独立した居室を含む）があり、そこを中心として生活が営まれる。住宅は生活のため不可欠である。それゆえ、例えば、地震、災害で住宅を失った人びとには、避難所という一時的な雨露を凌ぐ場所から、仮設住宅に移転してもらう。暫定的な住まいをえて、生活がある程度安定すると期待される。本格的に生活が安定してくるためには、恒久的な住宅を再建するとか、住宅を借りて移転してからとなる。

　「住まい」に関連する用語に、第1に住宅がある。これは、住むための、建築物である。本来、そこで支障なく生活ができるように物的条件が備えられて

いることが必要である。しかし、現実の住宅はそうなっていない場合がある。

　特に、原則的に高齢者のみが住み、高齢者の心身の機能に適合的な条件を備えた集合的または共同的住宅が、高齢者住宅である。これは、ケアサービスが付帯しているなどの人的、社会的条件も整えられていることも必要である。

　第2に「住まい」であるが、これは、動詞の「住まう」に由来する。「住まう」は「住む」とほぼ同義と思われるが、継続する意味が含まれている。従って、住まいは、住むという個人・家族の行為、または、住んでいるという状態と関わっている。そして住んで生活すると考えられる。漢字では、「すまい」を住居と書くことができる。これは、「じゅうきょ」と読むのが普通であろう。住居は、個人・家族の行為とみることとする。「住まい」も日常用いられるが、第1から第3を含む包括的な用語としたい。

　第3に「居住」という言葉がある。これも、住むことを意味すると考えられる。「居住する」と「住む」は区別なく用いられているようであるが、文章語（書き言葉）である。居住者、居住権、居住地、居住移転の自由のような複合語等となる。複合語には法律用語もある。住むことの社会的関係となじむように思われるので、社会的側面を含めて住むこと、住んでいることを意味するものとして、居住という語を使用したい。

　この住まいをめぐる、3区分は、田端光美の、「住宅、住居、居住→もの、個別のくらし、くらしの社会性」という提唱に対応するものである[1]。

　つぎに居住福祉という用語について。日本居住福祉学会という、学際的学会が、2001年1月に創立され、活動してきた。居住福祉は、執筆時現在この学会の会長である早川和男により、提唱された。多くの人びとには、岩波新書『居住福祉』（1997年1月）で、この用語と課題とする事柄を理解するようになったかもしれない。新書のはしがきは、「北欧では、「福祉は住居にはじまり住居におわる」といわれている。」という文章で始まっている。これに対して、日本では、住まいに関することは、人びとの福祉と意識されてこなかったということになる。ところで、学会の英文名は、Academy of Housing for Life and Well-being である。生活とウェルビーイングのための住まいが研究課題であることになろう。

　ウェルビーイングは、おって述べるように、きわめて広い概念である。学会の目的は、規約によると、「健康・福祉・文化環境として子孫に受け継がれていく居住福祉社会の実現に必要な諸条件」を調査研究し、これに資することで

あるとされている。学会としては、社会という広い領域を研究対象としていることとなる。このこととも関わって、建築学、都市計画論、医学、社会福祉学、法律学など多彩な研究者、専門家がこの会の会員となっている。住まいが、ウェルビーイングという広い観点から、扱われることには、意義があると考えられる。

2　「社会政策」と社会保障、全社会的福祉

　筆者は、社会政策学会に永く所属してきた。この学会は、日本で最初にできた社会科学分野の学会が、戦後再建され、今日に至っているものである。この学会では、かなりの期間、その名称にある社会政策の範囲を、通常労働問題といわれてきた範囲に限定してきた。社会政策を逐語的に英訳すれば、Social Policyとなりそうである。イギリス、アメリカでは、この語句は、日本でいう社会福祉に近い。日本の社会政策学は、独特の領域を扱うことになっていたといえよう。

　しかし、1930年代から、特に第2次世界大戦後、イギリスに始まり、全国民を対象とする社会保障及び関連政策（雇用、住宅政策等）が各国で樹立されることとなった。そのほか、教育、公衆衛生、各種の生活分野において、国が関与して、国民の生活上の必要を国家が保障する建前となって、福祉国家が成立する。日本の社会政策学も、労働問題だけに対象範囲を限定することはできなくなって、社会政策学の人的な対象範囲を全国民に拡大することとともに対象領域を拡大してきた[2]。また、筆者の理解では、国民（国に住む人）の生活上の必要を国家が保障する政策がその主たる内容で、これを法的に表現すれば、人びとの生存権の保障ということになろう。また、福祉国家は、社会保障と生活関連分野の好ましい状態（広義の社会福祉）を追求する。広義の社会福祉を筆者は、全社会的福祉と呼ぶこととしたい。これには、理念、目的としてのレベルと現実に達成されている生活の内容のレベルがあると考える。これはまた、国民全体を視野においた、ウェルビーイングまたはQOL（quality of life、生活の質）と言い換えることもできるのではなかろうか。ウェルビーイングまたはQOLは、個人のレベルで考えることができ、これはすべての生活部面で、社会が認める必要（最低限のニーズ）を満たし、その上でその個人が自由に自己実現を追求できている状態と考えることとしたい。国が、全社会的福祉を優先順

位の高い政策目的とするとき、すなわち、その国に住む人すべてが、主要な生活部面で社会的に認められた最低限のニーズをみたすことを目指すとき、これを福祉国家と呼ぶことができよう。ひとたび福祉国家を経験した社会、それは、経済的には資本主義経済が発展し、政治的には民主主義が行われている社会であり、現実はどうあれ、社会的、政治的背景から、全社会的福祉という理念、目的は容易に放棄できないと考えられる。

　ところで、社会保障の体系、これを構成する諸制度は、各国の歴史的その他の事情により異なるが、日本では、よく知られている1950年の社会保障制度審議会の勧告が示した分類を基準として考えることが適当であろう。その後の制度の展開を踏まえ、日本の社会保障制度は、社会保険（医療、年金、労災、失業（雇用）、介護）を基軸とし、公的扶助（生活保護）・児童手当などの所得保障と社会福祉を組み合わせた体系となっているといえよう。この体系は、憲法の生存権の保障をうけた国の保障義務を展開しているとみなすことができよう。このシステムが機能するためには、国民経済の状態や、関連する制度が機能していることが必要である。

　社会福祉は、このように、制度としては、社会保障の一分野とみなすことができる。本書では、これを社会福祉（制度）と呼ぶこととしたい。その内容は次項で述べる。

　全社会的福祉を実現するには、社会保障以外に、生活関連のいくつかの分野が円滑に機能していることが必要であろう。その基本的なもののなかに、雇用と住まいがある。資本主義の経済のもとでは、労働が可能でそれを望む人に、雇用機会があり、賃金として生存できる所得を得て生活することができることが必要である。現実の資本主義経済には、自営業部門もあり、そこで所得を得ることでもよい。雇用された者であれ、自営業主・家族従業者であれ、労働力人口のほとんどが、就業し、その所得が一定以上でなければ、非労働力である人びとの生活を維持することは困難となろう。

　生活の基盤である住宅の供給量や質が適切なものであることが、全社会的福祉の実現のためには、不可欠である。生活の基盤なしに、安定、安心した生活はできないからである。災害の場合に明らかなように、現代では、住宅は、電気、ガス、水道、通信、輸送などのライフライン（命綱）と結ばれていないと、そこで生活できない。また、日常生活圏のなかに、日常必需品を扱う店舗、銀行や郵便局、医療施設、学校、通所介護事業所、保育所、公園、集会所などが

ないと生活できない。居住福祉が必要である。

　戦後の資本主義国家は、社会保障と、上記のような関連分野における財政負担を伴う公的政策・制度と市場的な民間部門を含む混合経済の体制をとり、理念としては、全社会的福祉を目指した。生活に関わる公的政策は、政策・制度と運営のため、行政上の費用を要することは当然であるが、そのほかに、生活を支援するなどのため（例、住まい、教育、保育）積極的財政負担を行う場合（これは、所得再分配の意味をもつ）もある。福祉国家ではこのような財政負担も大きかったといえよう。行政事務に要する費用も、額はさまざまであり、効率的に機能しているかは、もちろん問題である。政府・公的部門は、全体的福祉以外の目的（例えば、公共事業、産業振興、国際協力）のためにも財政支出を行うが、全体としての財政規模の拡大は、国民経済の規模の増大、経済成長なしには、実現できない。経済の停滞とともに、福祉国家、大きな政府からの転換が、新自由主義的な思考のもとに図られるようになる。1980年代初頭以降のことである。福祉国家からの転換には、それまでの公的部門を圧縮し、その事業・活動を民営化し、市場原理を導入するなどの方法が選択されてきた。

　日本では、皆保険が実現した1961年に、一応社会保障の体系が整備され、国民全体が、医療、年金の社会保険によりカバーされることとなった。年金の水準が低いなどの問題があったが、福祉元年といわれた1973年に、改善が行われることとなったものの、石油危機により高度成長の時期が終わり、基本的政策転換を迫られた。全社会的福祉を目指す動きの始まりが、転換の始まりでもあった。低成長からの脱却を図るため、景気刺激的な財政支出が重ねられ、公債発行額が膨大となり、国の財政支出中に占める公債費の割合が増加した。このような状況をうけて、日本でも小さい政府に向けた行政改革、国鉄の民営化に始まる国営、準国営事業の民営化などが行われ、住宅政策も転換があった（中曽根政権、橋本政権と小泉政権、特に第3による改革）。社会福祉分野では、介護保険の創設にあたり、民間事業者がサービス提供をできるようにするなど、準市場を形成した。医療分野にならい、介護報酬が公定され、行政は、さまざまな条件を付して、事業活動を誘導する政策をとってきた。

　全社会的福祉の目的が取り下げられたわけではないが、経済的環境の変化から、従来の政策・制度分野で、公的活動範囲を狭め、公費の支出を少なくするとともに、民間事業の活動、市場機能を利用するようになったわけである。

3　社会福祉——生活の困難に対する支援

　市場経済・資本主義経済が支配的な社会では、生活は自己の意思により決定したところによって行い、それに伴う責任を負うという原則がある。自助原理である。経済的自立は、原則として、自己の所得で生活に必要な費用を賄うこととなり、特に重要である。生活に必要な消費財、サービスは市場で購入しなければならないからである。社会保障制度は、高齢、失業その他による、所得の喪失に対して、社会保険や資産調査を伴う公的扶助（生活保護）により、所得保障を行ってきた。

　他方、特定層（高齢者、障害者、児童など）は固有の生活上の困難をもっている。この人びとを援助する民間の、特に先進的な活動は、きわめて重要である。公的政策としての社会福祉は、特定層に属する人が、その必要を充たすことができず、生活上の困難があると社会的に認められた場合に、対象者を施設に入居・通所させたり、サービス等を給付したり、相談・助言したりする制度ということができよう。当事者が必要を充たすために行った費用を支払う場合もある。制度運営のための費用は、一部または全部公費で負担する。社会福祉については、制度の運営にあたり、すなわち、個人への適用にあたり、ソーシャルワーカーが、当事者等に対して相談援助することが多く、それは望ましいが、この援助活動を社会福祉と呼ぶ専門家もある。社会福祉学の自己理解でも、政策・制度を重視する流れと援助技術を重視する流れがあるといえよう。本書では、政策・制度面を主として考えているが、制度は運営を伴うものである。介護に関する公的政策・制度は公的社会福祉の一部である。社会福祉の理念などについて確認しておきたい。

　近年、日本では、行政の主要分野ごとに基本法が置かれ、その傘下にその分野の個別の法をおくことがしばしばあるが、社会福祉の場合は、社会福祉法が、社会福祉事業の全分野の基本的共通事項を定めている。この法律は、1951年の社会福祉事業法が改正を経て現在に至った経過から分かるように、主として、社会福祉事業について定めている。基本理念については、すでに介護福祉について述べたところと照応するが、現在、「個人の尊厳の保持」、福祉サービス利用者が「その有する能力に応じ日常生活を現在、営むことができるように支援す」べきこと、「サービスが良質かつ適切なもの」であるべきことなどが規定

されている（第3条）。括弧書の第1と第2は、社会福祉の理念、基本的方針を示しているが、第3は、社会福祉の活動を福祉サービスととらえ、その質について指示するもので、当然であるが、運営の場面においては、きわめて重要な方向づけといえよう。また、この法律では、地域福祉について、「福祉サービスを必要とする地域住民が地域社会の一員として日常生活を営み、社会、経済、文化その他あらゆる分野の活動に参加する機会が与えられるように」社会福祉事業者が、地域住民、関係者と協力するよう努力義務を課している（第4条）。特に、日常生活を広い範囲でとらえたうえ、地域福祉の推進を図ろうとする趣旨が窺われる。基本理念等は2000年の法改正によるものである。

　社会福祉において、その理念として、世界的に重視されているものにノーマライゼーション（normalization）がある。良く知られているように、ナチスの強制収容所に入れられた経験のある、デンマークのミケルセンが、知的障害者の施設が収容所と同類であることを感じて、障害のある人も普通の人と同じように生活ができるようにするべきであるとしたことに発し、障害者に対する社会福祉の理念とされるようになった。上記の社会福祉法の第1の理念が、人権の尊重を意味するとすれば、ノーマライゼーションと矛盾しないが、第2の、「その者の能力に応じ日常生活を営むことができるように」は、ノーマライゼーションの精神に照らし、解釈によっては問題を含むように思われる。

4　生活と生活機能

　社会福祉、介護福祉については、特定層における生活の困難への社会的対応と考えた。そこで生活そのものについて考える。

　高齢者は、年金などの所得で、日常生活に必要な物を買うが、それはそのままでは生活欲求を充たすことができない場合がある。例えば、食材は調理が必要である。加工済みの食品でも、保管し、温め、皿にのせ、あるいは後始末などの作業、家事労働が必要である。食材を買うために外出し、マーケットで買うということも必要である。別に、本人又は家族が介護を要する場合もある。これらの消費生活に関連した労働は、無償の家事労働として、主婦などによって行われてきた。生活するためには、このような活動が必要であることに留意したい。本人、家族などが家事労働や介護を行えない場合には、第三者によるサービスにより、できない部分を補ってもらうことになる。有償の家事サービ

ス、配食サービスなどは、家事労働の外部化、市場化である。介護保険は、介護、家事援助を社会システムとして、その定める条件のもとで、介護と家事労働の部分を一定の範囲で代替可能とした（準市場）。なお、公的システムに取り込まれない部分につて、有償労働、家族、隣人、ボランティアなどによる支援が必要となる。

　つぎに、人びとの生活には、生物学的な生存以上の「健康で文化的な」さまざまな社会と関わりのある活動もあり、それらが必要である。生活の全体像を描くことは容易でないが、以下に述べるICFは、そのため利用可能と思われる。

　身体的、精神的、社会的に完全に良好な状態（well-being）を健康ととらえてきた世界保健機関WHOは、1980年に国際障害分類（ICIDH）を策定して、障害者に対する施策の考え方に大きな影響を与えたが、それを改訂して、2001年に国際生活機能分類（International Classification of Functioning, Disability and Health, ICF）を策定した[3]。WHOは、保健分野を扱う国連傘下の機関であるが、健康を社会的なウェルビーイングを含めて広くとらえてきたこととも関連して、ICFは保健以外の広い関連分野で活用でき、日本でも関心が高い。分類のFunctioningが日本では、生活機能と意訳されていることも注目される。ICFの策定、日本での普及に関わってきた上田　敏は、『ICFの理解と活用』（2005年、きょうされん）というブックレットを出しているが、「人が「生きること」「生きることの困難（障害）」をどうとらえるか」という副題を付している。Functioningを生きることととらえているが、これは、リハビリテーションを全人間的復権と把握してきたこの著者ならではの理解である。

　この分類は、国際障害分類の改訂であり、障害も扱うが、積極的な、障害のない「生きること」または生活機能を優先して扱っていることは、この分類の基本的特徴といえよう。国際分類といえば、国際的に比較可能な統計をつくること、あるいは、分類を用いて、健康に関して状況を把握することを直ちに思い浮かべる。もちろんそれらのため用いることはできるが、注目されているのは、分類の基礎にある考え方であり、構成要素間の相互作用の図に要約される（図1-1）。「健康状態（変調または病気）」は、主として、別のWHOの分類（国際疾病分類第10版）から得られる。中央水平に「心身機能・身体構造」「活動」「参加」とあるが、これらが、生活機能の3つのレベル（心身、個人、社会の領域）で、双方向の矢印でこれらが結ばれているが、相互作用があることを示している。環境因子、個人因子（あわせて背景因子）と健康状態（変調ま

図1-1　ICFの構成要素間の相互作用

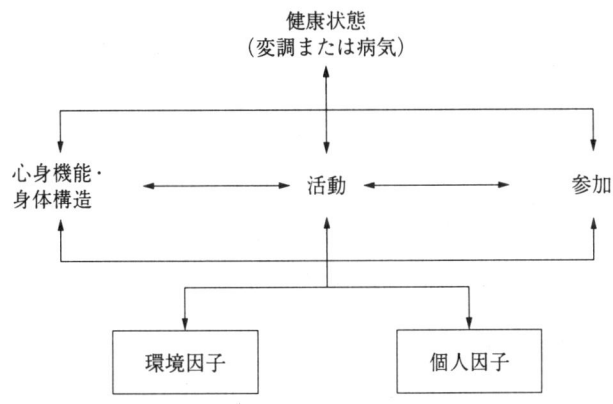

出所：障害者福祉研究会編『ICF 国際生活機能分類』(中央法規出版、2003年)

たは病気)は生活機能の構成要素(上記3領域とその下位分類)に影響を及ぼすが、ここでも矢印は双方向となっている。以上が、ICFの概念枠組みである。分類については、心身機能、身体構造、活動と参加、環境因子の4つにつき、それぞれ、大分類(章、数字1桁)、中分類(数字3桁)、小分類(数字4桁が原則)に分類されていく。活動と参加は共通の分類となっている。また、分類について、一つまたは二つの評価点がつけられる。活動と参加については、能力(標準的環境における課題の遂行、できること)と実行状況(現在の環境における課題の遂行、実際やっていること)の2次元で評価する。

　図のなかで、健康状態(変調または病気)、生活機能の3レベル、背景因子があげられ、双方向の矢印で結ばれていることは、第1に人間の活動の高さは、これらの諸要因と関連していること、第2に相互関係があること(諸要因は相対的に独立しているが、相互に影響を与えうる)ことを意味している。

　ICFは、生活機能の消極側として、障害(新しい定義で包括概念。機能障害、活動制限、参加制約の3レベルからなる)についても扱っているが、医学モデルによる考え方では、身体構造や心身機能に問題があれば、活動と参加に支障を生じると考え、一方向の因果関係が想定されてきた。また、ICIDHでは、機能・形態障害→能力障害→社会的不利という障害の把握を行った(ただしこの3次元は相対的に独立)。他方、障害を理解するにあたり、社会モデルでは、障害は個人に由来するものではなく、社会環境により作り出されると考える。社

会環境が、社会的不利を特定の人について作り出すとしており、矢印は逆方向に向かっている。ICFでは、双方向の矢印を示すのみでなく、別の要因との相互作用も描くことにより、障害に関する医学モデルと社会モデルとを統合したとWHOの文書は述べている。

　高齢者のケアについてICFを利用することができる。これは、社会政策に利用できると記されているが、この場合の社会政策は、対個人サービス、介護を含むと考えられる。実際、わが国でその試みが、実践にどの程度影響をもつに至っているかは別として、著作としてはなされている。また、2003年の介護報酬改訂と05年の介護保険法の改正にあたり、この枠組みが利用された[4]。

　ICFは共通言語であるとされており、専門領域を超えて通用するものであり、その言語は既述のような枠組みでつくられているが、その言語でどのような文をつくるかは、利用者に委ねられている。そのため高齢者の介護について叙述した場合も同じ内容になるとはいえないが、筆者の試みを含めて、中分類レベルで例示したい。

例示-1　心身機能・身体構造に問題があると、活動と参加が低下することが通常考えられる。脳卒中→片麻痺→日常生活動作の困難　という関連が身近に多数あるが、逆方向として、活動がなされないと生活不活発病（廃用症候群）が生じるといったことがあるとされる。能力があるのに、過剰な介護により、実行状況が低いと、その人の能力は低下するという悪循環が生じるといわれる。これは、2006年度から全面実施された、介護保険制度改正の重点であった介護予防の発想の基礎となった。双方向の矢印が、どのような場合にどうなるかは、ICF自体からは導けず、厚生労働省は、モデル事業などにより、もとの制度の要介護1以下で、効果がありそうな層を介護予防の対象とし、また、要介護となる前に対応する制度としたと考えられる。

例示-2　高齢者がなんらかの事情で、生活について、困難に当面している場合、どこにどの程度の問題があるかのアセスメントにICFを利用できることは、明らかである。系統的な分類により、生活機能のどこに問題があるか把握することに困難はないであろう。因みに、心身機能（body functions）は、bの群となるが、中分類のbの100番台は精神機能であり（例えば、記憶機能はb144）、関節と骨の機能はb710-729、活動（activities）と参加（participation）の群は、a又

14

はpで始まるが共通であり、分類表には領域（domain）として符号はdとなっている。d4で始まる分類は、姿勢の変換から、交通機関を用いた移動まで、移動に関するものである。d5で始まる分類は、セルフケアで、日常生活動作の大部分が含まれている。

　問題の程度は、問題なし、軽度、中度、重度、完全な問題の5区分となっている。また、活動と参加については、能力と実行状況について評価する。これを特定の高齢者に適用すれば、問題の程度も見極めることができよう。なお、この分類や評価が、アセスメントに適切であるかどうかは、別に検討を要する。ここでは、利用可能であることを示すにとどまる。

　ICFにより、この高齢者の生活機能と障害の全体像を描くことができる。問題のあるところの改善にはどのようなことがあるか、また、改善が不能の場合も生活機能を高める方法にはなにがあるか、検討することとなる。環境因子も分類されており、e120は屋内外の移動と交通のための物品である。杖、車椅子を使ったとして、概念図によれば、これは活動、参加、身体機能にも影響する。そこで杖で歩くことが良いという判断もあるかもしれない。他方、車椅子を、家族やボランティアに押してもらい、買い物、行事に加わるといったことで、参加のレベルを高めることも考えられる。また、e3に始まる分類は、支援と関係に関するもので、e310 家族とe340 対人サービス提供者などの中分類がある。例えば、支援を受ける場合、どのような組み合わせで、どう分担してもらうことがよいか、トイレに家族が連れてゆき介助するか、ベッドを利用しポータブルトイレを自分で使ってもらうか、などの多様な選択肢があろう。ICFは、多様な相互作用のありうる関係を示しているだけで、どのような選択をするかは、判断する人の持つ経験、介護やケアマネジメントの専門知識などに依存するものと考えられる。

　例示-3　認知症の中心となりつつあるアルツハイマー病については、現時点では、医学的に治療はできないとされている。しかし、介護にあたる社会福祉関係者は、適切な介護により、問題行動などがなくなり、安心して過ごすようになるという。グループホームは、その決め手といわれてきた。ICFによれば、心身機能・身体構造のレベルでは、脳が正常でなくなり（s110 脳の構造——身体構造 body structures 符号sの中分類）、記憶機能（b144）、見当識機能（b114）などに障害があるということになろう。医学モデルによれば、これに

伴い、活動と参加のレベルでも、制限や制約がでてくる。しかし、最近登場した、学習療法は、障害を生じた脳の部分以外の活動を活性化するもので、構造は変わらないが、障害のないところに働きかけて、精神機能を活性化するものと解釈できよう。他の各種の認知症の療法も同じような性格をもつのかもしれない。グループホームは、家庭的な環境で、相互にまた介護職と親密な関係を保つことにより、さらに、各人が役割をもつことで、少しの介護により、普通の人と同じような生活をしている場合も少なくない。これは、環境因子としての支援と関係（e3で始まる分類）、対人サービス提供者の態度（e440）などにより、脳の構造、精神機能に障害があっても、ICFの相互作用において、適切な要因を利用して、この病のある人の活動の高さを普通の人と同様の高さに保つことができることを示すといえよう。

例示-4 例示-3 も、医学モデルに疑問を提起しているとみられるが、介護のありかたについて、日本の現場で関心をもたれてきた、竹内孝仁や三好春樹の実践にもとづくアプローチは、ICFの視点からみれば、医学モデルに挑み、常識的に陥りがちな、一方向的な因果関係を否定しようとしていると解される[5]。竹内は、先の上田　敏と同じく、リハビリテーション医学が専門であり、三好は、理学療法士である。リハビリテーションでは、失われた機能を直接に回復したり、特に、代替的機能を迂回的に利用しようとしてきた。竹内は、特別養護老人ホームで「おむつはずし」に挑み、それに成功した。これは、最初にきっかけがあり、おむつをつけて生活するうちに、普通に排泄できなくなる機能障害が生じているので、常識とは逆の、普通に近い排泄により、（尿意がないなどの）機能障害を克服してゆくものと理解できよう。

例示-5 介護を要する高齢者と住居について、ICFの相互作用をみる。活動と参加のなかの中分類d610が「住居 a place to live の入手」である。どこに、どのような住居に住むかなどは、生活機能に影響する。高齢者が、自宅、高齢者住宅、または施設を選ぶと、同じ活動と参加のなかの意思決定（d177）に影響が及ぶが、意思決定により住居を選択することになろう。選択の際、家族、友人、専門職の助言をうけることもあろう（e300台）。また、自宅を選択するとして、環境因子のなかの物的環境（e155建物の物的側面など）が生活機能に影響を及ぼす。住宅が、物的に適合的でないとき、住宅改修する、福祉用具を用

いるといった、物的環境を変化させることで生活機能を高めることが可能である。仮に、住宅改修が可能でない場合に（また、可能であっても、これとともに）、「支援と関係」の大分類のなかの、家族（e310）、対人サービス提供者（ホームヘルパー）（e340）などの介護をうけることで対応し、生活機能の維持ができるといった選択もありうる。環境要因としてe525に住宅供給サービス・制度・政策があげられている。

　自宅で生活する高齢者にとっても、社会との関わりが、ウェルビーイングのため必要である。活動と参加のなかにコミュニティライフ・社会生活・市民生活の大分類（d9）がある。他方、環境因子のなかに物的な環境として、「屋内外の人の移動と交通のための生産品と技術」（e120）と先にあげた、建築、建物関係の中分類e155があり、また、人的には「支援と関係」の大分類（e3）がある。さらに、「サービス・制度・政策」の大分類（e5）のなかに関連する中分類がいくつかみられる。具体例として、集合住宅と外部の間、共用の廊下、玄関などがバリアフリーとなっており、車椅子利用可能なエレベーターがあり、家族、ヘルパー、ボランティアが、車椅子を必要とする高齢者の移動を助け、その人が情報を得て（e155、e3など）コミュニティライフ・社会生活・市民生活といった活動（d9）に参加でき、そのことに社会的偏見がない（e460 社会の態度、e465 社会的規範・慣行・イデオロギー）ことが望ましい状況といえよう。

　ICFを高齢者の介護に適用した場合等について事例的叙述を試みた。WHOが健康を広く解釈してきた伝統により、ICFは生活のほとんどをカバーすることができている。しかし、健康と健康関連領域（教育、仕事と雇用、経済生活）に関するものである。その文書によれば、人種、ジェンダー、宗教などにより、課題遂行に制約を受ける場合は、ICFの健康関連の制約ではないという。したがって、生活の全体を把握したことにはならない。また、活動と参加の分類の扱い、個人因子の分類は、利用者に任せられていること、要因を網羅しているか疑問も提起されていることなど、未完成の部分もあると思われる。もっとも問題と思われることは、双方向の矢印である。ICF分類をチェックリストとして用い、ふたつの構成要素等を双方向の矢印で繋ぐ場合、各構成要素等の独自機能と、双方向の影響力があるとして、各方向の影響力の程度、その因果関係がどうなっているのかなどを研究してゆくことが課題となってこよう。

5　市場における弱者の保護

　1）市場と資本主義経済の関係は歴史的には論争的なテーマであるが、現代の先進国では、ほぼ同義といえよう。雇用労働者は、労働市場で、労働力の買い手である資本と形式的には対等な立場にあるが、通常、実質的に劣位（弱者の立場）にあり、弱者を保護する公的政策として、従来、日本でいう社会政策が行われてきた。

　他方、賃金などの所得のある人びとは、消費者として商品・サービスを市場で買うが、商品の製造業者・販売業者等は、需要がなければ、損失を生じるばかりであり、消費者は王様といわれる。これは、市場機能の一面である。しかし、現実には、消費財の購入や、住宅の取引などにあたり、買い手の側が実質的に劣位であることは少なくない。情報や取引力の格差などによるものである。そのため、労働市場で、売り手である雇用労働者を保護したように、買い手である消費者の保護が必要となる。社会政策が労働市場で劣位にある労働者の保護を行う場合、政策はいくつかの領域があり、領域に応じて、政策・制度が形成され運用がなされてきた。これに照応して、消費者保護を考えることができよう。これは、全社会的福祉を目指す国家には、不可欠な政策領域である。世界では、福祉国家の存立が危うくなるなか、財政負担の大きい公的分野を民営化したり、その分野に市場原理を導入する動きが現れた。この新しく生まれた市場的ないし準市場的な分野でも同じような保護が必要となると考えられる。

　伝統的な社会政策学が対象としてきた範囲で、市場における、または、市場に関わる弱者保護の政策の領域は、つぎのように整理できよう。

　第1の領域　雇用機会の絶対的不足、売り手たりえない状況、市場システムの機能不全などについて、経済成長政策や職業能力開発・労働市場の組織化・失業対策などがなされてきた。

　第2の領域　雇用労働者の取引力が相対的に低いことについて、資本との対等化を図る政策がとられてきた。もっとも重要なものは、労働者の団結とその活動を認めることであった。

　第3の領域　労働における人権問題や社会的に容認できない劣悪な労働条件等について、取引の枠組み、最低条件等を規制するもの。人権の保障（強制労働、児童労働の禁止、均等処遇など）、労働時間の規制、最低賃金、安全や労

働環境の保護などがその内容をなしている。

　第4の領域　賃金労働者と家族、また同じ社会を構成する人びとの生活について、自由な市場機能の結果として発生する生活問題、また市場機能になじまないことによる生活問題や課題もある。社会保障のほか、教育、住まい、公衆衛生、環境などの諸課題に対して、所得再分配や積極的財政負担を伴う政策・制度による社会的対応が必要となってきた。

　日本の社会福祉（制度）の分野では、最近、生活上の困難に直面する人に対する、行政による措置という上下関係から、形式としては対等な契約への政策変更があった。現物・サービス給付が行われる場合にも、福祉サービス提供者と利用者が対等の立場の契約当事者となることが原則となった。しかし、契約とはいえ、市場における価格は、医療における診療報酬、介護における介護報酬など、実体的には、価格が公定され、提供者に支払われるが、そのサービス価格の一定割合または、支払能力により公定された額を利用者が負担してきた。また、供給に関わる諸条件も規制されている。サービス等を受ける側は、資格が限定されてきた。自由な市場とは違い、準市場である。

　市場、準市場において、実質上弱者である消費者の保護が社会的に必要とされる。伝統的社会政策では、視野の外にあった領域であるが、全社会的福祉のため不可欠といえよう。住まいとケアに関して例示すれば、有料老人ホームの利用についての契約が、基本的に自由な市場関係に近いが、利用者、買い手の契約における保護が必要となっている。また、住宅を買う場合や、福祉サービス等を選ぶ場合も、同様に買い手、利用者の側に選択の自由がある建前であるが、市場として適正に機能できるようにすることが社会的に求められるといったことがある。また、住まいに関し、市場家賃を支払い得ない層への支援が必要とされる。

　2）事業者に比較して買い手である消費者が劣位にある場合、消費者全般を保護する「消費者基本法」（1968年以降の消費者保護基本法を2004年に名称変更、改正して施行）のもとに消費者保護が体系的に行われるようになった。基本法は、消費者と事業者の間に、情報の質・量、交渉力に格差があるとの認識のもとに、消費者の権利を尊重し、自立の支援、利益の擁護・増進などを行おうとしている。法の基本理念としては、消費生活における基本需要（住まいやケアもここに含まれよう）の充足、健全な生活環境の確保、財・サービスの自

主的・合理的な選択の機会の確保、消費者に対する必要な情報や教育の機会の提供、消費者に被害が生じた場合の救済を受ける権利の保障などを謳っている（市場における弱者保護で第1の領域の施策）。また、消費者の自立の支援にあっては、年齢その他の特性に配慮すべきことも基本理念に掲げられている。国に対しては、基本理念に沿った「消費者政策」を推進する責任を課している（全体として第3の領域と関わる）。

　基本法のもとで、通常の契約を消費者の利益を高める方向で修正する消費者契約法（2000年、翌年4月施行）があることも重要である。事業者が、契約締結にあたり、重要事項について事実と異なることを告げるなどの行為をした場合、消費者は契約を取消しうると規定されている。有料老人ホームの入居にあたっての契約は消費者契約にあたるが、重要事項の説明通りにサービスが提供されない場合、これにあたると解される。介護が必要となったときや、退去のときどうなるか、分かりやすく実際を説明しているか、事故の発生等のときの保障が公正になされるようになっているかなど、実態上、各種の問題があることは、後記の国民生活センターの調査結果からも推測されるところである。取引における消費者の保護は、市場を正常に機能させるものであり、雇用労働についての第1の領域に見合う政策といえよう。

　第1の領域における、買い手にとっての問題としては、このほか、市場が成立し、良好に機能するようにすることも必要である。成年後見制度、地域福祉権利擁護事業は、支援する人が、契約当事者になりがたい人びと等に代わって契約にあたり、または、契約の安全を確保することで、契約そのものが正常に成立する条件を備えようとしていると解釈できる。

　また、第1の領域では、供給の絶対的不足が問題である。高齢者等に対する適切な住居の不足や、必要があっても施設に入ることができず、在宅での生活を強いられることなどをあげることができよう。また、在宅で、最後まで過ごしたい人びとにとって、どこでも、いつでも必要な在宅医療、訪問看護、居宅介護サービス等（地域包括ケア）をうけることが、困難であることは、本書の主題にとっても基本的問題である。

　社会福祉という準市場について、社会福祉法は、社会福祉事業の経営者に情報提供の努力義務を課している（第75条第1項）。介護については、介護保険法改正により、介護サービス情報の報告と公表の規定がおかれた。

3）雇用労働についての第2の領域では、団結の承認による交渉力の強化が課題であった。これに見合う消費者の地位の強化に関するものとして、消費者の団結があろう。消費は、一時的・分散的であることが多く、消費者の継続的な団結には困難があるとされてきた。しかし、日本でも協同組合、各種消費者団体（消費者の利益のために活動する団体）があり、活動してきた。国は、消費者団体の「健全かつ自主的な」活動を促進することとなっている（消費者基本法）。障害者については、アメリカで始まり、障害者福祉のみならず、社会福祉の基本的あり方に影響を与えた自立生活運動という自主的運動があり、日本でも活動してきた。日本の高齢者の自発的団結行動はあるが、その影響力は高くないと考えられる。老人クラブが、組織人員としては大きいが（2007年3月、会員780万人。労働組合員は約1,000万人）、行政から補助を受けており、行政の協力組織となっている傾向もあろうかと思われる。

2006年、消費者契約法が改正され、消費者契約をめぐり、被害の発生・拡大を防止するため、適格消費者団体が事業者等に対して、差止請求することができるようになった。このほか、消費者の交渉上の立場を間接的に強化する政策・制度としては、例えば、社会福祉準市場における苦情処理制度、特に第三者によるものが注目される。利用者が、裁判によらず、苦情を調整してもらえる機関があることは、サービス提供者側の恣意を抑制すると期待される。社会福祉全体としては、社会福祉法では、都道府県社会福祉協議会内におく運営適正化委員会が苦情を受け付けることとなっている。介護保険では、給付に関する処分（要介護認定など）に不服があれば、都道府県の介護保険審査会に審査請求ができる。介護についての苦情は、国民健康保険団体連合会で扱われる。

4）雇用労働の第3の領域では、人権の擁護、労働条件の最低限の規制など、雇用のルールを決めていた。これに照応した消費市場での規制を考えることができる。これは、通常は、公的な負担がなされるとか、消費者の健康、安全などのため、所定の条件を規制することと認識されているものである。本書の枠組みにより言い換えたこととなる。この条件を備えないと正常な市場的取引ができない点では、第1の領域と不可分である。

この領域では、社会福祉において、行政が利用者保護の施策を広く講じてきた。近時、拘束の禁止、虐待の防止、プライバシーの確保（施設で、個室を原則とすることを含む）などについて施策が講じられてきたが、これは人権に関

わる課題への対応の意味がある。また、安全、人間としての尊厳、健康維持のため、福祉施設、福祉サービスについては、行政が、種類ごとに、設備、人員配置、運営基準を定めている。

　また、契約と一体の「重要事項説明書」が広く用いられるようになっている。これは、運営基準などと対応するようになっている。福祉施設ではない、自由な市場が原則となっている有料老人ホームでも、弊害防止のため、行政指導による規制がなされている。

　高齢者住宅についても、事業者はその種類によって、物的にはバリアフリー化、家賃等の基準を満たすことが求められるなどのことがある。

　以上述べてきたことから、高齢者の住まいとケアについての施策は、消費者として劣位にある高齢者等に対して、供給の不足への対応、情報の適切な提供、施設やサービスの行政による基準の策定などにより、消費者としてまたは契約の当事者として、特に弱い立場にある高齢者等に対して、その劣位を補う施策が社会的に要請されることに応じて、諸施策が登場してきたと考えることができよう。高齢者や家族の顕在的・潜在的な必要・要求があり、それが社会的に認識され、立法過程や行政の行為を通じて、諸施策として具体化されてきた。ただし、施策が有効に機能してきたかについては、検証、監視が必要である。

　5）第4の領域は、市場の機能自体から生活上の問題が生じたり、市場になじまない場合の問題であり、これまで述べてきたような、労働者保護と消費者保護の照応関係をみる必要はない。対象となる人は、典型的には、低所得者である。社会福祉の準市場でも通常より安い費用で、サービスを利用できるような料金・費用負担の制度（負担の軽減など）が考えられる。また、住まいについては、市場家賃を支払い得ない層としての低所得者を対象に、公営住宅が供給されてきた。高齢者福祉の分野では、65歳以上の者で、環境上の理由及び経済的理由（生活保護世帯に属する場合、地方税の所得割がないことなど）で、居宅で養護を受けられない場合、市町村は、必要に応じ、養護老人ホームに入所させまたは入所を委託する「措置」をとる。特別養護老人ホームは、介護保険下の準市場として、選択、希望、余裕ができれば審査をへて入居となるが、ごくまれに、老人福祉法の措置により入居することがある。

　高齢者やその家族が、安定した生活（既述のように広範囲のもの）を持続することをめぐって、どのような必要を感じどのような要求をもっているか、ま

たそれを公に表明しているかは、当事者、関係者（事業者、関係行政、政党など）にとって重要である。この高齢者などの意識は、社会的・経済的条件により影響をうけるであろう。また、関係者にとって、社会的・経済的条件やその見通しは、高齢者が感じ、表明している必要をどのように受け止めるかの意思決定上重要である。生活の破綻が、特定個人の責任においてではなく、社会的・経済的条件により、現に起っていたり、またそれが予想されるとき、全社会的福祉を何らかの程度において実現することを理念とする現代の民主主義社会では、関係者は何らかの施策を取ることを迫られるはずである。

　福祉国家の内実が希薄になって以降、セーフティネットという用語がしばしば登場する。社会保障審議会の2003年の報告（「今後の社会保障改革の方向性に関する意見」）には、「21世紀型の社会保障の実現に向けて」という副題がついているが、この報告は、社会保障をセーフティネットとすることを目標としている。サーカスの演技は、セーフティネットより遥かに高いところで演じられる。可否の判断はともかくとして、現実には、社会的最低レベルの生活が保障され、その上に市場、準市場が正常に機能するよう政策・制度を築くことが、日本を含む主要国で目指されているといえよう（第4の領域）。社会保障審議会の報告も同様のイメージで描かれている。セーフティネットの高さが、低ければ、また、ネットに穴があいていれば、演技に失敗した人に危害が及ぶ。なお、日本の住宅政策も、後述のように、社会保障と近似して、セーフティネット構築というコンセプトで展開されてきた。

6　ウェルビーイングの向上の主体としての高齢者
　　　——国連基準を中心に

　1）前項では、消費者一般、特に高齢者が市場における劣位にあり、全社会的福祉の実現にはその保護が必要となるとみなした。これにより、消費者は売り手に対して、現実はともかくとして、対等な地位に立つことが期待される。しかし、このことは高齢者が、市場と関連する以外の生活分野においても社会的弱者とみなされ、それゆえ、いつも保護を要する対象、客体とみなされるべきことを意味するものではない。「生活者」を標榜する社会的活動もあるが、この語は生活における主体性を意味するのであろう。
　確かに家庭内において、乳幼児、病人、生活機能に障害のある家族員に、人

間的で優しい（humane）世話がなされること、対人サービスにおいて、サービス提供者が優しい思いをもってケアすることは、重要であるが、現在では、それは保育やケアを受ける人の人間としての成長、自立を支えるものでなければならないという原則については、社会的合意があるとみられる。社会福祉の分野において、前述のように、障害者自立生活運動が自立について問題を提起し、社会福祉のあり方に影響を与えた。また、ノーマライゼーションの原則は、障害のある人などを、あたりまえの生活をする主体と認めることと理解できる。社会福祉の基本的在り方は、介護について、自己決定、自立支援、在宅中心といった原則の背景ともなっている点で、重要である。高齢者が自立を確保しうるためには、生活の拠点としての適切な住まいが必要であろう。

2） この点とも関連して、国連の高齢者に関する活動経過が注目される。国連システム下の条約等の基準、総会の決議、それによるプログラムなどは、（非政治的分野では）全世界的な普遍性があるとみなすことができよう。

国連は、1947年の世界人権宣言以降、多くの分野、問題に関して人権の擁護について基準をつくるなどの活動をしてきた。日本も批准している「経済的、社会的及び文化的権利に関する国際規約」（国際人権A規約）は、社会保障の普遍的適用、住まいを含む生活水準の維持向上についての普遍的権利の保障などの規定をもっている。

国連総会は、1991年12月に、高齢者（older persons）について、加盟国政府が、可能なかぎり、そのプログラムに盛り込むべき原則を採択した。これは、自立、参加、ケア、自己実現、尊厳の5原則からなるものである。このうち、ケアについては、つぎの5つの内容が示されている。

①高齢者が、社会の文化的価値に沿って家族とコミュニティのケアと保護をうけること、②高齢者は最適なレベルの身体的、精神的及び情緒的なウェルビーイングを維持・回復するために、また、病気の発生を防止するなどのため、医療のケアを利用しうること、③自立、保護及びケアを高める社会サービス及び法律上のサービスが利用可能であること、④優しく安全な環境のもとで、保護、リハビリテーション、社交的及び精神的な刺激を与える、適切なレベルの施設ケアを利用できること、⑤いかなる保護・ケア・治療施設に住む場合でも、高齢者は人権及び基本的自由を享受すべきこと。これは、その尊厳、信条、必要とプライバシーならびに、そのケア及び生活の質を決定する権利を完全に尊

重することを含むものである。

　以上のように解すると、医療的ケアと介護（家族とコミュニティによるケアと施設ケア）をうけることができるとともに、広く高齢者の人権と自由を尊重し、ケアの内容や生活の質に関わることの意思決定の権利を認めるもので、ケアについても国連の人権原則がよく反映されている。

　なお、他の原則と並んでケアの原則が謳われているというコンテキストも、ケアの原則の背景として重要である。自立については、所得、家族、コミュニティにより充分な衣食住が得られ生活できることを第1に掲げている。経済的自助であれ、家族、コミュニティによるのであれ、実質的に生活が保障されていることが必要ということであろう。また、できる限り自宅に住むことができるようにすべきであるとの1項目がある。雇用、教育訓練の機会を与えられるべきこと、仕事からの引退についての決定への参加について述べており、活動的な高齢者像が背景にある。

　参加の原則について、高齢者が一人前の社会のメンバーであり、社会に貢献しうる機会をもつべきとする視点、高齢者のウェルビーイングに関わる政策などの意思決定に参加すべきとする視点、さらに、高齢者自身の運動や結社ができるようにするとの視点は、高齢者を保護を要する者ではなく、市民ととらえているといえよう。

　自己実現については、高齢者が、その可能性の完全な発展を追求する機会をもつべきこと、教育的、文化的、宗教的、レクリエーションの活動のための資源を利用可能なことをあげている。

　尊厳については、高齢者が尊厳をもって、安全に生活できること、搾取、虐待などからの自由と、年齢、性、人種、障害等に関わりなく、処遇されるべきこと、経済的貢献を基準に評価されるべきでないことをあげている。

　高齢者が、在宅や高齢者住宅また施設で生活し、ケアをうけるときも、国連原則は、上記のように、より具体的に、人間としての基本的な権利や自由が尊重される環境でなければならないとしているわけであり、日本においても、これらについて関係者が、改めて省みる必要があろう。

　3）国連は、この原則の採択以前に、1982年にウイーンで「高齢化に関する世界会議」を開き、「高齢化に関する国際行動計画」を承認している。これは、健康と栄養、高齢消費者の保護、住宅と環境、家族、社会福祉、所得保障と雇

用、教育について、この分類により、多数の勧告を提示している。

本書の文脈では、高齢消費者の保護として、食品、機器などの安全、製品の安全な使用、補助具による自立の延長、有害な売り込みなどについて勧告されている。

住宅と環境についての勧告の前文は、住まいの重要性を強調し、高齢者にとっても住まいがあらゆる活動の中心となるとしている。勧告19は、これをうけて、高齢者にとって、住まいは、物的側面のみでなく、心理的・社会的側面があり、他者への依存を克服するため、住宅政策を行うべきであるとしている。住宅の開発、改修等を通じ、高齢者ができるだけ長く自宅に住み続けることができるようにすること、公的資金、民間活動により、高齢者の自立の程度などに適した、多様な高齢者住宅を企画・導入すること、社会、保健、文化、余暇などのコミュニティサービスや関係者と住宅政策の調整をはかること、また高齢者に対する住宅供給の優遇をはかること、高齢者の移動と交通の危険から守る対策を講じることなどについて述べている。

社会福祉については、発展途上国を主として念頭においていると思われるが、コミュニティを基礎とした活動に高齢者自らも参加し、高齢者が、自宅とコミュニティで自立した生活をおくり、有用な市民であり続けるようにすることを前文で述べている。勧告のなかに施設に関するものがあり、高齢者にとって、施設が必要または不可避である場合、尊厳、信条、ニーズ、利益、プライバシーを尊重し、コミュニティにおける通常の条件を保障すること、各国は質の向上のため最低基準を定めることが望ましいとしている。

4） 第1次の行動計画から20年を経た2002年、マドリードで、「全ての世代のための社会を目指して」第2回高齢化に関する世界会議（Second World Assembly on Ageing、第2回高齢者問題世界会議と訳された）が開かれた。なお、この間には、1990年に国連総会は10月1日を国際高齢の日に指定した。1991年、前記原則の採択。1992年、行動計画10年にあたり、「高齢化に関する決議」を行い、1999年を国際高齢者年としたといった経過がある[6]。第2回世界会議では、第1次行動計画を補足する第2次の行動計画と政治宣言が採択された。準備段階では、第1次計画を見直すとされていたが、政治宣言では、その原則と勧告を再確認した。1990年頃から、展望としては、先進国より発展途上国における高齢者の増加が著しいことが強く意識されるようになり、第2次行動計画

では、高齢者が開発のため寄与することが期待されている。行動計画[7]の内容的部分では、大きく3つの優先課題分野をあげているが、その第1の分野が、高齢者と開発である。第2の優先課題は、健康とウェルビーイングを高め高齢期に及ぶことである。第3の優先課題は、望ましい環境の整備である。

第3の優先課題については、つぎのような構成となっている。
1. 住宅と生活環境（これらは、高齢者にとって特に重要との前文に始まる）
   （1）コミュニティにおける住まう場で加齢できるようにする
   （2）住宅と環境について、自立した生活ができるようデザインを改善
2. ケアとケアする人の支援（コミュニティ・ケアが発展しているが、家族介護者の負担が大きいことも指摘）
   （1）高齢者に対する、各種の方法と介護者の支援を通じて、継続したケアとサービスを提供
   （2）高齢者、特に女性高齢者によるケアを支援する
3. 放置、虐待、暴力
   （1）これらの根絶
   （2）虐待に関するサービス機関
4. 加齢に関するイメージ
   （1）高齢者の権威、知恵、生産性、貢献についての公共的認識を高める

ここでも、高齢者像は積極的なものである。政治宣言においても、年齢による差別、社会的排除をなくすこと、加齢にあたり、自己実現、健康、安全、（経済的、社会的、文化的、政治的生活における）参加ができるようにすること、活力ある高齢化のため高齢者のエンパワーメントを進めること、行動計画の推進などに言及し、最後にすべての人の平等を呼びかけている。

国連の高齢者像が積極的なものであるのは、高齢者を60歳以上として扱っていること、加盟国の大部分が発展途上国であり、60歳以上の平均余命も短い（従って、元気な高齢者が多いと推測される）ことも関係しているかもしれない。しかし、より高い年齢（older）、加齢（ageing）といった連続の意味を含む用語とも関連するが、人は年齢がいかに進んでも、尊厳をもち、自己決定により生きる主体であると国連は認識しているといわなくてはならない。

II 高齢者の住まいとケア——背景、制度、実態と課題

1 社会的背景と高齢者の意識

 1） I で述べたところにより叙述するが、主題に関連するいくつかの調査データなどをみておく。
 まず、人口や、高齢者世帯の状況と見通しについて。高齢化が急速に進みつつあり、高齢者の単身世帯や、高齢者のみの世帯が増加しているが、この傾向は今後も続き、高いレベルに達することが予想される。高齢者（65歳以上）の総人口に対する割合は、国立社会保障・人口問題研究所の2006年12月推計（出生中位、死亡中位）数によれば、2005年の20.2％から、2010年の23.1％、2015年の26.9％、2020年の29.2％、2030年の31.8％となっている。2015年は団塊の世代が高齢に達する時点にあたる。
 同研究所の2003年の世帯数の推計によると、2000年から、2025年について、総人口が減少に転じてからも、世帯数が増加すること、高齢者が世帯主である世帯の増加が、総世帯数の増加よりも大きいと推定されること、また、高齢者が世帯主である世帯のうちでも、単独世帯と夫婦のみの世帯の割合が高まり、2025年には、7割に達すると推計されている。この推計は、家族による伝統的機能、その一部としての介護や子育ての機能の低下、高齢者の孤立が深まり広まることを予想させるものである。
 人口の高齢化に伴い、医療や介護に要する費用（高齢者世帯の支出と公的負担）が増大すると見込まれる。行政にとって、公的費用の抑制が課題となる。介護保険制度の維持を可能とするとの理由から、介護保険制度の改正が2005年に行われたこと、高齢者医療費の増大への行政による対応がなされていることなどはよく知られている通りである。他方、内閣府の高齢社会対策に関する調査シリーズの「年齢・加齢に対する考え方に関する意識調査」（2003年度、20歳以上対象）には、社会保障の給付水準の維持についての質問項目があるが、負担が増えても給付水準維持が57.8％、給付水準を下げるが19.4％（残りは、わからない、無回答）であった。また「高齢社会対策に関する特別世論調査」（2005年、20歳以上対象）では、「年金、医療などの社会保障の水準や負担の在り方について、現役、将来世代の税や保険料の負担を増やしても、社会保障制

度は充実すべきであるとする意見は、22.1％、負担を増やしても現在の水準を維持すべきだとする意見は、44.4％であり、両者をあわせると、負担を増やさないため、現在の水準を下回ってもやむをえないとの意見22.2％をかなり上回り、行政の進めようとする方向と、一般国民の感覚にずれを感じさせる（なお、税金、保険料の負担増を実際に国民に求めるようなことがある場合の国民の反応は、どれほど説得的説明がなされるか等々の事情に依存することであろう）。

　介護保険のみについての調査ではないが、社会保険による介護についても国民の意見の傾向も同様であると想定するのが自然であろう。

　2） 高齢者がどのような住宅に住んでいるかなどについてみておく。総務省「住宅・土地統計調査」2003年は、住宅に関する基礎統計である。この統計には、主世帯という用語があるが、これは、1住宅1世帯の場合はその世帯、1住宅2世帯以上の場合は、その主な世帯（持ち主や借り主）のことである。高齢者世帯では、持ち家の場合が多い。すなわち全体で、主世帯総数の61.2％が持家で、6.7％が公営・公団・公社などの借家、26.8％が民間借家となっている（その他は給与住宅）。他方、65歳以上の高齢者のいる主世帯では、それぞれ、84.0％、6.2％、9.5％であった。これによると、所有関係に関しては、高齢者世帯の住宅に関する安定度合いは、相対的に高いこととなる。

　また、この調査には、「第8期住宅建設5箇年計画（2001～2005年度）」にも用いられた誘導居住水準及び最低居住水準を満たす住宅数の統計がある[8]。2つの基準をあてはめると、高齢単身者世帯、特に、民間賃貸住宅に住む世帯のなかに好ましくない規模の住宅に住む人がいることが示される。すなわち、誘導水準を満たした住宅の割合は、主世帯全体で、52.3％であったが、高齢単身主世帯では、76.0％、高齢夫婦主世帯で79.9％となっていた。しかし、高齢者世帯でも木造借家の場合は、この比率は3割程度と低い。高齢者のなかでは少数であるが、好ましくない状況の住居で生活している人がいることとなる。

　また、65歳以上の単身主世帯で、最低居住水準を上回る住居にいるものは、76％（民間木造借家、34％）、65歳以上の夫婦主世帯で91％（民間木造借家、37％）と算定される。単身者の一部や民間木造借家に住む高齢者夫婦の場合に、絶対数は少ないとはいえ、基準に満たない場合があることが分かる。

　以上、高齢者の大多数は、国民全体に比べて、持家で広い住居に住むといえるが、建築の時期別にみると、20年以上前に建てられたものが過半である（65

歳以上の世帯員のいる主世帯の58％は、1980年以前の建築。1981年、最近の耐震基準設定）。そのため、住宅が老朽化したり、高齢者世帯の実態に合わなくなったり、地震の場合、危険があることが予想される。内閣府の「高齢者の日常生活に関する意識調査」（2004年、60歳以上を対象）によると、住宅について不満な点を複数回答で聞いた結果で、特に不満がないとした者は、66％（借屋の場合、51％）であり、全体の3分の1（借屋の場合、約半数）が何らかの不満をもっていることとなる。不満の理由としては（複数回答）、「住宅が古くなったりいたんだりしている」が、調査対象総数に対して14.3％で、もっとも多い。その他、「庭の手入れが大変」「住宅の構造や設備が使いにくい」「住宅が狭すぎる」「家賃、税金、住宅維持費の経済的負担が重い」が6％台であった。上記の調査に続き、2005年末から翌年初めにかけて行われた60歳以上を対象とする「高齢者の住宅と生活環境に関する調査」では、「何も問題点はない」の比率は56.4％とやや低い。選択肢が異なるが、問題点としては、住まいが古くなっている、建物の構造上などが高齢者に問題がある、日当たりや風通しが悪いなどが、問題がある人の2割以上で選択されている（複数回答）。なお、他の内閣府の世論調査（「一人暮し高齢者に関する意識調査、2002年」）では、単身者の場合、広すぎて困るという者が、狭すぎるという者より多いようである。

　住宅のバリアフリー化は、全体としてあまり進んでおらず、高齢者は改善に迫られていることが推測される。すなわち、上記の日常生活に関する意識調査で、住宅の構造・設備面での支障について、複数回答で聞いているが、それによると、特にないとするもの77％（借屋で65％）で、裏からいえば、4分の1弱の回答者は、何らかの支障を感じていたこととなる。玄関その他の段差や、階段（昇降しにくい）、浴室（使いにくい）、トイレ（使いにくい）などに構造上問題が感じられている（調査対象総数に対して5％以上）。バリアフリー化は、さきの「住宅・土地統計調査」で、なんらかの高齢者等のための設備がある住居にいる場合は、65歳以上の世帯員のいる主世帯で54％（借屋で31％）であるが、建築時期が1990年代後半の住居では、その割合が高い（借屋でも同様の傾向）といった傾向にある。

　前掲の住宅建設5箇年計画でも、「住宅性能基準」の規定（耐震性、防火性、耐久性、省エネルギー性などのほか、高齢者等の配慮をあげ、日常生活の安全と介助の容易なことを目指す）を全住宅の一定割合で実現しようとしていた。住生活基本法下の住生活基本計画でも、この方針を引き継いでいる。

バリアフリー化は、新築の際は考慮され、それを目指して改修も行われているとみられる。金額に制限があるが、介護保険制度もそのため利用されている。以上をみると、以前に建築された住宅の構造は、高齢者にとって問題があり、新築や改修により、対応がなされているが、全体としてバリアフリー化の程度は高いとはいえないであろう。

　3）つぎに、内閣府の調査により、加齢に伴い、高齢者が住居との関係をどうしようと考えているか、特に介護が必要となった場合の意識などについてみよう。予め総括的にいえば、介護が必要となっても自宅で過ごそうとする意向の人が多い。しかし、相対的少数であるが、高齢者住宅に移ることを希望する人もいる。
　「高齢者の住宅と生活環境に関する意識調査」（2005年度、60歳以上）には、「虚弱化したとき望む居住形態」の質問項目がある。複数回答で、「現在の住宅にとくに改造などはせずそのまま住み続けたい」が37.9％、「現在の住宅を改造し住みやすくする」が24.9％となっている。「介護を受けられる公的な特別養護老人ホームなどの施設に入居する」は17.9％、「公的なケアつき住宅に入居する」10.8％であった。なお、「介護を受けられる民間の有料老人ホームなどに入居する」6.0％、「民間のケア付き住宅に入居する」2.7％であった。これによると、自宅でそのまま、または改修して住み続ける意思の人が主流で、介護施設・ケア付き住宅へ入居する希望の人よりかなり多いといえよう。施設等では、民間のものより、安心感のある公的のものの選択希望が多いようである。2000年度にも同じ調査があるが、おおむね同じ傾向にある（特別養護老人ホームに入るとする回答が、最近少し増加している。これは、在宅中心といっても、それを可能とする条件が容易に整わないといわれることと符合する）。2000年度の調査では、資金等の問題を考慮せずに、希望する今後の住宅改善・住み替えの意向を聞いているが（8つの回答肢からの択一回答）、「現在の住宅を改造して住みやすくする」が18％でもっとも多く、「現在の住宅を新しく建て替える」5％、「高齢者専用の住宅や施設に住み替える」3.5％などとなり、条件を改善して自宅に住み続ける意向の人が住み替えの意向の人より多いこと、住み替えの意向をもつ人は多くはないが、一定割合あることが分かる（単身者、借屋、集合住宅で少しこの比率が高かった）。
　「高齢者介護に関する世論調査」（2003年、20歳以上対象）は、仮に自分が老

後に寝たきりや認知症になった場合、どこで介護を受けたいか聞いている。択一の回答で「可能な限り自宅で介護を受けたい」が45％、「特別養護老人ホームや老人保健施設などの介護保険施設に入所したい」が33％、「介護付き有料老人ホームや認知症グループホームなどに住み替えて介護を受けたい」が9％であった。虚弱化より悪い状態を想定していることなどから、前掲の調査とは異なった印象であるが、やはり介護を受けたい場所は、自宅が特別養護老人ホームなどを上回っている。この調査で、「可能な限り自宅で介護を受けたい」とした人の理由としては、複数回答で「住みなれた自宅で生活を続けたいから」が86％で、他の8理由より際立って多かった。また、介護保険施設に入居したい人の理由としては、「家族に迷惑をかけたくないから」が、同様に77％と多かった。「専門的介護がうけられるから」がこれにつぎ36％であった。他の回答を含めて、施設のサービスを積極的に評価するよりは、やむを得ず施設を選択しようとしている傾向があると解釈できよう。

　以上、高齢者は概して、広めの持家の自宅に長く住み、介護が必要となっても住み続けたいとする場合が多いことがうかがわれる。永い期間、または親の代から、同じ家に住んで、そこを拠点に自立した生活がなされ、住み慣れた環境や親しい人間関係などもあることから、可能な限り住み続けたいという意識が自然に生まれているのであろう。住宅が古いことによる傷みや、また高齢期の生活には支障となる条件については、住宅の改築や、バリアフリー化により、かなり対処できるし、実際そうなされつつある。施設での介護は、専門的な包括的なサービスが得られることもあるが、多くは、単身者で介護サービスに不安がある場合とか、家族とともに生活している高齢者が家族に迷惑をかけたくないといった事情により選択されると思われる。在宅中心の介護の原則は、意識調査でみても人びとの必要・要求に沿ったものであり、他方で、高額な施設建設費用や医療機関における社会的費用の軽減という行政等の狙いにも沿うものとして、掲げられてきたと解釈できよう。

　各種の住み替え（早めの住み替えと介護を要するようになってからの住み替え）により、介護が必要となったときに備えようとすることは一つの選択肢であり、そのなかでもいくつかの選択肢がある。このように自主的に選択できることは、市場経済に適合的な社会においては、人びとの必要・要求に沿ったものとみなすことができよう。ただし、特別養護老人ホームの不足に加え、高齢者住宅の供給も充分でなく、この市場、準市場がよく機能しているとはいいき

れない。

　4）国連の文書では、積極的高齢者像といったものが窺われた。これは、自己決定、自立支援というケアの原則や、施設より自宅、在宅を選好することなど、高齢者の自立の背景となるものである。日本では現在、65歳以上を高齢者とみなすことが一般的であるが、より高い年齢層まで、現役とすべきであるとか、年齢上限なく、就業することがよい、高齢者も社会、生活を支える側により多くまわることが望ましいなどの人びとの意識が、以下の調査から相当程度あると推測される。

　内閣府の「年齢・加齢に対する考え方に関する意識調査」（2004年2〜3月、20歳以上）で、「何歳以上の人が『高齢者』『お年寄り』だと思うか」についてみると、現在、65歳以上が高齢者とされることが多いわけであるが、55歳以上5歳区分の回答で、「およそ65歳以上」は、18.5％で、むしろ「およそ70歳以上」が48.7％と半数近くを占めもっとも高い。「およそ70歳以上」とそれ以上の年齢区分を合計すると、7割弱になる。また、「一概には言えない」は6.5％となっている（無回答は0.1％）。高齢者とお年寄りを並列した質問となっており、お年寄りが質問に入るため、より高齢に偏っている可能性もあるかもしれないが、少なくとも、70歳未満の人が高齢者、お年寄りと考えられることは少ないといえよう。

　また、「どのような時期からが『高齢者』『お年寄り』だと思うか」についてみると、択一回答で、「身体の自由がきかないと感じるようになった時期」が39.8％と4割弱を占め、以下「年金を受給するようになった時期」23.1％、「仕事から引退し、現役の第一線を退いた時期」12.3％、「介護が必要になった時期」12.0％などとなっている。身体的条件が通常、重要な認識の基準となっており、反対からいえば、身体に不自由がなければ、高齢者、お年寄りとみなされない場合が多いこととなろう。

　そこで、この調査による高齢者像であるが、「『高齢者』『お年寄り』に、どのようなイメージを持っているか」についてみると（10項目中3項目選択）、「心身がおとろえ、健康面での不安が大きい」と思う人が72.3％と7割を超えもっとも比率が高い。残りの9項目について、プラスイメージのものをみると、「経験や知恵が豊かである」43.5％、「時間にしばられず、好きなことに取り組める」29.9％、「健康的な生活習慣を実践している」11.3％、「ボランティアや

地域の活動で、社会に貢献している」7.7%で、以上の和が92.4%ポイントとなる。マイナスイメージのものでは、「収入が少なく、経済的な不安が大きい」33.0%、「古い考え方にとらわれがちである」27.1%、「周りの人とのふれあいが少なく、孤独である」19.4%、「仕事をしていないため、社会の役に立っていない」6.2%で、その和は85.7%ポイントとなって、高齢になると心身のおとろえ、健康不安がでることはやむを得ないとして、その他の面についていえば、両イメージは均衡または、積極イメージがやや上回っているかと思われる。この傾向は、65～74歳層、75歳以上層の回答でも同様である。

　同じ調査で、現在、多くの企業や組織では60歳定年退職制を採っているが、今後どうすべきかについて聞いている。定年退職制度は維持し、退職年齢をもっと上げるべきが約4割を占めており、定年退職制度をやめ、退職年齢を自分で選べるようにすべきとするものが約3割であった。今の水準で適切、または下げるべきであるとの意見は約2割にとどまった。

　それで、適切な退職年齢については、「一般論として、何歳くらいまで収入のある仕事をするのがよいと思うか（定年後の再就職・アルバイトも含めて）」という質問に対して、「65～69歳くらいまで」が32.9%ともっとも多く、次いで「60～64歳くらいまで」が25.4%、「年齢にこだわらず、元気ならいつまでも働く方がよい」は29.4%などとなった。現行の定年慣行が低すぎると受け取られるとともに、70歳程度までと、現行の定年よりはかなり高い年齢まで就業することがよいと考えられ、年齢にかかわらず元気な限り働くことが望ましいとの意見も相当ある。

　内閣府の「高齢社会対策に関する特別世論調査」（2005年、20歳以上）でも、今後の「高齢者」のとらえ方として、現在以上の高い年齢の人とすべきとか、年齢で一律にとらえるべきではないという意見が多くみられ、上記の調査と同じ傾向にあるが、この調査では、「高齢者も社会の支え手・担い手の側にまわるべきという見方について」聞いている。結果は、そう思うが88.5%に及んだ。この調査では、高齢化に伴い、経済的豊かさ、満足度が低くなるとのイメージをもつ人が半数をやや超えており、世代間の負担の公平化などの経済的関心からこのように答えていることも考えられるとはいえ、高齢者が就業したり、他人を介護したりすることが期待されている。

　また、内閣府国民生活局の「国民生活選好度調査」（平成17年度）によると、60歳代、70歳代で男女とも積極的にボランティア活動をしたいとする人は7割

程度に及んでいる。

　以上を総括してみると、国連の文書にある積極的高齢者像も、相当程度、日本でもあてはまると考えられ、より高い年齢まで、自立できる住まいで生活するとか、虚弱化しても支援をうけつつ自立して生きるという意識と連なると判断できよう。団塊世代が高齢者となるとき、このような意識がさらに広まることも予想される。

2　日本における住宅政策と住宅市場

　1）日本の住宅政策（そのなかに、高齢者の住まいに関わるものを含む）は、社会保障制度の場合と類似して、財政負担を伴う公的施策が重要であったところから、近年、市場重視や、市場を取り込んだ独自のセーフティネット概念への展開となっている。

　日本における戦後の住宅政策をみると[9]、敗戦後、住宅の絶対的不足に対応するため、住宅金融公庫による融資、地方自治体による低所得層に対する公営住宅、住宅公団による、賃貸、分譲住宅という3本柱（このほか、地方の住宅公社をいれて4本柱とよばれることもある）により、住宅供給がなされた。4本柱を組織する法は、記述の順に、1950年、1951年、1955年、1965年に成立している。住宅建設は、公的な直接供給、直接的金融によるものであった。その後、高度経済成長による人口の都市集中などにより、厳しい住宅事情にあったため、住宅建設計画法が1966年に制定され、それに基づき、公私分野全体を対象とする5箇年計画が、第1次から第8次にわたってたてられ、おおむね、計画に沿って、建設が進んできた。この間、第3期（1976年度〜）においては、量的に需要が充足されてきたところから、質の向上が課題となり、最低居住水準等が設定され、以後、その実現を目指すこととなった。第5期（1986年度〜）には、誘導居住水準が設定された。また、第4期（1981年度〜）以降は、住環境水準（災害安全性、日照、騒音等、住宅密度、周辺との調和、生活関連施設との近接など）を指針としつつ、良好な住環境を目指すこととなった。また、第8期（2001年度〜2005年度）には、住宅性能基準が課題とされた。居住福祉指向を含む展開となってきたとみなすことができよう。

　第8期の計画の策定の過程で、従来の方式の転換が必要との見解が、審議会

から提出されていた（2000年6月、住宅宅地審議会答申）。この期の計画は、政策の方向として、ストック重視、市場重視と高齢社会への対応をあげた。公的資金による住宅建設は、市場の補完・誘導と位置づけられたものの、325万戸と前期よりやや低い程度であったが、うち40.5万戸が増改築であったことは、この期の特徴である。計画の高齢社会対策は、整序された体系であった。

具体的施策として、バリアフリー化（持家→公庫融資の金利優遇等、公共賃貸住宅→標準仕様化と既設公営住宅での改善、高齢者向け優良賃貸住宅における支援）、公共賃貸住宅における高齢者の入居優遇（単身者の入居も認めるなど、高齢者世帯の優先入居、シルバーハウジングの実施、都市機構住宅における当選率の優遇と入居基準緩和など）、高齢者円滑入居の登録制の運営など、居住の安定のための福祉施策との連携、同居・近居の支援（公庫融資での優遇、住宅取得の税の優遇など）、高齢者居住に配慮したまちづくりとなっていた。市場が重視される一方で高齢者の居住福祉に配慮する方向があったと考えられる。

その後、2003年に、社会資本審議会住宅宅地分科会の「新たな住宅政策のあり方について」の建議があったことに始まり、住宅建設計画法体制の見直し、新法制定を目指すこととなった。この建議では、住宅事情や社会経済情勢の大きな変化があり、単体単位のハード面に重点をおいた新規供給支援型の政策では対応できず、住まい方や住環境というソフト面に重点をおき、市場活用とストック重視の住宅政策、「いわば居住政策」が必要となったとした。住まいの保障としての公的施策としては、「柔軟で効果的なセーフティネット」の構築を想定していたと解される。なお、この建議に先立ち、2001年末に、特殊法人等整理合理化計画が閣議決定され、都市基盤整備公団の廃止再編、住宅金融公庫の見直しが日程にのぼっており、公的3本柱の2本がなくなることとなっていた。小さな政府への大きな流れの一環である。

2）住生活基本法（2006年6月公布）および、これに基づく「住生活基本計画（全国計画）」2006年9月が、現在の住宅政策の到達点である。法は、「基本的施策」として、①国民の住生活の基盤となる良質な住宅の供給等、②良好な居住環境の形成、③居住するための住宅を購入する者等の利益の擁護・増進、④居住の安定の確保（低所得者、高齢者、子どもを育成する家庭等に特に配慮）が掲げられている。③は、Ⅰにおける、第1の領域、④は、第4の領域の施策

である。

　住生活基本計画（2006年度～2015年度）では、住宅が生活の基盤であるとともに、街並み、地域社会など、社会的側面があるとしたうえで、横断的視点として、ストック重視、市場重視、福祉・まちづくり等の施策との連携、地域の実情への適合をあげている。

　計画は、法の4つの基本施策・目標ごとに、数量的目標と施策を示したが、この章と関連の深いものとしては、①　ユニバーサルデザイン化の促進、良質な住宅ストックの維持（ストック市場の基礎として重要）、②　災害時の安全等、③　住宅性能表示制度の普及、瑕疵担保責任の確保など住宅市場環境の整備、④　低所得者、高齢者などの居住の安定、公的賃貸住宅・民間賃貸住宅によるセーフティネットの機能向上、最低居住水準未満率の早期解消、高齢者を受け入れる民間賃貸住宅の情報の提供などをあげることができよう。なお、④では、第8次住宅建設5箇年計画と異なり、対象としている層が多様化している。

　計画は、住宅性能水準、居住環境水準、誘導居住面積水準、最低居住面積水準（後2者は改訂したもの）と、公営住宅の供給の目標の設定の考え方（都道府県が数量目標を決めるが、その基本──低所得層に公平・的確な供給、すなわち積極的拡大は行わないこと）を示した。

3） ここで、Ⅰの枠組みを踏まえ、高齢者が相当数含まれる低所得層に対する公費による賃貸住宅の供給と住宅市場との関係について、政策の経過と現状をみておきたい。

　住生活基本計画の参考資料（2006.9.19）から、図1-2を掲載した。この横軸は、所有関係別等の戸数で縦軸は1戸あたり面積である。そこで各矩形の面積は、所有関係別等の延べ面積となる。民営賃貸住宅には、狭いところに多くの人が住む状況がイメージできる。また、公営住宅、公団・公社の賃貸住宅はあまり広くないことも分かる。

　公営住宅は、現在、総面積としてはあまり大きい比重はもたないが、戸数は多い。本来、低所得で市場の家賃を支払えない層を対象としており、国民に文化的な住生活を保障する政策としては、基礎的なものであった。これが計画的に建設された時期もあった。公団、公社の住宅は、中堅勤労者向けという位置づけであった。1993年に、比較的規模の大きいファミリー向け住宅の不足に対

図1-2 所有関係別・建て方別住宅ストック数及び1住宅当たり延べ面積

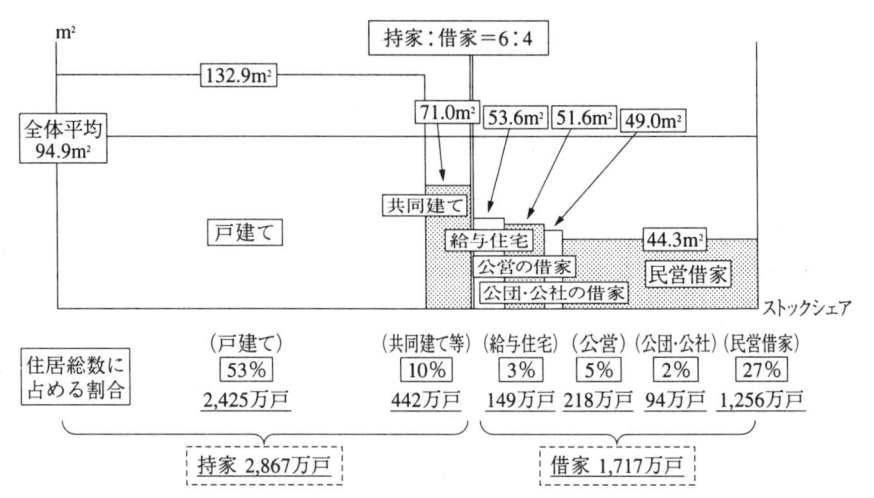

持家:借家=6:4

全体平均 94.9m²
132.9m²
71.0m² 53.6m² 51.6m² 49.0m²
44.3m²

戸建て / 共同建て / 給与住宅 / 公営の借家 / 公団・公社の借家 / 民営借家

ストックシェア

住居総数に占める割合
- (戸建て) 53% 2,425万戸
- (共同建て等) 10% 442万戸
- (給与住宅) 3% 149万戸
- (公営) 5% 218万戸
- (公団・公社) 2% 94万戸
- (民営借家) 27% 1,256万戸

持家 2,867万戸 / 借家 1,717万戸

注）数値に空家は含まない。
資料：総務省「住宅・土地統計調査（平成15年）」

応するため、特定優良賃貸住宅制度ができた。また、2001年に後に述べる、本来民間事業である高齢者向け優良賃貸住宅の制度が発足している。

　1996年、公営住宅法の改正があり、地方公共団体による直接建設のほかに、民間住宅の買い取り、借り上げが可能となった。また、家賃制度の改正があり、「応能応益」家賃（近傍の市場家賃を上限に、収入と立地、規模などにより決定）となった。このように、1990年代後半から2000年前後にかけて、公的賃貸住宅制度にも市場要素が導入された。

　住生活基本計画では、簡単に述べられているが、住宅セーフティネットは、家賃負担から市場で自力では適正な居住水準の住宅に入れない低所得層等に対するものと、入居制限をうけやすい高齢者等に対するものを重層的にとらえている。すなわち、市場によるセーフティネットがセーフティネット全体のなかに含まれるという構図になっている。この点は、社会資本整備審議会住宅宅地分科会「今後の公的賃貸住宅制度等のあり方に関する建議」（2006年8月）に明確に論じられている。

　住宅について、住宅セーフティネット法と略称される「住宅確保要配慮者に対する賃貸住宅の供給の促進に関する法律」が2007年6月に成立している（法

案は、衆議院国土交通委員長が提出、議員立法)。住宅確保要配慮者とは、低所得者、被災者、高齢者、障害者、子どもを育成する家庭などである。法の目的はこれらの人びとに対して賃貸住宅の確保を促進することで、そのため、基本方針を定めることなどを規定している。住生活基本法をうけた小基本法というべきものである。法による基本方針によれば、賃貸住宅の供給促進の中核は公的賃貸住宅であることになっているものの、基本ストックの有効活用と適正な利用を掲げて、積極的財政負担による供給の増大は考慮外である。これを補うものとして、民間賃貸住宅への円滑な入居の促進があるが、具体的には、高齢者円滑入居住宅制度の拡大が主内容である。「あんしん賃貸支援事業」(2006年度開始) がこれにあたるという。協力店と支援団体等の連携により、上記の要配慮者の賃貸住宅への入居の円滑化を支援するもので、登録制度を設けるものである。住宅セーフティネット法に基づく政策の体系は、これまで述べてきたところと整合しており、財政負担を伴う公的賃貸住宅の機能は抑制し、民間賃貸市場において、高齢者を含む住宅確保要配慮者の住まいを確保しようとしている。国、地方公共団体の支援についての言及はあるものの、市場で低所得層などが、安心できる住まいを確保できるか、疑問なしとしない。

4) この章の枠組みでは、市場における弱者の保護について、分析が必要である。住宅市場は、いくつか考えられる。民間賃貸住宅に関するもの、新築・中古住宅の取引に関するもののほか、新築とリフォーム自体もそこに住む人と事業者の間に契約締結等をめぐって市場があると考えることができよう。その際、市民、買い手の側は情報や取引力において、弱い立場にある。そこで、市場における取引が正常に機能するような秩序をつくることが、公的政策課題となる (第1の領域の施策)。

この点で戦後最初に導入されたのが、主として賃借者保護の内容をもつ宅地建物取引業法 (1952年) による規制であったといえよう。この制度では、宅地・建物の売買や売買・賃貸の媒介を業とする者の免許、公的資格である宅地建物取引主任者の配置、公正さを保つための業務の基本的事項 (主任者による重要事項説明、手付金の上限と保全、クーリングオフなどの規定を含む) などの規定がある。これにより、専門的知識の少ない買い手、賃借人が売買、賃貸にあたり、保護がかなり行われるはずである (第1、第3の領域の施策)。

一般の市民が、住宅を購入しようとする場合、その物的構造、安全性、耐久

性といった性能等について十分な判断ができないといったことがある。そこで、住宅の品質が適切に表示されていれば、購入者が不利を受けないで済むと思われる。これは、市場が正常に機能する前提条件となる。

　また、日本では、自分の住宅を建て（または建てられた住宅を買う）ことも多いが、その住宅は欧米諸国に比較すれば、短期間に廃棄されまた新築するといったことで、良質のストックが蓄積され流通することはあまりなかった。そこで、近年の市場重視という施策は、ストック重視と対になって提起されてきた。市場形成以前に、日本の住宅そのもののあり方が問題となってきたわけである。

　「住宅の品質確保の促進等に関する法律」（2000年4月施行）は、住宅市場のシステムの形成の意義ももつ画期的立法であった。

　①「基本構造部分」について10年の瑕疵担保責任を定めたこと、②　新築、リフォーム、中古市場の基礎情報の提供となる、住宅性能表示制度として、10分野34事項（高齢者等への配慮〔対策等級がある〕、高齢者に関係の深い構造の安定〔耐震等級がある〕、防犯、火災時の安全などを含む）を第三者機関が評価し評価書を交付すること、③　住宅専門の紛争処理体制（指定住宅紛争処理機関〔弁護士会〕と住宅紛争処理支援センター〔（財）住宅リフォーム・紛争処理支援センター〕）とを設けたことが主要な内容となっている。

　既存住宅の住宅性能表示制度も2002年から発足しており、住宅のリフォーム、中古住宅売買により利用可能となった。もっとも、②の住宅性能表示制度は、事業者、消費者が任意に第三者機関に依頼するもので、強制されない。住宅着工戸数のうち住宅性能表示を行ったものの割合は漸次増加しているが、2006年度で20％である。この新しい法律は、商品の標準化の困難な住宅について、第三者による性能表示を設けたこと、また、新規の住宅について瑕疵担保を手厚くし、買い手を保護していること、紛争処理体制を設けたことで、市場における弱者である買い手の保護の3つの側面を備えている。住宅性能表示のなかで、高齢者等への配慮も評価されることとなった。なお、高齢者住宅については、本章末尾で述べる。

3　自宅・在宅、高齢者住宅、施設の現況と課題

　1）みてきたように、高齢者は、可能な限り自宅で住み続けたいとする場合

が多い。この期待を実現することは、高齢者の住まいとケアのもっとも重要な課題である。介護保険制度でも、「可能な限り、居宅において、その有する能力に応じ自立した日常生活を営むこと」が法の理念となっている。行政もこの理念に沿って制度運営を図るべきであろうが、給付費用を抑制することも重視しており、施設より自宅で過ごす方が公的費用が安価であるために、自宅での介護を推進しようとしてきた嫌いがある。2005年の制度改正では、全体としての公的費用を抑制しようとして、在宅サービス、特に生活援助の部分も抑制され、自宅で生活を続けることに不安も生じてきた。

　世論調査は、人びとの潜在的な必要を把握しているわけであるが、こうした生活課題が表明され、当事者などの活動が影響力をもつようになると、政策関係者の対応が求められてくることも考えられる。自宅に住み続けたいという要求と関連して、日本弁護士連合会は、要介護高齢者や「障がいのある人」が「地域で暮らす権利」は、憲法や国際人権規約などによる基本的人権である、そして、その人権が守られておらず、擁護が必要である趣旨の宣言と文書を公表している（『高齢者、障がいのある人が地域で自分らしく安心して暮らすために』2005年11月）。法律家らしく、人びとの自然な思いを人権の問題ととらえなおしていることは、国連の高齢化への対応とも関連して注目される（国連文書と同様に範囲は、住まいとケアのほか、自立援護、所得、社会参加など広い）。

　高齢者が介護を必要とするようになっても、自宅で、また、地域で既述の生活機能といった視野において、当たり前の日常生活を続けるためには、具体的にどうすればよいか描くことは、市民の常識でほぼできる。物的環境として、住宅が古ければ、リフォーム・改修によりバリアフリー化し、間仕切りや寝台等の配置を検討し、必要な福祉用具を利用する。人的な面では、介護については、通所や訪問サービスを利用することとなろう。介護することができる家族がいれば、さまざまな程度で高齢者を介護することも一般的であるが、その家族介護者のウエルビーイングも低下しないことが必要である。実態としては、単身者の場合や、家族も介護するがその心身の負担が大きい場合、さらには、将来を見越して安心のため、特別養護老人ホームに入居を申し込むことも多いが、ICFの概念図から推測されるように、各種の代替的方法がありうるはずであり、福祉施設に入ることは、最終的選択肢とすることもできよう。現在は、介護サービスの準市場である介護保険では、供給の絶対的不足という、市場の

制約で、要介護者が重度でないと施設に受け入れられないが、他方、公定価格である介護報酬と、サービス供給者に課されている人員配置の基準（Ⅰの第3の施策）では、介護職の負担が大きいため、施設で介護の手間のかかる人は歓迎されない場合もあるのが実態である。

　生活機能の考え方の、活動と参加は、生活の全体といってもよい広さをもっている。高齢者は、高齢期にあること自体から、健康状態から、また、病気・障害があることから制約があるが、個人として可能な活動をし、社会と関わりをもつこと（社会参加、役割）ができることが望ましい。活動できないこともあろうが、代替的な経路でウェルビーイングを高く保つことができるはずである。日常生活動作ができるような支援にのみ注意を向けることは、問題であろう。介護保険の運営の要であるケアマネジャーや、介護の専門的従事者が、このような視点をもつことが期待される。

　高齢期には、このライフステージに多い病気になりやすく、治療に長期を要することも多い。自宅で生活を続けるには、医療的ケアが得やすい状態が必要となる。医療においても、準市場として、サービス価格である診療報酬と各種の条件が設定されている。行政はこれにより、（診療報酬による在宅療養支援診療所の評価など）在宅医療や医療機能連携を促進しようとしてきたが、現在では、訪問診療なりターミナルケアの意義を認める特定の医師個人や、訪問看護師に出会うことができた幸運な人が、自宅、地域で安心して過ごすことができるといった状況であり、社会全体に機能するシステムとし、住居がどこにあっても安心して過ごせるような条件（医療費節約を主目的としたものでなく、市民のための地域における包括ケア体制）の実現が課題である。

　医療、介護サービスを始め、高齢者の生活全体に関わる問題を地域で包括的にケアする政策の発想は理解できるが、専門職などを集めた調整組織などに住宅関係の専門家、リハビリテーション専門職も参加することが必要であろう。また、住民同士の助け合いやボランティア活動も公的サービスを補う重要な活動である。

　2）地域で暮らす権利とともに、必要な場合、特別養護老人ホームなり、その他の施設・住居に移る自由も重要であろう。しかし、まず、自宅と施設の間の「落差」[10]が大きいこと、すなわち、大規模施設では、普通の日常生活を続け難いことも認識される必要があろう。

人間の尊厳に関わる自立や個人のウェルビーイングの実現は、自宅という生活拠点がある場合に実現しやすいであろう。介護を要する状態で、自宅で過ごし得ない場合でも、大規模施設でなく、高齢者向けの住まいとケアの小さな拠点やサービスが日常生活圏にあれば、安心して普通の生活を続けることができよう。このような場合、認知症が進んでも、自宅やそれに準ずる住まい（在宅）で過ごすことができよう。介護保険制度改正で、地域密着型サービス、特に、小規模多機能型居宅介護、夜間対応型通所介護などの介護サービスが新設され、期待がもたれてきた。もっとも、その介護報酬という公定価格のもとで要求される諸基準を満たすことは容易でないともいわれてきた。また、施設よりは、高齢者住宅の方が、自宅の環境に近い。それが住み慣れた自宅と同じ雰囲気の地域にあり、馴染みの店舗などもあるといった生活圏にある場合は、もとの自宅にも近いといえよう。

　日本の高齢者の住まいの数、居住者数を全体として把握しようとすると、その範囲の定義にもよるが、容易でないところがある。毎年『社会保障入門』に「高齢者の居住関係施設」の表が掲載されている。高齢者の住まいの概要説明などが、一覧できる、2007年度版のものを掲載する（表1-1）。コレクティブハウジング、グループリビングなどについては、統計数値がない。高齢者の住まいについては、このほか、高齢者専用賃貸住宅などを加える必要がある。

　これに関する、最近の事業所数、定員数などで、把握できたものは表1-2のとおりである（46ページ）。

　老人福祉法及び介護保険法による施設の、事業所数と定員等は表1-3の通りである（46ページ）。

　以上で、高齢者が介護を要する場合、虚弱化した場合などの自宅以外の住まい（ケアまたは緊急時連絡などの支援つき）と入居型の福祉施設がおおむね網羅されている。人数の多いのは、介護保険の3施設特に、特別養護老人ホーム（介護老人福祉施設）で、約40万人が入居している。また、介護保険制度導入以後、急速に拡大しているのが、有料老人ホームとグループホームという民間営利企業が活動できる市場性の高い分野である。

　養護老人ホームは、2005年の介護保険法の改正にあわせて、制度のあり方が見直された。これにより、外部サービス利用型措置施設、ケアハウスで特定施設または、両者の混合形態に移行することとなった。軽費老人ホームA型、B型についても、ケアハウスへ移行することとなっている。

表1-1　高齢者の

	ケアハウス注1	有料老人ホーム注1	認知症高齢者グループホーム	生活支援ハウス
施設の概要	60歳以上（夫婦の場合、どちらか一方が60歳以上）で、かつ、身体機能の低下が認められ又は高齢等のため、独立して生活するには不安が認められる者で、家族による援助を受けることが困難な者を低額な料金で利用させる施設	常時10人以上の老人を入所させ、食事の提供その他日常生活上必要な便宜を供与することを目的とする施設※	小規模な生活の場（5～9人の少人数を単位とした共同居住形態）において、食事の支度、掃除、洗濯等を利用者が共同で行い、1日中、家庭的で落ち着いた環境のなかで生活を送ることにより、認知症の進行を穏やかにし、家庭の負担の軽減に資するもの	介護支援機能、居住機能及び交流機能を総合的に提供する施設
収入制限	制限なし	制限なし	制限なし	制限なし
事業主体	都道府県知事等の許可を受けた法人 社会福祉法人 地方公共団体	民間、社会福祉法人等	民間、社会福祉法人、医療法人、地方公共団体等	社会福祉法人、医療法人、市町村等

注）　1　介護保険の特定施設入所者生活介護の指定は633施設。その内訳はケアハウス131施設、有料
　　　2　シルバーハウジングの入居要件、補助制度の概要等は、公営住宅の場合のみを記載。
参考：○介護老人福祉施設（特別養護老人ホーム）：施設数5,535施設、定員383千人
　　　○介護老人保険施設：施設数3,278施設、定員298千人
　　　○介護療養型医療施設：施設数3,400施設、病床数130千床（平成17年度介護サービス施設・事
原資料：厚生労働省老健局振興課調べ。
出所：社会保障入門編集委員会『社会保障入門2007』（中央法規出版、2007年）58～59ページ。
※筆者注）その後、定義変更があった（54～55ページ参照）。

　なお、生活支援ハウス（高齢者生活福祉センター）は、2000年9月の厚生労働省老健局の要綱により規定が置かれた。介護支援、居住、交流の機能を総合的にもち、現在の小規模多機能型居宅介護に住まいを加えたイメージである。実施主体は市町村である（指定をうけた通所介護事業者などに委託可能）。当初は、離島などで、デイサービスを基礎に他の機能を付加して活動したが、その後、都市部にもできるようになった。居住については、原則として60歳以上

居住関係施設の概要

高齢者向け 優良賃貸住宅	シルバー ハウジング注2	コレクティブ ハウジング	グループリビング
バリアフリー化、緊急時対応サービス等高齢者に対応した設計・設備を備え、都道府県知事等の認定を受けた賃貸住宅（平成12年度から生活援助員（LSA）の派遣の対象）	バリアフリー化に対応するとともに、生活指導・相談、安否確認、緊急時対応等を行う生活援助員（LSA）が配置された公営住宅等	個人の住宅部分とは別に、ダイニングキッチン、リビングなど、居住者どうしが交流し、支え合う協同の空間を備えた集合住宅	高齢者が身体機能の低下を補うため、互いに生活を共同化、合理化して共同で住まう一定の居住形態（定員5～9人）
制限なし	収入分位25％以下（地方公共団体の裁量で40％以下まで緩和）	制限なし	制限なし
民間、社会福祉法人、都市再生機構・公社、地方公共団体等	地方公共団体等	規定なし	市町村（支援事業の実施主体）

老人ホーム502施設（平成15年度社会福祉施設等調査報告による）。

業所調査結果による）

の、単身者、夫婦、自宅での生活に不安のある者が対象となる。居住部分の利用者は相談や緊急時の支援をうけられること、利用者と地域住民との交流などを行うことが予定されていること、居室は原則個室、18平米以上で、トイレ、調理設備、緊急通報装置（貸与または給付）を備えることなど、すぐれたプログラムをもっている。定員はおおむね10名程度とされてきた。

　グループリビングについては、介護保険発足後（2001年）、介護予防・地域

表1-2 高齢者の住まいの現況

	事業数	定員等	調査年月	出所等
ケアハウス	1,793	71,235	2007年3月	①
有料老人ホーム	1,968	91,524	2006年10月	②
認知症高齢者グループホーム	8,350	115,644	2006年10月	③
	9,691	—	2007年9月	④
シルバーハウジング	821団地	21,994戸	2007年3月	⑤
高齢者向け優良賃貸住宅	732団地	31,999戸	2007年3月	⑥
高齢者円滑入居賃貸住宅	8,207件	111,635戸	2007年10月初	⑥
高齢者専用賃貸住宅	587件	13,711戸	2007年10月初	⑥

注）①厚生労働省「平成18年度社会福祉行政業務報告」結果の概況　人数は定員。
　　②厚生労働省「平成18年度社会福祉施設等調査」結果の概況　人数は在所者数。
　　　定員は、123,155　うち定員9人以下のホームの定員数　322。
　　③厚生労働省「平成18年介護サービス施設・事業所調査」結果の概況　人数は9月末在所者数。
　　④WAM-NET　介護事業者情報の介護報酬情報数。
　　⑤国土交通省住宅局住宅総合整備課住環境整備室調べ。
　　⑥(財)高齢者住宅財団ホームページ。高齢者向け優良賃貸住宅は、認定の事実のあったものの計。

表1-3 老人福祉施設の現況

	事業所数	定員等	調査年月	出所等
養護老人ホーム	960	66,570	2007年3月	①
軽費老人ホームA型	232	13,613	2007年3月	①
軽費老人ホームB型	32	1,497	2007年3月	①
特別養護老人ホーム	5,898	402,152	2007年3月	①
介護老人福祉施設	5,716	392,547	2006年10月	②
介護老人保健施設	3,391	280,589	2006年10月	②
介護療養型医療施設	2,929	111,099	2006年10月	②

注）①厚生労働省「平成18年度社会福祉行政業務報告」結果の概況　人数は定員。
　　②厚生労働省「平成18年介護サービス施設・事業所調査」結果の概要。事業所数は、2006年10月1日、在所者数は、9月末。人数は在所者数。

支え合い事業が体系化・施行されたが、そのなかの1項目として、その支援について規定されていた。加齢による身体機能の低下を補うため、食事等の生活を共同して行う、5～9人のグループで共同で生活しているものについて、支援体制を組むとき、市町村に対して支援する内容であった。

これらは、いずれもそれ自体としては法的根拠がないが、ほかにも、宅老所、グループリビング、コレクティブハウジングなど、自立と共生というべき、インフォーマルな住まいとケアの営みが各地に広がってきたことは、数量的把握は困難であるとはいえ重要なことである。民間独自のグループリビング等については、第10章と第11章で論じている。

以上を念頭に、以下、主要な高齢者の住まいとして、ケアハウス、有料老人ホーム、グループホーム、国土交通省主管の高齢者住宅対策（シルバーハウジング、高齢者向け優良賃貸住宅、高齢者専用賃貸住宅など）について、制度の概要や最近の変化などを検討することとしたい。

最後に、日本の高齢者住宅と高齢者福祉施設の全体の規模、特に高齢者住宅に関するものについては、先進諸国にくらべ、高齢者人口に対する比率として低いことを指摘しておきたい。社会保障審議会介護保険給付費分科会介護施設等の在り方委員会（2006年12月15日）に配布された資料では、原則2005年の、シルバーハウジング、高齢者向け優良賃貸住宅、有料老人ホーム、軽費老人ホーム（ケアハウスを含む）の定員は、65歳以上人口に対し、0.9％であった。イギリス、アメリカ、デンマークの場合、それぞれ、8.0、2.2、8.1％（最近年次）となっており、日本の「ケア付き高齢者住宅」は、きわめて低い値であることが示された。なお、同じ年度の日本の介護保険3施設の定員は、3.5％で、イギリス、アメリカに比べて、わずかにその割合が低い程度である。

4　ケアハウス

ケアハウスは、軽費老人ホームの第3番目の類型として、ゴールドプラン（1989年）のなかで登場した。軽費老人ホーム全体は、低額で、家庭環境、住宅事情などの理由で、居宅で生活することが困難な「老人」を入所させ、日常生活上必要な便宜を提供する施設とされている。ケアハウスについては、60歳以上（夫婦の場合、どちらか一方でよい）で、自炊できない程度の身体能力等低下が認められ、または高齢等のため独立して生活するには不安がある者で、

家族の援助をうけることが困難な者が利用の対象となる。設置できるのは、地方公共団体と社会福祉法人が原則であるが、1993年から医療法人に設置・運営主体となることを認めた。規制緩和により、事実上2002年より都道府県知事等の許可をうけた法人（株式会社を含む）も可能となった。なお、1999年のPFI法（民間資金等の活用による公共施設等の整備等の促進に関する法律）により、公共部門に株式会社等の参入もなされるようになっている。社会福祉事業は、国、地方公共団体と社会福祉法人が行う建て前であったが、福祉施設という準市場へ参入できる主体が拡大されたことになる。

軽費老人ホームは措置制度が一般的な時期から、契約により入居することとなっていた。しかし、人員、設備、運営の基準が詳細に規定されていることは、他の老人福祉施設と同様である。ケアハウスの基準として重要なものとしては、原則として居室は個室。居室面積は原則として、21.6平米以上（ユニット型で、10名程度に付き「共同生活室」がある場合、15.63平米以上、有効面積13.20平米以上）で、特別養護老人ホームより広い。車椅子で移動可能なスペースをとることとしている。定員は独立した施設の場合20名以上（特別養護老人ホーム等を付設する場合、10名以上）。

職員の配置数は、定員20名の場合、総数7名であるが、このうち介護職員1名は、入居者の総意や、ほかに適正な処遇ができるときは置かないことができる。また、調理員等が4名となっているが、調理を委託した場合は置かないでもよい。定員100人の場合、必要な職員数は11名。大規模な場合、特に、配置人員の基準が少ないが、これは、つぎの場合を除き、利用者が、要介護であることを予定しないためである。

ケアハウスは、有料老人ホームと同様に介護保険制度の特定施設となることができ、その場合、要介護者についての必要な職員（看護＋介護）は対象者3人に対して1人である（他の老人福祉施設と同じ）。計画作成担当者をおき入居者に適した介護を行う。利用者は、特定施設のサービスを利用せずに、外部サービスを利用することもできる。

ケアハウスの場合、入居者の支払う利用料は、生活費（食費）、事務費（人件費等）、管理費（家賃相当）からなる。福祉施設で食費、家賃相当額を利用者が支払うことは、従来では、特異であった。人件費等は、定員の規模別に定められている。しかし、対象収入（前年の収入—租税、社会保険料、医療費、特定施設入居者介護の利用者負担分など）の階級別に、「事務費徴収額」が定

められ、低所得層はかなり費用軽減がなされる。管理費については、「建設年次の施設整備費」(PFI方式の場合、施設及び施設用地の賃借料総額を現在価値で換算した額) から、国・都道府県補助などを除く金額により、入所者1人あたりを算出し、一括、分割 (20年が標準で、利息が加わる)、または併用の方式で利用者が負担することとなっていた (原則は分割払い)。建設にあたり、事業者が建設する場合、土地は公的補助の対象とならず、補助率は、国2分の1、都道府県など4分の1であった。土地代、建設費等は地域差があり、また、補助対象外の有料老人ホームなみの豪華な設備とすることもあって、一括払いの場合、利用者が負担する管理費は数百万円に及ぶこともあった。なお、「地域における公的介護施設等の計画的な整備等の促進等に関する法律」(2005年4月に従来の法律の名称を含めて改正) により、三位一体改革等を踏まえ、個別の施設建設に対する補助金ではなく、地域介護・福祉空間整備等交付金 (市町村交付金、都道府県交付金) が、国から、選択・承認された市町村の整備計画、都道府県の施設環境改善計画に対して交付されることとなった。地方自治体は、交付金の利用について、裁量できることとなった。ケアハウスで29人以下の場合は、市町村の、30人以上の場合は、都道府県の計画のなかに含まれることにより、交付金のうちから支援をうけることとなった[11]。

　以上、制度を概観したが、社会福祉施設としては、準市場としても自由度が高くなっている。2005年介護保険法改正では、介護施設にホテル・コスト (家賃) が導入されたが、顧みれば、ケアハウスは、その先駆け的なものであったといえよう。当初から、契約による利用が原則で、その後、前記のように、民間事業者も参入できることとなった。生活費、事務費と設備・運営に基準がある。建設に必要であった費用は、利用者が支払うことは、有料老人ホームの場合と近似しているといえよう。しかし、建設費について、公費の負担があること、職員の人件費について、低所得層の負担を軽減していること、行政が他の福祉施設同様に、設備・運営の基準を設けていることなどは、伝統的な社会福祉施策の一環をなしているといえよう。

　食費、人件費等、家賃を利用者が負担してきたため、事業・運営主体、地方自治体の負担は、他の福祉施設より、相対的に低くなったはずであるが、公的負担が必要である限りは、ケアハウスの数、定員の増加も緩やかなものとならざるをえなかった。定員数は1995年から2000年の間に、創設期であるためもあって4.2倍 (実数で約35,000の増加) となったが、その後2005年までは、1.5倍

（約22,000の増加）にとどまった。ゴールドプランの10年間で、ケアハウスは10万人に達することを予定したが、3度目の計画にあたる「ゴールドプラン21」でも、目標年度（2004年度）ほぼ同じ目標にとどまった。しかし、先に掲げたような現状であり、この目標までもなおかなり遠い状態である。

　介護や福祉の分野での「改革」にあたり、養護老人ホーム、軽費老人ホーム、療養病床の行方として、ケアハウスがあげられており、原則自由な有料老人ホームと比較して、契約上の立場の弱い高齢者に不利な条件が生じることのないような保護のあるこの住まいが政策上便宜な施設とみなされているのであろう。

　Ⅰの5による市場における弱者保護の視点でまとめれば、ケアハウスという準市場では、実質的に介護施設の絶対的不足（第1の領域）に代わるケア付き住まいとして、期待されてきたが、それ自体として、都市部では特に、不足している。福祉施設としての基準も上記のように規制されてきた（第3の領域）。また、低所得層には財政負担がなされている（第4の領域）。

5　有料老人ホーム

　1）有料老人ホームは、老人福祉法に規定があり、従来は、食事の提供その他日常生活上必要な便宜を、常時10人以上に供与する施設で、福祉施設ではないものとされてきた。有料老人ホームは、高齢者の住まいとケアについて、もっとも市場的な事業分野である。介護保険制度導入以前は、財政的な支援などはなく、設置運営の主体の種類は、法人であれば制限はなく、ほぼ、民間事業（大部分は株式会社）であった。終身利用権という、この事業特有の形式の契約で入居するのが一般的である。この権利の内容は、自分の個室（トイレ、洗面台、ミニキチンなどのついたもの）と共用施設（居間、食堂、大浴場、多目的ホールなど）を利用し、介護を含む所定のサービス（介護をうけるようになると専用室に移る場合もある）を終身にわたり利用する権利である。入居しようとする人は、一時金を払ってこの権利を得るが、その額のばらつきはホームごとにきわめて大きかった（本項末尾参照）。事業者は、顧客層（その所得・資産の状況、健康状態、選好など）を想定して、さまざまなホームを建設し、サービス内容を決める。人びとは、それらを自由に選択し契約する。入居者は一時金のほか、食費や施設の運営に関する費用を毎月支払う。その額も対

応するサービスなどの内容などにより差異がある。こうして自由な取引関係が成立している。

　このような自由な市場で契約できる入居者は、中堅以上の所得・資産のある人に限られていたが、介護保険制度が導入され、特定施設の制度が設けられて、より所得の低い層も介護付の有料老人ホームを利用することができるようになった。ホームの数も急増した。介護保険による公的な介護サービスについては、当然ながら、介護報酬が決まっており、職員配置数、運営などについても規制がある。その点では、有料老人ホームの相当部分は、準市場に組み込まれたといえよう。しかし、これらのホームでも、介護のため、基準以上に職員を配置したり、基準以外の介護サービスを提供するといったことができ、また、施設、介護以外のサービスを充実することもできるので、自由な市場の部分も残っているといえる。

　2） 有料老人ホームに入居しようとする高齢者は多額の一時金を支払うことが通常であった。これは、一生で最後の大きな買い物とみなされ、また、持ち家を売った代金を一時金にあてる人も少なくなかった。しかし、入居後に各種の深刻な問題が発生する場合もなきにしもあらずであった。その重要な背景として、契約にあたって、事業者が自ら定めた様式を提示し、高齢者などは複雑な内容を十分理解せずに署名押印するといった事態も多いと推測され、高齢者にとって不利、事業者にとって都合のよい条件が確定してしまうこともあったと推定される（末尾参照）。

　しかし、入居しようとする高齢者は、消費者とみなされ、その契約等について消費者として一般的な保護をうけることにはなっている。

　また、Ⅰで述べたように、消費者基本法による消費者保護施策のうちに、有料老人ホームに適用可能とみられる諸規定もある。消費者契約の適正化（情報提供における適正化、公正な契約内容の確保など）、広告の適正化（虚偽、誇大広告をなくし、選択を誤らないようにするなど）、地方公共団体による苦情処理などの規定がそれである。また、この法律により、国民生活センターが消費者保護の中核的機関とされており、関係機関の連携、相談、苦情処理、サービスの調査研究なども行っている。最近、国民生活センターは、有料老人ホームについて、包括的な調査を行い、提言を行ったが[12]、それは適切であり、そこで提起されたこと（契約前の情報公開の義務づけ、介護内容の具体的表示、

一定期間契約を撤回できる制度、一時金の支払い・清算根拠の明示、介護の質の向上、行政体制の充実など）が、実現されるようにすることは、事業者、法定の事業者団体である（財）全国有料老人ホーム協会と行政の課題といえよう。

　消費者契約法（2000年制定、2001年4月施行）は、消費者（個人）が事業者と消費契約を結ぶ際に、情報の質・量、交渉力の格差があることにかんがみ、締約の基本的なルールを定めている。事業者の不適切な行為（不実告知、故意の不告知など）により、消費者の自由な意思決定が妨げられたとき、締結した契約を取り消すことができること、消費者契約において消費者の利益を害する一定の条項の全部または一部が無効となることなどを定めている。これを、有料老人ホームに入居する過程に即してみれば、該当する危険のある場合を考えることができる。

　公正取引委員会も、公正な取引の観点から、「不当景品類及び不当表示防止法」の告示により、有料老人ホームの重要な事項についての不当表示について決め、さらに具体的に運用基準を示している（最近のものは、2004年以降）。これらは、Ⅰにおける第1の領域における施策である。

　3）一般的な消費者保護ととともに、有料老人ホームに固有な終身利用権の買い手である入居者としても必要な保護をうけうるように、施策が講じられてきた。これは、有料老人ホームの基礎となっている老人福祉法とそれに基づく行政上の措置である。また、介護保険制度の特定施設となっている場合は、介護保険法に基づく規制がある。

　前者については、有料老人ホームは個人経営でないこと等の比較的軽易な条件を満たせば、自由に設立できるが、法により、都道府県知事への届出が義務づけられている。法により、都道府県は有料老人ホームに対して、運営等に関して、報告を求めたり、職員に調査させることができる。また、入所者の処遇が不当な場合などに改善命令をだすことができることとなっていた（2005年の改正前）。これらに関して罰則もあった。

　これらの規定を運用するためには、どのような運営等が適正か、明らかにする必要があることとなる。比較的最近では、2002年に「有料老人ホームの設置運営標準指導指針」が厚生労働省局長通知として定められていた。これは、第7章で述べているように、逐次強化されて、これになったものである。都道府県知事は、この指針をうけて、そこの指導指針をつくることになるが、国の標

準指導指針をそのまま用いているところがおよそ半数である。

　上記の標準指導指針には、福祉施設、介護保険施設等の基準に定められているような事項（設備、職員の配置、運営など）が網羅されている。設備については、一般居室は個室とすること、介護居室は、個室で1人あたり13平米以上とすることなどが規定されている。職員については、施設長、生活相談員、介護職員、看護職員等をおくこと、要介護者、夜間、緊急時に対応できるよう職員をおくこと等を規定している。また、情報開示として、重要事項説明書を公開すること、広告等を行うときに有料老人ホームの類型を定めている。

　以上は、Ⅰにおける第三の領域の施策である。第1の領域に関することも、標準指導指針にあり、契約についての手続き、一時金の償却や返還債務保証に関すること、情報開示などについて、公正を期するよう定めている。弱者保護の第2領域の施策としては、標準指導指針における、「運営懇談会」（施設長、職員、利用者代表が参加、第三者も参加が望ましいとされる。報告や入居者の要望を運営に反映するための制度）、老人福祉法による（財）全国有料老人ホーム協会による会員ホームの指導や苦情処理、前記の都道府県知事による入居者保護のための改善命令などの規定等もある。

　4） 介護保険制度の創設にあたり、特定施設入居者生活介護というサービスが設けられたため、有料老人ホームは大きな変化をすることとなった。有料老人ホームがこの事業者として指定をうけ、要介護認定をうけた入居者が希望すれば、ホームから介護保険の介護をうけられる。事業者としても、社会保険により裏打ちされたこの制度を利用し、また、折からの長期不況のなかで、社員寮を利用するなどで経費の安い施設をつくった。これにより、顧客層を中間所得層まで広げた介護付有料老人ホームが急増することとなった。入居者側では、特別養護老人ホームの入所には何年も待たなければならないという理由から、需要も強かったといえよう。

　介護付きは、有料老人ホームの類型のひとつで、介護や食事などのサービスのついたものである。特定施設以外は介護付きの表示はできないこととなっている。他の類型は、住宅型（生活支援等のサービスのついた高齢者向けの居住施設、介護が必要な場合、入居者の選択により、外部からサービスをうけ、居室での生活を継続できるもの）と健康型（食事等のついた高齢者向けの居住施設、介護が必要となった場合、退去）である。

特定施設入居者生活介護については、人員、設備、運営については、厚生労働省の基準（省令）が定めをおいている。一般型のものの、配置人員については、要介護者3名に対して1名（看護＋介護、常勤換算）以上、生活相談員、看護職、機能訓練指導員、特定施設サービス計画策定担当者等の配置を決めている。介護居室は個室または4人以下、その他設備についての規定がある［なお前記、有料老人ホーム設置運営標準基準参照］。その他、介護保険施設に準じ、運営基準等が規定されている。
　介護保険制度下に入ることにより、介護付有料老人ホームは、市場型から準市場型に移行し、行政のより強い管理下に置かれることとなった（第3の領域の施策）。特定施設の介護報酬も、要介護度別に定められている。

　5） 介護保険制度改正で、有料老人ホームをめぐり大きく変化したこととして、特定施設に外部サービス利用型が創設されたことがあげられる。従来は、特定施設の職員が介護にあたり、外部サービスは利用できなかった。しかし、有料老人ホームを含む高齢者の住まいが特定施設となる場合に、要介護者が漸増するような際に柔軟に対応する等のため、外部サービス利用型特定施設が設けられることとなった。これは、生活相談や介護サービス計画、安否確認は特定施設の職員が実施し、介護サービスは、事業者が契約して外部から提供をうけるものである。この場合の職員配置は、要介護者の場合10対1である。
　介護保険制度改正と並行して、2006年度から、有料老人ホームに対する老人福祉法による規定も大きく変化した。これにより、有料老人ホームの設置運営標準指導指針も改定された（2006年3月31日）。詳しくは、第7章に述べられている。
　変更点のうち重要なところとして、第1に、有料老人ホームの定義の変更がある。従来の入所の規模10人以上という限定が廃止された。第2に、食事の提供その他の日常生活上必要な便宜を提供する施設という規定から、食事の提供、特定の身体介護、その他の厚生労働省の定めるサービスのいずれかを提供する（委託による提供や将来提供を約すものを含む）施設と改められた。多様な形態のものが現れていることに対応するものとされている。この変更は、定義を広くして、届出の洩れをなくし、行政指導を普遍化しようとする狙いがある。
　第3に、入居者の保護として、前払い金の算定基礎の明示と保全措置を講じること、省令に定める事項の情報の開示、所定帳簿の作成が義務づけられた。

さらに、都道府県知事の監督を強化し、従来からあった有料老人ホームの報告を求める権限に加え、ホームや受託者の事務所、事業所への立ち入り、検査、改善命令とその公示の権限などを規定した。これらは、有料老人ホーム入居者の実態に照らし、行政がその保護を強め、事業としては、自由な営業から、規制される営業に向けて移行してきたといえよう（第3の領域の施策の強化）。当初の自由市場から準市場に近づいてきたこととなる。この傾向は、現在の日本の公的分野の自由化、市場化の趨勢とは異なっている。

　厚生労働省社会福祉施設等調査で、有料老人ホームの数は介護保険の始まった2000年の10月に350（在所者26,616、定員数37,467）であった。2006年に、それぞれ1,968、91,524、123,155である。在所者で、3.4倍と大幅増加である。なお、2006年の統計のうち定員10人未満は、それぞれ、45、286、322であり、小規模のホームが十分把握できているか、疑問が残る。

　なお、今後も最近のような増加が続くかどうかは、疑問がある。特定施設中心に、事業所が増加してきたのであるが、地域的偏在の是正のためもあり、都道府県の介護保険事業支援計画により、地区別に配置の上限を決め、特定施設となりうる新規の開設をこの範囲内に収める方針がとられるようになってきた（介護保険法第70条第3項による）。市町村でも、小規模特定施設について介護保険事業計画で規制し、計画内に指定をとどめるようになってきている。

　6） 有料老人ホームの入居者について、厚生労働省が調査している（平成17年社会福祉施設等調査の一部、591施設、約13,000人が回答）。要約紹介する（％は4捨5入）。入居者の平均年齢は、82.5歳（99年の調査では79.5歳）で高齢化が進んでいる。75歳から89歳で約7割。女性が全体の約7割。平均入居年数は約4年。要介護申請をした人（大部分は認定されている。自立と判定された人は全体の3％以下）は全体のおよそ3分の2である。当然年齢が高いほど申請者の比率が高い。

　入居を決めた理由を、子どもの有無別に複数回答で聞いている。子どもありの場合、「体力の衰えから自立した生活が難しくなった」「家族に負担をかけたくない」「病気になっても安心」の回答が多い（36～43％）。子どもなしの場合、「病気になっても安心」、「老後の生活設計として入居をきめた」が多く（47～49％）、「体力の衰えから自立した生活が難しくなった」（30％）となっている。子どもがいる場合、家族への遠慮、子どもなしの場合、生活設計としてという

回答が相対的に高いこととなる。体力の衰えや病気の際の安心のためとするものは共通しており、早めの住み替えの目的の場合は多くはないと思われる。

　ホームを選んだ理由を10項目から、複数選択した回答は分散した。25％以上は、「立地がよかった」「家族・親戚・友人・知人の薦めがあった」「経営が堅実で、経営者も信頼できる」「居室や共用部分など設備面がよかった」「費用の面で自分の意向とあった」となっている。

　入居する前にどのような事前調査をしたかについて、57％は自分で調べた、22％は家族等が調べた（残りは不祥）としている。自分で調べた場合、複数回答で、「直接ホームを訪問して話を聞いた」が55％、「パンフレットで調べた」が42％、「体験入居した」が24％であった。第三者による有料老人ホームの入居相談では、種々自分であたり、体験入居するのが安全であると助言するのが普通であろうが、入居者全体からすると14％程度が体験入居をしているにとどまっている。パンフレットをもらい、見学する程度のことが多いようである。また、入居の際の契約内容（入居一時金、毎月の利用料に含まれるサービス内容、介護が必要となったときの取り決めなど）についてどのように説明をうけたか、聞いているが、文書を受け取り説明もうけたとする人がおよそ半数であった。文書を受け取ったか、説明をうけたかのいずれか一方の場合が、およそ5％程度である。説明をうけたか覚えていないか不詳とした人が40％以上である。事業者がよく説明しないのか、入居者が記憶、自覚していないのか分からないが、当事者間の明確な契約と意識されていない場合が多いことが窺われる。

　設備や運営について、困っていることがある人が32％あり、これに対する15項目からの複数回答では、「食事内容が自分に適さない」（34％）、「他の入居者との関係」（20％）、「運営について意見交換の場や要望を伝える機会が少ない」（20％）、「経営状況や利用料金設定について情報提供が不十分」「病気したときの診療体制が不十分」「夕食時間が早すぎる」「相談・助言などの面が不十分」（4項目、16～18％）などとなっている。

　満足度を5段階で聞いている。満足（29％）、おおむね満足（39％）、ふつう（24％）、やや不満（6％）、不満（2％）である。調査表は密封して事業所から回収したとされている。

　寝たきりになったときどうするか聞いているが、「現在のホームで生活したい」が全体の約7割であった。「やや不満」、「不満」な人の場合、この回答は

45〜35％と低くなる。

　相応の検討をして、高価な入居一時金を払って入居し、毎月相当額を支払って、満足している人も相当あるが、種々の問題をもつ場合もあるという実情であろうか。契約関係は必ずしも意識的ではないとみられる。

　その一時入居金と月額利用料を『週刊ダイヤモンド』（2007.11.10）の一覧表（ホーム数30以上の11都道府県の特定施設につき、介護型［要介護認定をうけた人のみ入居］と自立・混合型別に主要事項をランク分け等で表示）から整理すると以下の通りであった（幅があるときは最低値による。家賃一括前払いは入居一時金としていない）。

　入居一時金　介護型　786件のうち、0のもの236件（30％）、200万円未満187件、500万円未満186件、1,000万円未満123件で以上3層の計が63％、2,000万円未満39件（5％）、2,000万円以上15件（2％）、最高は3,000万円。

　0のものを除く全国平均は437万円であるが、東京都の747万円から、広島県の157万円と地域差がある。

　自立・混合型　215件のうち、0のもの10件（5％）、1,000万円未満85件（40％）、2,000万円未満65件（30％）、3,000万円未満38件（18％）、3,000万円以上17件（8％）、最高は1億350万円。

　0のものを除く全国平均は1,474万円であるが、東京都の1,965万円から埼玉県の862万円と散らばっている。広島県は900万円。

　月額の利用料　2つの類型であまり差はなく、分布も10万円から20万円未満程度のことが多い。介護型で、10万円以上15万円未満322件（41％）、15万円以上20万円未満276件（35％）、20万円以上30万円未満117件（15％）。当然、入居一時金0または低い場合、利用料が高いなどのことがある。全国平均は16.7万円であるが、東京都の19.6万円から、福岡県の11.7万円と開きがある。

　自立・混合型では、10万円以上15万円未満98件（46％）、15万円以上20万円89件（41％）、20万円以上30万円未満26件（12％）。全国平均は15.5万円であるが、東京都の18.2万円から、北海道の11.0万円となっている。

6　認知症高齢者グループホーム

　認知症高齢者グループホーム（認知症対応型共同生活介護）は、厚生労働省

令により、人員、設備、運営の基本的事項が定められている。要介護者で、認知症である高齢者（著しい精神症状のある者、著しい行動異常のある者などを除く）に、共同生活住居という家庭的な環境のもとで、介護その他の日常生活上の世話や機能訓練を行うものである。利用者がその有する能力に応じ自立して日常生活ができるようにすることを目指している。介護保険制度改正により、介護予防認知症対応型共同生活介護という範疇の事業ができたが、認知症の要支援者に対して、介護予防を目的として行われる。

　定義では、上記括弧書きの高齢者が除外されるが、この活動に従事している介護職のなかには、精神症状や問題行動といわれるものがあっても、グループホームで受け入れ、生活しているうちに症状が鎮まるとしている人も少なくない。どのような状況にある認知症高齢者まで受け入れるかは、個別ホームの方針によるといえよう。また、グループホームでの生活により、入居者は、穏やかな、安心した生活ができるようになり、場合により、認知症の症状の進行を緩和できるという従事者もいる。医学的には、認知症の中心となりつつあるアルツハイマー病では、現状では、長期的に悪化は避けられないとされてきた。しかし、ICFの図式からすれば、医学的にそうであっても、その人の生活機能は、介護や環境因子により高まる可能性があるはずである。

　当初は、認知症の中程度までが入居の限度とみなされがちであったが、ターミナルケアに取り組むホームも出てきた。また、介護保険制度改正に併せて行われた介護報酬の改訂にあたり、ターミナルケアをなしうる体制等を視野に、医療連携体制加算が行われることとなり、公的にも、重度化してもケアする方針となってきた。

　介護保険が適用されるためには、所定の条件を満たして指定をうけなければならないが、職員の配置は、入居者3に対して職員1が基本である。また、所定の研修をうけた管理者（支障のない場合兼務も可能）、介護計画策定担当者をおくことが求められる。

　規模としては、5〜9人のユニット2つまで。居室は個室で床面積は4畳半以上。設備の条件はほとんどないといってよい。住宅改造型といわれるホームがあり、やや大きな普通の家などを利用しているが、それは、普通の家庭に準ずる生活をそのなかでできる環境でもある。家賃、食材料費、おむつ代などは入居者の負担である。

　運営に関する基準も定められている。懇切丁寧なサービス、拘束の原則禁止、

介護計画のありかた等。特に重要なことは、利用者の自立支援と日常生活の充実を専門的技術をもって行うことが期待されており、食事その他の家事等は、利用者と介護従事者が共同で行うよう努めることとされている。この点は、グループホームにおけるケアの特徴である。

認知症高齢者の人格の尊重、街のなかにある普通に近い住まい、そこで可能となっている入居者同士、職員と入居者の馴染みの関係などは、従来の特別養護老人ホームにおけるケアとは、対照的なところがある。自宅でない在宅であるグループホームでの介護のありかたは、介護一般についても望ましい方向と理解している。介護福祉の基本性格を問い直す意義をもっていると本書では考えている。

経営の主体は法人であればよく、特に限定されていない。事業者の約半数は会社である。社会福祉法人、医療法人がこれにつぎ、この3つで9割を超える（平成18年介護サービス施設・事業所調査）。

参入が自由とされてきたこともあり、また、利用者の毎月の負担はかなりの高額であるが、需要があり、ホーム数は急増を続けてきた。上記の調査で、2000年10月、675であったグループホームは、前記のように、2006年には、8,350となり、12倍以上に増加している。入居者数も、5,450人から116,000人弱へと21倍となった。

介護保険制度改正にあたり、グループホームは、地域密着型サービスとされ、新規の入居者は原則として、その事業所が所在する市町村の住民に限られることとなった。従来、地価の安い地域などに開設される傾向があったため、グループホームが地域的に偏在し、入居者が住所を移動すると、地元の介護保険の収支に影響することを問題とする自治体があった。新しい位置づけで、自治体の財政上の問題は生じないことになるものの、都心地は地価が高いため、また人口過少の地域は需要が少ないため、将来はグループホームの新設が少なく入居が難しい地域が出てくる可能性があろう。

グループホームの急増は、社会福祉としては、参入の自由度の高い準市場であった結果であろうが、前述のような、グループホームの介護のあり方がどこまで尊重されているかには、疑問がある。実態としては、効率の維持のため、介護従事者が従来の施設におけるように、代行サービスをしてしまいがちなこと、そのサービス自体にも手抜きがあったりする例もなきにしもあらずである。また、職員による虐待、火災による入居者の死亡などの事件があり、社会的関

心を呼び起こしてきた。サービスの質が問題とされ、行政は、自己評価と第三者評価を義務付けている。

　認知症高齢者グループホームの増加傾向は顕著であったが、制度改正で地域密着型サービスとなり、基礎自治体が保険者として、増加を抑制するようになってきた。すなわち、市町村は、その介護保険事業計画により配置をコントロールするようになってきた。入居一時金や利用料が、中位以上の所得層でないと支払えないような水準であるといった問題もあるが、それでも、自宅で認知症高齢者を介護し見守る家族が、介護サービスを利用しても、疲労困憊するようなことも少なくないため、グループホームの入所希望は多い。しかし、グループホームの空き室はない場合が多い（第1の領域の課題）。特に、認知症の人が自己決定に制限があることもあり、行政の基準による保護も、通常のタイプのものに加え、上記のように、他より厳しくなっている（第3の領域の施策）。

7　高齢者向け住宅

　1）この図書の高齢者の住まいと「高齢者住宅」は、相当部分が重なり合うが、同義ではない。「高齢者住宅」について初めて本格的に論じた、園田眞理子は、その図書で、一応、①高齢者のみの世帯が集合して居住する住宅、②高齢者の居住に対応できるように何らかのバリアフリー設計のなされている住宅、③器以外に何らかの生活支援のサービスが組み合わされて提供される住宅としている[13]。園田が一応と書いたのは、高齢者住宅らしい住宅の実態が世界的にもさまざまであり、統一した概念を提起できるような状況に至っていないので、広めに把握するため、この定義を暫定的に採用したとしていることによるものである。

　この定義と本書の高齢者の住まいとの違いとしては、本書の場合、高齢者世帯が集合していなくて、一般の世帯のなかに住む場合を含めて考えていることである。その住まいが②の条件を備えている場合も少なくない。高齢者が、一般の住宅地に住むことは、ノーマライゼーションの視点からは望ましいと思われる。また、③についても、自宅やこれに準ずる住まいで医療や介護の軽度、重度の必要なケアが得られることが望ましいと思われる。高齢者が多数いる、または、全員が高齢者の集合住宅等であれば、常時スタッフがいることが望ま

しいし、その必要もあろうが、高齢者住宅では、住宅を主体と考えるためか、どちらかといえば生活支援サービスとして、軽度のもの、または、緊急時の連絡程度のことが、日本では少なくとも最近まで、主として念頭におかれてきたように思われる。

　この点と関わるが、公営住宅や、その他の公私の住宅団地で、近年、高齢化が進んでいるところが少なくない。建設時期が早いニュータウン等の場合、例えば、明石舞子、千里などがその例にあげられている[14]。東京都都営住宅入居者の半数以上が65歳以上の高齢者である[15]。特定の住宅団地をとると、そこだけ高齢化率が異例に高いことは、しばしば指摘されている。多摩ニュータウンでも、建設時期に違いがあり、特定の団地で高齢化が高いところがある。当然ながら、このような場合、見守り、緊急時の対応、住宅と共用部分また公共部分での移動に関するバリアフリー化などが必要となり、公的・自主的な取り組みがなされている場合がある。認知症高齢者の徘徊への対応、ひとり住まいの高齢者の安否確認などのため、地域のネットワークや、町内会やボランティアによる活動が、あちこちで行われつつある。高齢化した団地への生活援助員の配置、療養病床再編の動きと関連して、在宅・地域医療の強化などの公的施策の検討もなされつつある。住宅団地で、また、普通の街で高齢者その他の支援を必要とする人がいる場合、今や存在しない場合もあると思われるコミュニティの機能の創成、再生が課題となっているといえよう。

　高齢者住宅と施設の関係についてであるが、重度の介護や慢性期の医療的ケアを要する人は、現在でも、特別養護老人ホームの相部屋や、療養病床にいて、ケアをうけることも少なくない。日本の場合、入居型の福祉施設で個人が生活するスペースは、住宅の居室より狭く、プライバシーに欠けること——現在かなり改善されているとはいえ——も多い。高齢者が集まって生活している施設より、個々の家族、個人が住む高齢者住宅の方が、遥かに自立の余地が大きいと考えられる。なお、この点と関連して、北欧の福祉先進国（特にデンマーク）で、施設から住宅への政策変更がなされてきた歴史的経過は参照するに値するであろう[16]。ただ、スウェーデンの例に徴すると、施設から住宅への移行を徹底するには、困難があるようである。重度、重症の人に対して、常時、臨時、緊急時に対応する必要があるためである。

2） 日本における高齢者向け住宅施策は、高齢化が進むとともに、80年代か

ら本格化した。1986年に「地域高齢者住宅計画策定事業」が提起された。市町村主体で計画し、福祉、医療などを視野にいれることとしていたことが特徴である。この考え方の実現として、翌年「シルバーハウジング・プロジェクト」が発足した。このプロジェクトの目的は、高齢者世帯が、地域社会で自立して、安全・快適な生活を営むことができるよう福祉施策と住宅施策を連携し支援することである。シルバーハウジング・プロジェクトは、地方公共団体、都市再生機構、地方住宅公社等の公的住宅供給主体が事業主体であり、賃貸住宅を提供する。入居対象者は60歳以上の高齢単身者、高齢者夫婦世帯（いずれか一方が60歳以上）、高齢者のみの世帯である。1996年度から、障害者世帯等も入居できることとなった。地方公共団体によるものは、公営住宅であるため、低所得層を対象とするなどの条件がある。

　そこに生活相談・指導、安否確認、緊急時対応、一時的家事援助などの役割をもつ生活援助員（life support adviser）が、配置される。

　住宅は集団的に建設される。構造としては、高齢者の心身の特性に配慮したもので、バリアフリーであるほか、緊急通報システムがあり、高齢者のコミュニティ活動などができるように共同施設がおかれる。

　シルバーハウジングの実績は、2000年度末に、13,702戸、2006年度末に21,994戸（国土交通省調べ）で、増加数・増加率（1.6倍）は、大きいとは言えない。増加はしているが、基礎となる公営住宅の増加が抑制されていることが影響していると考えられる。

　シルバーハウジングの基礎となっている公営住宅の財政面等については、地方自治体が建設し、国が補助金を支出する制度として発足し、既述のように、1996年に大きな改正があった。また最近では、高齢者、子育て世帯層等の居住ニーズの多様化が進展しているとの認識と、三位一体改革により、地方の自主性を重んじた住宅施策が必要であるとの視点で、「地域における多様な需要に応じた公的賃貸住宅等の整備等に関する特別措置法」（2005年、略称「地域住宅特別措置法」）が制定、施行された。これにより、国土交通大臣が基本計画を定め、それに基づいて地方自治体が、公的賃貸住宅等［公営住宅、後記の高優賃など］の整備等［家賃補助を含む］に関する「地域住宅計画」をつくり、この計画に対して交付金が国から出されることとなった。交付の対象となる事業の範囲は広く、また、福祉施設との一体的整備もできるなど、自治体にとって自由度の高い財政支援となっている。

公営住宅［原則収入分位25％、高齢者40％以下世帯を対象とする］建設については、2007年度、国がおおむね45％の負担であった。入居者の家賃は、入居者の収入、立地条件、規模などにより近傍同種の住宅の家賃以下に自治体で定めるが、国が近傍家賃との差額のおおむね45％を負担する。補助金が行われていたときも同様であるが、国はもちろん、地方自治体にとっても、公営住宅を建設［主として建て替え］し、運営管理するには相当の財政負担があるから、地方財政の困難な状態のもとで、公営住宅の供給は容易に進まないこととなる。
　生活援助員の配置については、厚生労働省による人件費に対する助成があるが、2007年度においては、介護保険の第1号被保険者による19％の負担、残りを国が2分の1、都道府県と市町村がそれぞれ4分の1負担であった。
　（財）高齢者住宅財団が最近行った調査から[17]、シルバーハウジング、その東京都版シルバーピア（2000年度以前に承認の210団地対象）の入居者の実態等についてみよう。
　世帯数約4400のうち単身世帯が76.8％に及んでいる。有効回答団地156の平均年齢をさらに平均した値は75.1歳で高齢化が進んでいる。世帯の収入分位10％以下が98.3％と著しく低所得である。
　要介護度についての調査項目に対して、健常者が70.1％、要支援から要介護2までが25.2％、要介護3以上が4.7％であり、要介護度について、高齢者全体との比較では、要介護・要支援の人が多いが、そのなかでは、軽度の人の割合が高いことになる。
　現在入居している人の主な入居理由は、「家賃が安い」が30.3％、「緊急時対応等のサービスがついて安心」、「住宅がバリアフリー化されているから」、「以前の住まいに住み続けられなくなったから」などが続いている。
　過去2年の退去者のうち約500名についての主な退去理由があげられているが、その構成比は、死亡が45.4％、「親戚等との同居」17.9％、「介護が必要」が17.1％であった。
　付帯するサービスについては、緊急時対応、安否確認、生活指導・相談、関係機関との連携、以上については、ほとんどのところで行われている。一時的家事援助は64.8％、「その他の日常生活上必要な援助」は48.5％のシルバーハウジングの団地で行われている。大部分の団地で、職員としてLSAが配置されている。しかし、24時間365日職員常駐のところは、165件中24件であった。ハード面では、共用施設としては、LSA室、団らん室、生活相談室が、5～6割の

団地でおかれている。

　3）シルバーハウジング・プロジェクトが1980年代の半ばに始まったが、その後、既述のように、積極的財政負担による居住福祉から、市場原理の導入を目指す経済・財政政策のもとで、高齢者の居住の安定確保に関する法律（略称、高齢者居住法）が2001年に制定された。

　これは、Ⅰにおける福祉国家以後の全社会的福祉の追求に見合う、高齢者の住まいに関する政策の基本を定めたものといえよう。

　この法律は、高齢者の居住に関する公的政策の重要な柱となっている。法によれば、国土交通大臣は高齢者の居住の安定の確保に関する基本方針を定めることとなっており、5項目が掲げられている。それらは、高齢者について、①賃貸住宅の供給の促進、②賃貸住宅の管理の適正化、③良好な居住環境の整備促進、④保健・医療・福祉サービス提供者との連携についての基本事項、⑤その他、高齢者の居住の安定に関する重要事項となっている。この規定をうけた基本方針は、2001年8月の告示となっている。上記の項目は、政策として、まずは、高齢者の賃貸住宅についての施策、つぎに、加齢対応設備など物的条件を含む環境の整備、そして、国土交通省の所管外の厚生分野との連携に及んでいる。「縦割り行政」としては、異例であろうが、高齢者住宅が、なんらかの福祉サービスとの連携を必要とすることが、自覚されていたわけである。

　この方針を根拠に、国土交通省は、「高齢者が入居する賃貸住宅の管理に関わる指針」と「高齢者が居住する住宅の設計に関わる指針」を基本指針と同時に示した。これらは、直ちに拘束力をもつものではないが、何が必要か、望ましいかを公的に明らかにしたものと考えられる。2つ目の構造に関わるガイドラインは、基本レベルと推奨レベルとがあり、詳細に規定している。拘束力のある構造上の基準は、これより簡素で、後記の終身建物賃貸借の認可を受ける際や、高齢者向け優良賃貸住宅（高優賃）について、建設の際、都道府県知事の計画の承認をうける必要があるが、その際、満たすべき条件となっている。

　この法律では、上記のような一般的施策のほか、個別の制度として、財政に依存する公営住宅等を基礎とするシルバーハウジングに代わり、民間主体で少ない財政負担による高齢者住宅として、高優賃の制度を設けたこと、また、高齢者が住宅賃貸市場で差別をうけがちなところから、市場を円滑に機能させる登録制度を創設したことなどが注目される[18]。

4）高齢者居住法による高優賃の制度は、国土交通省によると、民間賃貸住宅市場等を活用し、高齢者の身体的機能の低下に対応した設計、設備など高齢者に配慮した良質な賃貸住宅ストックの急速な形成を促進することを目的としており、市場を利用しようとしているが、後記のように、財政負担も行っている。なお、1990年頃から、シニア住宅その他の民間の高齢者向けの住宅事業を公的に支援する施策があったが、これも高優賃に代替された[19]。

高優賃の入居の対象は、高齢（60歳以上）単身者・夫婦等である。生活援助員が置かれている場合もある。従来は入居者の収入について制限はなかった。供給主体は、民間の土地所有者等が主として考えられていたが、地方住宅供給公社等や、都市再生機構、地方公共団体も主体となりうることとなっている（管理開始実績累計では、都市再生機構によるものが3分の2［既存住戸の転換が主］民間土地所有者等によるもの4分の1、公社・社会福祉法人等7％程度）。

住宅等の基準（加齢対応構造などを含む）は、国土交通省令で定められている。民間事業者が行う場合、供給計画を立てて、都道府県に申請し、承認をうける。承認の基準によれば、5戸以上であること、1戸あたりの床面積は25平米以上（居間、食堂などが共同利用に十分な面積がある場合は18平米以上）などの条件がついている。また、緊急時対応ができるよう、基準が定められている。

建設費と家賃について従来から国の財政負担がなされてきた。従来は、民間の場合、共同施設整備費、加齢対応構造整備費等について、国（3分の1）、地方（3分の1）の負担であった。また、家賃の助成については、供給者が、収入25％分位以下の世帯に、家賃減額した場合、対象世帯あたり4万円限度で助成することとなっていた。財政支援については、2007年度予算から、特定優良賃貸住宅（A）と高優賃（B）については「地域優良賃貸住宅制度」に再編することとなった。この制度は、（A）について高齢者世帯、子育て世帯等で収入分位原則80％以下の世帯について「一般型」として、また（B）について収入分位80％以下の世帯について「高齢者型」として、整備費助成、家賃低廉化助成を行うものである。高齢者型で、民間供給の場合、共同設備等整備費の3分の2を、公社の場合、全体工事費の3分の1を算定基礎として、その概ね45％を国が助成する。また、家賃低廉化に関しては、収入分位40％以下の

世帯に対して、4万円×助成対象世帯の額の概ね45％を国が助成することとなった。支援をうけるには、地域住宅計画等により自治体が上記の事柄について定めていることが必要で、この場合、地域住宅交付金等により助成される。

高優賃は、2001年度以降で、1年間に4,000から5,000戸程度認定されており、2007年3月で、前掲のとおり、累計約32,000戸（国土交通省調べの管理開始実績では26,466戸）となっている。最近は、シルバーハウジング・プロジェクトより早い速度の増加であるが、総数としてはなお少ないといえよう。第8次住宅建設5箇年計画（終期2005年度）では11万戸を予定していたのであった[20]。

Ⅰの枠組みにより、改めて述べれば、高優賃には、共同施設建設費や家賃に対する財政負担がなされている（第4の領域の施策）。公営住宅等を基礎とするシルバーハウジング・プロジェクトも停滞するなか、民間の活力、市場機能を利用しようとしたといえよう。しかし、民間事業者にとって、得られる支援は僅かであり、地方公共団体等における負担もかなりあり、この住まいの増加は大きいとはいえない状況である。より自由な、または自由であった、グループホーム、有料老人ホームなどに比較すれば、増加は相当少ない。しかし、構造などの面で、基準をおき、賃借人を保護している（第3の領域の施策）。

（財）高齢者住宅財団の前掲の調査から、高優賃（2006年3月末までに管理開始された277団地対象）の入居者の実態等についてみよう。

世帯数約2,750のうち単身世帯が76.8％で、シルバーハウジングと全く同じ比率であった。有効回答団地（集合住宅）124件の平均年齢の平均は74.9歳でこれもほとんど同じである。世帯の収入分位10％以下が86.1％と同じく著しく低所得であるが、シルバーハウジングより幾分高い。25％分位までの合計で95.6％である。公営住宅に入りうる程度の収入の場合がほとんどであることとなる。

要介護度についての調査項目に対して、健常者が75.3％、要支援から要介護2までが21.6％、要介護3以上が3.1％であり、やや健常者が多いが、シルバーハウジングにおける結果と類似している。

現在入居している人の主な入居理由は、シルバーハウジングにおける結果と少し異なり、「緊急時対応等のサービスがついて安心」が24.4％で最も多く、「家賃が安い」が23.5％、「住宅がバリアフリー化されているから」が18.5％、「親戚等との近居のため」が13.7％となっている。

過去2年の退去者のうち約450名についての主な退去理由があげられているが、その構成比は、シルバーハウジングの場合とかなり異なる。高い順に、

「親戚等との同居」25.0％、「介護が必要」が20.4％、「死亡」20.0％、「入院」14.9％となっている。死亡によるものの比率が低く、シルバーハウジングに比べて、重度化する前の住まいとしての性格がよりよく表れていると思われる。

付帯するサービスについては、緊急時対応が91.5％の場合になされているが、シルバーハウジングと異なり、制度上の要求がないこともあり、サービスの行われている率が低い。しかし、食事サービスを始め、有料老人ホームなみのサービスを付帯している場合も少数あることが窺える。安否確認が49.6％、生活相談が34.9％、食事サービス27.9％、イベント企画・サークル活動が24.8％、フロントサービス24.0％、介護サービス14.7％、家事援助8.5％等である。

職員の配置状況をみると、有効回答129に対して、複数回答で、管理人31.0％、LSA11.6％、介護サービススタッフ8.5％、厨房スタッフ7.8％、その他14.7％となっており、無回答がほぼ半数であるところから、半数程度は職員を全く置いていないと考えられる。集合住宅の大きさとして20戸未満が42％あり、小規模の場合、職員を置かない場合が多いと推測される。24時間365日配置は10件にとどまっている。

ハード面では、共用施設としては、談話室（45.7％）、多目的室（33.3％）、共用食堂（17.8％）、共同浴場（14.0％）でシルバーハウジングより、充実している。

5）高齢者の住まいについては、実態として、木造賃貸住宅に住む単身者を中心に、相対的少数ながら劣悪な住宅に住む高齢者がいることが明らかであった。このほか、高齢者が、住まいを借りようとしても、容易に貸主がみつからないという問題もある。これは、高齢者が、病気などで急に倒れるといったことも起こりがちであること、火の始末が行き届かず火災の発生も恐れられたりすること、年金の水準の低い人などについては、家賃の支払が順調になされるか貸主にとっては心配であること、また、適当な保証人が得られないことなどの問題を貸主が感じることにある。このように、高齢者が家を借りようとしても容易ではないことから、高齢者居住法に、「高齢者円滑入居賃貸住宅」の規定が置かれている。

高齢の入居を拒まない賃貸住宅を都道府県の指定機関等に登録し、賃貸住宅を求める高齢者が、その情報を閲覧し、適当な住居を得るようにするものである。登録事項のなかに、住宅の基本事項のほか、バリアフリー化の状況もあり、

登録簿から、その状況を知りうることになっている。高優賃も、この一部として登録するが、登録事項が詳細である。法律によれば、都道府県知事は、この高齢者円滑入居賃貸住宅制度の賃貸人に対して、管理に関して、助言指導できることとなっている。この制度では、住宅の仕様については、特に規定していない。法律で定められた高齢者居住支援センター（（財）高齢者住宅財団が指定された）が、家賃の債務保証をできることが法定され、財団はそれを設けてきた［2007年度より、保証対象者に子育て世帯等を加え、現状回復費用、訴訟費用を保証対象に追加］。「高齢者円滑入居賃貸住宅」の登録戸数は、先に掲げたように、最近時点で、11万戸を超えるに至っている。

　事業者は、建物がバリアフリーであることを義務づけられているわけではなく、高齢者が賃貸住宅の借り手となりうるよう、賃貸市場を組織化する措置と位置づけることができよう（Ⅰの第1の領域の施策）。

　この法律は、また、「終身建物賃貸借」の制度を設けた。都道府県知事等の認可をうけた事業者が、その事業に関わる建物について、賃貸借契約を高齢者と締結する場合、賃借人が死亡したとき、契約を終了することができることとした。通常の契約では、賃借権は相続されるので、その特例となり、貸主にとって利点があるが、他方、借主である高齢者は契約の更新などによる、追い立てを迫られるといった不安を免れることができる。この制度の対象となるためには、加齢対応構造をもつことを含む基本的条件が法定されており、質が高く、運営管理上優れた条件を満たしているはずである。高齢者の賃借について、保護がなされるわけであり、事業者にも一定のメリット（上記のほか、優良な事業者として評価されよう）があると予想されるが、執筆時点でもきわめて少数で、精密に組み立てられたこの制度は、これまでのところ、有効に機能しているとはいえない。

6）介護保険法改正前後に、高齢者円滑入居賃貸住宅制度のなかで、施策の展開があった。

　第1に、2005年10月に、国土交通省は、「高齢者専用賃貸住宅」（略称、高専賃）の制度を省令改正により設けた。同年12月から登録が開始された。高齢者円滑入居賃貸住宅では、高齢者を受け入れることとしている貸主は、所定の事項を記した申請を都道府県知事（その事務の委託をうけた指定登録機関）に提出し、登録するが、入居者は、高齢者のみに限定されていない。高専賃は、入

居の対象を高齢者に限るものであり、高齢者円滑入居賃貸住宅の一部となる。高齢者向けのため、登録事項も有料老人ホームで問題となるような項目が含まれている（前払い家賃の概算額とその保全措置の有無、バリアフリーの内容、介護サービスの内容）。ただし、賃貸借契約によるものに限られ、利用権契約のものは対象とならない。これにより、契約内容の明確化や、相互比較の可能性を与えると期待される。

介護保険法と連動して老人福祉法が改正され、有料老人ホームの定義が拡大されたが、住宅として一定の条件を満たす高専賃は、除外された[21]。高齢者住宅の建設、運営に関心のある事業者にとっては、特定施設である有料老人ホームやグループホームなどの増設が困難になってきたことから、入居者にとって魅力のあるサービスが利用可能であるような高専賃を建設する動きが顕著となってきている。

高専賃の今後の傾向と関わるが、療養病床の再編成が、日程に上っている。介護保険制度は、社会的入院の解消を目指したが、療養病床は、社会的入院を温存する場とみなされている。将来は、長期に医療が必要な人のみの療養病床（医療保険適用）を残して、老人保健施設などに対象者を移すことが予定されている。その過程で、各種の高齢者住まいや自宅などが、単身で障害のある高齢者や、家族関係から自宅に居づらい人などを含む、社会的入院を迫られてきた高齢者の受け皿となる模様である。その一環として、自由な市場の性格をもつ高齢者専用賃貸住宅も利用されることになるであろう。これらの住まいとケアへの需要が高まることが予測される。

第2に、2006年3月31日の厚生労働省告示で、高齢者専用賃貸住宅で一定の条件を備えた、適合高齢者専用賃貸住宅（適合高専賃）は、特定施設となりうることとした。条件は、床面積（原則25平米）、各戸に供えるべき設備があること、前払い家賃の保全措置、介護、食事の提供、家事又は健康管理を行う事業で賃貸住宅であること［特定施設としての条件も満たすこと］。この制度は、シルバーハウジングにおける生活援助員による対応に比較すれば、住宅がケアを一層本格的に取り込んだ形態となっている。有料老人ホームと実質的に機能の差がないように思われるが、住宅という位置づけで、適合高齢者専用賃貸住宅は有料老人ホームの届け出の必要がないとされている。なお、広さであるが、この住宅は、床面積の最低限度を原則25平米としている（高優賃でも同じ。住

生活基本計画の最低居住面積水準、単身者とも同じ）が、特別養護老人ホーム（指定介護老人福祉施設）の基準では、居室の床面積の1人あたりで定めており、一般は10.65平米、ユニット型では13.2平米とされている。共用部分の扱いが異なり、住宅では、複数の入居者が入る場合もあり、比較はできないが、個人が自由に使用できる広さは、基本的に施設より住宅の方が広いと考えられる。

高齢者円滑入居賃貸住宅、高齢者専用賃貸住宅の制度は、高齢者が賃貸住宅の市場に買い手として必要な情報を得ることが可能になるようにするものであり、Iの枠組みでは、弱者保護の第1領域の施策である。高齢者は、高齢者専用賃貸住宅として登録された住宅のなかから、物的な条件、介護サービスの有無と内容についての基礎的情報を得ることができ、高齢者であることによる、賃貸住宅市場での社会的不利をうけないですむと期待される。適合高齢者専用賃貸住宅は、特定施設の指定をうけた場合、介護に関する準市場の一角を形成することとなる。高優賃や、適合高専賃は、建物の基準があり、また適合高専賃が特定施設となる場合は、当然、職員の配置や、運営について、介護保険上の施設として規制をうける（第3の領域の施策）。

ここで、（財）高齢者住宅財団の調査[22]から、高専賃の実態等についてみておく。

2006年11月の登録、326件の分析によれば、このうち高優賃は110件（約34％）、平均戸数は約25戸（11戸から50戸が71％）。専用床面積は、平均約31平米（30超50平米以下が41％であるが、20平米以下といった狭いものが31％ある。要介護者の入居を予定していると思われる）。賃料は平均82,651円（6万円から10万円程度が57％）。敷金は平均2.55ヶ月。その他の一時金ありが42％に及んでいる。前払い家賃ありが、戸数ベースで30％となっている。

共同利用設備は、件数ベースで、食堂70％，居間66％とかなり多く、浴室58％、収納設備50％、台所49％となっている。バリアフリー化は基礎的なもの（段差のない床、車椅子で移動できる幅の廊下と出入り口、要所の手すり、介護しやすいトイレ、エレベーター、非常通報装置）は8～9割で整備されている。規制もないが高い整備率である。これらの調査対象項目のいずれもなしは、10件であった。日常の世話等のサービスは、件数ベースで、安否確認84％、食事提供64％、入浴・排泄48％であった。

一時金30万円以上を徴収している高専賃についてアンケート調査が行われ、回収17件と少なかったが、権利形態として、一括借り上げが14件と多かった。

入居者は、契約期間6.7年の平均であった。併設施設として、訪問介護（7件）通所介護（6件）訪問看護（4件）居宅介護支援事業所（4件）一般食堂（3件）〔複数を併設するものがある〕、なしが7件で、単純に住宅でなく、高齢者に必要なサービスを付帯して提供する場合が多い。一時金をとっているものは、トイレ、洗面台などはもちろん、住宅として必要なキチンや浴室も備えていることがほとんどである。平均面積も33.4平米であった。月額賃料の平均は約71,000円、共益費〔建物の維持、フロントサービスなど〕約34,000円、敷金以外の一時金は約91万円（約34万円～220万円）となっている。

入居者については、入居者233人の78％が単身者であり、平均年齢約80歳と高齢であった。入居者中の健常者は約49％で、残りは要支援・要介護である。このうち20％が要介護3以上で、かなり多い。入居前には、持ち家（戸建てとマンション）であった人が約64％、持ち家継続保有は入居者の約42％と、住宅をもったままの人も相当いることとなる。

8　まとめ

Ⅱでは、Ⅰにおいて設定した枠組みにより、叙述してきた。

住まいとケアの、特に政策に関わることは、全体としての経済・社会政策において、福祉国家ないし直接的財政負担を伴う大きな政府による全社会的福祉の政策指向から、市場重視の小さな政府へと政策指向に転換があったことの一環としてとらえる必要がある。1970年代には、先進諸国において、福祉国家の行き詰まりが顕著となり、80年代に入ると、イギリスのサッチャー、アメリカのレーガンの政策に代表される新自由主義的な経済政策が展開される。日本でも中曽根政権のもとで3公社の民営化などがなされた。小さな政府は、市場機能優先であるが、市場が積極的機能をもつこともももちろんであり、両国は、経済の活性化に成功した。しかし、格差の拡大などの代償を伴ったことも指摘されている。日本では、80年代後半から90年代に入る時期はバブル景気（この間、地価の高騰、住宅価格の上昇、かつてない労働力不足などを随伴）を経験したが、バブル崩壊のあと、「失われた10年」という長期停滞の時期に入った。

小泉内閣は2001年に成立しているが、停滞した経済の活性化を目指し、それまでに始まっていた市場重視の政策をうけつつ、新自由主義的な構造改革を本格的に行ったといえよう。これは、景気回復のひとつの支えとなったと評価で

きるかもしれない。しかし、小さな政府、市場重視の政策は、英米両国と類似の負の側面があることもまた明らかである。

2000年に開始された介護保険制度は、介護の社会化を社会保険（給付費用の半分は公費負担）により実現しようとしたが、その給付については、行政、自治体によるサービス提供ではなく、市場機能に期待した。①サービス供給を民間に依存して急速に拡大してきたこと、②行政による措置でなくサービスの利用者の自由な選択を認めてきたことは、評価できよう。③他方、介護報酬は公定価格であるため、介護保険制度下のサービスは準市場を形成していると理解することができる。もっとも、事業者が介護報酬を受け取るには、利用者保護とはいえ、細部にわたり条件が設定されており、また供給量の規制も一部にあり、公的な介護はいわば計画経済的な管理下にあるに近いとも考えられる。その価格も保険制度維持のため低く抑えられてきたこと（特に2005年制度改正）から、いくつかの、利用者にとって切実な問題を生じている。

①については、グループホーム、介護付き有料老人ホームの急速な増加について指摘した。

他方、供給について、財政に依存するところのあるケアハウスなどは、あまり増加していない。

供給の絶対的不足（特に特別養護老人ホーム）で選択の余地がないということがある。民間事業者が自由に価格決定できる部分と関連し、利用者の支払能力からみて価格が高すぎる場合（グループホーム、介護付き有料老人ホーム、食費・ホテルコスト）があるなどに問題があろう。③に関連しては、介護保険施設等の職員の賃金等の労働条件が低く抑えられ、質の高いサービスの安定的提供を望めないといった問題がある。また、制度改正で期待をもたれた、小規模多機能型居宅介護のサービスの発展が難航している理由の一つは、現行の介護報酬では、採算がとれないという事情があるといわれる。

住まいの各種類について、概要の説明後など要所で、市場における弱者保護の施策として、どの領域のものが行われているか、付言してきた。上記のように、介護福祉の主分野が社会保険化され、準市場となったが、市場に準じて、利用者の保護の施策がなされてきた。Ⅰの第3の領域の施策は、常識としては、公的な性格のある報酬をうけるために、行政所定の基準を満たす必要があるということである。放置すると、事業者主体の経営のもとでは、利用者の安全、健康、人権、快適性といった重要事項に関わる問題も生じないとは限らず、最

低基準を設定していると解釈できよう。ただ過度の規制は、創意ある活動を妨げる可能性もある。

　2で述べたように、2000年頃から住宅政策においても、ストック重視、市場重視の政策が打ち出されている。これが、政策の基本で、住まいについて、市場では解決できない問題をもつ高齢者、障害者、低所得者等、従来社会福祉の対象とされてきた層の対策も副次的に取り上げられたといえよう。直接的な財政負担を要する公営住宅等の公的賃貸住宅の増加は抑制され、これに基礎をおいた、シルバーハウジングもあまり増加していない。公営住宅は、市場家賃を負担できない層を対象とした施策であるが、その住民の多くが高齢化している。施策として制度化されたシルバーハウジング、高優賃の入居者は単身の「高齢な」高齢者が圧倒的に多いという調査結果も見逃すことのできない事態である。なお民間の木造賃貸住宅に住む単身高齢者の住環境に問題がある場合があることを示したが、公営住宅への入居は著しく困難な実情である。

　住宅政策として、住宅セーフティネットの考え方が提起されている。これは、社会保障をセーフティネットと呼ぶことと符合する。もっとも、重層的な市場、高齢者については、高齢者円滑入居賃貸住宅登録制度によるものなどを含めている。セーフティネットとしては、市場で解決できない、または、市場になじまない問題に焦点をあてることが適切であろう。

　高齢者の住まいは、自宅と施設の中間的住まいや、高齢者住宅に限らず、高齢者が住む一般の住まいも含むこととしてきた。多くの人々は、単身者を含め、自宅で高齢期を過ごすことを望んでいる。高齢期を自宅、在宅で過ごしたいという要求に応えるためには、医療、介護、インフォーマルなものを含むその他のサービスが、何処においても、統合して供給されることが必要である。そこに至る途はなお遥かに遠いが、全社会的福祉の理念が希薄となったとはいえ放棄できない社会においては、取り組むべき切実な課題となっていると考える。

注

1）『居住福祉研究』第2号、2004年5月　13ページ。
2）社会政策学会の公式サイトでは、学会の英文名称は、Society for the Study of Social Policy で「労働問題、労使関係、社会保障、社会福祉、女性学、ジェンダー研究、生活問題など広い意味での〈社会政策〉を研究対象とする」としている。
3）障害者福祉研究会『ICF　国際生活機能分類――国際障害分類改定版』(2002年、中央法規出版) これは、2001年の本文記載の文書の公式の日本語版である。

4）大川弥生『介護保険サービスとリハビリテーション——ICFに立った自立支援の理念と技法』（中央法規出版、2004年）、黒澤貞夫編著『ICFをとり入れた介護過程の展開』（建帛社、2007年）。日本障害者リハビリテーション協会の発表会「「生活機能」向上をめざして——ICFの保健・医療・介護・福祉・行政での活用」（2006年3月17日）で、大川弥生が、介護保険制度改正にあたり、ICFが利用されたことを報告している（同協会のホームページに掲載）。

5）竹内孝仁『医療は「生活」に出会えるか』（医歯薬出版、1995年）、三好春樹『関係障害論』（雲母書房、1997年）。

6）国際連合広報センター『高齢化に関する国際行動計画及び高齢者のための国連原則』（同センター、1999年11月）に第1次行動計画、国連原則が紹介されている。

7）詳しくは、United Nations, *Report of the Second World Assembly on Ageing, Madrid, 8-12 April 2002*, A/CONF.197/9

8）第8期住宅建設5箇年計画（2001年3月、閣議決定別紙）によると、標準居住水準は以下の通り。

　　最低居住水準は、物的な諸条件（プライバシーを保てる居住室、専用台所、トイレ、洗面所、浴室など）のほか、規模は、住戸専用面積（壁芯）中高年単身　25平米　世帯人員2名　29平米。

　　都市の郊外等の戸建ての一般誘導居住水準は、物的諸条件に加え、規模は、中高年単身　55平米、世帯人員2名　72平米

　　都市の中心等の共同住宅の都市居住型誘導居住水準は、物的諸条件に加え、規模は、中高年単身　43平米、世帯人員2名　55平米。

　　住生活基本計画（全国計画）（2006年9月、閣議決定別紙）による標準居住水準は、以下の通り。

　　最低居住面積水準は、住宅性能水準の基本的機能を満たしたうえで、住戸専用面積（壁芯）単身者　25平米　2人以上の世帯　10平米×世帯人数＋10平米　［2人で30平米］

　　都市の郊外等の戸建ての一般誘導居住面積水準は、住宅性能水準の基本的機能を満たしたうえで、住戸専用面積（壁芯）単身者　55平米　2人以上の世帯　25平米×世帯人数＋25平米　［2人で75平米］

　　都市の中心等の共同住宅の都市居住型誘導居住面積水準は、住宅性能水準の基本的機能を満たしたうえで、住戸専用面積（壁芯）単身者　40平米　2人以上の世帯　20平米×世帯人数＋15平米　［2人で55平米］。

9）塩崎賢明編『住宅政策の再生——豊かな居住をめざして』（日本経済評論社、2006年）等を参照した。

10）外山義『自宅でない在宅——高齢者の生活空間論』（医学書院、2003年）。

11）定員30名以上のケアハウスの建設費に関する助成については、2006年度以降、都道府県への交付金はなくなり、一般財源化された。市町村に対する交付金は継続しているが、2007年度についてみると、日常生活圏単位の面的整備計画、介護療養型医療施設転換整備計画、先進的事業整備計画に関して、国の交付金が市町村に支出されることとされた。小規模ケアハウスがこれらの計画に含まれ、計画が認められた場合に、助成される。運営に関して、低所得層に対する事務費の助成については、2007年度、

一般財源化された。これにより、個別事業者が公費助成を受けないことはない。
12) 国民生活センター『有料老人ホームをめぐる消費者問題に関する調査研究——有料老人ホームの暮しが快適であるために』2006年3月。
13) 園田眞理子『世界の高齢者住宅——日本・アメリカ・ヨーロッパ』(日本建築センター、1993年)「はじめに」および263ページ。
14) 社会資本整備審議会答申「新たな住宅政策に対応した制度的枠組みにについて」2005年9月26日、参考資料。
15)『東京都住宅マスタープラン2006−2015』による2005年度の数字。
16) 松岡洋子『老人ホームを超えて——21世紀◆デンマーク高齢者福祉レポート』(クリエイツかもがわ、2001年)、『デンマークの高齢者福祉と地域居住——最期まで住み切る住宅力・ケア力・地域力』(新評論、2005年)。

きらくえん編集委員会『福祉は文化　もう「施設」はつくらない——特別養護老人ホームを地域のケアつき住宅に』(石人社、2000年)。これは、高齢者の総合施設「けま喜楽苑」の建設記念として、刊行された。名称は、施設解体の呼びかけのようでもあるが、それまでの特別養護老人ホームを収容施設とみなして否定し、地域に開かれたユニットケアが可能な、ノーマライゼーションを実現する住まいとするよう計画された。阪神淡路大震災後の(小グループに対する専門職による24時間)「ケア付仮設住宅」の経験が活かされた。
17)「介護サービス提供に対応した住まいのあり方に関する調査」((財)高齢者住宅財団、2007年3月)は、早めの住替えの対象となる住まいで、外部サービスなどを利用しながら、長く住み続けられるハード・ソフト面の検討を行うことを目的とした調査結果報告書である。シルバーハウジングと高優賃のアンケート調査(団地対象、世帯を直接調査していない)、インタビュー調査を実施。調査結果により、次のような具体的条件等を提示した。

ハード面。①予防的バリアフリー化、②個人の心身の状況に応じたリハビリテーション専門職の助言によるバリアフリー化、③より重度の場合、住まいの模様替えを含む介護しやすい環境の形成。

ソフト面。介護サービスの充実、専門職の配置、24時間支援体制、医療機能、食事サービス、コミュニティの協力等

また、地域の組織化で対応している例を紹介した。組織化が進んでいない場合、高齢者共同住宅で、(上記の条件を備えて)対応することを示唆している。
18) 詳しくは、高齢者居住法研究会『完全施行版　高齢者居住法の解説』(2001年、大成出版社)。
19) シニア住宅は、旧建設省で事業を開始したが、高優賃の制度創設で解消され、その後、(財)高齢者住宅財団の任意的な登録制度となっている。
20) 制度と統計については、(財)高齢者住宅財団『高齢者住宅必携　平成18年度版』、国土交通省住宅局住宅総合整備課編『公営住宅の整備　平成19年度版』(2007年(財)ベターリビング)。
21) 高専賃の登録をしており、後記の適合高専賃と同じ条件を満たす場合除外。
22) (財)高齢者住宅財団編「高齢者専用賃貸住宅の実態とファイナンスの状況に関する調査」(国土交通省住宅局総合整備課、2006年12月)。高専賃は、入居一時金等を徴

収することが多いところから、それなしに運営できるモデルを検討する目的で調査した。登録情報の分析、アンケート調査も行われているが、入居者の情報は少ない。

付論　小規模多機能型居宅介護をめぐって

　　　　　　　　　　　　　　　　　　　　　　　　　　嶺　　学

1）小規模多機能型居宅介護の制度

　介護が必要となっても、住み慣れた地域で生活を続けることを支援することを目指し、2005年の介護保険法改正により、地域密着型サービスが新たに設けられた。①夜間対応型訪問介護、②認知症対応型通所介護、③小規模多機能型居宅介護、④認知症対応型共同生活介護、⑤地域密着型特定施設入居者生活介護（小規模特定施設）、⑥地域密着型介護老人福祉施設入居者生活介護（小規模特養）の6種である。また、②③④に介護予防の前書をつけた予防給付がある。予防給付は、要介護者に対する給付と別建てとされている。しかし、事業としては、一体的に運営されていることが多い。実質的に、全く新しいサービスは①と③である。また、④は従来の広域における一般的サービスをこの分類に移行したものである。地域密着型サービスは、日常生活圏という住み慣れた地域で、サービスの需給が完結することを想定している。市町村が基盤整備し、原則としてそこの住民のみが利用することとしている。入居する施設等（④⑤⑥）においては、小規模で、入居者同士、入居者とスタッフとの親しい人間関係が保たれよう。また、家族の訪問等も容易であろうし、地域との開かれた関係を保つこととしており、高齢者、特に認知症の人のケアにとって重要な継続性も維持でき、法改正により導入された、高齢者の尊厳（その人らしい生活を自分の意思で送ること──『2015年の高齢者介護』）の維持に貢献できよう。②③のサービスについても同様である。①は、1事業所で人口20万人程度と、日常生活圏を超えるサービス範囲を予定している。しかしこれも、自立を支えるために、重要な役割を果たすと期待される。

　介護保険制度改正は、制度の持続可能性という視点からの給付抑制が目立ち、利用者から歓迎されたとは言い難いが、そのなかで、地域密着型サービス特に小規模多機能型居宅介護については、期待が大きかった。これは、小規模な単位で、親しい関係のなかで、在宅の利用者のその時々の介護の必要に応じて柔軟に、なじみの職員からサービスをうけられる統合的なサービスとして、特に、

図1-3 小規模多機能型居宅介護のイメージ

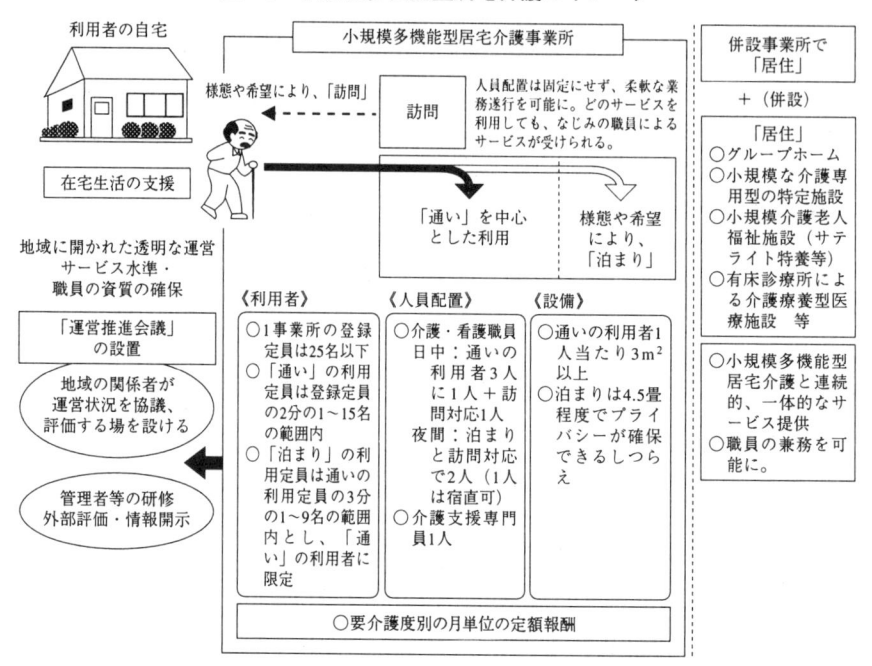

〈利用者の自宅〉 在宅生活の支援

地域に開かれた透明な運営 サービス水準・職員の資質の確保

「運営推進会議」の設置

地域の関係者が運営状況を協議、評価する場を設ける

管理者等の研修 外部評価・情報開示

小規模多機能型居宅介護事業所

様態や希望により、「訪問」→ 訪問

人員配置は固定にせず、柔軟な業務遂行を可能に。どのサービスを利用しても、なじみの職員によるサービスが受けられる。

「通い」を中心とした利用

様態や希望により、「泊まり」

《利用者》
○1事業所の登録定員は25名以下
○「通い」の利用定員は登録定員の2分の1〜15名の範囲内
○「泊まり」の利用定員は通いの利用定員の3分の1〜9名の範囲内とし、「通い」の利用者に限定

《人員配置》
○介護・看護職員
日中：通いの利用者3人に1人＋訪問対応1人
夜間：泊まりと訪問対応で2人（1人は宿直可）
○介護支援専門員1人

《設備》
○通いの利用者1人当たり3m²以上
○泊まりは4.5畳程度でプライバシーが確保できるしつらえ

○要介護度別の月単位の定額報酬

併設事業所で「居住」＋（併設）

「居住」
○グループホーム
○小規模な介護専用型の特定施設
○小規模介護老人福祉施設（サテライト特養等）
○有床診療所による介護療養型医療施設　等

○小規模多機能型居宅介護と連続的、一体的なサービス提供
○職員の兼務を可能に。

注）基本的な考え方：「通い」を中心として、要介護者の様態や希望に応じて、随時「訪問」や「泊まり」を組み合わせてサービスを提供することで、中重度となっても在宅での生活が継続できるよう支援する。
出所：厚生労働省『介護保険制度改革の概要』

認知症の高齢者のケアのあり方として、望ましいと受け取られたためである。この新サービスについては、介護保険法に定義（居宅要介護者につき、その心身の状況、環境等に応じ、その選択に基づき、居宅または（通いまたは短期宿泊する）拠点で、入浴・排泄・食事等の介護、世話、機能訓練を、省令で定める基準により行うもの——第8条第17項）されており、人員、設備、運営については、2006年の厚生労働省令（34号）に定められている。制度改正の際に厚生労働省が発行した解説パンフレット（『介護保険制度改革の概要——介護保険法改正と介護報酬改定——』に掲載された図（図1-3））から、概要が明らかである。

　図によると、利用者は自宅におり、主として「通い」で利用するが、様態や希望により、自宅で顔なじみの職員による「訪問」サービスをうけることがで

きる。同じく様態や希望により「泊まり」もできる。これはショートステイで、一時的であるが、図の右側にあるように、「併設事業所」で住むことも想定されている。小規模多機能事業所の管理者、介護従事者、介護支援専門員は、併設事業所［頭書の④、⑤、⑥か療養病床のある診療所（介護保険施設であるもの）］の職員が、支障のない所定の場合、兼務できる。介護従事者については、利用者が併設事業所に住むようになっても、なじみの関係を維持できる趣旨で兼務を認めている。

　地域密着型サービスについては、その地域性から、事業者の指定を市町村が行い、指導監督等も基礎自治体の責任で行うこととなっているが、設備、運営や人員配置についての基準は、厚生労働大臣が定める。ただ、省令の定める範囲で、自治体が独自に決めることができる。国による、小規模多機能型事業所の基準によれば、利用者の登録は、25名以下とされている。通いの定員、泊まりの定員の基準も図に示されている。人員配置は、日中、通いの定員3名またはその端数につき1名と訪問対応に1人である。夜間、深夜は夜勤の介護従事者1名、宿直の介護従事者1名（泊まりの利用者がないときも、1名必要）。介護従事者のうち、1名は常勤であること、看護師または準看護師1名が必要である（常勤でなくともよい）。設備は、居間・食堂が、通いの利用者1人あたり3平米以上、宿泊室は個室が原則で4.5畳以上が必要である。その他、台所、浴室、消火設備などが必要である。

　介護報酬であるが、基本は国で基準を定めており、月当たり定額である。制度発足にあたり、支給限度額は、要介護1の場合、11,430単位、要介護5の場合、28,120単位に設定された。食事の提供に要する費用、居住に要する費用、省令で定める日常生活に要する費用（おむつ代、通常の利用範囲外からの送迎費用、日常生活費で利用者負担が適当な費用など）は、給付対象外である。定額であるのは、サービス内容があらかじめ特定されないためと説明されているが、利用者から多くの要望があり、それに応じると事業者の採算に影響する。他方で、利用者は泊まりの費用等を除き、定額で3種のサービスを受けることができる。包括的にサービスをうけるため、医療関連のサービス、福祉用具などを除く介護保険サービスを別にうけることはできない。

　運営の基準については、包括的なサービスという新しい分野であるが、他の介護保険サービスや施設におけるものと類似した規定となっている。基本的に、要介護状態の軽減または悪化の防止を目指して、目標を設定して、計画的に介

護するものとされている。計画の衝にあたるのは、介護支援専門員で、登録者の居宅サービス計画と小規模多機能型居宅介護計画を策定する（利用者の同意を得ることが原則）。食事その他の家事は、可能な限り、利用者と職員が共同して行う。地域住民やその自発的活動（ボランティアなど）と交流を図ることが求められている。

　地域との関係となるが、グループホームと同様に、事業者は、利用者、家族、地域包括支援センター職員、地域代表などからなる運営推進会議をおき、ここに業務状況を報告したり、ここで助言をうけたりする。自己評価、第三者評価を義務付けるなど、小規模な事業所であるが、公正、適切な運営がなされるよう規制されている。

2）制度化の背景

　介護保険法改正により、小規模多機能型居宅介護が制度化されたが、これは、宅老所などの民間の自主的な小規模多機能の活動をモデルとしたものである。宅老所で、認知症高齢者等が住み慣れた地域で優れたケアをうけ、その地域社会で当たり前の構成員として、生き生きと安心して過ごしている状況が社会的に認知されたといえよう。社会福祉の公的制度は、民間の先進的活動をうけて成立することが少なくないといわれるが、これもそうである。

　最初の宅老所は、「呆け老人を支える家族の会」が、開設したもの（1980年）であるとされる（（注）の第2の図書29ページ）。既存の施設での経験に疑問を感じ、個々の人のニーズに応えようとした介護職や看護師などが中心になって、その個性、理念などに応じて、小規模多機能の拠点を築いてきたものも少なくない。個別ケア、利用者中心、小規模、地域に根差し交流する、制度にとらわれず必要に応じて何でもする（利用者を高齢者に限らないものもある）といった姿勢はかなり共通していると思われる。活動の範囲としては、おおむね「通い」が中心になって、「訪問」、「泊まり」のほか「住まう」場合もある。活動を支える人もさまざまである。宅老所の活動は、認知症対応型共同生活介護と小規模多機能型居宅介護の原型となったといえよう。

　介護保険制度の見直しにあたり、高齢者介護研究会の『2015年の高齢者介護──高齢者の尊厳を支えるケアの確立にむけて』（2003年6月）がまとめられている。この報告書は、団塊世代が高齢期に入る時期においては、介護予防のほか、認知症の人のケアが重要となることを指摘した。また、尊厳を支えるケ

アのため、新しい介護サービス体系が必要であるとし、「在宅で365日24時間安心を提供する」小規模・多機能拠点が、日常生活圏（中学校区、小学校区程度のイメージ）ごとに整備されることが必要であるとした。また、自宅、施設以外の多様な住まい方、施設機能の地域展開等が必要であることも指摘している。これらの論旨は、本書のものと共通しているところがあり、基本的に理解できる。しかし、報告書は、介護保険制度の持続可能性の確保の提案で締めくくられており、報告を受けた制度改正において、給付抑制に伴う問題を生じた。

3）小規模多機能型居宅介護の動向

　小規模多機能型居宅介護は、発展を期待されたが、介護報酬が低く経営が困難であるとも指摘されてきた。この点をめぐり、公的な場で論議があった。

　国会法により、議員は議長の承認を得て、内閣に質問主意書を提出することができ、内閣は回答を義務づけられている。参議院の又市征治議員が、上記に関連した質問をし、安倍晋三首相が答えている（2007年7月）。小規模多機能型居宅介護は、中学校区に1つつくるなどのことがいわれていたが、普及はどうかとの質問に対して。06年4月以降、着実に増加し、07年6月末現在908か所である（WAM－NET登録数）。事業主体別には、営利法人が約47％、社会福祉法人約24％、医療法人約14％である［公立中学校は全国で1万強あり、中学校区ごとという目安からはほど遠い。（嶺）以下大括弧内同じ］。

　国や都道府県等の支援はどうなっているかとの質問に対して。事業の整備について、地域介護・福祉空間整備交付金で国が支援している。

　業界紙の2月の記事で、8割が赤字である。原因として、平均登録人員が少ないこと、軽度者の介護報酬が低いこと、事業所所在地以外の住民は保険給付がないことなどがあげられているが、との質問に対して。［登録の定員→通いの定員→3：1配置の関係から、登録実数が少ないと赤字になる］当初6か月は、最小で定員の50％を基準とする配置を認めている。介護報酬は、社会保障審議会介護給付費分科会で審議して決まっており適切である。一定の場合、市町村が高い介護報酬を決めることもできる。［市町村が独自に基準を設定した場合等で厚生労働大臣が個別に認定した場合に認められることとなった。2007年6月の告示］　事業所の所在する市町村の同意を得て、他の市町村が指定することができる仕組みとしている。

　小規模多機能型居宅介護について、理念は法律に盛り込まれたが、社会保障

費を削る政策によって、この事業に参入しても事業が成り立たないとして、項目を分けて質問したのに対して。［介護報酬が低く、配置できる職員数が限られ、その給与も低く、定着できない。制度に先行して事業していたところも、経営的に引き合わず指定を受けていない例があるとの見解に対し］賃金は、労働基準法にあるように契約によりきまる。介護報酬については、上記の通りであるが、2007年10月に実施する「介護事業経営概況調査」の結果をまって検討したい。小規模多機能型居宅介護の制度創設前から通所介護などと自主事業［訪問、泊まりなど］を行ってきた事業者のすべてが、この制度に移行するとは考えていない。制度創設後も従来の自主事業等に取り組むことがさまたげられないよう、通知している。

認知症高齢者を主たる対象として、せっかく創設された制度であるが、財政的裏づけがなされていない。介護労働者に生活できる賃金を、また事業者が事業継続できるように介護報酬を改善する必要があるとの見解に対して。厚生労働省としては、まずは、制度の普及に努めたい。普及状況を踏まえ、介護報酬を含め、小規模多機能型居宅介護の在り方を検討してゆきたい。

以上の質問と回答は、執筆時点での中心的問題を扱っており、行政の公式見解も示されたので紹介したが、本書の枠組みに即していえば、新しい制度・市場が形成され、収益に問題があるとはいえ、民間企業がかなり参入している。参入した企業は、基準を守ることにより、介護報酬を受け取る（第1章Ⅰの第1、第3の類型の施策のある準市場。運営推進会議は第2類型の施策）。宅老所などの小規模多機能型活動は、経営的な問題もあるが、公式化された制度では利用者のニーズに十分対応できないといったことから、介護保険における通所介護事業所として指定をうけ（または、うけないで）、その他の自主事業を継続するといった選択をしている場合も相当あるとされている[注]。

  （注）老人保健福祉法制研究会『高齢者の尊厳を支える介護』（法研、2003年10月）
   ［2015年の高齢者介護を掲載］、平野隆之、高橋誠一、奥田佑子『小規模多機能ケア実践の理論と方法』（全国コミュニティサポートセンター、2007年5月）、岩下清子、佐藤義夫、島田千穂『「小規模多機能」の意味論　すでにあった、もうひとつの福祉システム』（雲母書房、2006年11月）。

第 2 章 「安心ハウス構想」とその後の展開

坂田英督

1 安心ハウス構想の生い立ち──雇用創出による経済活性化を目指して

　私が「安心ハウス構想」に関わったのは、(財)高齢者住宅財団に在籍していた平成14年から17年までで、平成14年が主な時期であった。
　当時、安心ハウス構想について法政大学で発表させていただいた縁で、この度文章でまとめることになった。ところで、安心ハウス構想発足から5年を経た今日では、「安心ハウス構想とは何か」では話が古くなってきた。インターネットで検索すると、重複などもあるが数百件も出てくる。安心ハウスは全国に多数できているようである。といっても、構想自体は、最近では尻すぼみで、影が薄くなりつつある感がある。当初は、画期的な構想とも思われたが、それでも順風満帆の船出とは言い難かった。それらを踏まえて、安心ハウス構想を総括してみよう。
　なお当時から年月を経て、私は安心ハウス構想の広報担当とでも言うべき財団には既に在籍しておらず、現時点では公式見解を述べる立場にない。しかし同構想発足当初の考え方やその背景については、私がスタッフの一人であったため詳しく知っている。そこで、これから述べることは当時を知る一個人の責任によるものと理解していただきたい。
　安心ハウス構想の生みの親は、慶應義塾大学経済学部島田晴雄教授（現在、千葉商科大学学長）であった。平成13年の小泉総理のとき内閣府特命顧問をされていた。当時は不況で、例年2～3％の失業率が5％以上になろうかという状況であった。そこで島田先生は、経済の活性化を目的とした「明るい構造改革（雇用創出型の構造改革）」の一環として、「サービス分野における530万人の雇用創出」を提唱されたのである。
　生活者の本当の望み（ウォンツ）に応えるサービスを供給すれば、サービス

産業が発展し、雇用が生み出されるというものである。実現するためには補助金に頼らず、労働市場システムの改革（規制の見直しや情報提供）などにより、サービス産業の雇用拡大を刺激すればよいという考えであった。

そして、サービス産業雇用創出の9つの例が示され、その内の1つが安心ハウス構想の元となる「高齢者ケアサービス」であった。「公設民営型良質ケアハウス増開設、民間企業の活用」により、当時50万人の雇用が5年後（現在である）に100万人になるというものである。

つまり雇用創出のために高齢者ケアサービスを拡大しようという意図の下に、ケアハウスを沢山設置しようという主旨であった。しかし、ケアハウスが整備できるのは、原則として、社会福祉法人に限られている。また、補助金も必要となる。それでは沢山整備することはできない。その結果出てきたのが安心ハウス構想であった。安心ハウス構想については、（財）高齢者住宅財団のホームページにより以下に紹介する。

2 安心ハウス構想とは

I 安心ハウス構想とは
1 高齢社会の進展により増加する高齢中層所得者の方に対し、「安心して暮らせる住まい」を民間活力により広く普及させるための構想です
2 高齢者それぞれの身体状況等に対応したハード・ソフトの組み合わせにより、「安心・安全・快適」な機能が付いた住居を供給します
3 多額の入居一時金を必要とせず、個室で暮らすことができます
4 サービス内容、既存制度の利用等により、有料老人ホームや、グループホーム、グループリビング、高齢者向け優良賃貸住宅等、様々な形態が含まれます

II 入居対象者・利用料について
1 自立から要介護まで、多様な高齢者が対象
2 入居一時金を必要としない月額利用料のみの支払い方式を採用
3 家賃・管理費・サービス費・食費・介護サービス費等を明確に提示
4 公有地の利用等により、厚生年金の受給額程度（15万円〜20万円）の月額利用料が実現可能

第 2 章 「安心ハウス構想」とその後の展開

Ⅲ　ハード・ソフトについて

1　バリアフリー対応、全室個室化
2　緊急通報装置の設置
3　多様なサービスの組み合わせによる安心と快適性の提供
4　入居者ニーズに対応したサービスの提供

図2-1

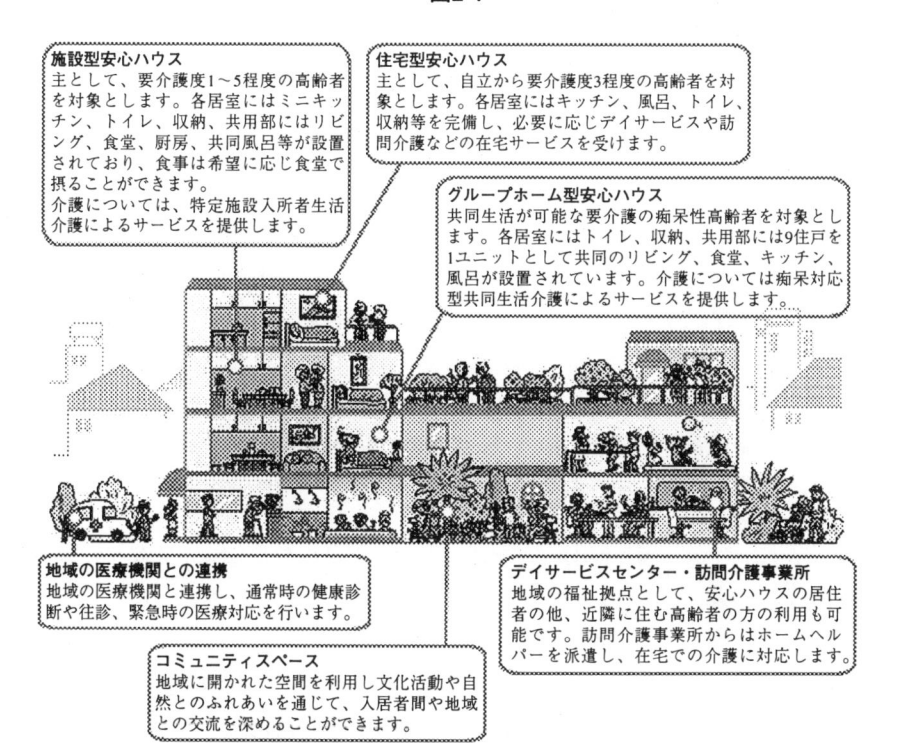

施設型安心ハウス
主として、要介護度1～5程度の高齢者を対象とします。各居室にはミニキッチン、トイレ、収納、共用部にはリビング、食堂、厨房、共同風呂等が設置されており、食事は希望に応じ食堂で摂ることができます。
介護については、特定施設入所者生活介護によるサービスを提供します。

住宅型安心ハウス
主として、自立から要介護度3程度の高齢者を対象とします。各居室にはキッチン、風呂、トイレ、収納等を完備し、必要に応じデイサービスや訪問介護などの在宅サービスを受けます。

グループホーム型安心ハウス
共同生活が可能な要介護の痴呆性高齢者を対象とします。各居室にはトイレ、収納、共用部には9住戸を1ユニットとして共同のリビング、食堂、キッチン、風呂が設置されています。介護については痴呆対応型共同生活介護によるサービスを提供します。

地域の医療機関との連携
地域の医療機関と連携し、通常時の健康診断や往診、緊急時の医療対応を行います。

コミュニティスペース
地域に開かれた空間を利用し文化活動や自然とのふれあいを通じて、入居者間や地域との交流を深めることができます。

デイサービスセンター・訪問介護事業所
地域の福祉拠点として、安心ハウスの居住者の他、近隣に住む高齢者の方の利用も可能です。訪問介護事業所からはホームヘルパーを派遣し、在宅での介護に対応します。

注）この図は当時のものであり、現在では下記（左が旧、右が新）のとおり呼称が変わっている。
・「特定施設入所者生活介護」→「特定施設入居者生活介護」
・「痴呆性高齢者」→「認知症高齢者」
・「痴呆対応型共同生活介護」→「認知症対応型共同生活介護」

安心ハウス構想のⅠ〜Ⅲについて以下に説明する。

Ⅰの1で、高齢中層所得者（以下「中所得者」という）を対象としていることと、民間活力により普及を図ることが謳われている。

中所得者とは厚生年金の受給者（月額20万円程度）をイメージしている。月額20万円の費用負担で食費、家賃、安心して暮らせるサービスの全てがまかなえるものという想定である。

中所得者は長い間納税してきたにもかかわらず、税金を投入して整備され、入居者費用負担が少ない特別養護老人ホームは順番待ちですぐには入れない。認知症高齢者グループホーム（以下「認知症グループホーム」という）は、当然に認知症高齢者だけが対象である。高齢者向け優良賃貸住宅もあるが絶対数が少ない。高所得者は高級有料老人ホームにも入れる。低所得者は行政対応が必要とならざるを得ない。そこで、納税で貢献した割には報われない中所得者を対象とすることにしたのである。

また、民間活力とは株式会社、有限会社、NPOなどが整備できるものという意味である。整備主体が社会福祉法人や医療法人、自治体では整備数に限度があるので、民間が参入できる必要がある。

Ⅰの2では、様々な身体状況の高齢者を対象として、それぞれに必要なハード（建物や設備）やソフト（サービス）を組み合わせればよいとした。

自立高齢者に適したハードは、バリアフリー、全室個室、緊急通報装置が必須で、大浴場、食堂、集会室などもあるとよい。ソフトは緊急時対応や（一定時間水を使わないと警報を発するなどの）見守りサービス、窓口サービスなどが考えられる。要介護高齢者にはそれらをベースにして、介護サービスを導入した住まいが適していると考えられる。

図2-1のようにサービス付住宅、施設的な住まい、認知症グループホーム、そしてデイサービス施設や診療所が一体となって建設されているものが理想型の一つと考えられる。ここに住めば、将来身体状況が変化したときにも、大きな住環境の変化がなく、安心して住み続けることが可能となるであろう。

Ⅰの3は、入居に当たって一時金を支払うと色々問題があるので、できれば一時金を無くすことと、当時は特別養護老人ホームを個室化する方針となった時期でもあり、個室を必須としたものである。

一時金について少し述べると、有料老人ホームは入居に当たって、安いものでも一時金が300〜500万円必要なものが多く、所謂「頭取り」などと称して入

居直後に退去しても2割程度は差し引かれ、約8割しか返してもらえない。退去時の返却額は年々少なくなり、5年から長い所でも15年程度で一時金の返却額はゼロになる。なお、一時金は生涯にわたる家賃の前払い分という趣旨のものなので、一時金を払えば何年居ても家賃の心配はない。長生きをすると思う入居者は得をすると考えるようである。

一時金の弊害として、一旦入居すると、その返却額が減っていくので退去しにくくなる。サービスが気に入らなくて退去したいこともあるであろうし、人間関係によることもあるであろう。身体状況が変化した場合には、なるべく退去しなくても居住が継続できる態勢はとられているものの、医師が常駐する訳ではないので、身体状況によって退去ということもある。

また、有料老人ホームが倒産したら一時金は戻らないと考えられる。

一時金を準備するためには、自宅の売却や預貯金の取り崩しなど負担が大きいし、自宅を売却したら戻る所がないので覚悟が必要である。有料老人ホーム入居者の半数は自宅をそのままにしていると聞くが、戻れない不安があるから資金に余裕のある人は売らないし、子供が売却に反対するとも聞く。

従って、一時金はないことが理想である。しかし民間事業者にとっては、一時金が無いと初期投資が大きいため事業が成立しにくい。そこで、「多額の一時金を必要とせず」という曖昧な表現になったものである。

一時金についてもう一つ述べる。入居者が一時金を払った場合、退去の際は事業者が残額を返却してくれないと困る。しかし通常、事業者は一時金を建設に要した費用に充てて金利負担を軽減する。退去者の一時金は新たな入居者の一時金をもって充てる自転車操業である。開業後の入居率が高ければそれで問題はなく回転するが、入居率が低いと経営は悪化してしまう。そこで、老人福祉法の改正で（有料老人ホームと認知症グループホームに関して）一時金の保全措置が義務付けられた。とはいっても保全する義務があるのは、「一時金の残額か500万円のどちらか低い額以上」である。保全措置があっても、一時金については、どうしても、このような不安が生じるのである。

ところで、安心ハウス構想発足当初から一時金がほぼ不要の有料老人ホームがあり、安心ハウス構想の参考になっていた。岡山の（株）メッセージによる介護付き有料老人ホーム「アミーユ」である。一時金を不要とするために、施設を所有せず、地主が建設したものを一括借り上げする方式を採っていた。

「アミーユ」は発足当初、家賃・食費・管理費込みで月額15万円前後であっ

た。「アミーユ」は、最近では20万円前後のものもある。当初は、岡山や関西方面中心の展開だったが、首都圏周辺の都市部で展開するには多少利用料を上げる必要があったのであろう。同社は平成16年にJASDAQ（ベンチャー企業などが多く上場される、ジャスダック証券取引所）に上場し、平成19年4月現在、全国に124のアミーユを開設している。

（最近、同社が首都圏で土地を購入して建設しているのを見かけた。近年、資金調達の手法が様々登場しており、土地を購入しても一時金なしで成立する場合もあるようである。）

さてⅠの3の2つ目のポイント、「個室で暮らすことができます」という部分を補足する。当時は特別養護老人ホームを全て個室化するという方向性が明確になってきた時期であり、現在では新たに整備するものは全て個室でなければならない。

病院のように多人数部屋でも短期間ならば我慢もできる。しかし、長期間の滞在となるとそこは「住まい」に等しい。自立高齢者であれ、認知症高齢者であれ、尊厳を重んじて「施設」ではなく「住まい」に移行するべきであるという考えが、行政や識者の通念になって来た頃である。従って安心ハウスも個室を条件とした。

なお、生活するためにはトイレや収納は必要であり、ちょっとお湯を沸かすにはミニキッチンも必要となる。家族の訪問もある。面積18m²前後の個室がまだ多いが、やや狭い感じは否めない。これからは単に個室というだけではなく、個室の質も問われる時代になるであろう。

Ⅰの4は、意味深長である。

当時、民間事業者が整備できる高齢者向けの住まいは、有料老人ホーム、認知症グループホーム、高齢者向け優良賃貸住宅にほぼ限られていた。現在では、高齢者専用賃貸住宅も加わっており（後述）、それぞれ法律上の位置付けがなされている。

さて、それらの既存制度の下に整備できる施設を安心ハウスと称するのであれば、既存制度のPRに努めればよいだけであり、屋上屋であるという意見が当初からあった。

図2-2でイメージ図を描いてみた。安心ハウスに該当するのは、高齢者向け優良賃貸住宅と認知症グループホームのほぼ全てと、有料老人ホームの一部（介護が必要になってから入るもの）である。民間が整備できる既存の高齢者

図2-2

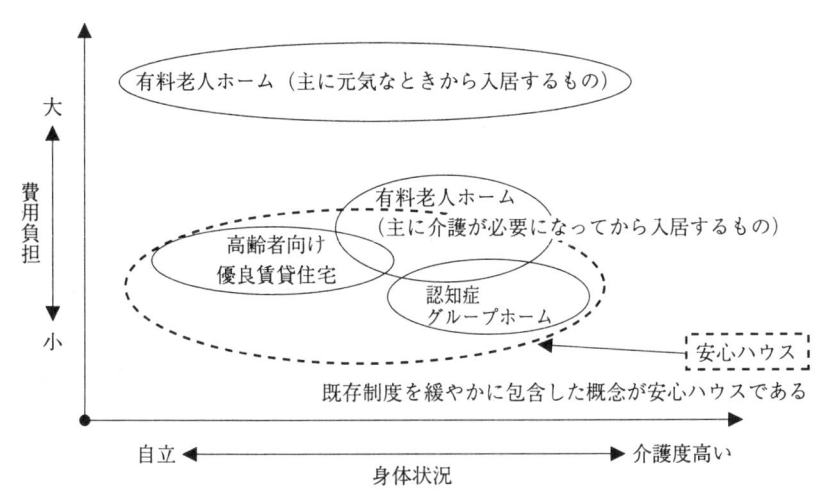

```
大 ↑
│
費  ┌─────────────────────────────────────┐
用  │ 有料老人ホーム（主に元気なときから入居するもの）│
負  └─────────────────────────────────────┘
担        ╭──────────────╮
│        │ 有料老人ホーム    │
│   ╭────┤（主に介護が必要になってから入居するもの）╮
│   │高齢者向け│                            │
│   │優良賃貸住宅├──────╮                    │
│   ╰────┤認知症  │                    │
│        │グループホーム│                ┌─────┐
│        ╰──────╯                │安心ハウス│
小 ↓    ╰──────────────────────╯└─────┘
          既存制度を緩やかに包含した概念が安心ハウスである
└─────────────────────────────────────────→
   自立 ←──────────────→ 介護度高い
              身体状況
```

出所：（財）高齢者住宅財団のホームページを元に筆者作成。

向け住まいを緩やかに包含したものが安心ハウスであると言える。

当初、島田先生は安心ハウスを制度化したい意向だったと思われる。しかし安心ハウスが制度になると、ただでさえ既存制度による施設や住まいが多すぎて一般の人には分かり難いのに、ますます分からなくなる。新たに制度化する以上、既存制度との違いが明確でなければならない。既存制度による住まいにも、安心ハウスの理念を満足するものが図2−2のとおり既に存在している。安心ハウスは既存制度の住まいについて、一時金や個室などの条件を付けているだけなのである。

安心ハウスに制度上の裏付けがあれば特別扱いが可能となる。例えば、Ⅱの4に触れているとおり「公有地の活用」が視野にあって、一時金を徴収しないと事業が成立しにくいのであれば、自治体が使わずに持っている学校用地などの公有地を一定期間有効活用したら成立し易くなる。安心ハウスを特別扱いすることで公有地が円滑に活用できることも想定された（補助金や交付税を投入して取得した公有地を目的外に使うなら、それらの返却が求められるなど容易ではないため、特別扱いが必要と考えられる）。

しかし、それも既存制度で特別扱いをすればよいとも考えられる。以上のようなことから、結局、安心ハウスの構想は、制度化に至らなかった。

安心ハウスは高齢者が望む住まい、「ウォンツ」についての理念である。そして、既存制度に基づく住まいも、高齢者の要求に応えるべく民間事業者がそれぞれ工夫しながら進めてきたものである。安心ハウスの理念が高齢者にもっと受けると分かってはいても、様々な理由（土地が高くて買えない、土地の賃料が高い、補助金が出ない、田舎なので高齢者人口が少ない、入居費用を負担できる高齢者がいない、介護保険負担が重くなるので自治体が認めないなど）で、現実には簡単に造れない。

　だからこそ、安心ハウスには何らかの支援があるのではないかと事業者は期待したと思う。しかし、補助金や税制優遇による特別扱いは構造改革ではなく、従来路線と変わりがない。安心ハウスで可能な誘導策は、「規制の見直しや情報提供」だけなのであった。

　見守りや介護が必要な高齢者が巷にあふれ出していて、早急に対応する必要があるのならばともかく、社会福祉法人が整備する特別養護老人ホームなどは既に相当数存在している。現在は4人に1人が65歳以上の高齢者であり、その内3人に1人がそうなるといっても、ただ「箱」を増やせばよい訳ではなく、介護保険負担を勘案しながら進めなければ、たちまち介護保険財政は破綻してしまう。特に、安心ハウスに該当する有料老人ホーム（介護付）や認知症グループホームは介護保険からの報酬を見込んで始めて成立するものである。

　新たな制度を作るには、高齢者の住まいの基本理念、民間事業者がやる気を出せる仕組み、介護保険財政の見通し、補助金（交付金）、関連法規などを整理し、なぜ新たに制度化しなければならないかという点も整理する必要がある。結局、安心ハウスでなければならない理由を見出すことができなかったということだと私は理解している。

　当初は「安心ハウスは補助金が受けられなくても、何か特別な扱いが受けられて事業に結びつくのではないか」という印象を持つ事業者も多かったと思う。しかし、結局は既存制度の活用でしかなく、しかも制度ではないから強制ではないが、一時金や月額利用料への制限もあって、「安心ハウスができたらよいとは思うけれども、事業上のアドバンテージは小さい」と受け取られたのではないだろうか。

　以上、主にⅠに基づいて安心ハウスの理念を説明した。ここで、ⅡとⅢについても必要な部分を補足しておく。

　Ⅱの3については、特に有料老人ホームにおいて、厚生労働省や公正取引委

員会が事細かな指導や規制を行っている。その流れに沿ったものであり、民間事業者は自由に事業を行うことができるが、それは説明責任を徹底した上でのことであるという趣旨で利用料の明確化を謳っている。

Ⅱの4で、公有地が使えれば事業者にとっては参入し易いが、なかなか簡単ではないことは前述した。実現可能性があるとすればPFI（民間事業者による公共施設整備とサービスの提供）によるものが考えられる。それと共に自治体の首長が指導力を発揮する必要がある。

Ⅲの1のバリアフリーは、今や新築マンションでは常識になっている。ただし、既存家屋を使った認知症グループホームなどでは、必ずしも完全なバリアフリーでなくても支障がない場合もある。基準を設けて徹底を求めると本質を見失う恐れもあるので難しいところである。

以上のように、安心ハウスはⅠからⅢまで色々と条件を付けている。ところが、安心ハウスは図2-2のとおり「既存制度を緩やかに包含した概念」に過ぎないから、安心ハウスとしての基準は何もないのである。

勝手に安心ハウスを名乗ることも可能である。そこで、商標登録されてしまうおそれがないか調査したところ、商標登録はできない可能性が高いという結論であった。安心ハウスの普及を推進する立場としては、安心ハウスの名称を誰でも使えるように登録しておくことを検討したが、登録できないならば何もしなくても良いという結論になった。なお、劣悪なものに「安心」の名前を使われる危険性もないことはない。

以上、安心ハウスの理念は正しいものの、順風満帆の船出ではなかったという理由を理解していただけたと思う。

雇用創出のために高齢者が本当に望むサービス付き住まいを提供するという点は一石二鳥の正論と思う。しかし、既存制度との棲み分けの整理ができておらず、安心ハウスとしての特別扱いもない。

結局、安心ハウス構想は、既存の有料老人ホーム、認知症グループホーム、高齢者向け優良賃貸住宅を増やしましょうというキャンペーンであったという感がある。それでも、島田先生が指導し、内閣府、厚生労働省、国土交通省のバックアップの下で実施したキャンペーンであるから、効果はあったのではないだろうか。次にそれを検証する。

3 安心ハウスは増加したのか

図2-2で示したような、安心ハウスはどの程度増加したのだろうか。結論から言うと最初に述べたように、安心ハウスは全国に多数できたといってよいと思う。それが安心ハウスをPRした効果なのか、自然に増えた結果なのかは不明であるが、その辺りを図2-3に示した。

図2-3は、安心ハウス（便宜的に、高齢者向け優良賃貸住宅、有料老人ホーム、認知症グループホームの3つを「安心ハウス」という）のか所数の推移である。対比のために介護保険三施設と呼ばれる特別養護老人ホーム、老人

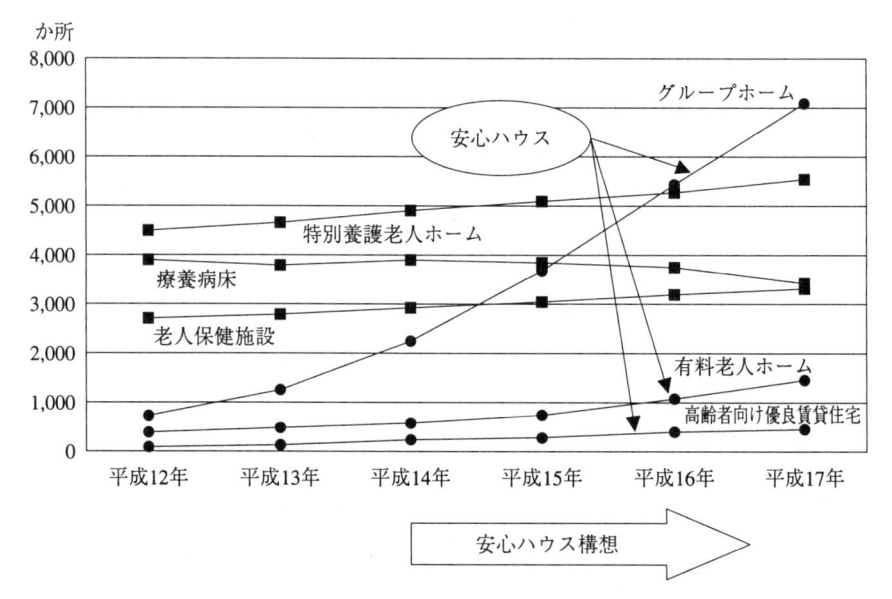

図2-3 安心ハウス関連等の住まい（施設）の整備数

注）表の根拠は以下による。単位は「か所数」。
・グループホーム、特別養護老人ホーム、老人保健施設、療養病床
　　　　　　　　平成17年介護サービス施設・事業所調査（厚生労働省）
・有料老人ホーム
　　　　　　　　平成17年社会福祉施設等調査の概況（厚生労働省）
・高齢者向け優良賃貸住宅
　　　　　　　　財団法人高齢者住宅財団による認定ベースの値

保健施設、療養病床の推移も併せて掲載した。

　目立つのは認知症グループホームの伸びである。平成12年に介護保険制度発足と共に制度上の位置づけが明確となり、介護報酬が見込めて、需要が多く、民間事業者が参入でき、規模が小さいことなどにより、急激に増加した。1カ所で数人〜18人程度が住んでいる。新築から古民家を利用したものなど様々である。

　有料老人ホームは平成14年頃から増加傾向が顕著である。50〜100室程度ないと経営しにくいといわれ規模はやや大きい。人口が多く需要が見込めて、ある程度の経済的負担に耐えられる人が多い首都圏など（東京、神奈川、愛知、大阪、福岡など）が中心である。有料老人ホームが増えると老人の呼び寄せになり、ホームのできた地域の住民が負担する介護保険料が高くなるという理由で拒否する自治体が多く、その影響は大きい（最近では、有料老人ホームも、特別養護老人ホーム同様、従前居住地の自治体が介護保険料を負担することとなったが、「お断り」の姿勢は相変わらずである）。ということから、グループホームほどの増え方ではない。

　高齢者向け優良賃貸住宅も着実に増えている。自治体が建物整備や家賃に補助金を出すシステムなので、自治体の意向（予算）によって決まってしまう。よって、増え方もそれを反映したものとなっていると言える。

　一方で、介護保険三施設については、特別養護老人ホームも老人保健施設も増えてはいるが、増加率は安心ハウスと比べて小さい。特別養護老人ホームには補助金が必要で、なおかつ後述するように介護保険三施設は介護保険財政への負担も大きいので、整備量には限界がある。

　療養病床に至っては、減少傾向である。療養病床には医療保険適用のものが25万ベッド、介護保険適用のものが13万ベッドある。平成24年3月までに、医療保険適用のものを15万ベッドに（10万ベッド減）、介護保険適用のものをゼロに（13万ベッド減）する計画だからである。治療の必要がないのに家庭では受け入れられないなどで療養病床に居続ける社会的入院により医療費が増大してしまっているのを是正するためとされており、その受け皿をどうするかが課題となっている。

　ところで、安心ハウスと介護保険三施設に居住している人の数を表したのが図2−4である。概ね、自宅以外の所に移り住んでいる要介護高齢者と考えていただきたい（これ以外に、居宅の要介護高齢者が居る）。

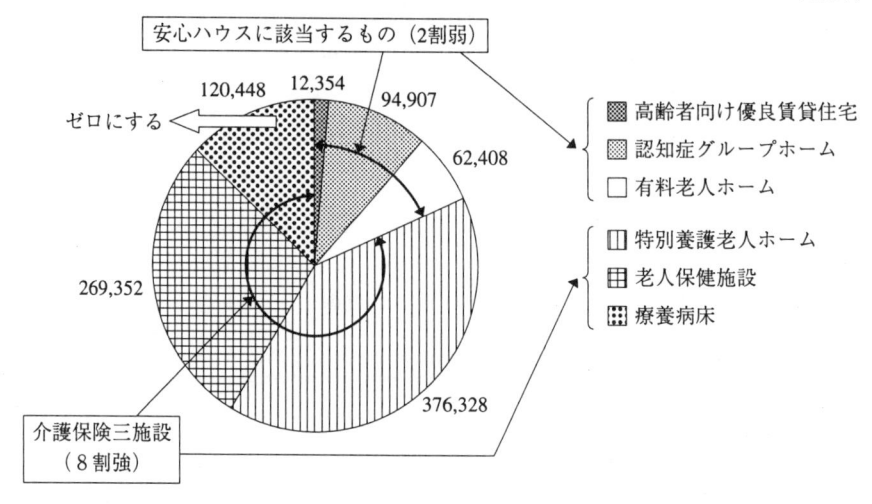

図2-4 高齢者向け施設等の在所（入居）者数　　　　　　単位：人

安心ハウスに該当するもの（2割弱）
ゼロにする　120,448　12,354　94,907
　　　　　　　　　　　　　　62,408
269,352
　　　　　　　　　376,328
介護保険三施設（8割強）

凡例：
- 高齢者向け優良賃貸住宅
- 認知症グループホーム
- 有料老人ホーム
- 特別養護老人ホーム
- 老人保健施設
- 療養病床

注）表の根拠は以下による。単位は「在所者数」（一部推計値）。
　・グループホーム、特別養護老人ホーム、老人保健施設、療養病床
　　平成17年介護サービス施設・事業所調査（厚生労働省）による在所者数
　・有料老人ホーム
　　平成17年介護サービス施設・事業所調査（厚生労働省）の特定施設在所者数を0.8で除して有料老人ホームの在所者数とした推計値
　・高齢者向け優良賃貸住宅
　　（財）高齢者住宅財団による認定ベースの戸数×1.2人／戸で推計

　安心ハウスには全体の2割弱の約17万人が住んでおり、歴史の長い介護保険三施設には8割強の約77万人が住んでいる。但し前述のように、介護保険が適用される療養病床はゼロにする方針なので、そこに居る人たちの多くは特別養護老人ホームや老人保健施設や安心ハウスなどに移らなければならなくなるであろう。そして、特別養護老人ホームや老人保健施設の増加率を見れば、受け皿は安心ハウスなどになる可能性が高い。今後は安心ハウスの割合がもっと大きくなるだろう。

4　介護保険財政と入居者負担額から見た安心ハウスと介護保険三施設

　有料老人ホームや認知症グループホームはどの程度の介護保険を使っているのだろうか。それが図2-5である。これは1カ月分の給付費（4,668億円）な

94

図2-5　介護保険給付額　平成19年1月分

単位：億円

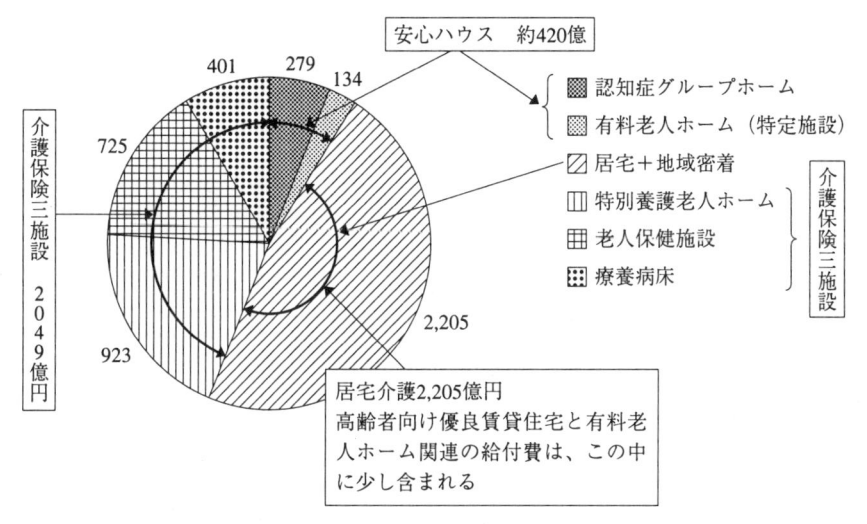

安心ハウス　約420億
- 認知症グループホーム
- 有料老人ホーム（特定施設）
- 居宅＋地域密着
- 特別養護老人ホーム
- 老人保健施設
- 療養病床

介護保険三施設

介護保険三施設　2049億円

401　279　134
725
923
2,205

居宅介護2,205億円
高齢者向け優良賃貸住宅と有料老人ホーム関連の給付費は、この中に少し含まれる

注）福祉医療機構　介護保険事業状況報告平成19年1月分による介護給付費（単位：億円）。
・高齢者向け優良賃貸住宅と有料老人ホームの一部（特定施設以外）は居宅＋地域密着の給付費の中に含まれる（額が小さいので無視した）
・1号被保険者と2号被保険者の総額である

ので、1年間ではこの12倍の約6兆円弱である。

　介護保険三施設は約4割を占めている。自宅に住んでデイサービスに通ったり、訪問介護を受けたりするなどの居宅介護の費用が2,205億円と全体の約5割弱（居宅＋地域密着）。有料老人ホームと認知症グループホームの使う額は1割弱（高齢者向け優良賃貸住宅と有料老人ホームの一部は居宅介護の部分に含まれる）。

　安心ハウスと介護保険三施設の割合は約2：8であるから、入居者数と介護保険給付額は、ほぼ同じ割合と思われる。

　表2-1は、介護保険給付月額（1人1か月分の給付額）の概算である。

　介護保険三施設の方が要介護度の高い人が多いため、給付額も（範囲を示した額の）高い方に位置していると思われる。

　また、高齢者向け優良賃貸住宅や一部の有料老人ホームでは居宅で訪問や通所による介護サービスを受ける。その場合、個々のケアプランによって受ける

表2-1

区分		一人1か月当たりの介護保険概算給付額	備考
安心ハウス	有料老人ホーム（特定施設）	約17〜25万円	・平成18年4月以降適用のものである ・要介護1〜5に関する額である ・加算額などの補正を加えず、1か月を30.5日として算出（1万円未満は四捨五入）した ※これは限度額であり、実際に使われるのはこの半分程度である
	認知症グループホーム	約26〜27万円	
	高齢者向け優良賃貸住宅 有料老人ホーム（特定施設以外）	約17〜36万円※	
介護保険三施設	特別養護老人ホーム	約20〜28万円	
	老人保健施設	約24〜30万円	
	療養病床	約24〜40万円	

　サービスが異なるので給付額も異なる。目一杯のサービスを使う訳ではなく、実際に使われるのは限度額の半分程度である。
　以上により、安心ハウスと介護保険三施設では、一人当たりが使う給付額は同程度と考えて良さそうである（介護保険三施設の方が要介護度の高い人の割合が多いので、介護保険給付額はやや大きい傾向という程度）。
　次に、個人が支払う月額費用はどうであろうか。
　特別養護老人ホーム（個室）では、部屋代、食費、介護保険1割負担などで、約13万円が基本となる（収入による減額あり）。
　有料老人ホームは一時金が必要な所が多く、元気なときから入居する（豪華さや充実したサービスを売りにした）ものや、要介護になってから入居するものがあり、費用の幅も大きい。月額費用は（要介護になってから入居するものが安く）、安い所では13万円程度から20万円程度のものがあり、特別養護老人ホームより少し高いが、入りたいときに入れる可能性も高い。
　認知症グループホームは、家賃、食費、その他、介護保険料1割負担で月15万円前後である。地方では既存家屋を安く借りて、月額10万円未満で運営している所もある。
　高齢者向け優良賃貸住宅では、家賃と共益費、見守り程度のサービス費が必要であるが、通常は家賃補助が出るので月額負担は10万円以下となる。居宅介

護サービスを受ければ、介護保険 1 割負担も必要となる。自立者から介護度の低い人までに適していると言えよう。

　特別養護老人ホームの入居者負担は小さいと言える。それが大きな理由で入居希望者が多いが、そうは増やせないから待機者が増える。そのため、特別養護老人ホームは重度の人を優先する方針となった。老人保健施設は基本的には自宅に戻る前提で一時的に住むところであるし、療養病床はゼロとする方針である（実際には老人保健施設も、療養病床も、特別養護老人ホームへの待機場所になっている）。

　自宅では居住継続が困難な場合、安心ハウス（特に有料老人ホーム）ならすぐに入れる。国や地方自治体にとっても、補助金を出さなくてもよいから財政負担が小さくて良い（高齢者向け優良賃貸住宅には若干の補助金が出る）。その分は入居者負担が大きくなるが、特別養護老人ホームの入居者負担が見直されて増えているので、安心ハウスとの差は小さくなっている。

　居宅介護で済めば高齢者本人も自宅に住み続けられて本望であろうし、居宅介護の方が三施設や有料老人ホーム（特定施設であるもの）などよりももっと介護保険財政上も好ましいことは言うまでもない。365日24時間の居宅介護を目指す小規模多機能型居宅介護の制度が平成18年 4 月から始まった。利用者の選択肢は安心ハウス構想の頃よりも広がってきたと言える。

5　介護を受けながら住み続ける住まいのあり方——原点からの検討

　安心ハウス構想は、雇用の増大による経済活性化を念頭に、高齢者に喜ばれる住まいにアプローチしたものであった。

　それとは別に、様々な高齢者にとって必要なサービスを受けながら長期にわたって住み続けられる住まいとはどうあるべきかについて、厚生労働省の指導の下、平成16年に「『介護を受けながら住み続ける住まい』のあり方」と題した検討が行われた。厚生労働省のほかに国土交通省もオブザーバーとして参加し、（財）高齢者住宅財団が事務局となった。

　厚生労働省は介護保険三施設や有料老人ホームなどを所管し、国土交通省は公営住宅や旧公団住宅（現UR賃貸住宅）、高齢者向け優良賃貸住宅などを所管している。厚生労働省所管のものは「施設」と呼ばれ、国土交通省所管のものは「住宅」と呼ばれる。

図2-6 施設は住まいに、住まいは施設に近づき、全てサービス付き住宅となる

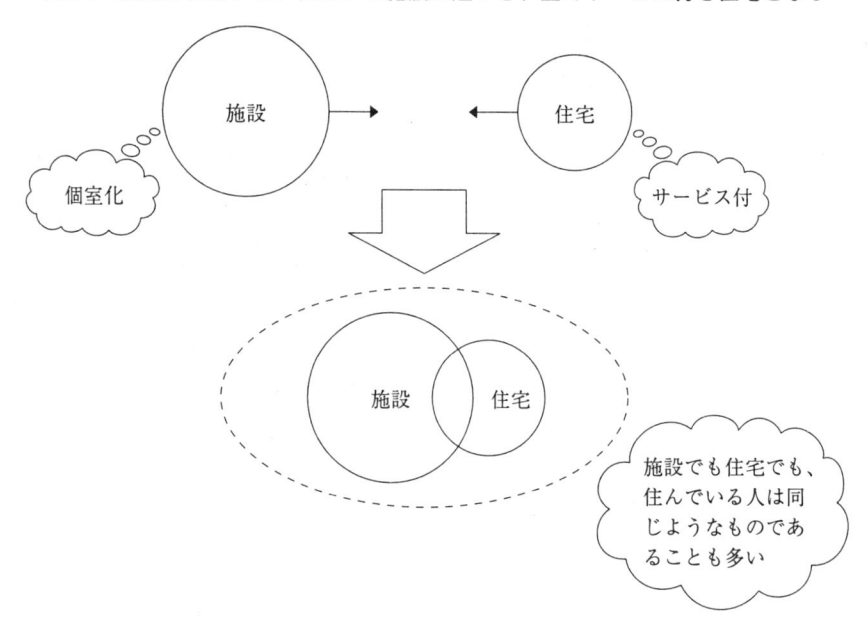

施設 → ← 住宅
個室化　　　　　サービス付

施設　住宅

施設でも住宅でも、住んでいる人は同じようなものであることも多い

　ところが高齢者向けの施設も住宅も、住まいにサービスが付いたものであって、同じような人が住んでいる場合もある。病院の病室であれば、患者は一日も早く退院したいと思いながら滞在しているであろう。しかし、介護保険三施設の代表とも言える特別養護老人ホームは個室化し、長期にわたって住み続けるのであるから、そこが自宅といってもよい。
　結局、施設は個室化して住宅に近づいた。そして住まいにサービスが付くと施設に近づく。両方とも似たような人が住んでいるとなると、施設と住宅とを分ける理由が薄れて来たのである（図2-6）。
　図2-7が、介護付きの住まいの考え方である。
　住宅部分は、バリアフリーで一定の居住面積や洗面、トイレなど最低限の設備水準が確保されているものが基本となる。一時金方式の場合には、住み続けることへの保証も必要である。
　高齢者向けの住まいとして、最低限の生活支援サービスは必要であるから、全ての住まいに生活支援サービスは標準装備することとしている。
　その上で、介護サービスは身体状況に応じて用意されていればよい。場合に

図2-7 介護を受けながら住み続けることのできる住まいの機能について（概念整理）

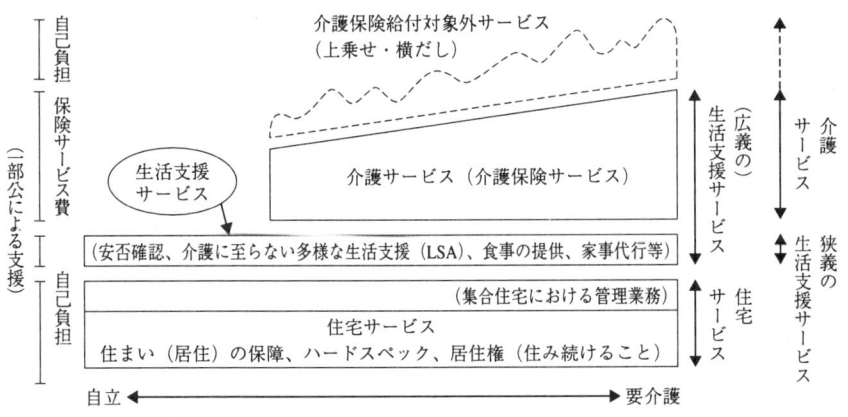

（図：自己負担・保険サービス費（一部公による支援）・自己負担の区分と、介護保険給付対象外サービス（上乗せ・横だし）、介護サービス（介護保険サービス）、生活支援サービス（安否確認、介護に至らない多様な生活支援（LSA）、食事の提供、家事代行等）、住宅サービス 住まい（居住）の保障、ハードスペック、居住権（住み続けること）、集合住宅における管理業務の関係を示し、自立⇔要介護の軸を持つ概念図。右側に（広義の）生活支援サービス、住宅サービス、介護サービス、狭義の生活支援サービスの区分）

出所：「介護を受けながら住み続ける住まいのあり方」より転載。

よっては、いわゆる上乗せ、横出しサービスと呼ばれるものも追加してよいであろう（上乗せサービスとは、介護保険サービスの限度額を超える居宅サービスなどであり、横出しサービスとは、介護保険対象外の買い物代行サービスなどである）。

施設であれ住宅であれ、どこが所管していようと、高齢者の住まいのあるべき姿が整理されたのである。

平成18年の介護保険法や老人福祉法の見直しでは、施設と住まいに関する整理も行われた。

有料老人ホームの定義は、老人福祉法で以前は「常時10人以上の老人を居住させ、食事や日常生活上必要なサービスを提供する施設」としていた。

有料老人ホームは都道府県に設置の届け出が必要である。届け出をすれば指導を受けるし、事前協議で設置を拒否されることもある（法的には拒否できないが、事実上設置できない）。10人未満の小規模なものは有料老人ホームに該当しないので、実態も把握できなかった。

その一方で、高齢者向けの賃貸住宅もあって、その中には食事を提供しているものもあった。賃貸住宅で食事を提供して何が悪いのかと思うが、老人福祉法に照らせば賃借人が10人以上であれば、有料老人ホームの届け出が必要となってしまうのであった。

困惑した事例を挙げると、旧建設省が作った「シニア住宅」制度がある。シニア住宅は、高齢者向けの賃貸住宅をベースに食事提供や見守りなどのサービスが付いたものである。入居者が併設のレストランに食事を注文するので、運営事業者による直接の食事提供はないから有料老人ホームには該当しないことになっていた。その後数年のときを経て、厚生労働省の見解で届け出が必要となったため有料老人ホームの届け出を行った。国土交通省から見れば賃貸住宅で、厚生労働省から見れば有料老人ホームとなったのである。

結局、老人福祉法の有料老人ホームの定義は次のように改訂された。

> 老人を入居させ、入浴、排せつ若しくは食事の介護、食事の提供又はその他の日常生活上必要な便宜であって厚生労働省令で定めるものの供与（他に委託して供与をする場合及び将来において供与をすることを約する場合を含む。）をする事業を行う施設であって、老人福祉施設、認知症対応型老人共同生活援助事業を行う住居その他厚生労働省令で定める施設でないものをいう。

10人という要件は撤廃され、1人でも該当することになった。これで小規模なものも届け出が必要となり、実態把握や指導が可能となる。また、老人福祉施設（特別養護老人ホームなど）や認知症グループホームは別途指導されるので除外された。

そしてもう一つ「その他厚生労働省令で定める施設」も除外されている。

6　高齢者専用賃貸住宅の登場

この除外されたものが「高齢者専用賃貸住宅」のうちで、下記の要件を満足するものである。便宜上「適合高専賃」と呼ぶ。

- 各戸の床面積が25㎡以上（居間、食堂、台所その他、高齢者が共同して利用するために十分な面積を有する共用設備がある場合は18㎡以上）
- 原則として各戸に台所、水洗便所、収納設備、洗面設備及び浴室（共用部分に共同して利用するため適切な台所、収納設備又は浴室を備えた場合は、各戸が水洗便所と洗面設備を備えていれば可）
- 前払家賃を受領する場合は、保全措置を講じる

・入浴、排泄もしくは食事の介護、食事の提供、洗濯、掃除等の家事又は健康管理を実施

出所：(財)高齢者住宅財団のホームページより転載

「高齢者専用賃貸住宅」は「介護を受けながら住み続ける住まいのあり方」などの検討結果を踏まえて、平成17年10月「高齢者の居住の安定確保に関する法律施行規則」で登場した。そして「高齢者専用賃貸住宅」の内、厚生労働省の定める上記の基準に適合するものとして「適合高専賃」が登場した。「適合高専賃」は、有料老人ホームの届け出が不要となるほか、介護保険の特定施設(注)の指定対象となる（以前は特定施設の対象となるのは有料老人ホームとケアハウスだけであった）。

厚生労働省、国土交通省が連携して、図2-7で示されるような介護付き住まいであれば、ベースが賃貸住宅でも有料老人ホームでも介護保険の上で同じ扱いをすることになり、賃貸住宅でありながら有料老人ホームであるというような「ねじれ」が解消したのである。適合高専賃も「安心ハウス」といってよく、今後増えると推測される。

(注) 特定施設の指定を受けると、介護保険上の扱いが特別養護老人ホームのようになり、事業者にとっては運営がし易くなる。

終わりにあたって

「安心ハウス」誕生とその後の経緯について述べた。

高齢期は、自宅に住み続けるか、要介護になる前に早めに住み替えるか、要介護になってから（やむを得ず）住み替えるかの何れかになる。

安心ハウスは移り住む場合の話であるが、私個人は（恐らく誰もが）なるべく自宅に住み続けたいと思っている。私の自宅はバリアフリーの分譲マンションである。これに見守りや配食サービスなどがあれば、介護保険と合わせて相当長く住み続けられるのではないかと思う。そのために現在、マンションを終の棲家とするべく地域において管理組合運営の支援を行っている。

安心ハウスになり得る住まいは、意外に身近なところにもあるのではないだろうか。

第3章　東京都における高齢者の住まいと
　　　　ケアに関する施策

嶺　学

1　高齢者の住まいとケアの実態的側面

　東京都における高齢者の住まいとケアに関する施策についてみる前に、高齢者の生活と住まいの実態の概要の把握を、既存資料により試みたい。東京都では、5年ごとに在宅の「高齢者の生活実態」について詳しい調査を行ってきた。最近では、2005年のもの（対象となった高齢者は4,583名）がある。また、土地・住宅統計調査が5年ごとに行われている。これは全国調査であるが、都道府県別などの集計がある。主としてこれらによりつつ、高齢者の生活実態で、住まいとケアに関わることを検討しよう。

（1）高齢化──その態様

　まず、高齢者人口や高齢者世帯の現状と見通しとしては、大まかには全国的傾向とほぼ同じである。現時点では、高齢化率は、他の道府県に比べ相当に低いが、今後増加が見込まれる。上記生活実態の調査の結果報告書に掲載されている統計によれば、2005年1月1日の東京都の高齢者（65歳以上）の人口は約218万人である（住民基本台帳による）。これを高齢化率でみると、17.9％である〔2007年9月15日の推計値で、239万人、19.2％〕。今後の見通しとしては、高齢者人口も増え、高齢化率もかなり高まる。2015年、2020年には、297万人（23.8％）、308万人（24.8％）となると推定されている。特に、現在の予測では後期高齢者が総数としても〔上記の年次で、それぞれ91万人、145万人、165万人〕、高齢者中に占める割合としても増えていくと推定されている。その後も同様の傾向が続くが、増加の程度は穏やかになる。国の場合は、2015年の団塊の世代が高齢者となる時期を念頭に高齢者施策が検討されてきたが、東京都も同様である。オリンピック招致と関連したビジョン『10年後の東京』（2006年12

月）は、2015年に高齢者人口が300万人となるとしている。

　つぎに、これも全国的動向と並行しているが、東京都という巨大都市中心の地域では、高齢者が増えるなかで、高齢者のひとり暮らし、高齢者夫婦のみまたは、その他の高齢者のみの世帯が、高齢者のいる世帯のなかでも多い傾向にあり、上記の実態調査で、次第に増加し、2005年には、52.4％に達した。今後も、この傾向は続くと思われる。大都市では、すべての地域でそうでないとしても、人びとの協同性、連帯性が弱いといわれており、高齢者の孤立化が進む可能性の背景となる傾向といえよう。

（2）高齢者の生活実態

　高齢者の生活実態調査の対象者のうち、子どもと同居（40.6％）、別居（48.4％）〔残りは子どもなし、回答なし〕となっているが、別居の割合が時系列的にかなり顕著に増えている。また、全国統計（国民生活基礎調査）と比較して、10ポイント程度高くなっている。しかし、子どもが別居している場合に、高齢者の34.5％の場合、子どもが隣りか10分以内に住んでいる。1時間くらいの場合が22.0％、それ以上が18.4％であった。5年前の調査と比較すると、隣または近くに子どもが住む場合が、少し減少し、遠い場合が増加しているが、その程度はわずかである。住宅・土地統計調査で、時間の区分が違い、正確には比較できないが、並行した統計があり後述する。

　調査対象の高齢者のうち、障害のない高齢者は72％、寝たきり、寝たきりに近い人と比較的重い障害がある人の合計が10％、軽い障害がある人18％となっている。時系列的には、寝たきりに近い高齢者の割合が増加している。

　介護保険の認定を受けている人（申請中を含む）は14.2％（前回、2000年、8.3％）となっている〔認定をうけている人の割合は、寝たきり、寝たきりに近い高齢者で75.6％、軽い障害がある人で、20.6％などとなっている〕。

　全員に対する質問で、介護等の世話が必要となった場合の対応としては、自宅で家族・親族の世話になりたいとする人23.0％、自宅で介護サービス等を利用したいとする人15.1％、自宅でその双方によりたいとする人28.0％であった。このように、約3分の2が在宅志向となっている。前回調査の在宅志向（52.0％）よりかなり高い割合となって、在宅志向が強まった結果となっている。介護保険制度が都民のなかに定着してきたことが反映しているであろう。他方、今回の調査で、介護を目的とする高齢者福祉施設〔特別養護老人ホームなど〕

に入りたい人は全体の10.9％、高齢者向けケア付き住宅〔有料老人ホーム、ケアハウス等〕に入ることを希望する人8.9％であった。高齢者総数が200万人を超えているわけであるから、これらに移ることを希望する総数は、相当に多いこととなる。

調査対象者の「動作能力類型別」に、介護が必要となった場合の対応をみると、寝たきり等の高齢者で介護をうけつつ自宅で過ごそうと希望する人は70％であり、全体におけるよりむしろ高い割合となっている。高齢者福祉施設に入りたいとする者の比率も11.5％と全体の傾向とあまり異ならないことが注目される。このように、本人としては、寝たきりになっても、自宅で過ごしたいとの希望が多いことが示される。現実に入所を希望するかは、後述のように家族の介護負担などとも関係がある。

特別養護老人ホーム（特養）入所希望者が多いことから、東京都では、介護保険制度発足の翌年の2001年度に、特養に申し込んでいる人全員の調査を行い、実数を把握したことがある〔その結果、約65,000の申し込み件数は、実人員で約25,000人であった〕。この調査の際、希望実数の27％が介護保険施設（老人保健施設など）にいることや、28％が1年以内に特養に入りたいとしていることなどが明らかにされた。残りは、現在あるいは将来に向けて不安をもっているため、特養へ予約、ないし待機しているという状況と考えられた。もし、自宅や高齢者向けの住まいで、要介護状態でも安心できる状況があれば、この予約者も減少する可能性があると考えられる。健康な人も含む、都民一般を対象とする世論調査（2006年12月発表）では、70歳以上の男女で、ともに83％程度が、今住んでいるところに住み続けたいとしており、高齢者の現住地での継続居住の希望は高い（50歳代以下では早めの住み替え希望が幾分高くなる）。高齢者は元気ならば、定住し、本人としては、介護が必要となってもなるべく、定住を希望しているといえよう。

また、先の調査で、特養に入所を希望している人が在宅生活を継続するための条件として、介護をしている人の精神的な負担、あるいは身体的な負担が軽くなることが重要であることが示された。このことから、家族のことを配慮して申し込みをする傾向があると推測される。さらに、認知症の高齢者を介護する場合、主な介護者が介護に費す介護時間が、きわめて長く、深夜にも困る行動などがある場合も少なくないなど、家族介護者の精神的、身体的負担が大きいことが、別の調査により裏付けられている（以上、『東京都高齢者保健福祉

計画』平成15年度〜19年度)。そこで、家族の負担が減るような有効な方策が可能であれば、特養入所の要請が緩和されることも考えられる。

　高齢者の生活実態調査で、「あなたが大切だと思う、高齢者に対する施策や支援は何ですか」と17項目から自由に選択させた結果、「介護者が自宅を訪問する形態の在宅サービス(訪問介護、訪問看護など)の充実」「日中に通う形態の在宅サービス(デイサービス、デイケアなど)の充実」「要介護者の介護や介護家族の休息のため、短期間施設に入所するショートステイの充実」が45〜59％と、上位で高い比率となった。当然であろうが、在宅の主要サービスに関する施策が重要と考えられている。質問の表現から、現に在宅サービスを介護保険で受けている人も、これらを選択している場合が多いと推測されるが、より充分なサービスを希望する人の声も反映されていると思われる。

　この質問について、以上のほかでは、年金や医療等、国の社会保障制度の充実54％、ひとり暮らし高齢者の見守りや安否確認などの支援44％、認知症高齢者の介護やその家族に対する支援36％、高齢者向け住宅の充実26％、また、住居の環境に関連する、高齢者に配慮したまちづくり(交通機関、道路、建物などのバリアフリー化)37％、地震、火災、風水害などに対する防災対策39％などの回答が得られている。

　つぎに、同じ高齢者の生活実態調査によると、高齢者は、持ち家(一戸建て)に住んでいる人69.4％、持ち家(分譲マンション等)が10.1％、民間賃貸住宅が9.0％などとなっている。建築時期が古いことや、ひとり暮らしの人の住居に問題はあるが、所有関係では、高齢者の住居は安定していることが多いといえよう。しかし、将来については、「リフォームや建て替えを行いたい」10.7％(老朽化しているとか、バリアフリー化のためが多い)、「住み替えを行いたい」5.7％であった。調査対象者の3分の2の人はそのいずれも行わないとしている〔残りは、分からない、無回答〕。

　住み替えを行いたい人259名の希望する住み替え先は、公営賃貸住宅31.3％、自己または家族所有の一戸建て住宅、高齢者向け賃貸住宅〔高齢者向け優良賃貸住宅、シルバーピア等〕がこれに次いでいる。高齢者向けケア付き住宅、特別養護老人ホームをあげた人は少なかった。

　以上をみると、必要な場合、自宅を改修、リフォームしたりしながら、介護が必要となれば、家族による世話と介護サービスを利用して在宅で過ごそうとする人が多く、割合としては低いが、多様な住み替えをしようとする人もある

といえよう。先にもふれたように、住み替え希望の比率は高くはないが、東京都では高齢者人口が多いため、実数としては大きなものとなる。

（3）高齢者の住宅

「住宅・土地統計調査」（最近は、2003年）は、住宅等とそこに住む世帯に関する基本統計である。これから、東京都での高齢者の住居の状況について、特に福祉と関わる事項を概観しておく。

住宅全体の需給状況であるが、東京都では、この調査で、1983年から住宅総数が世帯総数を1割程度上回っていたが、2003年の調査では、1998年と同様に、住宅総数が13％多くなっており、移動などに必要な余裕等を考慮しても、量的には全体としては、充足の状況にあるといえよう。全国的にも同様であり、国の住宅政策も量的拡大から、質的充実などに移行してきている。

2003年の東京都の住宅に関する世論調査では、今の住まいに満足している人は4分の3に達していたが、他方では、これとは別に、今後住み替える意向の人が3分の1程度あった。移動先としては、一戸建て志向は依然強いが、分譲マンションなどへ転居希望も増加しており、都心に住んでみたいとする人も多かった。これらは、近年、顕著である若い核家族等の一部の区への流入傾向と見合うものであろう。住宅の量的拡大の過程でも質の向上も図られてきたが、そのため、周辺地域で集合住宅、一戸建て住宅群の建設などがなされた。これらのうち、建設時期の古い場合は、住民の高齢化や、空家、空き室の増加がみられる。特に、古い集合住宅で、エレベーターのないものもあり、そのままでは、高齢者には住み難くなってもいる。これらの住宅地周辺の商店街が空洞化する現象がみられるところもある。

高齢者世帯の住宅の所有関係では、持ち家が多いことが、さきの実態調査でもみられたが、住宅・土地統計調査によれば、普通世帯（住居と生計をともにする世帯。家族といっしょに間借り、同居している世帯、ひとりで一戸を構えて暮らしている場合を含む）の場合、全体で、持ち家47％に対して、家計を支える者の年齢が65歳以上の世帯では、69％であった。しかし、65歳以上の単独世帯では、54％とその比率がやや低く、民営借家の割合がやや高くなっている（表3-1）。高齢単独世帯は、夫婦いずれか65歳以上と双方とも65歳以上世帯とは、所有関係が異なっていることが明らかである。

つぎに、高齢者世帯の居住室の広さについては、単身の65歳以上の世帯とど

表3-1 住宅の所有関係別普通世帯の構成

	総数	家計を支える者の年齢が65歳以上	単独世帯で65歳以上	夫婦の一方または双方が65歳以上
計	100.0	100.0	100.0	100.0
持ち家	47.0	69.0	53.9	73.0
借家	52.5	30.6	46.0	26.0
公営・公団・公社	9.6	14.6	19.0	14.8
民営	38.9	15.7	26.7	10.9
給与住宅	4.0	0.3	0.3	0.3
同居世帯	0.5	0.3	----	0.8
住宅以外の建物に居住	0.0	0.1	0	0.2

ちらか一方または双方65歳の夫婦世帯の間で、居住の広さに差がある。1世帯あたりの居住室の畳数は、それぞれ、21.42、29.15と人数を考慮すれば、差異は少ないが、単身世帯の借屋の場合13.74畳にとどまっている。夫婦の持ち家の場合は、33.30畳である。単身世帯の借家世帯では、12畳未満のものの割合が44％であるが、夫婦持家の場合、12畳未満は2％、24畳未満で25％となっている。

第八期住宅建設五箇年計画（2001〜2005年度）で用いられた居住水準に照らして[1]、高齢者世帯の状況をみよう。65歳以上の単身主世帯（主世帯：1住宅1世帯の場合はそれが主世帯、1住宅に2世帯以上住む場合、その主な世帯）のうち、最低居住水準未満の世帯は、全体（所有関係別の計）で8.6％（約37,000世帯）、うち民営木造借家の場合、32.9％（約22,000世帯）であった。65歳以上の夫婦主世帯の場合は、全体で2.1％（約9,000世帯）、持ち家の場合、0.8％、民営木造借家の場合、13.0％（約3,000世帯）という結果となっており、単身世帯で基準未満の世帯が多く、なかでも民間借家の場合は、割合としても実数としてもかなりに多い。単身高齢者を中心に、生活の基礎の脆弱な世帯がかなりあることがうかがわれる。

誘導水準を満たしている世帯をみると、65歳以上の単身主世帯で、水準以上の世帯は、全体で65.4％、持ち家の場合85.3％、民間の木造借家17.6％となっている。65歳以上の夫婦主世帯全体で、67.7％、持ち家の場合、79.5％、民営木造借家の場合21.3％となっている。これによると、高齢夫婦世帯では、特に持ち家の場合、室の広さでみる限りは、誘導基準を満たしていることが多い。また、

単身者の場合でも基準を満たしていることが多い。しかし、民営の木造借屋では、誘導基準を満たさないものが主である。単身者は、民営木造借屋に住むことがかなりあり（1割以上）、この層を中心に住生活の基盤に問題があると考えられる。

なお、主世帯全体については、最低居住水準未満の世帯は、8.8％、誘導水準を超えている世帯は、38.5％であった。時系列としては、居住水準は向上している（『東京都住宅マスタープラン2006〜2015』参考資料）。高齢者世帯とくらべて、誘導基準の充足状況が大きく異なっているが、単身者、高齢者夫婦世帯の場合、基準となる室面積が大きくないことや、子育て中に子ども部屋があったが、現状で空いているなどの事情によるのではないかと推測される。

この調査でも別世帯となっている子の居住地との関係を調査している。別世帯となっている子がいる場合に、その世帯総数を100として、片道1時間以上の場所に住んでいる場合の割合は、家計を支える者の年齢65歳以上の単独世帯では、持ち家の場合26.2、公的（公営、公団、公社）借家の場合42.2、民営借家の場合34.2であった。また、夫婦のいずれか一方または双方が65歳以上の世帯の場合、前記に見合う数値は、それぞれ28.6、37.8、31.1であった。いずれも、公的借家の場合が子どもが遠隔地に住む場合が多く、民営借家がこれについている。

住宅・土地統計調査で、住宅とは、一戸建てか、共同住宅の場合、コンクリート壁、板壁などで、区画されていること、そこで一世帯が家庭生活を営めること（ひとつの居住室、専用の台所、専用のトイレ、専用の出入り口があること〔トイレ、台所は、他の世帯の居住部分を通らずに使用できればよい。出入り口は、共用の廊下でその世帯への訪問者がいつでも通れればよい〕となっている。高齢者の集計はないが、台所については、持ち家の場合、共用は事実上0で、民営木造借家の場合0.3％、トイレ水洗でないものは、持ち家で0.7％、民営木造借家で1.7％である。浴室なしは、持ち家の場合1.3％、民営木造借家で19.2％となっている。民営木造借家では、入浴に不便な場合があることとなる。

65歳以上の単身主世帯が、共同住宅に住む場合は、この世帯全体の62.5％（267,000世帯）であるが、エレベーターありはこの世帯数を基準に44％（116,600世帯）である。高齢者対応型共同住宅（バリアフリーで、車椅子の利用可能）は、19.4％（51,700世帯）にとどまっている。浴室なしは、この世帯全

体の11.4％（48,800世帯）である。夫婦の一方または双方が65歳以上の主世帯では、上記の数値は、順に、42.5％（182,900世帯）、51.3％（93,800世帯）、24.4％（44,600世帯）、3.0％（13,000世帯）であった。すなわち、単身高齢者の6割が、共同住宅に住むこと、住宅には、エレベーターがない場合が半数前後あること、共同住宅がバリアフリー化されている程度は2割前後にとどまることなど、高齢者に優しい住宅の状況となっていない場合がかなりあることになる。バリアフリー化は、一戸建て、持ち家などでも進んでいるとはいえない。

　以上、住宅・土地統計調査などからみると、高齢者世帯では、持ち家のかなり広い住宅に住む場合が多いが、古くなってリフォームを要する場合も少なくない。また、バリアフリー化は、充分進んではいないという問題がある。単身高齢者は、民間木造の借家に住む場合も少なくないが、その広さや、物的条件等に問題があるといえよう。

　なお、住まいと福祉の観点から、忘れてはならないことは、生活の基礎である住居をもたない、ホームレスの人びとの存在である。「ホームレス」が、社会的な関心を集めるようになったのは、1990年代初め頃からである。ホームレスとなった直接の契機としては、建設関係の仕事等についていた者が仕事がなくなった、また、失業や倒産が多い〔仕事に関連した住居、寮、建設現場の仮宿舎などにいて、仕事とともに住居を失った者もかなりみられる〕ことは、バブル崩壊の時期以降、街中、川原、公園などにその姿が目立ち始めたことと符合する。厚生労働省は、2003年と2007年に全国調査を行っているが、いずれの場合も、ホームレスは、大都市に集中しており、都道府県別では、大阪府についで、東京都が多い。2007年1月で、東京都4,690人（23区で、4,213人）で、2003年より減っている。実態調査による属性別データによると、2007年調査で、平均年齢57.5歳であり、60歳以上の者が42％（65歳以上で21％）を占めている。東京都23区の実態調査の結果では、2007年調査で、60歳以上が半数に近い。高齢者も少なくないことが注目される。東京都の調査によると、同じ場所にいる場合がほとんどであるが、どのように寝場所を作っているかについては、「青テント」や小屋などを常設するものが半数位、ダンボールなどを利用が4分の1位となって、これらが居場所である。この居場所で、例えば、空き缶拾いなどの仕事をしながら、自立できなかった層は、このどん底の生活が次第に長くなっている。

　ホームレスとなった背景には、直接の契機以外に、複雑なものがあり〔その

一つは、過大な債務〕、その自立に向けた施策も生活の基本となる事項について総合的なものが構想されてきた。東京都は、ホームレスの人びとの対策は国が責任を負うべきものであるとしながらも、独自に国に先行して、対策を講じてきた。東京都の2007年の報告では、「緊急一時保護センター」（ホームレスを一時的に保護し、1カ月程度、食事の提供と生活相談をし、自立にむけたアセスメントを行う）が5カ所、「自立支援センター」（就業による自立を目指し2カ月程度入所し、生活相談、健康相談、公共職業安定所と連携して職業相談を行う）が5カ所設置され、「地域生活移行支援事業」（公園などで野宿・路上生活している人に面接・相談し、低家賃の借り上げ住宅を貸しつけて、地域で自立した生活に移行できるように支援する）で、約1,300人が、借り上げ住居に移っていると述べている。

　国においては、「ホームレスの自立の支援等に関する特別措置法」が2002年に制定され、この法に基づき、「自らの意思で安定した生活を営めるよう支援する」ための基本方針が翌年に策定された。就業機会の確保、安定した居住の場所の確保（公営住宅、民間賃貸住宅による）、保健・医療の確保、生活相談・指導、ホームレスの自立の支援事業、生活保護を含む緊急援助等の項目からなるものであった。

　ホームレスという、その呼び名のように、また、その生活実態が示すように、住居、住まい、あるいはホーム（家庭、いえ）は、生活の安定、自立に不可欠な本拠であることを例証するものである。

2　東京都における福祉政策と「ケア・リビング」の経過

（1）福祉改革推進プラン

　東京都は、国とは相対的独自に、福祉政策を展開してきた。このうち、福祉の面で現在の高齢者の住まい・ケア、あるいは、施設と自宅の中間の住まいかた（ケア・リビング──都行政の用語）に関しては、まず、石原知事になってから打ち出された福祉改革がある。すなわち、2000年12月に、「東京都福祉改革推進プラン」が策定された。この改革推進プランは、「利用者指向の「開かれた福祉」をめざして」という副題をつけていた。利用者指向であるが、「（多様化した）それぞれのライフスタイルに合わせて、自らの判断と責任で各種のサービスを享受する」との記述がみられる。「開かれた福祉」は、措置制度下

の限られた人びとへの行政による画一的サービス提供システムから、福祉ニーズの普遍化、高度化などに即応できる（全面的でないとしても）契約と市場原理による供給システムへの移行を意味していたと解される。このプランが提起されたのは、介護保険制度発足の後であり、この制度の諸原則を踏まえ、社会福祉施策全般を見直そうとしたとも考えられる。ここまでは、全国的な社会福祉政策と基本的に整合する。このプランは、その後、選択、競い合い、地域の3つが、キーワードとなっていたととらえられている。地域に関しては、住み慣れた地域で生活し続けたいといったニーズに応じるには、全国統一の制度などでは対応できないとみなし、ボランティア団体の活動などに期待を示した。

　この福祉改革推進プランは、その分野別プランの高齢者部分の初めに、「高齢者のための多様な介護付き住まいの確保（ケア・リビング）」を掲げ、「自宅と入所施設との中間的な性格をもつ第三ジャンルの介護・住まいの整備を促進します。」と述べて、痴呆性（認知症）高齢者グループホーム（2000年度220人→2004年度1,540人）、ケアハウス（708人→2,100人）、高齢者生活福祉センター（11人→200人）、シルバーピア（8,219戸→11,000戸）という整備目標を示した。なお、特別養護老人ホームの整備は、同じ期間に、28,600人→33,400人、老人保健施設（都外利用者分は含まない）9,745人→15,400人、療養型病床群（都外利用者分は含まない）10,065人→15,100人の整備のプランを提示した。増加数においては、なお施設におけるものが多いが、増加率において、第三ジャンルの増加が顕著な計画であった。

（2）福祉改革STEP2と高齢者保健福祉計画（2003年）

　その後、「TOKYO　福祉改革　STEP2」が、2002年2月に公表され、前記のプランがより具体的に展開されることになった。この文書には、「『地域での自立を支える新しい福祉』を目指して」の副題がある。また、大都市東京から発信する新しい福祉を唱え、東京都としての独自性（政策としては、国の画一的施策では不十分との理解）を鮮明にしようとしたように見受けられる。副題にいう地域は前記と同じ意味であるが、他方で、東京という大きな地域全体の特質（女性の社会進出が著しい、地域の人間関係が希薄、一人暮らしの高齢者が多い、高い人口密度で福祉ニーズが集中、高い地価、多様な市民活動がありその活動に期待がもてることなど）についてふれている。東京都の自然的、経済的・社会的などの背景と、広域自治体としての、市場・民間活動重視の独自の

政策目標により、施策の展開を目指したといえよう。そのなかで、高齢者のケア・リビングの考え方も明確に打ち出されている。なお、上記のように、地域特性として地価が高いこととの関わりが深いと思われるが、厚生労働省の資料によると、都道府県別にみて、高齢者人口あたりの介護施設（特定施設および認知症グループホームを含む）の定員数は、東京都（および首都圏）は最低の水準にあることが認められる。施設を整備しようとする場合、建設に関連する費用をどの主体がどの程度担うか、担いうるかといった困難な問題が常にあることはいうまでもない。

　高齢者介護は、在宅中心という原則が介護保険制度でも謳われていることからすれば、東京都全体として、増大する需要に対して、代替的な経路により、施設の増加を控えることができれば、それが望ましいこととなろう。自宅で生活の継続が可能でない人についても、それに近い「在宅」や多様な住まいが求められることになると思われる。

　STEP2では、その地域での自立を支える福祉改革の基本コンセプトの第1で、「重装備の施設偏重の画一的な福祉を改革→地域のケア付き住まいを重視した、きめこまかな福祉を実現」と謳っている。そして、施策の方向として、高齢者については、「高齢者が地域で安心して暮らし続けることができる社会を築く」、そのため、高齢者が、その価値観や生活スタイルに合わせて地域で暮らせる多様な住まいの整備（グループホームやケアハウスなどの整備促進）するとした。そして、目指すべき将来像を描いた項目では、ケアリビングの推進により、都内各地域でグループホームやケアハウスなどの整備が進み、また、「民間の福祉基盤〔グループホームや有料老人ホームに言及されている〕も安心して利用できる環境も整っており」高齢者が介護を必要となっても、地域との関わりを維持しながら生活を続けることができることとしている。分野別計画（高齢者）では、2002年度の実績と2004年度の目標を掲げているが、グループホームの大幅な増加、ケアハウス（1,046人→2,100人）、シルバーピア（8,856戸→11,000戸）の整備となっていた〔2004年度については、前記のものと同じ〕。有料老人ホームについては、量的目標を示さず、基準の明確化をあげた。これは、その後、国のものより厳しい「東京都有料老人ホーム設置運営指導指針」（2002年11月）となって実施された。

　STEP2の後、3つの関係法律に対応する、『東京都高齢者保健福祉計画　平成

15年度～平成19年度』が策定された。介護保険法による第2期の介護保険事業支援計画が含まれている。この計画は、東京都としては、当然であるが、上記のような福祉改革の方針と適合するようにしている。この計画の基本コンセプトとして、①高齢者がそれぞれの個性に応じ地域で自立して暮らしていけるように、総合的施策を展開、②保健・医療・福祉の基盤整備、各種資源の効率的な活用に対して、都として広域調整や支援をすることを掲げた。そして、地域における基盤整備について、介護保険施設、在宅サービスに加え、ケア・リビング（グループホーム、有料老人ホーム、ケアハウス）の整備実績等について紹介のうえ、今後の取組みの方向として、上記①に見合う施策の第1に「ケア・リビング」等の推進をあげている。これは、要介護となった場合も、できる限り、身近な地域で、自立し安心して生活できるよう、グループホームのようにケアと連携した高齢者向けの多様な住まいの場を整備し、高齢者が身体状況などに応じた、多様な暮らし方が選択できるようにする趣旨の説明をしている。具体的な計画数値は、グループホームが、2003年度1,800人→2007年度4,300人、有料老人ホーム届け出数が、2002年度見込み8,064人→2007年度推計18,000人、ケアハウスが、2002年度見込み1,046人→2007年度2,256人（特定施設入所者）。シルバーピアについては、2001年度末8,693戸という数を示しているが、計画値は掲げられていない。なお、特別養護老人ホームについては、2003年31,500人→2007年度36,100人、介護老人保健施設では、12,500人→16,250人、介護療養型医療施設では、9,300人→12,400人であり、ケア・リビングの利用者の増加はかなり大きい数を予定していたこととなる。

(3) 東京ビジョンと高齢者保健福祉計画（2006年）

　介護保険事業支援計画を含む次の『東京都高齢者保健福祉計画　平成18年度～20年度』の報告書は、2006年3月に刊行されているが、その直前の2月に『福祉・健康都市　東京ビジョン』（以下、東京ビジョン）が作成された。東京ビジョンは、上記計画と整合性をもつような位置づけにあると考えられる。これは、保健・医療分野と福祉分野を統合した施策が必要と意識されて策定されたものであろう〔東京都の組織改革により、従来の福祉局が、福祉保健局になったが（2004年8月）、これを直接契機とする〕。しかしながら、このビジョンでは、ケア・リビングについては、直接的な言及がなく、少なくとも政策の重点となっていないことに気づく。「誰もが必要なサービスを選択し利用しな

がら、地域のなかで自立して生活できる社会を構築すること（主体的に生活できる社会の構築）」ということも謳われているが、高齢者分野での施策の展開では、①介護予防システムを都内全域で展開、②地域生活を支えるサービス基盤の充実（地域密着型サービス等の重点整備など）、③認知症に対する総合的な施策の推進（認知症高齢者グループホーム緊急整備（新）3か年事業の推進など）となっている。ケア・リビングがいわれなくなった理由は、明らかではない。多分2006年度から実施される介護保険制度改正が、広範囲に影響が及ぶ大きな制度変更であり、それへ重点的に、中期的に取り組む必要があったであろうこと、また、制度改正のなかで、地域密着型サービスが導入され、グループホームもそのなかに組み込まれたが、ケア・リビングの内容をなす、ケアハウス、有料老人ホームなどは、高齢者が住み続けたい地域より広い地域に関するものである場合が少なくないと思われ、その点で、要介護になり、認知症になっても、住み慣れた日常生活圏で、なるべく自宅で過ごすことができる方が、中間の住まいに移動するより望ましいとの判断があったのかもしれない。また、ケア・リビングに含まれるシルバーピアとケアハウスについては、地方財政の状況から発展を望み難いため姿を消し、グループホーム整備に重点をおき、さらに有料老人ホームについては、第三者評価などによるサービスの質の向上に限定したことが考えられる。

　そこで、「東京都高齢者保健福祉計画」（2006年3月）であるが、高齢者を取り巻く事情と東京都のこれまでの取組みを踏まえて、つぎの計画理念をもつとのことである。①「高齢者の自立と尊厳を支える社会」の実現、②確かな「安心」を次世代に継承（時代の転換期にあたり、現世代が高齢期を迎えたとき、①の社会であり続けること）。これをうけた施策展開の視点の説明のなかに、「地域における安心の確保」の一部として、「地域において継続的に住み続けることができるように高齢者の多様なニーズに対応した住まいの確保を支援する……」としている。安心については、具体的には、見守りネットワーク、交通安全対策、悪質商法による被害対策、施設での感染症対策、グループホーム等での防火対策などで、地域で生活する高齢者の生活不安として重要な医療については、「ケアマネジメントにおける福祉と保健・医療の連携」について、ケアマネジャーとかかりつけ医との連携の樹立策について述べているが、あまり立入っていない。「東京都保健医療計画」は、2002年改訂の段階では、2003年の高齢者保健福祉計画と整合する内容となっているほか、在宅生活におけるリ

ハビリテーション等の専門的なサービスの充実など、いくらかの補完を行っていた。この計画は2007年秋の時点で、改訂を検討中と伝えられた。

　保健福祉計画は、上記の視点の具体的展開として、地域における安心な生活の確保の1節として、「多様な住まいの確保」について述べている。ここでは、高齢者住宅の種類と数（2005年10月）の表（表3-2）を掲げるとともに、量的増大のみられる有料老人ホームについては、質の確保を図ることが課題であるとしている。また、グループホームについては、「認知症になっても安心して暮らせるまちづくり」で重要な役割をもつとして、別の節で扱われている。

　なお、介護保険施設の基盤整備計画として、2006年度から2008年度までに、65歳以上人口は、6.4％増となるが、グループホーム（介護予防を含む）は、5,281人→6,994人、介護専用型特定施設（有料老人ホーム、ケアハウス等で知事の指定を受けた要介護者のみ入居のもの。地域密着型を含む）3,044人→4,310人、混合型（要介護者以外も入居可能なもの）特定施設の利用者見込み、11,783人→14,460人、合わせて、5,656人の増、28.1％増で、増加率はかなり高く見積もられている。他方、特別養護老人ホーム（小規模特養を含む）の利用者見込み数（区市町村の算定による）は、34,038人→36,650、介護老人保健施設17,370人→18,915人、介護療養型医療施設10,502人→11,153人と計画されている。3施設で5,000人弱、7.7％の増加である。高齢者人口の増加より大きいが、特別養護老人ホーム待機者と比べかなりに少ないと考えられる。

（4）東京の福祉保健の新展開　2007

　ところで、2007年1月には、医療制度改革など条件変化に対応するため、さきの「福祉・保健都市　東京ビジョン」を「進化」させ、『東京の福祉保健の新展開2007』（以下、「新展開」）が策定され、中期的方向と2007年度の重点プロジェクトが組まれている。このうち、高齢者部門では、中期的な取組みの方向として数項目があげられているが、その第1は、「地域生活を支えるためのサービス基盤の整備・充実」となっている。ケアが必要となった高齢者が、できる限り在宅生活ができるよう条件を整えること、地域密着型サービス等の基盤整備、介護専用型有料老人ホームの展開を支援することがその内容である。福祉改革推進計画、特に、STEP2、2003年の高齢者保健福祉計画で、地域での生活を支えるため、ケア・リビングを推進しようとし、その後、トーンダウンしたが、「新展開」では、在宅生活の維持、継続を改めて重視していることが

表3-2 東京都の高齢者住宅

種別	概　要	カ所数	定員
認知症高齢者グループホーム	認知症高齢者が、5～9名の小規模で家庭的な雰囲気の中で、専門的なスタッフによる援助体制のもとに共同生活を行う。	190カ所	2,728人
シルバーピア・シルバーハウジング	ひとり暮らし又は高齢者のみの世帯の高齢者が地域のなかで生活を続けられるよう、生活援助員またはワーデンを配置するなど、高齢者向けに配慮された集合住宅	477カ所	9,628戸
軽費老人ホーム	家族との同居が困難である等の高齢者に、給食その他の日常生活上必要な便宜を低額な料金で提供する。	A型　10カ所 B型　5カ所	710人 302人
ケアハウス	自炊できない程度の身体機能の低下が認められ、又高齢等のため独立して生活するには不安があり、かつ家族による援助を受けることが困難な高齢者に、日常生活上必要な便宜を供与する。	28カ所	1,449人
生活支援ハウス	高齢者デイサービスセンター等に併設又は隣接し、高齢等のために居宅での生活に不安のある者に対し、必要に応じ住居の提供、各種の相談・助言等を行う。	3カ所	31人
シニア住宅	高齢者（高齢者単身、夫婦世帯等）が安心して住み続けられるように、生活特性に配慮した仕様・設備を有し、日常の安心を確保するサービスを提供、高齢者に配慮した家賃等の支払方法を採用した住宅	3カ所	438戸
高齢者向け優良賃貸住宅	高齢者単身・夫婦世帯向けバリアフリー化された優良な賃貸住宅	64カ所	4,000戸
有料老人ホーム	高齢者を入居させ、入浴、排せつ若しくは食事の介護、食事の提供又はその他の日常生活上必要な便宜を供与する。	235カ所	16,276人

注1）「シニア住宅」は、すべて「有料老人ホーム」として届出をしている（再掲）。
　2）一室当たり入居定員を定めていない住宅は、単位を戸と表記している。
出所：『東京都高齢者保健福祉計画（平成18年度～平成20年度）』（2006年3月）61ページ。

注目される。在宅中心は、介護保険制度の原則であったが、そこへの回帰が「新展開」となっているともいえよう。

また、国による療養病床の再編計画も踏まえて、地域における高齢者世帯の将来像に見合う、地域における医療、介護、高齢者向け住まいなどを総合した施策として、「地域ケア整備構想（仮称）」を策定したいとしていた。[東京都地域ケア体制整備構想は、2007年12月公表された。]

「新展開」における、上記に続く第2点は、「認知症に対する総合的な取組」となっている。都内の何らかの支援を要する認知症高齢者は16万人（2004年度末）であるという。グループホームの整備も引き続き掲げられているが、その定員は、認知症高齢者数に比べ、なお僅少である。この文脈では、グループホームが中間の住まいとして重要視されているわけではない。地域で支えるなどのため、東京都は組織化を図ってきたが、そのほかを含め、まさに、総合的対策でないと間に合わなくなっており、それが認識されているといえよう。

3 主要な中間的住まいの動向と施策

東京都の福祉改革が始められ、また、介護保険制度がスタートした2000年頃から最近までの、主要な中間的住まいに関する傾向と施策について概観しておく。

2003年の高齢者保健福祉計画では、介護保険との関係から、高齢者グループホーム、有料老人ホーム、ケアハウスについて計画に先立つ時期の実績をあげていた。グループホームについては、かなりの伸びがみられた。定員の合計が2000年度137人であったが、2002年度は見込み数で996人（計画書の数。年度の3月の数）であった。有料老人ホームは届け出を受けていた数が、2000年度4,855に対して2002年度は8,064で倍近くまで増えていた。これらは、民間企業の動きが活発であったためである。それに比べてケアハウスについては、増えてはいたが、伸び率は、低かった。

（1）グループホーム

2003年の上記計画における都の施策であるが、まず、グループホームの整備促進が課題であった。この計画時、東京都は、高齢者人口に対する定員数は、他の道府県にくらべ、きわめて低い状況であり（最近も同じ）、大幅増加を目指

すこととなった。具体的には、NPO法人・民間企業・オーナー等の各種の形態での創業計画に対して、整備費補助を東京都として行ってきた。2006年の高齢者保健福祉計画では、総合的な認知症対応策のなかで、整備率の低い地域について補助率の引き上げなどが計画された。これは、その後も継続されている。WAM－NET〔独立行政法人福祉医療機構の情報ネット〕の介護事業者情報によると、東京都の2001年6月のグループホーム数は25であるが、2007年6月では、250に及んでおり、急テンポの増加が続いてきたこととなる。なお、グループホームでは、サービスの質の確保も課題で、2003年頃から、積極的に取り組んで来た。また、最近では、全国レベルでの社会的事件（虐待、火災、コンプライアンスの欠如）にかんがみ、責任ある経営がなされるよう、指導監査、第三者評価などにより目配りを行っている。

　東京都では、認知症の症状ある高齢者の多くが居宅で生活しており、その数も多く、今後さらに増加することが避けられないところから、地域で認知症の人を支えるキャンペーンを開始した。「認知症高齢者を地域で支える東京会議」が組織され、その2006年度のキャンペーンでは、団体・企業の協賛を得て、各種イベント、サポーターの養成などが行われた。2007年度には、この活動を踏まえ、東京都認知症対策推進会議（委員会）が開かれた。また、その部会の活動、この会議のもとでのシンポジウムの開催などがあった。

　グループホームをめぐる国の政策として、介護保険制度改正にあたり、グループホームが地域密着型サービスに移行し、新規の入所者は、原則として居住する区市町村住民に限られることとなった。グループホームも、地価などの影響などで、地域的偏在もみられたわけで、上記の補助率の調整もこれと関わるものである。また、グループホームで利用者の定着が進むことは望ましいが、一層の高齢化や、認知症の進行などもあり、国の制度改正の一環として、介護報酬の医療連携制度加算が行われることとなった。加算を受けるためには、医療機関との連携、看護師の配置などにより、医療面での改善が期待されるほか、看取りについても考え方を定めることとされている。

　以上を通じてみると、東京都の福祉行政においては、高齢者グループホームの量的拡大、質的改善、また、認知症をめぐる地域ぐるみの対応などは、一貫して追求されてきたといえよう。また、国の制度の改正は、都内のグループホームの運営や施策に影響を及ぼしてきた。

（2）有料老人ホーム

　有料老人ホームは、急増を続けてきた。都の統計年鑑によると、2000年度末の施設数は51、定員5,315人、在籍4,055人であったが、2005年度末では、それぞれ、259、17,889人、13,219人である。定員において、3.4倍である。福祉保健局統計で、2007年8月、348、23,337人、17,405人と、定員でさらに1.3倍であった［定義変更による増加を含む］。なお、有料老人ホームでは、定員と在籍者数にかなりずれがあるのが通常である。しかし、いずれにしてもかなりの増加である。

　介護保険成立以前は、健康なときに入居し、介護が必要となれば、介護もうけられるといったものが多く、その入居金が、数千万円、時には1億円を超えることもあった。最近増加している有料老人ホームは、特定施設の指定をうけている場合が多い。ホーム内でトータルな介護を行い、介護報酬を得ることにより、また、利用者から、入居一時金、毎月の各種費用をうけることにより、民間事業者の経営が成り立つといった供給側の事情、他方で、特別養護老人ホームに入るには、待機期間が長い、条件が合わない（現在、重度でないと受け入れられない実態がある）といった利用者側の状況を反映して、増加してきた。

　特定施設でないと介護付きの表示をできないこととなっている。個室の全部が要介護者用の場合と、健康な人も受け入れる場合とがある。介護保険発足当初は、企業の職員寮やビジネスホテルを改修して有料老人ホームにするなどのものが多かった。改修費用だけのため、また、個室が小さいため、入居一時金が低く、一桁少なくなった。建物の改修のため、工事から始めて開設までの期間も短いことも増加の速度を速める要因であった。最近では、地主に建物を建ててもらって、事業者が、一括賃借りする［地主がマンションを建てる場合と違い、空き室がでることによる減収がない］とか、用地を定期で借り事業者が建物を建てるなどのこともあるが、いずれにしても、従前の場合より、入居金が安くなった。事業者の努力のみで、量的の増加がみられたので、行政としては質の維持が課題となった。「東京都有料老人ホーム設置運営指導指針」2002年については、国より高い水準の項目が入っている。この指針は、下記の法改正をうけて2006年に改正された。

　介護保険法の改正と同時に、老人福祉法が改正され、有料老人ホームの運営について、基準が厳格化された（第1章と第7章参照）。重要な点のひとつは、

定義の変更で、利用者の人数を1人以上としたこと（従来は、10人以上）、また食事の提供、介護など所定のサービスのいずれかを提供している場合としたことである。定義に合致すると、事前に都道府県に届け出が必要となり、都道府県の指導等をうけることとなる。入居一時金についての保全措置、帳簿の保全と開示等の規定もなされ、有料老人ホームの大きな制度改正となった。また、特定施設として指定をうけるためには、厚生労働省の省令による、特定施設としての人員配置、設備、運営の基準を満たさなくてはならない。

　有料老人ホームについては、介護保険の給付が増えるなどのことから、ホームが多く設置された市町村では、増設を抑制したい意向を従来からもっていたが、特定施設の「総量規制」が、2006年4月から制度化されることとなった。都は、既述の老人保健福祉計画（2006年）において、2次保健医療圏域ごとに、サービス量等の見込みを算定している。そのなかに、特定施設入居者生活介護も含まれている（全体では、2004年度から、2008年度までに、9,410人→18,770人と倍増する予定）。そこで、都は、特定施設の申請があって圏域の「必要利用定員総数」を超える場合、区市町村の意見を求めた上、指定しないことができることとし、事業を行おうとする者と区市町村との間で事前協議を行う手続きを定めた。

　このように、介護保険の運用面から、特定施設の圏域別上限を設定することとなり、これにより、これまでみられたような有料老人ホーム急増には転機が訪れている。事業者は、規制のない高齢者専用賃貸住宅（それに実質上、各種のサービスをつけたもの）や住宅型有料老人ホームの建設に関心を向けている。

　ところで、「新展開」のなかで、中期的には、「高齢者の住まいの一形態としてすでに定着しつつある有料老人ホームについて、要介護度の高い利用者のニーズにこたえるため、新たに介護専用型施設の整備を促進していきます。」との文言がみられたが、これは、総量規制の方向とは異なるものであった。東京都は、2007年度に「介護専用型有料老人ホーム設置促進事業」（補助金）を、介護保険事業計画と調整を保ちつつ行うこととした。これは、療養病床の再編に対応するためと、地域による特別養護老人ホーム等の介護保険施設の不足に対応する方針に基づくものである。

（3）ケアハウス

　ゴールドプランで登場し、施設よりは住まいの性格をもつものと考えられる

ケアハウスについては、STEP2では、かなりの期待を示したが、その後増加は僅かであった。2007年8月に、35施設、定員1,768人、在籍1,650人であった。一覧表により、開設時期をみると、1999年までが11か所、その後毎年開設しているが、平均3施設程度であった。2003年の保健福祉計画には、目標数値（2007年度、2,256人）があげられているが、2006年の計画には整備を支援と記載されているのみである。しかし「新展開」では、2007年度の重点プロジェクトとして、医療法人もケアハウスの補助対象事業者に加え、介護療養型医療施設からの転換を支援するとしている。

　ケアハウスについては、第6章で論じられているが、利用者側や福祉関係者の期待にもかかわらず全国的にも拡大は遅々としている。国は、民間企業の運営も可能とし、PFI方式〔民間資金などを利用した社会資本整備手法。1999年法律制定〕によって民間企業が整備する場合に、その費用を補助することもしてきた。

　ケアハウスへの入居は原則として、60歳以上で、自炊ができない程度の身体機能の低下や、独立して生活するには不安が認められる人が対象で、身の回りのことは自立が条件であった。しかし、時間的経過のなかで、入居者が要介護となり、重度化する場合もあると考えられる。そこで、ケアハウスは、特定施設として指定を受けることもできることとなっている。現在、都内では、35施設中10が特定施設となっている。その特定施設は、前記のように、全体として「総量規制」もなされている。また、コストについてみると、特に東京の場合、土地代が高いことが拡大の支障となっていると思われる。ケアハウスの建設費用で、利用者負担に反映できるのは、補助基準以上の建物関係のコストだけで、土地代のコストは、事業者負担となる。その土地を確保することは、一般的には容易でないであろう。整備費用については、公費負担がなされてきた。従前は、個別事業への補助金であったが、介護保険法改正にあたり、国が都への交付金を負担することとなり、その後一般財源化された。都の裁量の余地は拡大したが、引き続き助成がなされる。2007年度においては、ケアハウスについては、ユニット型の特定施設に対して補助することとなっている。

（4）シルバーピア

　国のシルバーハウジング・プロジェクトに見合う施策として、東京都では「シルバーピア」（silver utopia からの造語）が推進されてきた。シルバーハウジ

ング・プロジェクトは、1988年度に開始された。住宅施策と福祉施策が連携しているところは、縦割り行政のなかでは、少ない施策である。第1章で国の制度について紹介している。

住宅は、公営住宅やその他の公的主体による賃貸住宅である（東京都では、現在公的資金の支援がある高齢者向け優良賃貸住宅も含む）。国では、60歳以上の高齢者（夫婦の場合は一方が60歳以上であればよい）が入居の対象となる。東京都のシルバーピアの場合は、対象者は概ね65歳以上のひとり暮らし、または、高齢者のみの世帯である。

住宅としては、公営住宅等公的住宅の建設がなされ（てい）ることが必要であるが、そのハードの面では、バリアフリーで、緊急通報システムなど、高齢者の心身の特性に配慮したものとなっている。福祉面では、LSAやワーデンがいることで、生活上の不安を解消できると期待される。国の制度では、LSA（Life support adviser 生活援助員、安否確認、緊急時の対応、関係機関との連絡、生活指導・相談、一時的な家事援助、その他日常生活上の必要な援助を行う）がおかれるが、シルバーピアでは、ワーデン（管理人、warden、LSAの職務のうち、生活指導以下は含まれない）でもよいこととなっている。

シルバーピアでは、介護保険施設または居宅介護事業所と連携がとられており、必要に応じてサービスが提供されるようになっている。

シルバーピアは、STEP2では、2002年度、8,856戸、2004年度、11,000戸を計画していたが、2003年の高齢者保健福祉計画には、整備実績は掲げられたが（2002年3月、8,693戸）、量的拡大の目標数は掲載されなかった。2006年の計画でも、その目的・意義は述べられているが、量的な側面については記述されていない。「東京都地域ケア制度整備構想」では、2007年3月末（都営、区市町村営等）のシルバーピアは、483件、9,824戸とされており、増加数は少ない。しかし、後記の東京都住宅マスタープラン（2006－2015）では、区市町村と連携のもとに、シルバーピア事業を引き続き実施するとしている。

現在、都では公営住宅は量的な拡大はなされておらず、建替え、空家に対して、入居申込みを公募し、抽選により決定することが原則である。そのため、これを基礎とするシルバーピアの入居者募集は続けられているが、緊急に入りたい人がいても、すぐ入ることのできるシステムではなく、高齢者の不安に応えられない点は問題であろう。

4 東京都における住宅政策と高齢者への配慮

(1) 第三次マスタープランに至る経過

　国の住宅政策の推移については、第1章Ⅱで述べた。東京都では、これに沿いつつも、固有の事情を踏まえ、独自の理念・構想により相対的に独自に政策を展開してきた。

　東京都では、1992年に、住宅基本条例が制定されている。また、東京都住宅マスタープランは、1991年に第1次が、1997年に第2次が策定された。

　1997年の住宅マスタープランのなかで、「高齢者・障害者などだれでもが安心して暮らせる居住」を東京都の居住の将来像のひとつとして示したが、それをうけて、翌年、『東京都高齢社会対応住宅計画』が策定されている。この内容は第3次のマスタープランのなかで示された施策と類似している。なお、この報告書のなかに、公団・公社等に対して、高齢者向けの優良な賃貸住宅の整備を求めていくとの文があり、それと関連して、東京都住宅公社による「明日見ライフ南大沢」(1991年の住宅マスタープランで位置づけられた「ケア付き高齢者住宅」で、実質は有料老人ホーム) が紹介されていた。

　第3次計画(『東京都住宅マスタープラン2001-2015』) は2002年2月に公表されている。この計画は、「住宅政策ビッグバン」という表現が都による報道資料にみられるように、大きな政策転換を目指したものであった。住宅戸数を中心とした政策から、都民の多様なニーズに応えるため、住宅ストックの有効活用、住宅市場の活用、ハード・ソフト(たとえば職・住関係、福祉との連携)を総合する居住政策へという説明もみられた。そして、東京の居住の将来像として、①活力が生まれる居住(例　職住近接、SOHO〔small office/home office〕)、②ニーズに応じた選択できる居住(品質、性能、街並みなどが整備されているなかで、中古住宅市場を通じ、ライフステージなどに応じて住み替えられる)、③だれもが安心して暮らせる居住(高齢者、子育て中の家族などが適切な負担で、安心、安全、健康に暮らせる)、④豊かでいきいきとした居住を支える住宅市街地(個別の住宅と周辺環境との調和、品格ある街並み、地球環境にやさしい住まいと街、災害などからの安全) を目標とするとした。政策転換はまた公営住宅の建設を中心としたこれまでの政策を見直すことでもあった。東京都下では、公営住宅のほとんどが都営住宅であるが、都営住宅は、「公平」「効率」

第3章　東京都における高齢者の住まいとケアに関する施策

図3-1　東京都住宅マスタープラン（2001－2015）における高齢者住宅対策

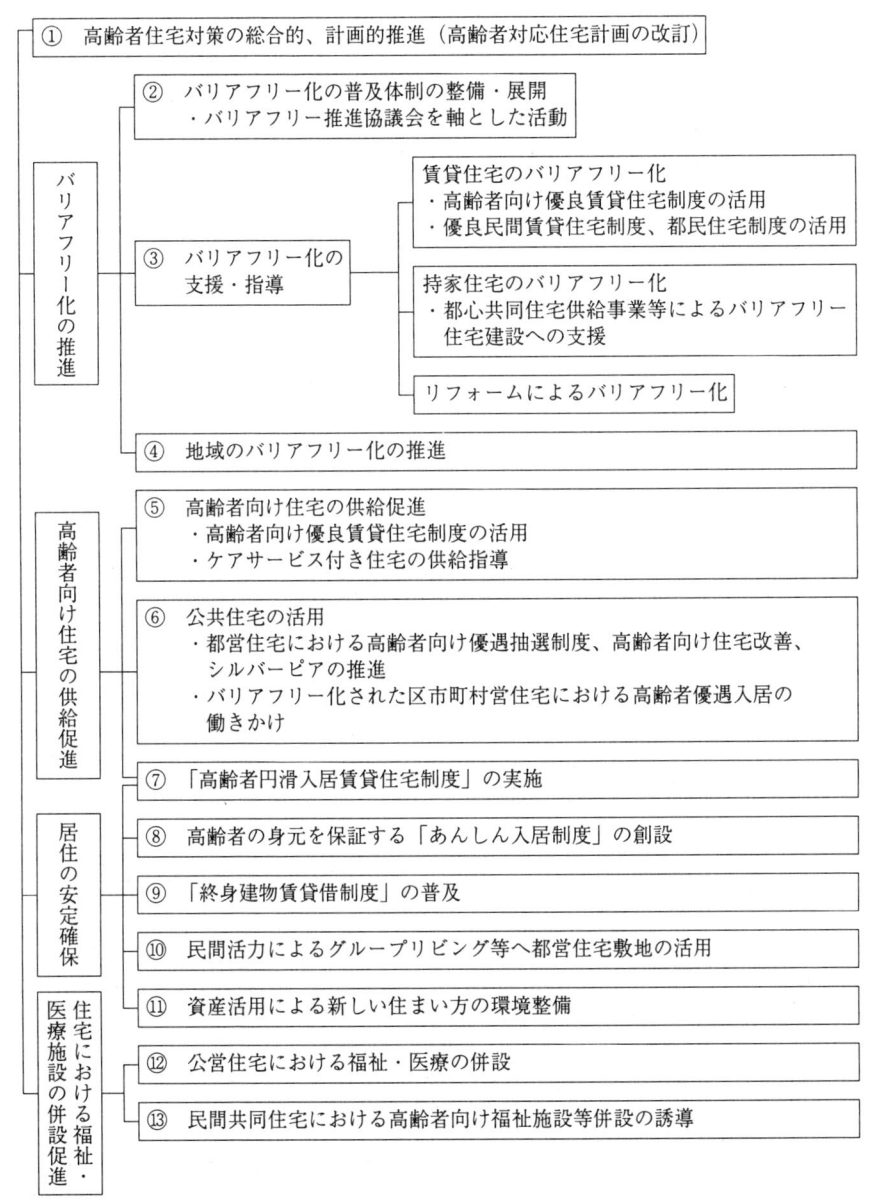

① 高齢者住宅対策の総合的、計画的推進（高齢者対応住宅計画の改訂）

【バリアフリー化の推進】

② バリアフリー化の普及体制の整備・展開
　・バリアフリー推進協議会を軸とした活動

③ バリアフリー化の支援・指導
　- 賃貸住宅のバリアフリー化
　　・高齢者向け優良賃貸住宅制度の活用
　　・優良民間賃貸住宅制度、都民住宅制度の活用
　- 持家住宅のバリアフリー化
　　・都心共同住宅供給事業等によるバリアフリー住宅建設への支援
　- リフォームによるバリアフリー化

④ 地域のバリアフリー化の推進

【高齢者向け住宅の供給促進】

⑤ 高齢者向け住宅の供給促進
　・高齢者向け優良賃貸住宅制度の活用
　・ケアサービス付き住宅の供給指導

⑥ 公共住宅の活用
　・都営住宅における高齢者向け優遇抽選制度、高齢者向け住宅改善、シルバーピアの推進
　・バリアフリー化された区市町村営住宅における高齢者優遇入居の働きかけ

【居住の安定確保】

⑦ 「高齢者円滑入居賃貸住宅制度」の実施

⑧ 高齢者の身元を保証する「あんしん入居制度」の創設

⑨ 「終身建物賃貸借制度」の普及

⑩ 民間活力によるグループリビング等へ都営住宅敷地の活用

⑪ 資産活用による新しい住まい方の環境整備

【住宅における福祉・医療施設の併設促進】

⑫ 公営住宅における福祉・医療の併設

⑬ 民間共同住宅における高齢者向け福祉施設等併設の誘導

注）上記計画（2002年2月）のなかの、政策の展開について述べたものの一部で、高齢者住宅対策の推進に関する体系図

「分権」などの立場で運営するとしており、新規増設は視野に入っていない。代わって、市場の活用、（住宅の建設後の比較的早期での建て替えではなく）ストックの重視の施策を指向するものであった。都営住宅は2002年度以降新設増設はない。国のこの時期の政策と対照すると、市場重視、その機能を積極的に描いた点で一歩先んじているところがあろう。

上記の③で、高齢者の住宅施策にふれられているが、その具体的体系として、高齢者住宅対策の推進として、一連の施策を網羅した図（図3-1）が示された。これは、現在でも適用できる包括的な図といえよう。もっとも、実際にはあまり機能してこなかった部分もある。

（2）条例改正と新マスタープラン

東京都は、住宅基本条例を、2006年12月に全面改正した。この条例には、前文があるが、これは「住宅は、生活の基盤であると同時に、都市を形づくる基本的要素である。」という文章から始まっている。この文章の前半は、住宅が生活の基盤であることを改めて条例として確認するものであるが、後半は、個々の住宅が、街並みや、住民の相互関係、都市の活力や美観などを形成する要素となる社会的側面があることを指摘しているものであろう。前文はさらに、やや具体的に、良質な住宅ストックと住環境の形成、住宅市場の環境整備（条例の基礎となった、東京都住宅政策審議会答申では、住宅等は市場を通じて供給されることが基本であるが、市場に政策が適切に干与すべき旨指摘した）、住宅に困窮する都民に居住の安定を確保するとし、総合的施策が必要であると述べている。

また、基本的施策の一部として、公共住宅の供給等について、公共住宅の公平かつ的確な供給に努めること、公共住宅の供給にあたり、高齢者、障害者、子育てをしている世帯等の入居促進に配慮すること、民間住宅における前記世帯の居住の安定の確保を図るため、民間の賃貸住宅への円滑な入居の促進を図ることが規定された。これにより、高齢者世帯等に対し、特別の配慮を行うという政策の方向が示された。以上は、国の住生活基本法と概ね対応する内容となっている。

2002年のマスタープランにおける政策の基本的考え方は、条例改正にあたり継承され、法的基礎づけを与えられたと考えられる。良質な住宅ストックの形成、住宅市場環境整備も基本的施策の柱となっている。この条例は、知事が、

住宅マスタープランを定めるべきこととしていたが、新条例による、マスタープラン（2006年－2015年）が、2007年3月に策定された。なお、これは国の住生活基本法による住生活基本計画の都道府県計画にあたる位置づけともなっている。

新マスタープランも、東京都の上来の政策の流れをうけて、①良質な住宅ストックと住宅環境の形成、②住宅市場の環境整備、③住宅に困窮する都民の居住の安定を「政策展開の基本方向」としている。基本方向は、10の具体的目標に展開されている。このうち高齢者の住まいに特に関わりの深い部分はつぎのとおりである。①をうけた、「災害などに強い安全な住宅・まちづくり」の目標のなかに、「日常生活の住まいの安全性確保」の項目がある。そして、「高齢者・障害者等が安全で快適に暮らせるよう住宅のバリアフリー化等を推進します」としている。共同住宅で道路から各戸の玄関まで、車椅子、ベビーカーで通行可能のものの割合を2003年から、2015年までに12％から25％までに引き上げるとある。東京都住宅バリアフリー推進協議会の活動（後述）、高齢者の移動や介護の容易性などを配慮した住居の実現のための、住宅性能表示制度の活用、バリアフリー支援策についての情報提供、都営住宅等の建替え等にあたってのバリアフリー化などが具体的内容となっている。

また、③をうけて、「公共住宅のセーフティネット機能の向上」という目標が掲げられている。公営住宅の大部分を占める都営住宅では、世帯主が65歳以上の世帯が全体（2005年度に234,000世帯）の半数以上になっている。公営住宅が本来低所得層を対象としている限りでは、都営住宅が、実態上、相対的な低所得の高齢者世帯の住居となっているともいえるが、他方では、収入超過者〔公営住宅法の基準を超える収入があり、3年以上に及ぶ者〕が、減少しているものの、なおおり、公平性の観点から問題があるとしている。施策の方向としては、「市場において自力では適正な水準の住宅を確保することが困難な都民」に、公共住宅のストックを有効に活用して、公平で柔軟な住宅セーフティネットを築くとしている。この目標のもとの重点施策は、「都営住宅など公共住宅の公平かつ的確な供給」「公共住宅における高齢者・子育て世帯等への配慮」（都営住宅における高齢者・障害者等の優先入居等、都営住宅のバリアフリー化、〔都営住宅のセーフティネット機能強化により福祉サービスを必要とする入居者が増加するため〕区市町村の福祉施策と連携した取組、シルバーピア事業を引き続き実施する）と「区市町村における住宅セーフティネット機能

127

の充実」(都営住宅の区市町村移管の推進、区市町村における公共住宅の供給促進)という構成となっている。

　③をうけた、他の目標としては、「民間住宅における住まいの安心確保」がある。民間住宅市場においては、高齢者、小さな子どものいる世帯、外国人などが入居選別を受けやすい実態がある。そこで、高齢者等について、円滑に入居するようにすることが施策の方向となっている。また、高齢者等の住生活の安全・安心のため、民間住宅のバリアフリー化を促進することがここでも施策として掲げられている。

　以上、2007年の住宅マスタープランでは、高齢者と障害者や子育て世帯などをまとめて、施策をたてているが、高齢者に関する施策としては、前のプランを大筋で引き継いでいると考えられる。なお、2002年のマスタープランでは、少子高齢化等への対応という主題のなかの1項目に、ホームレスに対して、福祉施設で自立を図ったのち、特定目的住宅制度〔都営住宅において、宿泊所転出者その他、特別の事由のある者を優先入居させるため、枠を設けて募集する制度〕により居住を支援するとの記述があったが、2007年のプランには見当たらない。

5　東京都における主要な高齢者に関する住宅施策

　東京都の高齢者の住宅関連施策のリストは、先の図3-1のとおりであるが、その主なものについて施策の概要についてみておきたい。国の制度をそのまま受けたものもあるし、東京都で修正、追加しているもの、独自のものがある。

(1) バリアフリー化の推進
　今日、民間の住宅建設や一般的なリフォームの場合、バリアフリー化、ユニバーサルデザインが図られる傾向にあることが、建設時期別の住宅統計などからうかがわれるが、住宅・土地統計調査によると、バリアフリー化は、あまり進展していないのが実情である。2007年のマスタープランは、2003年の住宅・土地統計調査により、手すりが2ヵ所以上ある住宅は、全体で12.7％、室内に段差がない住宅は13.0％、廊下幅が車椅子通過可能のところが10.9％、その3つの条件を備えた住宅は4.8％と参考資料に記している。65歳以上の人が居住する住宅の場合は、手すりで全体数値の2倍位となっているが、3つの条件を備え

た住居は7.6%であり、充分に普及しているとはいえない。

　高齢者のためのバリアフリー化には、住宅のどこをどうすればよいかが明らかにされる必要があろうが、東京都では、1993年という早い時期に「東京都における加齢対応型住宅の建設指針及び設計マニュアル」が策定され、翌年一般向けのガイドブックが刊行された。指針はその後96年に改訂され、今日に至っている。ガイドブックも改訂版が出ている。ガイドブックによると基本的な考え方や、住宅の箇所別に基準となる改造案が明らかにされているが、第5章にあるように、実際には、住宅側の状況と、特定の人のためであれば、心身の状況により、専門的判断により、具体化する必要がある。

　現行の都のマスタープランでは、質の高いストックの形成という視点と高齢者の住生活の安全化の視点から、バリアフリー化を推進することとなるが、そのうちもっとも重要と思われるのは、「東京都住宅バリアフリー推進協議会」の活動であろう。協議会は、建設事業者、建築事務所、東京都、区市、関係団体等から構成されており、1998年の東京都高齢社会対応住宅計画で予定していたところに従い、翌年に設立された。事業者、行政、都民などが連携してバリアフリー化に取り組むことができることを目指している。協議会では、会報、パンフレット、展示などの広報、情報の収集、相談、最近では、コンテストの実施など活発に活動している。

　マスタープランはまた、バリアフリー化の支援・誘導として、賃貸住宅については、後述の一定のバリアフリーの民間賃貸住宅が、高齢者円滑入居住宅へ登録する場合に、建設・改修資金につき、民間金融機関による優遇融資をする制度を創設するとしている。主として、持家住宅になるが、第5章に紹介されているように、東京都と区市町村が連携して、バリアフリー化のための費用を公費で支援する制度が、早期から（1989年度、高齢者住宅改造費助成事業開始）行われてきている。また、マンション改良工事助成事業により、共用部分のバリアフリー化のための支援（利子補給）も引き続き行われている。住宅は生活の基礎であるが、高齢者等が住宅外でも普通の社会生活を行うにあたって、移動をはじめとするバリアも除く必要がある。これも従来から、施策として取上げられてきた。現行のマスタープランでも、「東京都福祉のまちづくり条例」（1995年、2000年改正、共同住宅も整備基準をみたす努力義務が規定されている）の運用などの施策が掲げられている。

(2) 高齢者向け住宅の供給促進

　2002年のマスタープランでは、公営住宅の活用と、特にシルバーピアが重要性の高いものであったが、すでに述べたように、公営住宅の中心である都営住宅の増加を停止し、入居について公平な運営を目指すようになって、追加的な高齢者向け住宅需要に応じるためには、積極的な役割を果たし難くなっていると思われる。区市町村から要請があれば、都は対応することになっているが、要請はほとんどない。2007年のマスタープランでは、シルバーピアは引き続き実施するという控えめの叙述となっている。このプランでは、真に住宅に困窮する低所得層に対しては、公営住宅の既存ストックを有効に活用する方針であり〔2002年の計画でもこの方向であった〕、より厳格な審査を行えるように国に要望するとしている。

　最近の都営住宅の募集要綱によると、家族向けポイント方式によるもの（高齢者世帯その他の困窮度の高い特定世帯が対象。困窮度を点数化しその高いものから入居させる）と単身者向けのもの（このなかにシルバーピアの戸数がきまっている。抽選による）となっている。抽選による場合、一般の場合に比べきわめて有利であるものの、当選率はきわめて低いものとなっている。

　シルバーハウジングでは、高齢者の需要に応じきれないため、民間の力に期待する国の制度ができている。「高齢者向け優良賃貸住宅」（高優賃）である。高齢者向けで、「優良」の内容として、東京都には、国の基準とほぼ同じ整備基準があり、5戸以上であること、住戸面積が25平米以上（水まわり等が共用の場合は18平米以上）、バリアフリーであること、緊急通報システムがあり24時間対応可能なこと、定期的に入居者の安否を確認する体制があることとなっている。入居資格は60歳以上の単身者または夫婦（一方が60歳以上であればよい）。契約家賃（市場家賃、建設費等から算定された額のうち低い方）と収入等により、減額（家賃補助）がある。最大25,600円。補助額は、所定（268,000円）以下の所得の者について、所得階層別に定めた基準額（規模、立地、経過年数を反映させたもの）と契約家賃との差額である。利用者が負担すべき家賃を公定する制度といえよう。補助は国が2分の1、都が4分の1、区市町村が4分の1の割合で費用負担する。事業者に対しても共用部分、緊急通報装置の設置費などについて助成がある。建設費全体の1割程度の助成となるとされる[2]。

　民間の事業であるが、公費が支出されるので、区市町村が事業者を募集することとなっている。2007年度は、5特別区で事業者を募集した。応募する民間

事業者が計画を立て、区市町村に提出し、確認をうけたうえ、都の認定をうけるという手順となっている。高齢者住宅としては、優良の名に相応しいといえようが、公費を要するため（また、土地の事情のため）、増加および到達戸数は多いとはいえない。東京都の場合（都市再生機構によるものを含まない。認定の累計数）、2001年度までに、13団地333戸、2007年3月までに、29団地、638戸である。最後の戸数については、神奈川県下で1,627戸、大阪府下で2,591戸等であり、これらと比較して東京都は少ない（（財）高齢者住宅財団『高齢者住宅必携』およびホームページ）。その理由としては、建設に関連する費用負担の問題や、オーナーにとって、制約の少ない一般の賃貸マンションで経営的に引き合うといったことがあるといわれる。

（3）高齢者円滑入居賃貸住宅等

住宅市場において不利な立場にある高齢者の立場を支援するため、高齢者の入居を拒まない賃貸住宅を登録し、円滑な入居を促進しようとする制度が、高齢者居住法により設けられている。高齢者の入居を受け入れる賃貸人は、対象となる建築物ごとに都道府県に登録する。東京都の場合は、（財）東京都防災・建築まちづくりセンターが指定登録機関で、登録、閲覧の事務を行っている。登録事項のなかには、バリアフリー化した設備についても詳細な項目が含まれるが、賃貸人にバリアフリー化が義務づけられているわけではない。また、東京都では、国より詳しく、家賃・共益費、保証人に関することなど、実際に選択する際必要な情報を追加している。2007年7月末現在で、同センターに登録されている戸数は約15,000であった。2007年のマスタープランでは、高齢者等の入居を拒まない賃貸住宅の登録を、2006年度末までの累計15,000戸を、2015年までに（累計値で）100,000戸にまで増加させようとしている。住宅市場を拡大する方針のなかで、賃貸住宅についてもその拡大が求められるが、少子高齢化が進むなかで高齢者等の自由な移動ができる条件の形成を期待するものであろう。

東京都は、「ハートフル民間賃貸住宅制度」を最近（2007年5月）に設けた。この制度では、高齢者の入居を受け入れるとともに、住戸面積が原則25平米以上であることや、バリアフリー化が所定基準に達している〔住宅の品質確保の推進に関する法律（2000年）に基礎づけられた住宅設計性能評価で、高齢者等配慮対策等級2級以上〕ことが必要である。登録は上記機関で扱われている。

ハートフル民間賃貸住宅に認定された場合、連携している金融機関から、建設、改築費用について、優遇融資等をうけられる。ハートフル民間賃貸住宅の場合、入居希望者につぎのパラグラフの「あんしん入居制度」の周知を図ることを求めている。

　東京都独自の高齢者等入居支援事業として、「あんしん入居制度」（2001年に発足）がある。これは、主として、賃貸住宅入居者に対して、見守りサービス、葬儀の実施、残存家財の片付けについて有料でサービスを提供するものである。対象は、民間および公的賃貸住宅に入居しようとする、またはすでに入居している高齢者および障害者である。見守りサービスは持ち家の場合も利用できる。見守りサービスは、緊急対応サービス（緊急ボタン、または、検知装置〔長時間作動しない場合〕により、受信センターに通報され、電話による安否確認や緊急出動がなされる。）と24時間電話相談よりなる。オプションのひとつとして、2週間に1度看護師等が、利用者に安否確認の電話をするサービスを加えることができる。見守りサービスの費用は年間で5万円余である。この制度も上記センターの業務となっている。単身高齢者や高齢者夫婦世帯で、近隣と交際が乏しい際などに有益な機能であると思われるが、創設以来の延べ利用者数が240件程度で利用者が少ない。見守りサービスについては、区市町村で行っているものや、民間事業者によるものがあり、それらとの競合があることの影響があるかもしれない。

　円滑入居賃貸住宅については、家賃債務保証の制度が、上記の法律に基づいて設けられている。高齢者が入居を拒まれる重要な理由は、高齢者の家計の状況から、家賃の正常な支払いに家主が疑義をもつことや、保証人が得られないことである。これらに対応する措置である。（財）高齢者住宅財団がこの制度を設けてきた。財団では、従来高齢者世帯と障害者世帯に対し滞納家賃の債務保証業務を行ってきたが、2007年7月から、子育て世帯と外国人世帯も保証対象世帯に加えるとともに、従来の滞納家賃に加え、原状回復費用と訴訟費用についても、債務保証の対象とすることとなった。家賃債務保証利用可能な登録賃貸住宅数は、2007年12月初め、東京都で1万戸を超えている。

　同法には、高齢者を対象とする「終身建物賃貸借」の制度がある。これにより、入居者にとっては、賃貸した住まいに終身住むことができる等、安心感があろう。また、終身賃貸を業とする事業者にとっては、通常の住宅の賃貸借のように、賃借人の死亡後、賃借権が相続されることがないことなどのメリット

がある。制度がよく整えられているにもかかわらず、利用する事業者がなかったが、東京都は、2006年2月に第1号の認可をした。これは、全国的にも注目された。なお、住戸は、25平米以上、バリアフリーであることが求められている。

（４）高齢者専用賃貸住宅（高専賃）

　2005年10月に、高齢者居住法の高齢者円滑入居賃貸住宅の一部として、この制度が設けられた。高齢者専用賃貸住宅（高専賃）は、円滑入居賃貸住宅の登録事項に加えて、高齢者専用住宅の戸数、敷金など入居の際事業者が受け取る費用の概算額、共同利用する居間、食堂、台所、収納設備及び浴室の有無、入浴、排泄、食事等の介護サービスの有無、前払い家賃を受領するときはその概算額、前払い家賃の保全措置を登録する。なお、賃貸借契約による住宅のみに限定し、利用権契約によるもの（有料老人ホームにおける契約の大部分は、この契約による）は対象外である。

　この住宅は、指定登録機関に登録し、これで、だれでも閲覧できるようになる。2007年12月初めで、（財）高齢者住宅財団に登録されている高齢者専用賃貸住宅は、全国655件、15,404戸、うち東京都22件、470戸である。

　高専賃のうち一定の条件を備えるものは、知事に届け出て、適合高齢者専用賃貸住宅（適合高専賃）となる。これは、有料老人ホームの届出は必要がないが、介護保険法に基づく基準を満たせば、知事に申請して、特定施設入居者生活介護事業者の指定をうけることができることとなっている。一定の条件は、厚生労働省告示（2006年、264号）に定められており、その内容は、①各戸の面積が原則25平米以上（居間、食堂など充分な共用部分がある場合は18平米以上）、②各戸が原則として、台所、水洗便所、収納設備、洗面設備及び浴室を備えていること（台所、収納設備又は浴室は、適切な共用できるものがあればよい）、③前払い家賃を受領するときは、保全措置を講じる、④入浴、排泄若しくは食事の介助、食事の提供、洗濯、掃除等の家事又は健康管理を実施していることである。適合高専賃は、機能としては有料老人ホームと同じと思われるが、住宅であるとして、老人福祉法の適用外となっている。特定施設として、外部サービス利用型とすることも可能である。

　東京都の場合、介護保険法の規定をうけて、特定施設入居者生活介護事業者については、適合高専賃、有料老人ホームなどは、区市町村の意見を踏まえ、

東京都介護保険事業支援計画の圏域別の定員と整合する場合に都が指定することとなっており、適合高専賃をつくり、特定施設としようとする事業者について、建設を開始する前に、福祉担当部門と相談することにより、摩擦の生じないような手順が定められている。適合高専賃は、特定施設入居者生活介護事業者の指定を受ければ、介護保険からの収入を期待できるわけであるが、ただちに指定を受けることにはなっていない。

（5）福祉、医療との連携

　図3-1の下の方には、住宅における福祉・医療施設の併設の促進という項目があがっていた。公営住宅においても、また、高齢者向け民間賃貸住宅においても、この具体化がなされた例はある。都行政担当にも時折照会があるとのことであった。公営住宅の入居者の高齢化が進み、また、高優賃、高専賃が建設される場合、共同住宅に付帯して、または、連携して、福祉、医療サービスがあることは、高齢者の安心感を強める。既述のように、2007年のマスタープランにも、公共住宅における高齢者、子育て世帯等への配慮について述べた項目に、都営住宅がセーフティネット機能を強化するなかで、福祉サービスを必要とする人が増えるので、区市町村の福祉施策と連携してゆくとしている。

　早い時期にできた大規模団地（多摩ニュータウンもその例）での高齢化の進行に対処するため、2008年度の国の予算の概算要求で、在宅介護、療養の拠点づくりに、財政支援を打ち出すとの新聞報道がなされた。高齢者が多数住む集合住宅の団地、戸建て住宅団地でこの種の施策の必要性が広く感じられていることであろう。

　高専賃は高齢者のみを受け入れるだけで登録できることもあり、最近増加しているが、シルバーピア、高優賃の増加はいまのところ少ない。今後の増加もそれほど多くは見込めないのではないか。そうすると、高齢者の多くは、自宅のバリアフリー化、また、リフォームによるバリアフリー化などで、心身の能力低下に備え、あるいは、医療が必要な場合、かかりつけ医の訪問診療に依存したり、訪問看護、訪問介護、通所介護などを利用しながら、自宅で過ごすことが多くならざるをえない。これらのサービスが心配なく得られるとすれば、自宅でずっと過ごすことを望む人びとも少なくないであろう。適切な高齢者円滑入居賃貸住宅、高専賃に移り、同様に必要な訪問サービス等を利用することも選択肢である。在宅医療や訪問看護、訪問介護は高齢者の共同住宅や、高齢

化した団地などで、サービス提供側にとっても、移動に要する時間が少ないなどの利点もあろう。

　東京都の住宅政策の経過でも、ハード面とソフト面の総合、住宅の都市環境との関連の認識、住宅から居住の視点への転換などが垣間みられた。2007年のマスタープランでは、「環境や景観等に配慮した持続可能な住宅まちづくり」の目標のなかに、「コミュニティによる住宅地のマネージメント活動の促進」として、住民が自主的に、住宅地のマネージメント活動（景観づくり、防犯・防災活動、共同施設管理、清掃・ごみだし、空き家の活用等）に取り組むことが大事であると述べている。このようなコミュニティに福祉や地域医療を追加することはさほど困難ではないであろう。また、「既成市街地における居住機能の維持増進」の項目のなかに、「歩いて暮らせるまちづくり」として、「駅を中心とした徒歩圏内に中高層の集合住宅や商業、子育て、医療、文化等の生活支援機能の集積を促進します」、また、ここでは、市街地のバリアフリー化（ユニバーサルデザイン）を進めるとの叙述がみられる。こうした環境のもとで、福祉保健の「新展開」にあるような、在宅で高齢者が生活できる条件を備えることは、可能であろう。高齢者が多少の障害があっても、街なかに出て、生活できることは、高齢者のケアとしても望ましいことである[3]。

6　まとめ

　東京都における、高齢者の住まいとケアについて、背景をなす実態的な諸事情、このテーマに関する施策がその一部となっていると思われる福祉政策の推移、同様に住宅政策一般の推移についてみたあと、個別施策の内容についても検討した。東京都の福祉と住宅に関する政策は、国のものと密接に関連しており、以下のまとめも第1章と共通しているところも多いが、東京都の独自性を考慮しつつ述べる。

　まず、実態面から重要と考えられることとして、高齢者の多くは、長く住んできた自宅で高齢期を過ごすことを望んでいる。他方、割合としては低いが、実数としてかなりの多くの人びとが、中間的住まいであるケアつきの住まいに移ること（東京都のいうケア・リビング）を希望している。東京都は、経済活動等の一局集中ないしは首都であることによる人口の集積があり、地価が高いことなどから、介護施設などが高齢者人口に対して、全国的にも、もっとも少

ない地域となってきた。それらに代わるものとして、ケア付きの住まいが求められている面もあろう。政策的にも、特別養護老人ホームをつくるよりは、民間主体の中間の住まいを誘導、支援した方が、財政的負担が少ないといったことがあろう。

　ケア付きの住まいは、施設とは違い、生活の拠点として、そこで生活する者の自由度が大きいという性格がある。そのため、住み慣れた自宅に準じる場所に、高齢者住宅を新しい自宅として、早めに、または介護が必要となったとき、そこに移り住む選択をすることは、その人びとにとって、それ以降の生活の質（QOL）を高める一つの手だてでもありえよう。このようなことは、東京都の政策的文書にはあまり書かれていないが、可能ならば自宅で高齢期を過ごしたいと大部分の人が考えている事情に照らしても、推測されるところである。移転が可能なような条件を整備したり、支援することは意義あるウェルビーイングに関わる施策であり、東京都のケア・リビング推進の政策は注目に値するものであった。

　自宅で、必要な場合には充分なケアがうけられれば、また、これにより家族に迷惑がかからなければ、特別養護老人ホーム等に入ることを希望しない人は多い。確かに、一部の高齢者は、特別養護老人ホーム等では、専門的ケアが常時得られて安心であると期待して入居を希望している。しかし、ケア付き住まいでも、専従スタッフによる、または、外部のサービスが適切な量・質を維持できるのであれば、この条件も満たしうる。

　ただ、中間の住まいには種々あり、そこに最後まで住み続けられるものばかりではない。健康型の有料老人ホームを典型に、一般のケアハウス等でも、介護が必要となったとき、通常引き払わなければならなくなる。シルバーピア、高優賃では、一般の住宅と同様に、在宅での介護、医療のケアが得られるかどうかが問題である。しかし、グループホームでもそうなっているように、居住が長くなると、行政、事業者・供給側も、高齢者が生涯にわたって高齢者住宅で過ごせるようにすることを課題とせざるを得ないであろう。

　国レベルでは、安心ハウス構想が華々しく唱えられながら、間もなく色褪せていったが、東京都のケア・リビングも、福祉改革推進プランに始まり、STEP2、2003年の高齢者保健福祉計画あたりで、スローガンとなったが、その後スローガンは引き下げられた。ただ、個別的施策については、地味ながら現在まで継続しているというべきであろう。また、療養病床の再編、高齢化の一

層の進展により、再び同じ課題が浮かび上がっている。

　ケア・リビングのスローガンに沿って施策が進まなかった理由には、財政負担があると思われる。その代表例は、シルバーピアである。公共住宅で、高齢者向けの物的条件を備え、LSA等を配置することが必要になるが、基礎となる都営住宅の量的拡大を停止したことにより、建替時に、区市町村への移管に伴い〔建替時都営住宅移管制度〕、シルバーピアを建設しうるとしても、積極的な事業拡大を図るまでには至らなかった。最近の全国的政策の傾向としても、市場家賃の支払の困難な低所得層の住宅セーフティネットの中核である公営住宅は、供給増加ではなく、公平適切な供給に向けられている。東京都の都営住宅の抑制化の政策は、国レベルの政策に先行したものであったといえよう。

　ケアハウス、高優賃についても、財政的な負担があることから、地方財政の困難な状況がこれらの発展の制約に連なっていると考えられる。他方、地主・事業者は経営的なメリットがあるかどうか検討するはずである。自由な市場で、例えばマンションを建設して、需要があり、利益があがる状況であれば、助成もあるが規制を受ける高優賃等の建設に関心が向かない可能性もある。経営的に十分に有利でなければ事業に取り組まないであろう。因みに、全国の高優賃の2007年3月末の管理開始戸数（国土交通省調べ）の67％が都市再生機構によるものであり、民間地主などによるものは26％にとどまっている。

　有料老人ホームは、もともと民間の事業として発展し、その定員数の増加も著しかった。しかし、その増加は主として介護保険の特定施設として指定を受け、要介護者等を受け入れるものであった。純粋な市場から、準市場へ移行したといえよう。介護保険の財政の健全性維持のため、「総量規制」が行われるようになり、有料老人ホームの増加に限界が現れている。グループホームについては、法人であれば参入が可能であり、東京都は、その絶対的不足から、つぎつぎに促進措置をとり、これはホーム数や定員数が増加に繋がった。しかし、介護保険法の改正により地域密着型サービスとされ、これまでのように地価が相対的に安い地域に創設することは一段と困難になり、分布の地域的格差をなくすには望ましいであろうが、事業の開始自体が容易でなくなることが予想される。

　以上のような、地方財政に絡む諸事情から、ケア・リビングは、もともと多様な主体による供給と、人びとの多様な選択肢を目指しながら、十分な発展を遂げることができなかったように思われる。すなわち、福祉改革推進プランか

らSTEP2においては、需給における多様性ということで、市場原理に期待したが、それは財政負担の軽減の狙いと不可分であった。ケア・リビング推進のために、財政負担を要することは、ジレンマを内包していたと考えられる。

住宅に関する実態として、高齢者は、若い年齢層に比較して、持ち家に住む割合が高く、その所有形態としては、安定しているが、住宅が古くリフォームを要するとか、住み続けるためにはバリアフリー化が必要であるといった場合もかなりにあることが示された。介護保険による住宅改修のほか、東京都と区市町村による高齢者の住宅改修費の助成制度は1989年から行われている。また、東京都バリアフリー推進協議会も活発に活動している。これらにより、当座の対応はなされていると思われるし、また、住宅を新たに建設する際は、バリアフリー化・ユニバーサルデザインが採用される傾向にある。しかし、「東京都住宅マスタープラン（2006〜2015）」は、この期間に高齢者が居住する住宅の「一定のバリアフリー化」、「高度のバリアフリー化」を目標に掲げており、当分努力を要する課題となっている。

高齢者の住宅の他の重要な問題として、木造賃貸住宅に住む高齢者、特に単身高齢者の住宅の条件が劣悪なことがあげられる。居住福祉の視点、また第1章で述べたWHOの国際生活機能分類の図式では、劣悪な住宅の条件は、そこに住む高齢者の生活機能の高さに悪い影響を及ぼすこととなりうる。上記マスタープランでは、高齢者世帯のみでなく、全体についてであるが、健康で文化的な住生活に必要な最低面積水準を満たさない世帯が2003年に8.8％あるが、これを2010年にほぼ解消（5％程度まで下げる）することを目指すとしている。高齢者世帯で劣悪な民間賃貸に住んでいることは、公営住宅に入れなかった結果である場合も少なくないであろうが、優先入居の制度（一般の5〜7倍の優先抽選制度等）があるものの、この人びとが新たに、公営住宅に移ることのできる実数も限られている。もともと低所得のため、劣悪な民間賃貸住宅に住まざるをえない世帯が多いではあろうが、所得等の条件を備えれば、民間賃貸住宅市場で、よりよい条件の住居を求めることも可能であろう。しかし、この場合も高齢者は入居選別をうけやすい状態にある。その点で、高齢者居住法による、高齢者円滑入居賃貸住宅、またその発展である高齢者専用賃貸住宅の制度は、市場機能に不可欠な情報提供の役割においては、重要であるということができよう。また、東京都の新しい制度であるハートフル民間賃貸住宅制度は、良質の高齢者向け賃貸住宅についての情報提供等の施策として、その運営実績

がどうなるか、注目される。しかし、市場が整えられても、支払能力のある人でなければ、需要者たり得ないわけであり、所得の分布に見合い、しかし、社会的に容認される質の賃貸住宅が供給されなければ、高齢者層等の全体の住まいの問題は解決されない。

　高齢者が自宅または、ケア付きの住まいで最後まで住み続けることができるためには、そこで必要な、医療や、介護のサービスの提供をうけられなくてはならない。また、インフォーマルな生活の支援も必要となる。

　制度的には、医療、介護を受けつつ過ごすことは可能となっているが、現状では、医療の場合特に、在宅医療に熱意のある医師に出会う幸運な者しか満足なサービスを受けられない現状にある。現在、都営住宅入居者の半数以上は高齢者となっており、高齢化の著しい団地等では、身近に医療、介護の拠点があることが住民の安心のため求められている。これは、建設時期の古い公営以外の共同住宅、団地でも同様である。ケア付きの住まいのうち、介護保険の特定施設となっているもの（介護付有料老人ホーム、介護型ケアハウスなど）は、公的介護についてはサービスの提供がなされるが、医療については、別枠である。民間の事業者が診療所を併設している場合とか、近接して密接に協力してもらえる病院や有効に機能している在宅療養支援診療所がある場合などを除くと、一般の自宅の場合と同様に、住民は、医療について不安をもつこともしばしばである。

　「東京都地域ケア体制整備構想」が2007年末に公表された。包括的な地域ケア体制を築こうとするもので、目標自体は理解できるが、現在の実態との距離が大きく実現には、行政、関係者、都民の多大な努力が必要であろう。

注
1）第1章注8に記載。
2）国の支援は、2007年度から地域住宅交付金制度等の一環として行われることとなった（第1章参照）。
3）「東京都地域ケア体制整備構想」（2007年12月）は、地域包括ケア体制を描いており、地域で自宅、中間の住まいで住み続けるための構図を示している。

第4章　高齢期を安心して住まう
　　　——自宅と在宅

前川佳史

　私は建築学の中でも建築計画が専門であり、東京都老人総合研究所では高齢者の生活環境をテーマに研究をしております。もう少し具体的に言いますと、主に認知症のある要介護高齢者が生活している介護老人福祉施設（ここでは以下、特別養護老人ホームとする）や認知症高齢者グループホーム（認知症対応型共同生活介護：以下、グループホームと略す）を調査対象にしています。こうした施設で、利用者が空間をどのように使っているのか、その際にどのような問題が生じているのかなどをアンケート調査や観察調査から明らかにして、今後、特別養護老人ホームやグループホームを計画する上で必要な知見を得ようというものです。

　この研究会では高齢者の在宅ケアが大きなテーマとなっていますが、私は在宅を対象とした調査研究はほとんどしておりませんが、要介護となった場合、また、それが予想されるような場合の自宅のバリアフリー化と、特に在宅－要介護者向けの新しい住まい方についてお話させていただきます。自宅でない在宅というのは、京都大学の故・外山義先生がよく使われていた言葉です。外山先生は、これまでの特別養護老人ホームなど大規模施設のあり方に疑問を感じて、その中を在宅に近いかたちにすることを目指して、ユニットケアや空間の段階的な構成に関する研究をされておりました。大規模な施設を在宅に近いかたちに変えていく、さらにその中のケアも在宅的なものにしていく。「在宅的」とは家庭での生活に近いという意味です。こうした流れを受けて、最近の高齢者施設はかなり生活環境が改善されてきていますので、事例などもご紹介していきたいと思います。

　また、高齢になっても「住み慣れた自宅」や「自宅に準ずる各種の住まい」で住み続けるには、高齢者の身体特性を理解しておく必要があるため、それらも含めてお話したいと思います。

1　高齢者と住まう場

　まず高齢社会の現状からお話します。東京都では2002年の段階で65歳以上の高齢者が198万人います。それが2015年になると約1.5倍の290万人と予測されています。その時の高齢化率は25.2％で4人に1人が高齢者という時代が来ることになります。また、高齢者人口の増加により75歳以上の後期高齢者の数も急増します。これは要介護高齢者の増加を意味します。これも東京都のデータですが、2003年の要介護高齢者数は27万3,000人ですが、その後は年1万人のペースで増加すると予測されています。

　次に、高齢者の住んでいる場所ですが、65歳以上の高齢者2,200万人を対象にした全国データによると、自宅にお住まいの方が9割以上を占めています。また、将来介護が必要になった時にどこで生活をしたいかの質問には「自宅」という回答が多いという調査もあります。このように自宅での生活を望む方は多いですが、加齢により身体機能が低下すると日常生活で様々な支障が生じてきます。また「少子高齢化」「核家族化」により高齢者のみ世帯が増加しているという社会構造の変化もあり、高齢者のひとり暮らしや夫婦のみで生活することに不安を感じている方が多くなっているのも事実です。

　こうした現状を受け、在宅で生活する際の問題をできるだけ少なくするには、何らかの対策を取る必要があります。図4－1は生活者の自立度別に住まい方

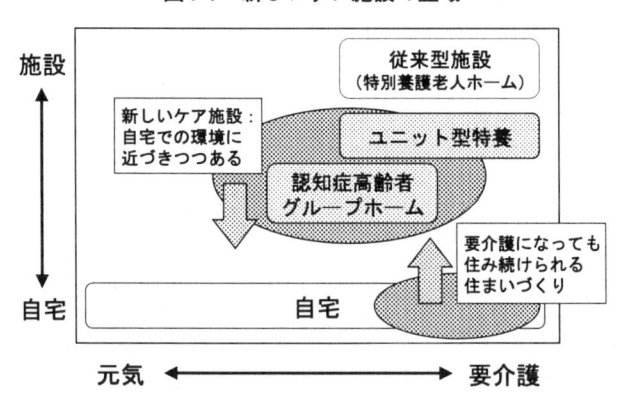

図4-1　新しいケア施設の登場

のタイプを示したものです。横軸に身体機能（元気－要介護）、縦軸に住まい方（自宅－施設）としています。自宅で介護が必要になった時でも住み続ける方法には、住宅を改修したり福祉用具などを使って生活の補助をするという対策が考えられます。この図で矢印が施設側に向いていますが、施設的にするという意味ではなく、現在の家を介護が必要になっても住み続けられるようにハード面を工夫するという意味です。反対に施設側から見ると、一般的に介護が必要になると特別養護老人ホームなどに入居することになります。こうした施設はこれまで定員や建物の規模が大規模なものしかありませんでしたが、最近はグループホームやユニットケアが可能な特別養護老人ホームという新しい住まい方、新しいケア施設が登場しています。これらは大きな建物の中で入居者が同じような生活をするのではなく、個別対応がしやすいように生活単位を小さくして、自宅生活に近い環境を備えているのが特徴です。

東京都でもこうした考え方により新しい住まい方を提案しています（図4-2）。その一つが地域における自立生活への支援ということです。この中の

図4-2　地域における自立生活への支援（東京都）

〇ケアリビングの推進：ケアと住まいが結びついた住まい方
〇高齢者向け優良賃貸住宅の整備

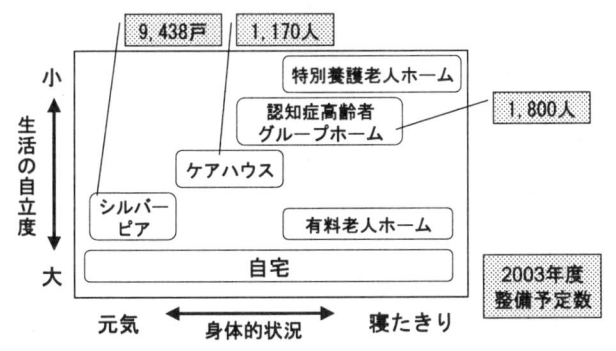

柱には「ケアリビングの推進」や「高齢者向け優良賃貸住宅の整備」などがあります。ケアリビングというのはケアと住まいが結びついた住まい方のことです。東京都では数値目標として、認知症高齢者グループホームを2003年度に1,800人分、ケアハウスを1,170人分、シルバーピア（シルバーハウジングの東京都版）を9,438戸整備する予定です。その他にも有料老人ホームを整備すること

で、これまでの施設か自宅かという選択肢に加えて中間的な住まい方の選択肢を増やす計画です。

　国レベルの取組ですが、厚生労働省の私的研究会である高齢者介護研究会が「2015年の高齢者介護」という報告書をまとめています。この中で柱の一つとして、新しい介護サービス体系の確立を挙げています。つまり在宅と施設の中間的な新しい住まい方が必要であることを提言しています。在宅も施設もこれまでと同じかたちではなくて、機能を追加したり見直していきながら、より手厚い介護サービスができるものにするということです。例えば在宅サービスでは365日24時間対応できる小規模多機能サービスの提供があげられます。また、施設についても、施設機能の地域展開（地域との連携）やユニットケアの普及などがあげられます。

　このように高齢化の現状を見てきましたが、高齢者の数は今後も増え続けます。ただし、すべての方が寝たきりや認知症になるわけではなく、4分の3以上は元気な高齢者であると言われています。とはいえ65歳以上の前期高齢者と75歳以上の後期高齢者では、後者ほど介護が必要になることも事実です。また、高齢者のひとり暮らしや高齢者のみの夫婦世帯のように潜在的に介護が必要である世帯も増加しますから、新しい対応が必要になるわけです。

2　高齢者の身体的特性とバリアフリー化

　バリアフリーという言葉はすでに一般的になっていますが、既存の住宅が高齢者にとって安心して暮らせるように整備されているかというと、まだ十分とは言えません。このため、今は元気で問題はないけれども、今後の生活に不安を感じている方がとても多いわけです。

　では、住環境面で具体的にどのような配慮をするかを考えるには、高齢者の身体的な特性を把握する必要があります。一般に加齢により身体機能は低下しますが、これにはレベルの差はあっても誰にでも起こる「生理的な老化」と、何らかの病気により急激に機能が低下する「病的な老化」があります。「生理的な老化」としては、視覚機能では視力の低下や、近いところが見えにくくなる老視、明るいところや暗いところで目が慣れるまでの順応機能の低下などが起こります。聴覚機能では高音域が特に聞こえにくくなるという聴力の低下が起こります。身体については全体的に機能が低下してきますが、握力が低下す

る、反応時間が遅くなる、歩行速度が低下するなどが起こります。一方、「病的な老化」としては骨粗鬆症や高血圧、動脈硬化、気管支炎、脳の病気である老年性痴呆などがあげられます。

では、もう少し詳しく高齢者の身体特性および物的環境面での対応を見ていきましょう。

まず、視覚機能についてです。暗順応（明るい部屋から暗い部屋に入った時に目が慣れてくるまでの時間）を年齢別に比較すると、年を取るほど時間がかかります。こういう順応機能の低下に対しては、階段や廊下などの照明に注意する必要があります。例えば夜間、段差がある場所に足元灯を設置すると安全性が高まります。また、照明が1カ所のみでは影ができるので、階段などの段差があるところでは明るさが均一になるような照明計画が必要です。この他にも、暗いところで照明のスイッチを探すのは難しいので、スイッチを大きくしたり消した時に小さいランプが付くスイッチに取り替えたりする工夫もあります。

老化による視覚機能への影響として、もう一つ白内障があります。これは目の水晶体の部分が白く濁ってきて見えにくくなることです。黒い色はそのまま黒く見えますが、白い色は黄色みがかった色に見え、青や緑系統は黒ずんで識別しにくくなります。実際の生活場面で、物が見やすいかどうかはコントラストが非常に影響してきます。つまり、黒地に白文字が書かれていれば見やすいですが、黄色地に白文字だと見にくくなるわけで、はっきりとしたコントラストになるような色彩計画が重要です。さらに白内障になるとグレア（夜間、車を運転していると対向車のヘッドライトがとてもまぶしく見える現象）が問題になります。住宅の中でグレアを防ぐには、窓や照明の位置がポイントとなります。例えば、階段の一番上に窓があると階段を上っている時にまぶしくて階段がぼやけてしまうこともあるので、設計段階で窓の位置に注意するとか、既存住宅では窓をカーテンで覆って適切な場所に照明器具を設置するような対応が必要かもしれません。

次に聴覚機能についてですが、一般に高齢になると高音域（周波数が2キロヘルツ以上）が聴こえにくくなります。住宅内では電化製品のブザー音（ピーピーとなる甲高い音）などがこれにあたります。そのため、ブザー音の音量を上げたり、高音でない音域の音を使う方法が考えられます。また、音以外の情報として、文字や振動などの視覚的・触覚的な情報（携帯電話の振動機能など）

を利用した方がわかりやすい場合もあります。

　続いて体力についてですが、20〜30歳代の体力を100とすると、どこの体力で比べるかにもよりますが、60歳代では80〜50程度にまで低下します。例えば、運動機能のうち「平衡性」を見てみると、目を閉じて片足で立っていられる時間は20歳代から低下し始め、65歳以上は20歳代の半分程度の時間しか立てなくなる、つまりバランスを崩しやすくなるわけです。バランスを崩しやすいというのは転倒しやすいわけですから、手すりの設置や段差の解消、または座って行為をするような行為方法の変更（玄関でイスに座って靴を履くなど）といった対策が必要です。もう一つ、身体機能の中で「歩行」についてお話します。高齢者と若年者の歩き方を比較すると、高齢者は歩幅が狭く、つま先が上がりにくいという特徴があります。そのため少しの段差でもつまずきやすくなります。また、横断歩道での歩行速度を比較すると、高齢者は平均で1秒間に1メートルですが、若年者は1秒間に1.3メートルです。1秒間に30センチですが、10秒たてば3メートルですから、横断歩道を渡り切れないという事態が考えられます。これらへの対応としては、横断歩道の青信号の時間を長めに設定するとか、電車の利用時に高齢者でも慌てずに乗り降りできるように駅での停車時間を長くするなどの配慮も必要になってきます。

3　認知症高齢者への対応

　これまで身体機能面を中心にお話してきましたが、ここからは精神機能面の老化についてお話します。これには脳の老化が大きく影響しています。脳の老化も身体機能面の老化と同様に、加齢により誰もが経験する「生理的な老化」と何らかの原因による「病的な老化」があり、どちらも脳が萎縮することで記憶力などが低下します。病的な老化は、脳血管疾患やアルツハイマー型痴呆などによるもので、記憶力の低下に加えて判断力や理解力にも障害が起こるため、日常生活にも支障をきたすようになるのが特徴です。

　先ほどお話しました「2015年の高齢者介護」の中では新しいケアモデルを確立しようということで、これまでの寝たきりの高齢者を対象とした対策から、今後は認知症高齢者への対策を重視する方向になっています。これは要介護者の約半分が認知症であること、現在の施設入居者の8割以上に何らかの認知症の症状があることが背景にあります。

ではここで、認知症について簡単に触れておきたいと思います。認知症の症状には大きく分けて中核症状と周辺症状の二つがあります。中核症状には記憶障害、実行機能障害、失行、失語、失認などの症状があり、認知症になると必ず見られるものです。一方、周辺症状は認知症になれば必ず出るものではなくて、身体状況とか生活環境の影響を非常に受けるものです。逆に言えば生活環境に問題がなければ出てこない場合も十分にあると言うことです。周辺症状には徘徊や不眠、抑うつ状態、被害妄想などがありますが、これらは生活環境やケアの仕方によって抑えることができると言われています。

図4-3は認知症ケアのポイントを示した図です。認知症ケアは個別性を重

図4-3　認知症ケアのあり方

○生活・個性の尊重
○問題行動への柔軟な対応
○ゆったりとしたペース
○環境の変化を最小限に
○適度な刺激、生活の活性化

○物的環境面での対応
・バリアフリーであること（行動をなるべく制限させない）
・転倒対策　→　足もと灯、手すり、すべり止め等の設置
・なじみのある機器　→　理解しやすい
・外出しやすいこと（社会との繋がりを保つ）

視することが大切であり、一人ひとりどのような生活やケアが適しているのかを理解した上で対応する必要があります。また、ゆったりしたペースで生活することや、環境の変化に適応しづらいので、環境を変える場合には最小限にするような配慮が大切です。では、何もさせなくて良いのかとなるとそうではありません。脳は使わなければさらに機能が低下しますので、できるところは本人にしてもらうという適度な刺激も必要です。

環境面での配慮としては、認知機能が低下することにより、例えば段差があることなどが理解できなくなります。健常な方は家の中でどこに段差があるかを把握して行動していますが、それが理解できないわけですから転倒の危険が高くなります。そのため、まずは居住環境をバリアフリーにした方が良いで

しょう。バリアフリーであれば、こっちに行ってはダメという場所が少なくなりますから、行動の制限が少なくなります。制限することは認知症にはマイナス面になりますので、できるだけ制限の少ない生活環境が望ましいと言えます。この他にも、新しい家電製品は使い方を理解することが難しくなるので、できるだけこれまで使ってきた馴染みのあるものを使うと混乱防止に役立ちます。また、買い物や散歩などの外出を行うことで、社会とのつながりを保ちながら生活を活性化することも必要です。こうした外出しやすい環境という点では、屋内だけではなく屋外も含めたバリアフリー環境の構築が大切です。

4　自宅でない在宅――グループホームとユニット型施設

さて、ここから自宅でない在宅についての話に入ります。認知症ケアのあり方と関連して「自宅でない在宅の種類」を見ると（図4-4）、認知症高齢者や

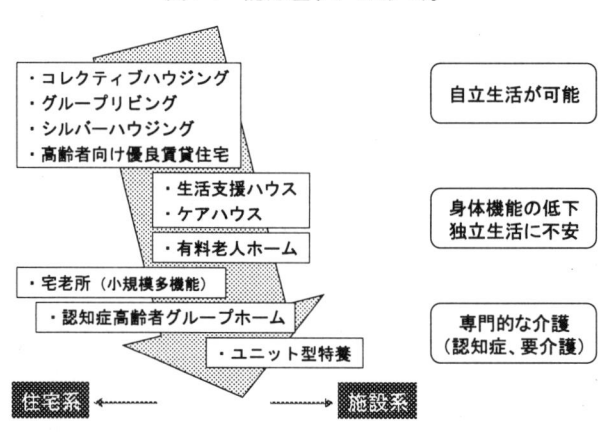

図4-4　認知症ケアのあり方

住宅系 ←―――――――――――→ 施設系	
・コレクティブハウジング ・グループリビング ・シルバーハウジング ・高齢者向け優良賃貸住宅	自立生活が可能
・生活支援ハウス ・ケアハウス ・有料老人ホーム	身体機能の低下 独立生活に不安
・宅老所（小規模多機能） ・認知症高齢者グループホーム ・ユニット型特養	専門的な介護 （認知症、要介護）

介護が必要な高齢者が生活する場としては、グループホームやユニット型の特養などがあります。一方、認知症でない高齢者の生活の場には、本人の自立度（自立〜要介護）により図のように様々なタイプがあります。自立生活が可能であれば他者との共同生活により生活を活性化させたり、合理的に生活しようという考え方のコレクティブハウジングやグループリビングなどがあります。要介護ではないが、身体機能が低下してきたので独立生活は不安だという中間

的な人向けには、ケアハウス、高齢者向け優良賃貸住宅、シルバーハウジングといった選択肢となるでしょう。

今回ご紹介するのは、私がこれまで研究テーマにしてきた認知症高齢者のグループホームやユニット型特養についてです。認知症高齢者向けの生活やケアの環境は、一般の高齢者にも応用可能なユニバーサルな環境だと思います。コレクティブハウジングや有料老人ホームなどの他施設の詳細な情報は、概要を一覧表に整理したのでそちらをご覧ください。

まず、認知症高齢者のグループホームについてお話します。グループホームとは介護保険では在宅サービスとして位置づけられており、家庭的な生活環境で少人数の認知症高齢者が共同で生活をする場です。そこでは自分たちができることは自力で行い、できないことは専門の介護スタッフが援助します。グループホームの設置数は介護保険に伴い急増しており、2003年の1月現在では2,600カ所となっています（2006年10月現在では8,528カ所）。

グループホームの特徴ですが、居室は原則個室で、その他に共同で使えるリビングや食堂があります。また、一般家庭で使われるお風呂や台所が設置されています。小規模な建築形態なので町の中に造ることができ、地域との交流がしやすいことも特徴の一つです。グループホームの定員は5人以上9人以下で

図4-5　グループホームの造り

- 入居定員は、5人以上9人以下
- 居室、居間、食堂、台所、浴室、などの設置
- 居室は原則個室（7.43㎡〈4.5畳〉以上）
- 浴　室：1～2人用の個別浴槽
- トイレ：原則として複数箇所に分散設置
- 台　所：入居者と職員が一緒に調理できるだけの広さとする

特養に比べるとかなり小規模・少人数です（図4-5）。

グループホームの形態には「新築型」と「改築型」があります。初めからグループホームとして利用するために新築する場合と既存の建物を改築して再利用する場合があり、後者は建築的に様々な制約があるため、バリアフリーでな

いところも多く見られます。ただし、どちらの形態でも、食堂や居間には家庭的な家具を置き、台所では認知症の方が共同で食事の準備や後片付けなどを行います。食事の支度は食材の買い出しに行くところから行うホームもあります。居室にも基本的にこれまで使ってきた家具類を持ち込むことが可能になっています。

次にユニット型特養についてお話します。これは50人とか100人という定員を幾つかのグループに分けて生活やケアができるように設計された特別養護老人ホームです。2004年度以降はこの新しいタイプの特別養護老人ホームが標準設計となっています。

ユニットケアの考え方ですが、例えば定員60人の施設の場合、これまでは60人を1つの集団として生活やケアをするのが一般的でした。これを15人ずつの4つのグループに分けることで60人の時より個別的な対応が可能になります

図4-6　ユニットケアとは

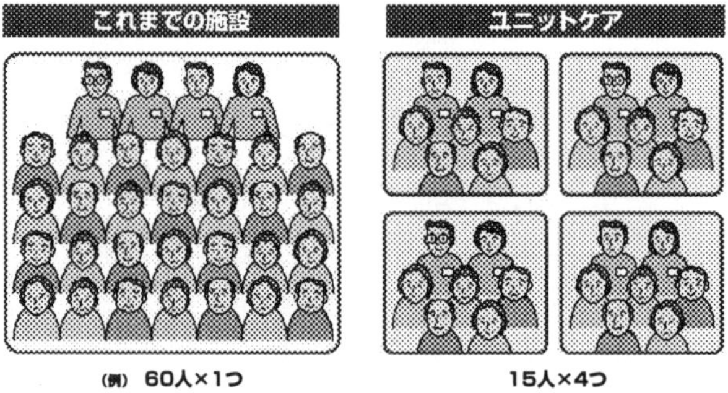

（図4-6）。また、スケールも住宅的なものに近づけられることになります。ユニットケアの造りですが、共同で使うリビングのまわりに個室を配置して1つのまとまり（ユニット）を構成し、こうしたユニットが複数集まってホームを構成します。1つのユニットは10人程度であることが多いです。

東京都内でもこうしたユニットケアが可能な特養が設置されつつあります。ある施設では定員48人を4つのユニットに分けており、1ユニット10人程度で生活しています。居室は4人部屋ですが、それぞれパーティションで個室的に使えるようなになっています。ユニットごとの共同のリビングには家庭的な家具が置いてあり、トイレもユニットごとに設けています。

このように今後はグループホームやユニット型特養が標準になるわけですが、これらの設計基準をもとに高齢者や認知症高齢者の生活環境のポイントをあげるとすれば、(1) 安全性、(2) 快適性、(3) 継続性の3つにまとめることができると思います。

(1) まずは安全性を考えた生活環境にするべきです。そのためには手すりの設置や段差の解消といったバリアフリー設計は最低限必要でしょう。物的対応が難しい場合には、生活行為のやり方を変更することでも安全性が高まります。例えば、玄関で靴を履き替える、浴槽の縁をまたぐ、などのバランスを崩しやすい場所では、イスに座りながら行為をすると安全性が高まります。

そして目印や建物の造りによる「分かりやすさ」も大切で、認知症高齢者だけでなく健常な高齢者でも分かりやすい造りにしておくと、生活しやすく安全性も高まります。共同で住む住宅の場合、自分の部屋の位置を分かりやすくするために部屋の前に目印（表札や写真）を付けたり、部屋全体・空間全体の造り方を分かりやすくすべきでしょう。また介護が必要になると、家族や介護スタッフが介護しやすいような造り（見守り、声かけ、直接的な介助）にも配慮する必要があります。

(2) 快適性についてですが、やはり生活の場には「個の空間」が非常に重要になります。在宅の場合は基本的に「プライバシー」は確保されていますが、施設の場合でもプライバシーを確保できる造りであることが大切です。また、光や音、温度などの「環境を調整できる」ことも大切です。高齢者は若年者よりも温度や湿度の変化に適応することが難しくなることが知られています。例えば、冬場に浴室から出て脱衣室が非常に寒い状態では、心臓への負担が大きいため場合によっては意識を失うこともあります。冬は寒いのが当たり前と我慢してしまう方も多いですが、高齢者ほど温熱環境に配慮した居住環境にする必要があります。また、光については、窓や照明の場所によってグレアが生じますので、直接光源が見えるのではなくて、間接照明にしたり設置場所に注意したりすることが大切です。

(3) 継続性については、「馴染みのあるもの」を使ったり身のまわりに置いたりすることです。新しいものにチャレンジすることも大切ですが、使いにくいとか使いこなせないことも多いわけです。電話機を例にとると、最新機能付きの多機能電話機だと難しくて使えないのであれば、シンプルな昔のタイプの電話機を使う方が自分でできることの幅が広がります。実際にグループホーム

では馴染みのあるものを生活の場に取り入れています。ただし、認知症高齢者の場合は、それが何かを理解できるかも重要になってきます。例えば今は自動水洗や混合水洗は一般的ですが、お湯と水が分かれて出る蛇口タイプの方が馴染みがあって、水洗と理解しやすいこともあります。

継続性についてもう一つ付け加えるとすれば「地域とのつながり」です。自宅や施設の中だけで閉じこもるのではなく、行事への参加や買い物などを通じて地域と関わることで、これまでと同じ社会生活を送れるような室内環境、屋外環境であることが重要です。

ここまで「自宅でない在宅」をテーマに、グループホームや特別養護老人ホームを中心にお話しましたが、そこでの問題点と課題を何点かあげたいと思います。

①まず量的な整備の遅れとして、グループホームやユニット型特養はまだ絶対量が少ないということです。グループホームは介護保険以降、急増していますが、一つのグループホームの定員は9人以下であり、10戸整備したとしても特別養護老人ホーム一つ分の人数です。2006年10月時点でグループホームは8,500カ所ですから、1つのホームに2ユニット（2戸分、18人分）設置されたとしても15万人分です。厚生労働省では2010年の認知症高齢者を208万人と推計しているので、その7％にしかなりません。

②共同で生活する場であるため、個別対応がどこまでできるのかというのが課題です。また、現在は認知機能や身体機能が軽度で自立している入居者が重度化した時に、どのように対応するのかも大きな課題です。ハード面では身体機能が低下することをある程度見越して整備することになりますが、画一的な住環境整備では十分な対応はできません。手すりは設置したけれども、利用者によっては手が届かなくて使われないというケースも数多く見られます。こうした事態をできるだけ少なくするために、どう取り組むかを考える必要があります。

③今住んでいるところでいつまで生活ができるのか、つまり健康な時に高齢者対応の住宅に住み替えたとしても、そこにいつまで入居していられるのかが分からなければ生活者にとって大きな不安材料となります。退居しなければならないとなると、身体的・精神的な負担が大きいですから、できるだけ同じ場所で生活できるような仕組みが必要になります。

グループホームでは「認知症高齢者で共同生活ができる方」という入居条件があり、重度化して共同生活に支障が出てくると退居を迫られる場合もあります。継続して生活できるホームもありますが、これについては統一性がなくホームの方針に任されています。
　④グループホームのような要介護高齢者が入居しているところでは、介護の内容が生活の質を大きく左右します。こうした施設は「少人数・個別対応」が今後の主流になりますが、小規模になることで逆に閉鎖的になるという問題も指摘されています。こうした問題を解消するために、部外者（第三者）によってホームでの生活や介護の内容を評価して、その結果をインターネットのホームページで見られるようにしたり、様々な情報を公開したりする動きが徐々にですが整備されつつあります。
　⑤高齢期の住まいを考える時には、やはり住み慣れた場所で生活を継続することが大切です。これまで特別養護老人ホームのような大きな施設は、都心から離れた郊外に造られることが多かったのですが、グループホームは小規模、つまり住宅的な規模なので地域の中に造ることができます。そのため入居者が町にも出やすくなるし、家族も訪問しやすくなるし、地域の住民やボランティアもホームに来やすくなります。このように施設の立地は、そこに入居している高齢者の生活にも大きな影響を及ぼします。

　最後に「自宅でない在宅」の今後の方向性を簡単にお話して終わりたいと思います。これまでの高齢者対策は要介護者のために大規模施設を造りましょうというものでしたが、これからは施設を造るというよりは高齢になっても継続して生活できる住まいを整備することが重要でしょう。つまり、今はまだ高齢でない方や高齢でも元気な方が、そこにずっと住み続けられるような場所とする。もし身体機能が低下して生活に支障が出てきたら、何らかのソフト面、ハード面の対策で対応できることが重要となるでしょう。こうした考え方は「バリアフリーデザイン」ではなく「ユニバーサルデザイン」の考え方だと思います。バリアフリーデザインは段差があるから無くすという対応ですが、ユニバーサルデザインは最初から段差を造らないという発想です。そうすれば高齢者や障害者だけでなく、それ以外の様々な人たちも生活しやすくなるわけです。
　「高齢者向けのハード」と言われますが、一般の方も含めたユニバーサルデ

ザインの住戸が必要になっているわけです。高齢者と一口に言っても元気な方から寝たきりの方まで身体状況は様々です。日常生活に介護が必要な場合でも、必要な介護サービスは人によって異なります。住まいという点も併せて考えると、最初から決まったサービスが付いている住宅よりも、必要なものを後から選択できる方がその人に適したサービスを受けることができます。介護保険の導入により、ソフト面やハード面の多様なサービスを利用できる仕組みがある程度できたと言えるでしょう。しかし、こうした公的サービスだけではなく、近隣や周辺地域の住民たちが相互扶助をしながら支え合っていくこともこれからの重要なキーワードだと思います。こうした考え方は、阪神大震災で被災された方が復興住宅でともに暮らすことで新しい力を生んでいくということが発端となっており、この中からコレクティブハウジングという住まい方が登場しています。こうした「住民同士でお互いに助け合って生活する」とか、「認知症高齢者が残存機能を活かしながら集団生活する」ことにより地域の中で生活が継続できること、……このような力をうまく活用することが今後の高齢者向け住宅のキーワードになると考えています。

　私の話はとりあえずここで終わりたいと思います。もしご質問などがあればお受けします。どうもありがとうございました。

質疑応答

前川（知人が小規模なケアハウスのような場所に住んでいるが、まちづくりという点でこうした施設の入居者が、商店街に出たり、地域からサービスを提供されたりと言ったことが必要ではないか、との意見に対して）住宅のバリアフリー化についてお話しましたが、言われるとおり、まち全体が住みやすく相互に交流のあることが大事であり、その方向を目指すべきだと思います。悪い例ですが、断崖絶壁の上にグループホームを造ったために、眺めは良いが危険で外出もできないというケースもあります。こうした反省から今後、グループホームは住宅地に造る方向になっています。つまり、地域との関係を保ちやすくするためです。東京都では高優賃に対して補助金を出すなどの政策をとっています。高優賃はバリアフリーですし、住宅地にありますから、高齢者が周囲と交流を保ちやすい環境で生活できることになります。施策の狙いは一致していると言えるでしょう。

前川（グループホームでもターミナルケアが行われることが望ましいのでは

ないか。また、地域でターミナルまで行うには、医療面で地域的なシステムがないと不可能である、との意見に対して）本日はグループホームとユニット型特養の話が中心でしたが、ターミナルケアにはあまり触れませんでした。現状はまずホームに入りたいというニーズに対応するために、数を増やしている段階です。ターミナルケアを行うかどうかは各グループホームに任されており、退居条件もホームによって違います。介護職員も十分に確保してターミナルまで行うというホームもありますが、多くは一定の条件になると退居することになります。問題は、その際に退居後の転居先をしっかりと支援しているかどうかです。今のところ、まだ重度化した入居者が少ないので、退居の問題も表面化していませんが、近い将来に問題となる可能性が高いと思われます。最終的に、ターミナルケアの必要な入居者には医療が不可欠となりますので、母体が医療法人のグループホームなどはターミナルケアをしやすいと言えるでしょう。ただし、株式会社などが運営するグループホームの中には、軽度や中度までの入居者しか考えていないところがあり、こうしたホームが増えているのも事実です。

前川（認知症高齢者は家庭での介護が困難なので、できるだけ早く発見してグループホームや施設に入居できるようにすることと、認知症や個々の特性に応じていくつかの類型に分けて適したホームに入居するといった政策が必要ではないか、との意見に対して）東京都老人総合研究所では認知症予防のため活動を行っており、その中で地域住民を対象とした認知症診断などを通じて早期発見に努めています。また、コレクティブハウジングやグループリビングでは、認知症高齢者が直接対象ではありませんが、自立生活が困難な人たちを、一緒に住む人たちで支える動きも出てきています。グループホームなどの施設数を増やして早期から対応するという考えはよく分かりますが、そのためには十分な介護スタッフを確保する必要があります。認知症高齢者のような介護が必要な方にとって介護スタッフは生活の質を大きく左右する存在であり、単にスタッフの数を揃えれば良いものではなく、十分な資質を持った人材を育成していくことも重要な課題と言えます。

前川（個室化とユニットケアが今後の特養という話でしたが、個室化は定員削減やホテルコストを取ることにもつながるし、ユニットケアはこれまでより人員配置を厚くする必要があると指摘する施設関係者もいるが、との

意見に対して）厚生労働省では、施設以外で生活しても、たいてい部屋代（家賃）が必要であるため、ホテルコスト（居住費）を負担してもらうことが公平だという考え方です。私も4人部屋を個室にすれば建設費用にも差が出るので、その差位は負担しても良いかと思います。人員の問題ですが、大規模施設で何十人も一度に食堂に誘導する手間に比べて、小規模では簡単に集まれるというように効率的な介護が可能になる部分もあります。スタッフ数を増やしたからと言って、必ずしもケアの質が高まるとは言えないと思います。新しいスタイルであるユニットケアでの経験を積み重ね、実態や課題を評価しながら本当に必要な人員配置がどの程度なのかを検討する必要があるでしょう。

前川（住宅のバリアフリー化については国の法規制があるはずですが、見るところ少しも進展していない印象ですがどうしてなのか、との発言に対して）公共的な建物と交通機関については法律でバリアフリー化する動きになっています。高優賃などもバリアフリーとなっていますが、一般の住宅については平成7年に長寿社会対応住宅設計指針という指針が出ていますが、住宅は私有財産でもあるため、それ以上強い法規制はされておりません。また、建築物は完成してしまうとその後の改修は容易ではありません。バリアフリー法や設計指針が出る前に設計された建物は、今後、長い年月を経て徐々に建て替えるしかないため、目に見えるような改善が見られず、進歩がないかのような状態に見えるわけで、非常に残念です。

司会 まだ、発言なさりたい方もいらっしゃいますがこれで終わります。現時点で対応を要する課題と思われることなどについて、私どもの質問にお答えいただき有難うございました。また、貴重な資料をご提供いただき感謝いたします。

第4章　高齢期を安心して住まう

(資料) 高齢者居住施設の機能および施設基準

特別養護老人ホーム（介護老人福祉施設）

施設の特徴			
特別養護老人ホームとは	身体上または精神上著しい障害があるために常時の介護を必要とし、在宅において適切な介護を受けることが困難な者を対象とする施設である。入居している要介護高齢者は、長期間の施設生活を送ることが多く、専ら「終の棲家」として利用されている。短期入所生活介護（ショートステイ）や通所介護（デイサービス）等の在宅サービスの拠点としての役割も果たしている。		
対象者	・原則として65歳以上（特に必要があると認められた場合は65歳未満も可） ・身体上または精神上著しい障害があるために常時の介護を必要とし、在宅において適切な介護を受けることが困難な者		
これまでの経緯	1963年の老人福祉法により創設された老人福祉施設の一つ。都道府県知事の指定を受けることで、介護保険制度の施設サービスの対象となる。これにより、2000年度からは措置制度による入所から、利用者と施設の間での契約による入居方式になっている。		
最近の動向等	1990年代後半あたりから、生活の場としての居住環境を向上させるために、個室化、段階的空間構成、ユニットケア等の取り組みが行われてきた。2002年からは、全室個室・ユニットケアを原則としたユニット型特養（小規模生活単位型特養）の整備が始まり、これまでの設備基準等が改正された（以下の設置基準を参照）。施設整備費の補助については、2004年度までは従来型とユニット型とを選択できたが、2004年度以降はユニット型に一本化されている。		
事業主体	地方自治体、社会福祉法人		
提供されるサービス	・常時の介護　　　　・日常生活の世話　　　　・健康管理 ・生活指導、機能訓練　・レクリエーション		
利用料等	①　介護保険の1割自己負担＋②食費＋③日常生活関連費 　（新型特養では上記費用の他に居住費*1が加わる）　*1の大括弧内参照。		
介護保険対象	施設サービス（介護老人福祉施設）		
定員	20人以上		
主な設置基準		従来型	ユニット型（小規模生活単位型）
	1居室の定員	4人以下	全室個室 （入居者へのサービスの提供上必要と認められる場合は2人でも良い）
	1人あたり居室面積	10.65 ㎡以上	13.2 ㎡以上（2人部屋の場合は21.3 ㎡以上） （洗面設備スペース含む／トイレ面積含まず）
	所要室	居室、静養室、食堂、浴室、洗面設備、便所、医務室、調理室、介護職員室、看護職員室、機能訓練室、面接室、洗濯室、汚物処理室、介護材料室、事務室、その他の必要な設備	ユニット*2 （居室、共同生活室、洗面設備、便所）、 浴室、医務室、調理室、洗濯室、事務室、汚物処理室、介護材料室、その他の設備
	廊下幅員	片廊下1.8m以上、中廊下2.7m以上	片廊下1.8m以上、中廊下2.7m以上 （廊下の一部の幅を拡張し、入居者・職員等の円滑な往来に支障がない場合は、片廊下1.5m以上、中廊下1.8m以上）
	建築構造	耐火建築物（場合により準耐火建築物でも良い）	
関連法規等	老人福祉法、介護保険法		
整備状況 〔整備目標〕	施設数5,535施設　　定員383,326床　　在所者数376,328人（2005年10月）*3 〔ゴールドプラン21の整備目標：36万人分〕		

*1：居住費とは、ユニットの提供を行うことに伴い必要となる費用のこと。ユニットケア型特養の入居者は、個室化・ユニットケアによって一般住宅に近い環境で生活できるようになるので、従来からの利用者負担のほかに、居住費（個人スペースの建築費用、光熱水費等）を負担することになる。[法改正で、従来型も居住費、食費は自己負担となった]
*2：ユニットとは、少数の居室およびその居室に近接して設けられる共同生活室により一体的に構成される場所のこと。
*3：平成17年社会福祉施設等調査の概況（厚生労働省）

157

ケアハウス		
施設の特徴		
	ケアハウスとは	身体状況や家庭環境、住宅事情等の理由により在宅での生活が困難な高齢者を低額な料金で入居させ、日常生活上必要となるサービスを提供する施設である。ハード面では、単身用または夫婦用の個室と、高齢者向けに配慮されたバリアフリー環境を整え、ソフト面では、食事の提供や入浴の準備等の日常生活の世話や、生活相談、緊急時の対応等のサービスが受けられる。
	対象者	・60歳以上（単身者か、同居者が配偶者、もしくは60歳以上の親族） ・自炊できない程度の身体機能の低下や、高齢等のために独立して生活するには不安がある者 ・家族による援助が困難な者
	これまでの経緯	軽費老人ホームの一つであり、1990年に制度化された。制度化以降は、入居者の所得制限を撤廃したり、小規模ケアハウスの整備促進のために定員を引き下げる等の制度改正を行っているが、現時点ではゴールドプランの目標（10万人）の半分程度しか整備が進んでいない。
	最近の動向等	要介護者向けの居住環境を整備し、さらに介護職員を多めに配置することにより、介護が必要になっても住み続けられる終身介護付きのケアハウスが登場している。また、2002年度からは、民間企業が公共用地に建設したケアハウスを自治体が買い取り、それをその企業に貸し出すことで民間企業が運営する形態（PFI*1制度を利用したBTO方式*2）の新型ケアハウスも国庫補助の対象となった。新型ケアハウスでは、全室個室（夫婦部屋は可）に加えて、小規模グループケアユニット（10人程度）の平面構成を原則とする等、設備・人員配置基準を新型特養と統一している。さらに、介護保険制度の「特定施設入所者生活介護」の指定を受けて、介護サービスも提供することになっている。
事業主体		地方自治体　社会福祉法人　財団法人　社団法人　農協　医療法人等
提供されるサービス		・食事の提供　　・入浴の準備　　・生活相談、助言 ・健康管理　　　・緊急時の対応　・レクリエーション
利用料等		①生活費＋②事務費＋③管理費（家賃） （事務費は収入に応じて負担額が異なる）
介護保険対象		指定を受ければ在宅サービス（特定施設入所者生活介護）を提供できる
定員		20人以上 （特別養護老人ホーム併設の場合は10人以上）
主な設置基準		
	1居室の定員	全室個室（夫婦部屋は可）
	1人あたり居室面積	単身用21.6㎡以上、夫婦用31.9㎡以上 （新型ケアハウスでは一定条件を満たせば、単身用15.63㎡以上、夫婦用23.45㎡以上）
	所要室	居室、相談室、談話・娯楽・集会室、食堂、 調理室、浴室、洗濯室、事務・寮母・会議室、 宿直室、便所、洗面所、その他必要な設備 （設備の基準） ・居室部門には、居室のほか、洗面所、便所、収納スペース、簡易な調理設備を設ける ・廊下等は車いすで移動できる広さとする ・緊急時等に施設内に一斉放送できる設備を設ける
	建築構造	耐火建築物または準耐火建築物
関連法規等		老人福祉法　介護保険法
整備状況 〔整備目標〕		施設数1,693施設　　定員67,032床　　在所者数63,240人（2005年10月）*3 〔ゴールドプラン21の整備目標：10万5千人分〕

*1：PFI（Private Finance Initiative）とは、公共施設等の整備を民間の資金とノウハウを活用して、効率的で質の高い公共サービスの提供を図る事業整備手法のこと。
*2：BTO（Build Transfer Operate）方式とは、PFI事業者の資金による施設建設後に、その所有権を公共側に移転するが、事業運営はPFI事業者が行うこと。
*3：平成17年社会福祉施設等調査の概況（厚生労働省）

第4章　高齢期を安心して住まう

有料老人ホーム			
施設の特徴	有料老人ホームとは		高齢者を入居させ、入浴、排泄、食事介護、食事の提供やその他日常生活上必要な便宜を提供する施設である。介護サービスの有無等により3つのタイプがある（下表参照）。ホームへの入居は、利用者と事業者との契約により決定される。契約形態には、①入居一時金を支払う終身利用権方式、②家賃とサービス利用料を毎月支払う賃貸方式、③分譲により所有権を得る所有権方式、の3種類がある。事業主体に制限はないが、各都道府県が定める有料老人ホーム設置運営指導指針に基づいて設置する必要がある。 □有料老人ホームの類型*1　［現在、介護付は、一般型と外部サービス利用型に分かれている］ <table><tr><td>介護付 有料老人ホーム</td><td>・介護や食事等のサービスが付いたホーム ・介護が必要になっても、ホームが提供する特定施設入所者生活介護を利用しながら、ホームの居室で生活を継続することができる（特定施設入所者生活介護の指定を受けてない場合、介護付と表示できない）</td></tr><tr><td>住宅型 有料老人ホーム</td><td>・食事等のサービスが付いたホーム ・介護が必要になった場合、訪問介護等の介護サービスを利用しながら、ホームの居室で生活を継続することができる</td></tr><tr><td>健康型 有料老人ホーム</td><td>・食事等のサービスが付いたホーム ・介護が必要になった場合、契約を解除して退去しなければならない</td></tr></table>
^	対象者		・おおむね60歳以上（老人福祉施設の入居条件に該当しない者）
^	これまでの経緯		1963年の老人福祉法により創設。1980年代後半のバブル期には、要介護状態になっても介護サービスを受けられるタイプが登場したが、入居一時金は高額なものが多かった。バブル崩壊後は既存施設を再利用して入居一時金を抑えたホームが増えている。
^	最近の動向等		必要条件を満たせば、介護保険制度における特定施設入所者生活介護（在宅サービス）の指定を受けられるため、介護付のホームが増加している。
事業主体			民間企業、社会福祉法人、個人等
提供されるサービス			・食事　　　　　・相談、助言　　　・健康管理 ・治療への協力　・介護サービス　　・レクリエーション
利用料等			利用料は全額自己負担（利用者と事業者との契約に基づく） 「特定施設入所者生活介護」に該当する施設では介護保険からの支給あり
介護保険対象			指定を受ければ在宅サービス（特定施設入所者生活介護）を提供できる
定員			従来10人以上、現在規模の基準なし
主な設置基準			標準指導指針で介護居室の床面積等を規定しているが、必ずしも全国一律の適用ではなく地域の状況に応じて変更できる（有料老人ホームの設置運営標準指導指針より／2002年7月）。
^	1居室の定員		一般居室、介護居室ともに個室
^	1人あたり居室面積		一般居室は規定なし 介護居室・一時介護室は13㎡以上
^	所要室		一般居室または介護居室、一時介護室、食堂、浴室、便所、洗面設備、医務室（健康管理室）、談話室（応接室）、事務室、宿直室、洗濯室、汚物処理室、看護・介護職員室、機能訓練室、健康・生きがい施設 （設備の基準） ・浴室、便所：身体の不自由な者が使用しやすいものとする／便所は、居室内または居室のある階ごとに居室に近接して設置し、緊急通報装置等を設置する ・健康・生きがい施設：例えばスポーツ、レク施設、図書館等の設置が望ましい ※建物の設計は「高齢者が居住する住宅の設計に係る指針」（平成13年国土交通省）を参考として、入居者の身体機能の低下や障害が生じた場合にも対応できるよう配慮すること。
^	廊下幅員		片廊下1.8m以上、中廊下2.7m以上 （一定条件を満たせば、片廊下1.4m以上、中廊下1.8m以上）
^	建築構造		耐火建築物または準耐火建築物
関連法規等			老人福祉法　介護保険法
整備状況			施設数1,406施設　　定員96,412床　　在所者数69,867人（2005年10月）*2

*1：「有料老人ホームの設置運営標準指導指針について」（厚生労働省老健局長通知）をもとに作成
*2：平成17年社会福祉施設等調査の概況（厚生労働省）

シルバーハウジング		
施設の特徴		
	シルバーハウジングとは	高齢者等の生活特性に配慮してバリアフリー化された住宅と、LSA*1 による日常生活支援サービスの提供を受けられる高齢者世帯向けの住宅である。住宅部分は、公営住宅や公団住宅等の公的賃貸住宅を高齢者向けの設備・仕様にしている。また、日常生活支援サービスは、住宅10～30戸に1人の割合で配置するLSAを提供するタイプと、併設されたデイサービスセンター等の福祉施設と連携して提供するタイプがある。東京都では独自の基準を設け、シルバーピアと呼んでいる。
	対象者	・60歳以上の単身世帯または夫婦世帯（夫婦のいずれか一方が60歳以上） ・障害者の単身世帯または障害者とその配偶者の世帯等 ・独立して生活するには不安があるが、自炊できる程度の健康状態である者の世帯
	これまでの経緯	1987年、建設省・厚生省（現：国土交通省・厚生労働省）により、住宅施策と福祉施策の密接な連携のもとに、高齢者の安全や利便に配慮した設備・設計に加えて、福祉サービスが適切に受けられるように配慮された住宅を供給する目的で、シルバーハウジング・プロジェクトが制度化された。
	最近の動向等	今後の課題として、入居時には自立していた高齢者が要介護の状態になった時の問題があげられる。LSAによる日常生活支援サービスは、緊急時の対応や関係機関の連絡、一時的な家事援助等に限定されており、介護サービスまでは提供しきれないのが現状である。ヘルパーステーションを含むデイサービスセンターが併設されると一時的ではあるが要介護者への対応も可能である。
事業主体		地方自治体、地方住宅供給公社、独立行政法人都市再生機構等
提供されるサービス		・生活指導、相談 ・安否の確認 ・一時的な家事援助 ・緊急時対応 ・関係機関との連携
利用料等		① 家賃＋②LSAに要する費用（収入に応じて負担額が異なる） （公営住宅の場合は、家賃も収入に応じて負担額が異なる）
介護保険対象		－
定員		－
主な設置基準		
	1戸あたり住戸面積	19㎡以上（公営住宅法施行令より）
	所要室	住戸 高齢者生活相談所 LSA用住戸 （設備の基準） ・住宅：高齢者向けの設備・仕様とする 　（段差の解消、手すりの設置、緊急通報システム装置の設置、埋め込み式浴槽の設置等）
	建築構造	原則として耐火建築物または準耐火建築物
関連法規等		公営住宅法
整備状況		20,143戸（2004年3月）*2

*1：ライフサポートアドバイザーのこと。生活援助員とも呼ばれる
*2：国土交通省住宅局住宅総合整備課調

第4章 高齢期を安心して住まう

高齢者向け優良賃貸住宅			
施設の特徴		
	高齢者向け優良賃貸住宅とは		高齢者の身体特性に配慮したバリアフリー設計の仕様と緊急時対応等を備えた高齢者向けの賃貸集合住宅である。高齢の単身者や夫婦世帯の居住の安定を図るため、民間の土地や賃貸住宅を活用して良質な賃貸住宅の建設を促進することが目的で制度化された。民間事業者等による高齢者向け優良賃貸住宅の建設や既存ストックの改良等に対して、国・地方自治体からの補助が受けられる。 2000年度の制度改正により、グループリビング等の共同居住の形態も認められるようになり、介護保険法における基準を満たせば、「認知症対応型共同生活介護」や「特定施設入所者生活介護」の指定を受けられる。つまり、高齢者向け優良賃貸住宅でありながら、グループホームや有料老人ホームという形態も可能である。ただし、グループホームとする場合は、居室（1戸）の面積を18㎡以上とし、各室にトイレを設置する等、グループホームの設置基準よりも厳しくなる（グループホームの個室面積は9.9㎡以上）。
	対象者		・60歳以上（単身世帯または夫婦世帯） ・入居者が病気などの理由で、都道府県知事が同居の必要性を認めた者
	これまでの経緯		1998年に建設省（現：国土交通省）が創設した高齢者向け優良賃貸住宅制度が発端であり、2001年からは「高齢者の居住の安定確保に関する法律（高齢者居住法）」に基づく制度として位置づけられている。なお、1990年に住宅・都市整備公団（当時）により始められたシニア住宅事業は、2000年より高齢者向け優良賃貸住宅制度に発展的に収束されている。
	最近の動向等		現在、普及促進のための様々な支援措置が取られている。まず、入居者に対しては収入制限が撤廃された。事業者に対しては、バリアフリー改良を行って高齢者向け優良賃貸住宅とする場合に、既存住宅の購入費に融資を行う住宅金融公庫融資の特例が設けられた。また、住宅の共用部分（廊下・階段等）をバリアフリー化する際の整備費に対する補助や、一定収入基準以下の世帯に対する家賃減額費用に対する補助、各種税制上の優遇（固定資産税の軽減、所得税・法人税の割増償却）等が受けられる。市町村がLSAによる生活支援サービスを提供する場合、その派遣費用にも補助が行われる。
事業主体			民間の土地所有者、地方住宅供給公社、独立行政法人都市再生機構等
提供されるサービス			・緊急時の対応
利用料等			① 家賃＋②サービス費用（提供されるサービスにより負担額は異なる） （家賃は、建設コスト等に応じて算出される限度額と、市場家賃の低い方を上限として設定）
介護保険対象			必要条件を満たせば、認知症対応型共同生活介護（グループホーム）、特定施設入所者生活介護（有料老人ホーム）の指定を受けられる（ともに在宅サービス）
定員			5戸以上
主な設置基準		
	1居室の定員		専用住戸とする
	1戸あたり住戸面積		25㎡以上 （居間・食堂・台所その他の部分が共同利用するのに十分な面積がある場合は18㎡以上）
	所要室		住戸 （設備の基準） ・原則として各戸に台所、便所、収納設備、洗面設備、浴室を整備 ・高齢者の身体機能に対応した設計・設備とする（手すりの設置、広い廊下、段差の解消、緊急通報装置の設置等）
	建築構造		原則として耐火建築物または準耐火建築物
関連法規等			高齢者の居住の安定確保に関する法律（高齢者居住法）
整備状況〔整備目標〕			24,005戸（2004年3月）*1

*1：国土交通省住宅局住宅総合整備課調

コレクティブハウジング、グループリビング

施設の特徴	コレクティブハウジング	グループリビング
コレクティブハウジング、グループリビングとは	プライバシーを確保した個別の住戸と、食事や趣味活動等をともに行う食堂や居間等の共用空間を併せ持った公営の集合住宅である。日常生活上のサービスは、入居者同士の相互扶助に加えて、公的な支援やボランティアグループ等の支援を受けながら行われる。	身体機能の低下等の理由から、独立して生活するのは不安である高齢者が、10人程度の小グループで調理や食事、清掃等の日常生活を共同で合理的に行いながら住まう居住形態である。専任の介護職員が同居しない場合もある。コレクティブハウジングが独立した住戸に共用空間を設けているのに対して、グループリビングは食事をともに行う等の「共同の場」をもつことを重視している。
対象者	・公営住宅に準ずる	・おおむね60歳以上 ・同一家屋内にて食事等の生活を共同で行える程度の比較的健康な者
これまでの経緯・最近の動向等	1995年の阪神淡路大震災後に復興公営住宅として、主にシルバーハウジングにその考え方と空間計画を採用したのが始まりである（ひょうご復興コレクティブハウジング）。 住民同士の支え合いが、被災高齢者にとって大きな力になることが認識され、その後は公営住宅建設の一部に「ふれあい住宅」と称して導入されており、2000年までに10団地が供給された。高齢者対応のモデルプロジェクトとして供給・計画されている自治体もある。	介護予防・生活支援事業*1の中の「高齢者共同生活（グループリビング）支援事業」として位置づけられている自治体もある。 2000年度に高齢者向け優良賃貸住宅制度の改正が行われ、グループリビング等の共同居住の形態の高齢者向け優良賃貸住宅も認められるようになったため、訪問介護事業所等を併設したグループリビングや、LSA*2を常駐させたグループリビングも提供可能である。
事業主体	地方自治体	制限なし
提供されるサービス	・LSAによる援助 ・入居者同士による援助 ・ボランティアグループによる援助	グループリビングにより異なる
利用料等	① 家賃＋②サービス費用	① 家賃＋②サービス費用
介護保険対象	—	—
定員	—	5人～9人
主な設置基準		
1居室の定員	専用住戸	個室
1人あたり居室面積	—	—
所要室	住戸 共用空間（居間、食堂、台所、便所、多目的なルーム、洗濯室、LSA室、倉庫等） ※明確な決まりはない	多様な形態あり ・下宿型 　個室（専用の台所や浴室なし） 　＋共用の台所、浴室 ・賃貸アパート型 　各個室に水回り設備を一通り備える
整備状況	10プロジェクト360戸（2000年）	—

*1：介護予防・生活支援事業の実施について（平成13年5月25日）（老発第213号 厚生労働省老健局長通知）
*2：ライフサポートアドバイザーのこと。生活援助員とも呼ばれる。

認知症高齢者グループホーム（認知症対応型共同生活介護）

施設の特徴		
	認知症高齢者グループホームとは	5～9人程度の認知症高齢者が、家庭的で落ち着いた雰囲気の中で、食事の準備や掃除、洗濯等の日常生活を介護職員や入居者等と共に行う施設である。認知症の進行を穏やかにし、家族の介護負担の軽減等の効果が期待できる。
	対象者	・要介護であって認知症であること ・少人数での共同生活を送ることに支障のない者
	これまでの経緯	厚生省（現・厚生労働省）のモデル事業から始まり、1997年に痴呆対応型老人共同生活援助事業として制度化された。当初の国庫補助は運営費のみであったが、1999年からは施設整備費への補助となった。2006年4月の介護保険制度改正で、地域密着型サービスの一つとして位置づけられている。わが国でグループホームが初めて登場した1990年代初め頃の建築形態は、既存の民家や宿舎等を利用した改築型や福祉施設への併設型が多かった。厚生労働省老健局の調査によると2005年10月現在、建築形態は単独型が8割、併設型が2割である。併設型では特別養護老人ホームへの併設が4割と最も多い。
	最近の動向等	小規模な居住形態であり密室性が高いことや、施設の急増による質の低下等が懸念される。また、介護職員の人材育成も課題の一つである。質の確保については2006年よりグループホームと小規模多機能型居宅介護を地域密着型サービスとして一体的にサービス評価に取り組んでいる。
事業主体		社会福祉法人、医療法人、NPO法人、民間企業等
提供されるサービス		・日常生活の世話　・金銭管理　・健康管理 ・緊急時の対応　・レクリエーション
利用料等		① 介護保険の1割自己負担＋②家賃＋③食材料費＋④光熱水費＋⑤雑費
介護保険対象		地域密着型サービス
定員		1ユニット5人以上9人以下で2ユニットまで
主な設置基準		
	1居室の定員	原則全室個室（各居室間に利用者の往来が可能な扉等が設置されていても良い）
	1人あたり居室面積	7.43 ㎡以上（4.5畳）
	所要室	居室、居間、食堂、台所、浴室、 消火設備その他非常災害に際して必要な設備、その他日常生活を営む上で必要な設備 （設備の基準） ・居室面積は7.43 ㎡以上であるが、収納設備は別途確保するなど利用者の私物等も置ける充分な広さを有すること ・居間と食堂は同一の場所でも良いが、それぞれの機能が独立していることが望ましい ・同一敷地内に設置できるユニット数は、2ユニットまでとする ・非常災害時の通報・連携体制を整備し、定期的な避難救出訓練を行う ・家族との連携や地域との交流の機会が確保される地域に立地する
	運営基準等	（運営の基準） ・介護職員の資質向上のために研修の機会を確保する ・ケアの質向上のため、家族や地域関係者を含めた運営推進会議を定期的に開催する ・サービス評価（自己・外部評価）、情報公開を義務づける ・地域住民やボランティアとの連携や協力を行い地域との交流に努める （その他） ・医療連携体制加算の創設（看護師の確保、看取りが必要な場合の対応指針を定める）
関連法規等		介護保険法
整備状況 〔整備目標〕		8,528か所（2006年10月）*1 〔ゴールドプラン21の整備目標：3,200か所〕

*1：厚生労働省老健局計画課認知症対策推進室調べ

第5章　高齢期に適した住宅の条件をめぐって

髙本明生

　筆者は、建築設計を本業とする建築の専門家である。しかし、地域でも、住宅・まちのバリアフリー化など、住居を巡る問題に参加する責任があると考え、地元の町田市で、分野の違う専門家や市民とともに、高齢者、障害者のための住居改善の取組みをしてきた。「町田すまいの会」で活動し、現在、運営委員のひとりである。この仲間と10年余り活動してきたが、町田すまいの会は、2002年にNPOとなって組織を整えた。また、1996年以降「町田市住宅改修アドバイザー」という役を引き受けている。そこでの経験を自分の仕事に活かしたり、外で話をする機会があり、これらを通じて、この分野で起こっていることや、活動についての経験を蓄積することができたと考えている。このような立場で主題を扱うこととする。

　本論に入る前に、町田市の「住宅改修アドバイザー」(当初は、「住宅改造アドバイザー」という名称)について、紹介しておきたい。有効な住宅改修を行うためには、この仕事は、極めて重要であり、どこの自治体でも必要であると考えている。住宅改修アドバイザーの役割は、高齢者の心身状況にあった、最適な方法で住宅改造ができるように支援することである。1989年から市の「住宅改造サービス」が始められたが、本人に適合した改造になっているか疑問がかなりあって、委員会で検討した結果、この制度が生まれた。市の住宅改造サービスを利用する際、アドバイザーが、利用者宅を訪問し、改造に関する助言をすることになった。まず、ソーシャルワーカーが訪問して、その派遣が必要と判断した場合に、派遣されてきた。住宅改修アドバイザーは、建築士、理学療法士、作業療法士が市から委任される。「町田すまいの会」という、これらの専門職等をメンバーとする団体が活動していた背景があり、町田市では、この制度が実現可能となったと言えよう。現在、一級建築士9名と理学療法士、作業療法士（4事業所から）がアドバイザーになっている。市のサービスの利

用者の6割程度に対し、助言している。介護保険制度開始以降は、その住宅改修についても活動している。

　アドバイザーは、具体的には、現在は、ケアマネジャー等から要請があると活動を始める。リハビリテーション系の専門職は、要介護者などの日常生活動作の評価や、将来予測を行い、その活動や介護に支障になるところを見出し、改修計画案を作ったり、機器用具の設置を考慮するなどにより、支援する。建築士は、身体の状況等を考慮のうえ、家屋の調査、住宅内のバリアのチェックを行い、改修内容の提案、現況図・提案図の作成、見積書のチェックなどを行う。場合により、施工中の指導もする。また、工事完了後の確認や検証評価を行う。

1　介護が必要な高齢者のための住宅改修についての問題点と課題

　他の地域でも同様と思われるが、地元では、住宅改修と介護保険の関係が具体的な問題となって、今日に及んでいる。介護保険のサービスに住宅改修があるが、介護保険の調整役というべきケアマネジャーは、建築とは別の専門分野を基礎とした人たちなので、この人びとに建築のプランニングについて理解してもらったり、建築の専門家の側から相談にのったり、情報を提供したりする必要がある。住宅改修について、ケアマネジャーは、関連したアセスメントの技術を、少なくとも必要とされる程度まで、身につけている必要がある。要支援・要介護高齢者の生活のなかで、住宅改修によって、自立度の維持・向上や家族などの介護負担の軽減が図れるか、可能性と必要性を検討すること、住宅改修の専門職に連絡し、適切なプランニングや施工について情報交換・連携すること、そして、改修後、現場で使いかたを確認し、必要な措置をとることが、住宅改修に関わるケアマネジャーの仕事となる。介護保険制度の導入の当時と比べると、ケアマネジャーのベテランのなかには、住宅改修に経験を積んできた人もあるが、新しくこの職につく人もあるために、基礎となる専門が違うためのギャップが依然として存在している。

　町田市では、筆者が町田市から住宅改修アドバイザーを依頼された1996年頃は、東京都と市、または市が独自に援助する高齢者関係の住宅改修の件数は、年間百数十件程度で、緊急避難的に、ともかく、要支援者、要介護者に役立ちそうな改善をやっていた状態であった。2002年頃になると、介護保険の受給者

も増え、そのうち要支援、要介護1，2の人が2分の1位となり、住宅改修を希望する人数も増加した。建築事業者は、介護サービス事業者と違い、介護保険の事業者としての指定制度がなく、誰でもやれるわけであるが、そのリフォームが実際に役立たない場合もあって、苦情が出ることも少なくなかった。

　当時の国民生活センターの報告（「介護が必要な高齢者のための住宅改修」2002年5月）によると、センターと全国の消費生活センターに寄せられた、介護保険に関わる住宅改修の相談（トラブル）は2000年度に62件、01年度は136件と増加していた。トラブルは、「販売方法」「解約」「取引条件」「工事内容」などに及んでいた。契約金額のトラブルでは、十分説明せず、保険適用外の工事を進めたりする事例があった。また、金額が200万円以上、500万円以上という過大である可能性の推測されるものもあった。報告には、介護が必要な高齢者のための住宅改修の相談・苦情事例として、以下のようなものがあげられていた。

　　契約後に介護保険が適用できないことが分った。（書類の不備。介護保険適用外の工事が主であった。）
　　介護支援専門員に勧められた事業者に不満。（支援事業所と改修事業の経営者が同じで、必要以上の工事をした。依頼に対し、希望を聞かず、工事内容も説明せず、見積りもださず、20万円の請求があった。支援事業所の関連事業者が、見積りも、契約もないまま工事したが、工事は雑であった。）
　　工事がずさんで役にたたない。（ケアマネジャーの勧めで改修したが、手すりは役にたたず、段差は解消せず、敷居取り外しのあとの仕上げが雑であった。業者は取り合ってくれない、市も指定制でないので、対応できないという。手すりの取りつけを依頼したが、見積り書もなく、位置の確認もせずに取りつけ、役にたたない。その他）

　以上のように、①居宅介護支援事業所が改修業者を兼ねている場合がある。②住宅改修のアセスメントも計画もない。③ずさんな工事、役にたたないという相談は、介護保険適用の工事に多い。こういった実情が、トラブルの背景にあった。トラブルが多かった背景としてはまた、制度上の問題などもあると思われる。

　第1に、介護に関わる改修経験や知識のない事業者でも参入できる仕組みに

なっていること。もちろん、指定業者制をとっても、トラブルは発生するおそれはあり、適切なシステムを構築する必要があると思われる。

　第2に、「償還払い制度」が基本となっているために、被害に気付くのは、被保険者が全額を支払ったあとである。申請が事後であったため、介護保険の対象とならない工事をしてしまわないとも限らなかった。事後9割を償還してもらうのでなく、「受領委任払い」とし、市町村が事業者に9割を支払うこととすることが、利用者の経済的な負担の点からも望ましい。なお、2006年度の制度改正後は、事前に申請書類を提出して、事前、事後に審査を受けることとなったので、計画通りの工事をしていれば、支払われないことはないはずである。ただ、事後領収証を提出することとなっており、償還払い制度は継続している。町田市の例では、介護保険の住宅改修は、償還払いまたは受領委任払い、市の助成制度では、受領委任払いとなっている。実際は受領委任払いが多くなっているということである。

　国民生活センターも指摘したような問題点は、上記のように改善された点もあるが、現在も介護保険開始当時と同じくなお続いていると思われる。被害を未然に防止するためには、次のような条件があることが必要であろう。

　①専門家（理学療法士、作業療法士、介護の知識をもつ設計専業の建築士など）の助言を住宅改修前に得られる仕組みをつくること。
　②その専門家が、住宅改修事業者と介護支援専門員との間に入り、介護支援専門員を支援すること。
　③住宅改修の情報提供、悪質な販売への注意喚起、専門家のネットワークづくり。

　町田市の住宅改修アドバイザーの制度と関係者のネットワークである「町田すまいの会」は、上記の条件を満たしており、先進的な事例であった。東京都住宅バリアフリー推進協議会によると、2006年度、住宅改修アドバイザーがおかれている区は、23中11、市町村は、37中12となっており、かなり普及してきたものの、2分の1ないし3分の1以下である。

　次に、ケアマネジャーは、高齢者の心身の活動能力等にに詳しいはずであり、住宅改修や福祉機器の利用により、在宅で、円滑に生活を継続できるよう計画する役割を果たすことが期待されるが、その活動状況を、「ケアマネジャーの住宅改修の取り組みに関する調査報告書」（2002年1月、東京いきいきらいふ推進センター）からみておく。介護保険制度発足の初期の段階でのケアマネ

ジャーの活動や当面していた問題などが分る。問題点は、その後多少の改善があろうが、持続していると考えられる。

　まず、調査に回答したケアマネジャーの80％が住宅改修の実施経験があるとしており、当時でもかなり経験している人がいたことが分る。

　住宅改修の必要性を感じた理由としては、当然ながら、利用者の自立、ADLの維持のため、をほとんどのケアマネジャーがあげている。「介護者の負担軽減のため」も4分の3程度に及んでいる。軽度の人については、本人の自立向上を目的とする傾向が強く、要介護3〜5となると介護する家族の負担軽減の目的も多くなっている。

　ケアマネジャーが連携した関係機関との状況の調査では、連携をとったが、95％となっている〔残りは、回答者が独自に検討、所属機関内で検討など〕が、連携先の関係機関、専門職としては、工務店・施工業者（77％）、理学療法士、作業療法士などリハビリ職（50％）、建築士等建築関係者（36％）、医師、看護師など医療関係職（16％）などとなっている。施工業者と連絡することは当然であるが、建築士などの専門職との連携が必ずしもしばしばとられていないことが注目される。

　また、住宅改修にあたり、どのような施工業者を選定したかであるが、利用者からの紹介、検討段階から関わった施工業者、所属機関と連携ある施工者、従来から関わりある施工者、ケアマネジャーが調べた施工者の順で、50％から30％程度になっている。

　この住宅改修が効果があったか、をみると、「動作能力が生かせるようになったか」について、全てのケースでよくなったとする者32％、全てではないが生かせるようになったとするもの65％で、一応は役立っている結果である。

　住宅改修にあたっての課題としては、業務の困難度に比べて、理由書作成の単価が安い（46％）、「ケアマネジャー自身が知識を身につける場が少ない」（44％）、「専門職とのカンファレンスが少ない」（39％）などの順となっている。

　困難事項として、かなりの頻度のあったものは、施工前には、「利用者や家族の協力が得られない」「施工業者との関係に困難があった」、施工中では、「利用者や家族との関係で困難があった」（「施工中の工事内容の勝手な変更」等）、施工後では、「施工業者との関係に困難があった」、「書類の不備」（「施工前の写真撮り忘れが多い」「改修工事の内容が悪い」「アセスメントの時点で関りがなく、施工後書類提出の相談を受けた」など）があげられた。

住宅改修に取り組み易くする要件についても聞いているが、「ケアマネジャー自身が知識を身につけること」、「リハビリ専門職との連携がとれること」をあげる者が、6割程度以上に達した。また、類似の質問では、このほか、「利用者自身が改修の必要を理解すること」、「建築士等の関係者との連携がとれること」にもかなり多くの指摘があった。

以上をまとめれば、次のようになろう。
○ケアマネジャー自身は、住宅改修の必要性について十分承知しており、実際に利用者にも住宅改修を勧めている。また、その効果についても、効果があるとの認識が高い。
○ケアマネジャーが、住宅改修の必要性を認識しているにもかかわらず、住宅改修について相談できる機関や専門職との関係が希薄である。特にアセスメントを行う場合、中立的な相談機関が少ない。
○ケアマネジャー自身が、住宅改修の知識を身につける場が少ない。
○連携先、特に施工業者が介護保険制度を理解していない場合は、制度の説明に困難をきたす場合が多い。
○住宅改修は業務としては、非常に煩雑であるが、理由書作成の単価が極めて低い。

なお、介護保険制度の住宅改修に関して、ケアマネジャーが行うことになっている主要な業務は、全体の過程の調整と言えようが、最近時点では具体的に以下のようになる。
○利用者の心身の状況、介護の状況、他のサービスとの関係などから、住宅改修の必要性とおよその内容を想定し、利用者、家族と協議し、了解を得る。
○事前申請に必要な書類の作成と支援申請書本体のほか、住宅改修の理由書、工事費の見積書、予定の状況が確認できる資料が必要であり、このうち理由書は、必ずケアマネジャーが書くわけではないが、書く場合が多いと思われる。その標準書式が定められている。その主要部分は、改善しようとする生活動作の詳細、これについて当面している困難、改修により期待される効果、改修項目・改修箇所、福祉用具利用（改修前後について）などである。〔筆者は、この書式は、ほぼ日常生動作の視点に限られているが、住宅の状況の把握、住宅の構造と生活との関係から、住宅改修について考える視点が必要と考えている〕

○改修後の訪問・聞き取り、効果の評価など

2　これからの住まいづくりにあたって考慮したい事柄

　住宅改修は、そこに住む家族に要介護状況の人がでたとか、そう予想される場合、既存の住宅を在宅で生活できるように、部分的改善を図るために行われると言えようが、より根本的には、住宅を新築する際に、バリアフリー化し、あるいは、ユニバーサルデザインの考え方で臨むことが望ましい。建物の構造により、後にバリアフリー化しようとしても制限が生じることがあると思われる。これと関連して、より基本的なこととして、日本における、住宅建築一般について、考察しておくことが必要である。

　まず、21世紀は、長寿社会（超高齢社会）であるとともに、高度情報化社会であり、非常に大きい変化があると想定されるのであるが、住まいづくりの本質、目的（家族を守り育む）は変わらないと考えられる。変わるのは、材料などや、手段、技術的方法の領域である。

　超高齢社会における、「安心して老いるための住まい」について考えてみよう。

　住む人の年齢に関わらないが、よい住まいとはどういうものであろうか。

（1）良い住まいとは、丈夫で——構造の安全性、耐震性、耐久性
　　　　　　　　　　健康で——自然な建材、日照、採光、通風
　　　　　　　　　　安全で——転倒、転落の恐れがなく
　　　　　　　　　　快適に——四季を感じながら暮せる住まい
　　と規定できると私は考えている。

（2）現在の社会での住まいを取り巻く状況と、これと関わる公的政策などを年表的に要約してみると以下のようになろう。

　社会的な事件や問題としては、1995年の阪神大震災、そのひとつの反省として、耐震性強化が課題となってきた。続いて、住まいの複合汚染として、シックハウスの対策が社会的課題となった。2000年には、介護保険法の施行と建築関係の法整備などがあった。介護保険では、高齢社会に対応する住宅を目指し、バリアフリー改修が実施されるようになった。また、住宅の品質確保の促進等

に関する法律が施行された（性能評価〔9項目〕、地盤調査と基礎設計、10年瑕疵担保義務化）。この法律にもとづく住宅性能表示制度では、構造の安全、火災時の安全など項目が掲げられ、そのなかに、高齢者等への配慮〔バリアフリーの具体化〕がある。また、2000年には、省エネルギー基準の改正が行われた。2003年には、シックハウス対策として、建材、換気について、建築基準法の改正が行われた。

2004年消防法の改正があり、新築住宅は、2006年6月から（既存住宅は市町村の条例による）火災報知器の設置が義務化された。木造住宅の耐震基準は2000年の建築基準法改正で基本的な規定が設けられた。2006年には、改正耐震改修促進法が施行され、学校、病院などの建築物や一部の住宅の耐震診断・改修を進める計画の策定が都道府県に義務づけられた。

これらは、震災、社会的事件や問題に対応して、よい住まいの条件を確保するために、社会的関心が強まり、法制度などとして結実したと解釈できよう。

もう少し一般的に言って、現代日本の社会環境のなかでの、住まいづくりの本質を私の経験と、専門家仲間の論議を踏まえて整理してみたい。

以下の7項目に要約できるであろうと考えている。

1　耐震、耐久性のある長寿命の住まいづくり
    ○新しい耐震技術や性能基準と伝統的な木構造の木組み架構との融合による良質な住まいを
2　自然素材や建材に配慮して、住む人の健康、家の健康を守る住まいづくり
    ○ムクの木や漆喰、和紙、自然系塗料、使える材料がたくさん出てきている。（コストが高くて使えないというのであれば、住まい手自ら壁塗りなどに参加してもらう方法もありうるのではないか。）
3　不要な段差をなくし、高齢になっても、障害を得ても、安心して暮らし続けられる住まいづくり
    ○バリアフリー（障碍を取り除く）→誰にでも使いよい（ユニバーサル）へ
4　環境に配慮し、山を生かし、気候風土を活かした国産材料の、木を生かす住まいづくり
    ○地元の山の木を使った住まいづくり

○木は持続可能な建築材料、生物としての親しみ
　　　○雨の多い日本ではの建て方の工夫（骨組みが立ったら屋根から仕上げる）
　5　出来るだけエネルギー消費を押さえた住まいづくり
　　　○快適と節約のバランス（「健康に必要」ということと「快適性重視」との間の微妙な差）
　　　○【夏】太陽の熱を逃す工夫、【冬】太陽の熱を逃さず保つ工夫
　　　　四季のある日本での工夫と北欧や他の国での工夫との違い
　6　それぞれの家族の個性を生かし、その生活に合った住まいづくり
　　　○誰が住むのか分からない住宅→住む人の顔が見える住まいづくりへ（自分の仕事への評価、誇り）
　　　○作り手が主役の住まいづくりから→住み手が主体の住まいづくりへ
　7　設計者、施工者が自立してそれぞれの職能を生かし、技術を発展させながら、住まい手の家族のために連携する住まいづくり
　　　○それぞれを自分のための道具のようにするのではなく、住まい手のために必要な設計技術、施工技術を磨きながら協力し合う関係をつくっていくことが望ましいのではないか。
　　　○地域の住環境の向上に責任を持つのが建築に携わる専門家市民としての役割

(3) 以上でふれているが、「安心して老いるための住まい」を日本で考える場合、欧米との住宅の違いを考えておく必要がある。

　欧米から輸入された、有用な技術、機器などもあるが、他方では、日本の風土・文化に根ざす日本の住宅があり、安心して老いるためには、これらの基本条件の違いを考慮しなければならない（表5-1）。

　家屋の欧米との大きな差異は、欧米では靴を履いて室内に入る（段差が基本的にない）、その他表にある通りである。欧米では、その人に合わせて福祉機器を利用すれば、それでよいが、日本では、住環境自体のバリアをなくす工夫がまず必要で、その次に、個人の身体状況に合わせた支援を行うといった2段階の考え方が必要になると考えている。

表5-1 安心して老いるための住まい 欧米と日本の住宅の違い

	欧 米	日 本
風土	乾燥	湿潤
生活習慣	土足、椅坐	素足、床坐
床の高さ	地面と段差なし	地面から45センチ以上上がる
トイレ・浴室の位置	寝室に付属	排水の都合で位置が決まる
トイレ	腰掛式	しゃがみ式→腰掛式
バリアの解消	その人に合わせた福祉用具・機器の使用	①第1段階の改修（住環境整備）誰にとっても危ない既存のバリアをなくす作業 ②第2段階の改修（身体動作支援）福祉用具・機器使用、増改築

(4) 日本の住宅と高齢者の安全

　良い住宅の重要なひとつの条件は安全であるが、日本では、高齢者で住宅内での事故で亡くなる人が、相当な数に上る。2005年の人口動態統計で、家庭内の不慮の事故による死亡数は、全年齢で約12,800名、そのうち65歳以上は約9,700名であった。およそ4分の3が高齢者である。高齢者で交通事故で亡くなった人は約4,400名であり、住宅内の死亡が2倍以上となる。高齢者の家庭内の不慮の事故を種類別にみると、窒息（嚥下障害が多い）と溺死（浴槽内が多い）が多く、転倒・転落（約1,800名で、うち同一平面上が約半数）がこれについでおり、この3つで大部分を占めた。火災による死亡は、約800で多くはない。これらの人数はここ10年以上近似している。

　高齢者の住宅内の事故死が多い理由であるが、東京都で調査した報告書（「高齢者の危害の実態、事故防止の課題」2000年6月公表、住宅のほか、道路、公衆施設等、商品・サービスを含む調査。これを用いて、「高齢者の事故防止マニュアル」が作成された）によると、ひとつには、「安全能力の低下」があげられている。ここで、安全能力というのは、日常生活のなかで生じる危険を予知し、それに主体的に対処できる能力のことである。常識的に予想されるところであるが、加齢により心身能力が低下する傾向、病気や障害でそれがさらに顕著化することは避けられず、高齢者の安全能力が低下する。調査によると、住宅のなかに危険な場所があることを高齢者は大体知っている。階段、風呂場は危険な場所と自覚されている。しかし、どこでもバリアがあれば、危険が現

実化する。また、危険と思っていない場所も実は危険があることが少なくない。
　東京消防庁によると、2004年中に救急車で運ばれた人約626,200名〔以下100人単位で表示〕のうち47,400名が、家庭内の不慮の事故によるものであった（交通事故は92,400名。これは東京の交通事情を反映してかなり多い）。このうち、65歳以上の高齢者は、22,600名で、半数に近い。うち転倒によるもの15,800名、転落によるもの1,800名となって、分類されているものの内もっとも多い。日本家屋では、屋内、居室にも小さな段差があることが多く、若い人は、問題がないが、高齢者は、少しの段差でも躓き、バランス感覚が低下していることもあって転倒、骨折に連なる場合が少なくない。異物・誤嚥が800名でこれについでいる。発生場所では、居室16,800名、階段1,400名、廊下1,300名、庭1,100名、浴室500名、台所400名、トイレ300名などとなっている。居室における原因では、転倒が12,100名と大部分を占めている。廊下でも転倒が多いが、階段では、転落800名、転倒500名となっていた。浴室でもやはり転倒が多いが、溺水もこれについでいる。
　高齢者の住宅の安全で、バリアフリーが重視されるのは、このように、高齢者の転倒や転落が屋内でも多いことなどによるものある。もちろん屋外から室内に入るまでには、普通45センチ程度の段差があり、バリアフリー化が求められる。

3　高齢になっても障害を得ても安心して暮しつづけられる住まいづくり
　　　──バリアフリーから誰でも使いよいユニバーサルデザインへ──

　高齢になっても障害を得ても暮しやすい住まいづくりの基本は、次のようなことに要約できよう。
　①不要な段差をなくす。（段差をつくるときは、意識して。「なっちゃった」段差は最悪）
　②トイレ、浴室、玄関に特に気を配る。
　③温度のバリアフリーも忘れずに。
　④障害がある場合は個別に処理する。（本人だけでなく、他の家族にも使いやすいか注意）
　この項の表題に掲げたことは、住宅改修の基盤、もっとも基礎的な注意点と言うべきものである。これらに通ずる理念は、「高齢、障害になっても、自宅

でできるだけ長く自立して暮らすための生活基盤を整備すること」である。この理念を実現するためには、住宅改修とともに、ホームヘルプ、配食、デイサービス、訪問入浴、ショートステイ、福祉用具の貸与・購入なども、この基盤に加えて、生活維持のために必要となることも明らかである。

　住宅改修に関して、次のような点にも注意を要する。重要なことは、まず、心身の状況が悪くなってから着手するのでは遅く、それに先行することが望ましいことである（対症療法的改修より予防的改修）。先手をうつことで、自立度をより長く高く維持できると期待できる。

　また、これまでの経験によれば、本人・家族から出される住宅改修の案、要望は必要な基盤改修の一部であることが少なくない。他方、暮し方の工夫や、家具の配置だけで済むような場合もある。

　住宅改修の計画にあたっては、要望のあった場所をみるだけでなく、本人の心身の状況、家族状況、住まい全体の状況をみる必要がある。心身の状況については、作業療法士、理学療法士に専門的視点からみてもらい、機器の配置、手すりの位置なども指示してもらうことが望まれる。この際、現在、どのような動作が、どのように不自由か、将来どうなってゆくのかの予測ももてることが望ましい。

　住まいの安全性を維持するため、耐震・耐久性の確認、健康建材への配慮も必要である。

　そして、家族の負担軽減のためか、本人の生活行動範囲をひろげるためか、改修の目的を明確に意識して取り組むことが必要である。

　改修計画にあたり、考慮すべきことは、およそ次のようなことになる。
①ワンフロアで生活が完結すること
②短い動線、少ないドア、少ない温度差
③プライバシーの確保（視線、匂い、音、光）
④維持管理が容易であること
⑤家族関係の重視（2世帯の場合、共用と専用の区分をどうするか）
⑥福祉用具の活用（福祉用具だけで済むこともある）
⑦費用に関する支援体制（介護保険、自治体の助成）
⑧機能的であること（手の届く範囲に、器具、設備、収納がある、操作しやすい）
⑨安全性（非常災害〔地震、火災〕、日常災害〔家庭内事故→転倒、転落、

ぶつかる挟まれる、おぼれる]について)
⑩清潔(日照、採光、通風、換気、空気質、温湿度)

この考え方に沿った、改修計画の基本的配慮事項は次のようになる。
①不要な床段差の除去(できるだけ、床そのものを平らにする)
②手すりをつける(付けられるよう下地をつくる)
③スペースの確保(車椅子移動、回転スペース、介助者のスペース)
④照明(明るく、まぶしくなく)
⑤色彩(見分けやすい配色、はっきりした対比)
⑥冷暖房(温度の急激な変化をさける。部屋と廊下、廊下と脱衣室、トイレ、浴室)

　なお、借家の場合や、民間共同住宅の場合、当然家主などの了解が必要となり、後に、原状復帰する義務も伴うことが普通である。もっとも、公的な賃貸住宅の場合は、ユニバーサルデザインと認められる場合は、誰にとっても望ましい訳であり、原状回復を要しない考え方になりつつある。賃貸住宅では、住宅改修は賃貸に伴う困難があり、バリアに福祉機器で対応できるとは限らないので、社会的な理解が進まないと実現が難しい。

　参考として、高齢者向けの住宅改修の図、イラストを付ける。読者に、バリアフリー、ユニバーサルデザインの実際について、感じ取っていただくためである。そのようなことで少数の例だけである。
　最初の2つの図は、町田すまいの会監修による、市が作成した、市民向けパンフレットからとられている。2階建ての2階に住んでいたおじいちゃんが、脳梗塞で入院中であるという設定で、退院前に、おじいちゃんが一時帰宅し、その際、アドバイザーチームが訪れ、おじいちゃんに実際に行動してもらって、問題箇所を見出し(バリアチェックの図―最初のもの)、手摺の高さその他の寸法をきめる。これによる改造案ができている。寝室は1階に移すことになる。注記を読むと問題と解決のしかたが分る(2つめの図)。
　つぎに、①玄関と②浴室のイラストを、丁寧にみれば、指摘していることを理解していただけよう。これらは、日本の住宅では必ず問題となる箇所でもある。浴室についてだけ、少しコメントしておきたい。浴室では、転倒とか、溺れるといった事故がよく起こる。浴槽の位置、構造で、不安定な姿勢でまたい

で浴槽に入るといったことがあるが、これは、いくつか改造や対応の方法がある。床が滑りやすいので対策が必要である。また、更衣室、浴室等の温度差が大きい場合が多く、高齢者は、血管障害を起こしやすいので温度の面でも配慮が必要となる。なお、費用についてであるが、介護保険では、住宅改修は総額で20万円までに限られていて、浴槽、給湯設備などの工事は、対象外であるが、都では、これらについて2006年度の場合379,000円まで、都が2分の1区市町村で2分の1負担する制度を設け、区市町村も、差異があるが、ほぼこれに見合う負担を行うことになる。都の制度とこれを受けた区市町村の制度により1割負担で費用をまかなうことが概ね可能である。以上のように、身体や介護の状況、浴室や浴槽などの構造、採用可能なハード面の方法、福祉器具の利用、温度差の解消方法、快適さを保つ配慮、費用負担などを総合して、改善計画ができることとなる。この間、本人・家族とケアマネジャー、専門職・専門家との協議、協力も必要となる。

　包括的にバリアフリー化について、ポイントとなることの概要を知るには、以下のようなものがある。

　町田すまいの会では、『高齢者向け住宅改修の実務（ハンドブック編）』2004年2月という冊子を、町田市の委託で作成した。これは、ケアマネジャー等が、手許において参照してもらうことを目指したもので以上述べてきたことと見合う内容も多い。この冊子のなかに、改修事例も掲載してある。事例は、ケース別（脳血管障害後遺症による片麻痺、パーキンソン症候群等による全身性バランス障害、高齢によるADLの低下）の住宅そのものの改修と、箇所別（共通事項〔換気、建材、照明、機器、コンセントの高さ、スイッチなど〕、トイレ、浴室、玄関、アプローチ、廊下・階段、洗面所、食堂、寝室）改修についてポイントを示した。

　国土交通省委託による（財）住宅リフォーム・紛争処理支援センターの「住宅バリアフリー化情報提供システム」や、東京都バリアフリー推進協議会のホームページなどで、一般的な箇所別の改修のポイントや改修事例などをインターネットによりみることができる。ただ、前者がシステム紹介で述べているように、これらは、状況に応じた普通のバリアフリー化のイメージを得るには、適しているが、具体化にあたっては、リハビリテーション専門職と建築の専門家の助言を受けることが必要であると言えよう。町田すまいの会のハンドブックのものも同様である。

第5章 高齢期に適した住宅の条件をめぐって

高齢者にやさしい住まいづくり

おじいちゃんに動いてもらってバリアチェックした結果。
「バリアチェック」＝動くとき、どこが障害になるかをチェックすること。

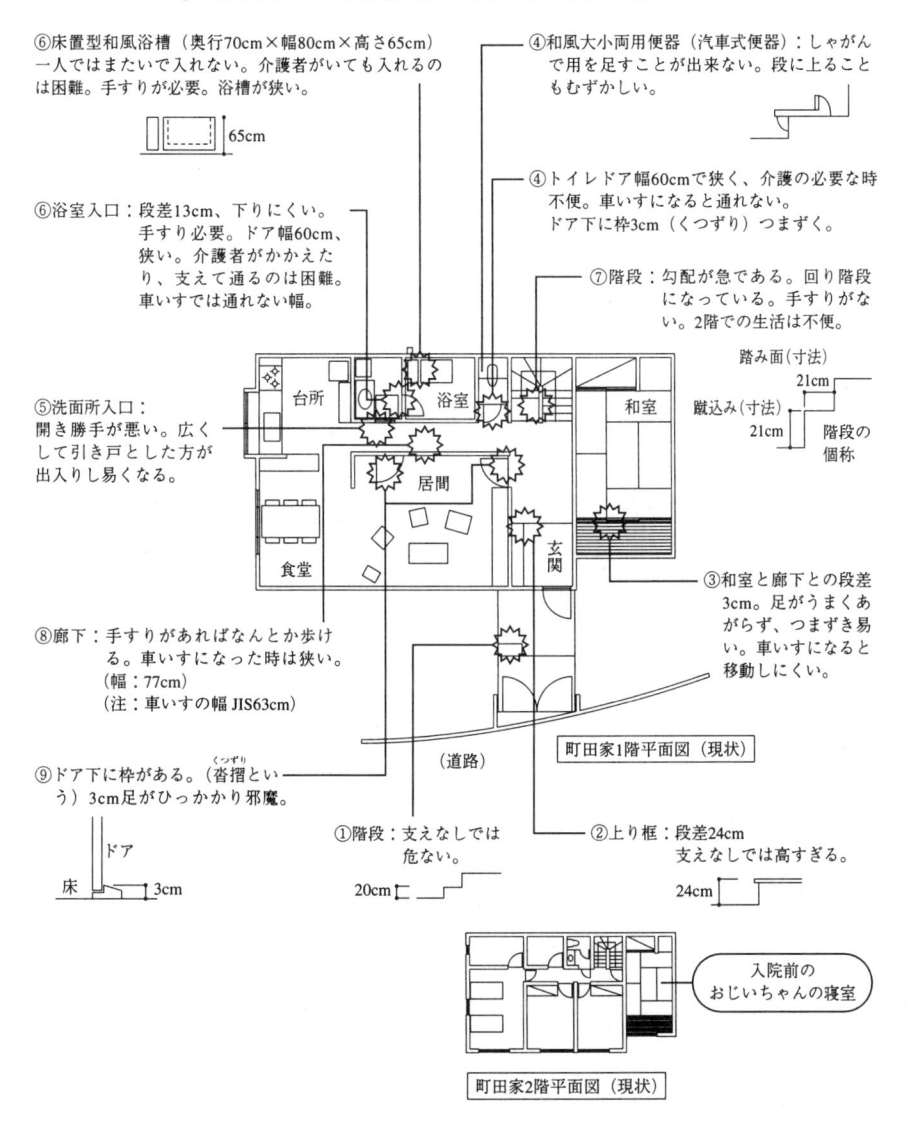

⑥床置型和風浴槽（奥行70cm×幅80cm×高さ65cm）
一人ではまたいで入れない。介護者がいても入れるのは困難。手すりが必要。浴槽が狭い。

④和風大小両用便器（汽車式便器）：しゃがんで用を足すことが出来ない。段に上ることもむずかしい。

④トイレドア幅60cmで狭く、介護の必要な時不便。車いすになると通れない。ドア下に枠3cm（くつずり）つまずく。

⑥浴室入口：段差13cm、下りにくい。手すり必要。ドア幅60cm、狭い。介護者がかかえたり、支えて通るのは困難。車いすでは通れない幅。

⑦階段：勾配が急である。回り階段になっている。手すりがない。2階での生活は不便。

踏み面（寸法）21cm
蹴込み（寸法）21cm
階段の個称

⑤洗面所入口：開き勝手が悪い。広くして引き戸とした方が出入りし易くなる。

③和室と廊下との段差3cm。足がうまくあがらず、つまずき易い。車いすになると移動しにくい。

⑧廊下：手すりがあればなんとか歩ける。車いすになった時は狭い。
（幅：77cm）
（注：車いすの幅 JIS63cm）

町田家1階平面図（現状）

（道路）

⑨ドア下に枠がある。（沓摺（くつずり）という）3cm足がひっかかり邪魔。

①階段：支えなしでは危ない。20cm

②上り框：段差24cm支えなしでは高すぎる。24cm

町田家2階平面図（現状）

入院前のおじいちゃんの寝室

179

町田家住宅改造案

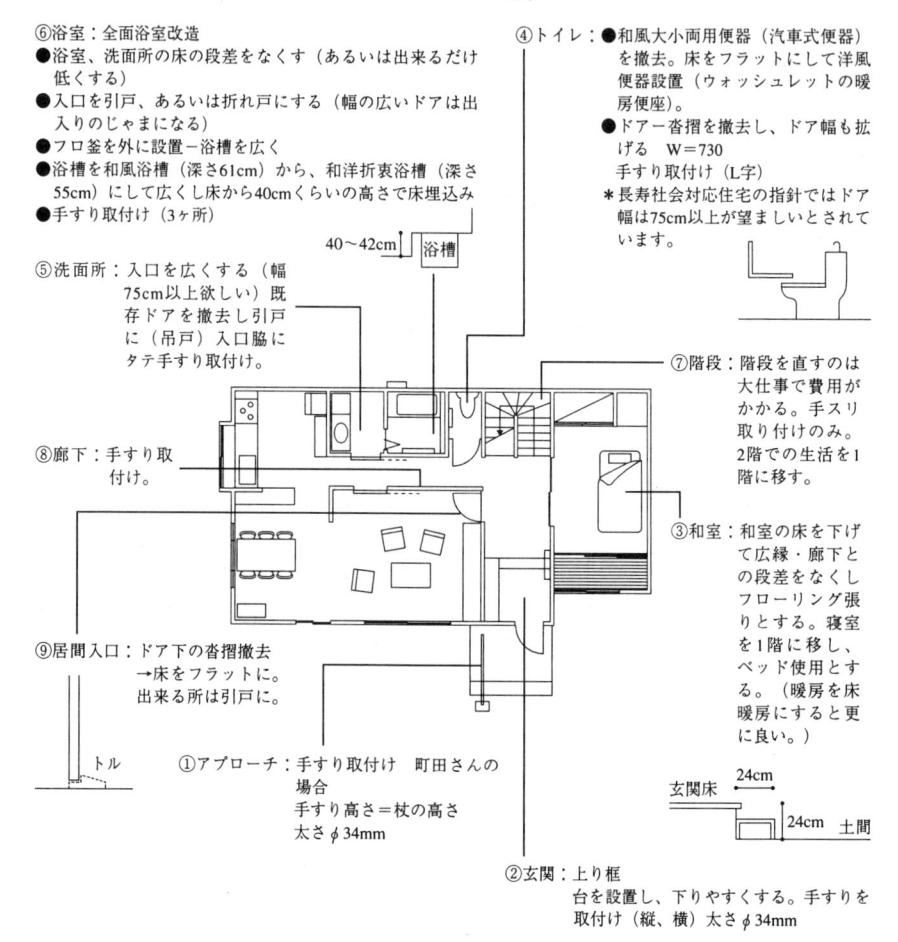

⑥浴室：全面浴室改造
- 浴室、洗面所の床の段差をなくす（あるいは出来るだけ低くする）
- 入口を引戸、あるいは折れ戸にする（幅の広いドアは出入りのじゃまになる）
- フロ釜を外に設置－浴槽を広く
- 浴槽を和風浴槽（深さ61cm）から、和洋折衷浴槽（深さ55cm）にして広くし床から40cmくらいの高さで床埋込み
- 手すり取付け（3ヶ所）

40～42cm　浴槽

⑤洗面所：入口を広くする（幅75cm以上欲しい）既存ドアを撤去し引戸に（吊戸）入口脇にタテ手すり取付け。

⑧廊下：手すり取付け。

⑨居間入口：ドア下の沓摺撤去 → 床をフラットに。出来る所は引戸に。

トル

①アプローチ：手すり取付け　町田さんの場合
手すり高さ＝杖の高さ
太さ φ34mm

②玄関：上り框
台を設置し、下りやすくする。手すりを取付け（縦、横）太さ φ34mm

④トイレ：
- 和風大小両用便器（汽車式便器）を撤去。床をフラットにして洋風便器設置（ウォッシュレットの暖房便座）。
- ドアー沓摺を撤去し、ドア幅も拡げる　W＝730
手すり取付け（L字）
* 長寿社会対応住宅の指針ではドア幅は75cm以上が望ましいとされています。

⑦階段：階段を直すのは大仕事で費用がかかる。手スリ取り付けのみ。2階での生活を1階に移す。

③和室：和室の床を下げて広縁・廊下との段差をなくしフローリング張りとする。寝室を1階に移し、ベッド使用とする。（暖房を床暖房にすると更に良い。）

玄関床　24cm
　　　　24cm　土間

出所：町田市『まちだスムース在宅物語～おじいちゃんの自立（高齢者にやさしい住まいづくりの本）』（監修　町田すまいの会）1996年

第5章 高齢期に適した住宅の条件をめぐって

住宅改修例示イラスト

①玄関

● アプローチに飛び石を使っているところが多く見られます。つまずいて転倒する原因になりますから、スロープにして段差をなくすと安心して外出できます。

● 緩やかなスロープでも、雪が降ったりすると危険です。手すりを設置し、滑りにくい床材を選ぶ必要があります。
ドアや引戸の開閉のとき、ちょっと掴まれる手すりがあると安心です。

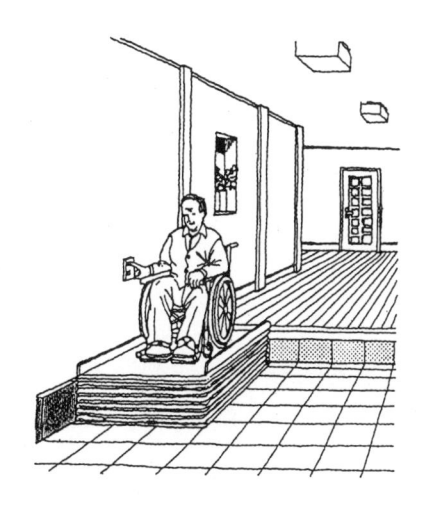

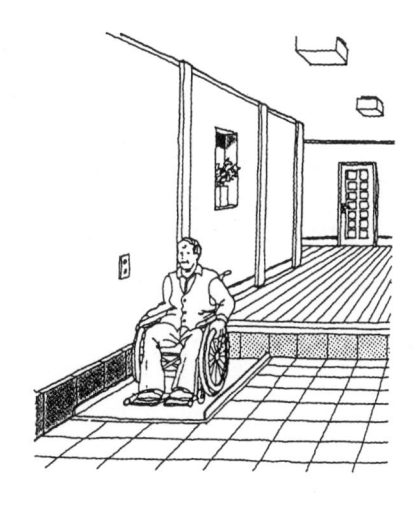

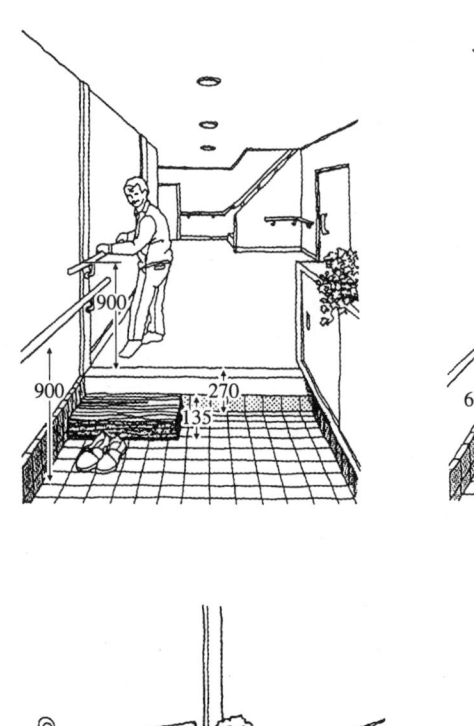

900
900
270
135

680

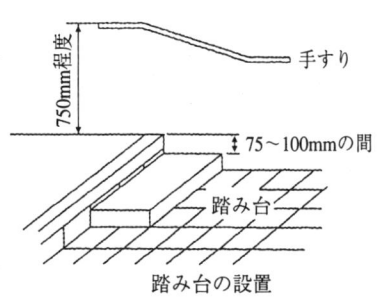

750mm程度 ─ 手すり
75〜100mmの間
踏み台

踏み台の設置

②浴室

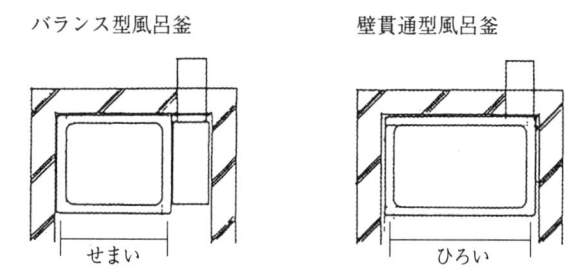

バランス型風呂釜　　　　壁貫通型風呂釜

せまい　　　　　　　　ひろい

●都営住宅ではバランス釜と浴槽の組合せが多いため、浴槽が小さく深いものになります。Hさんのお宅ではバランス釜を撤去して壁貫通型の風呂釜（ホールインワン）に取り替えることで、その分浴槽は大きく（W＝1,100mm）、高さの低い（H＝550mm）ものに入れ替えることができました。洗い場側はすのこを置いてまたぎ高さを480mmにし、浴槽への出入りが楽にできるようにしました。

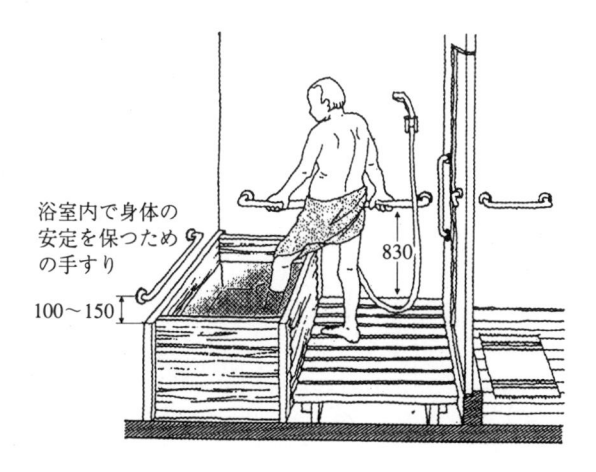

浴室内で身体の安定を保つための手すり

100〜150

830

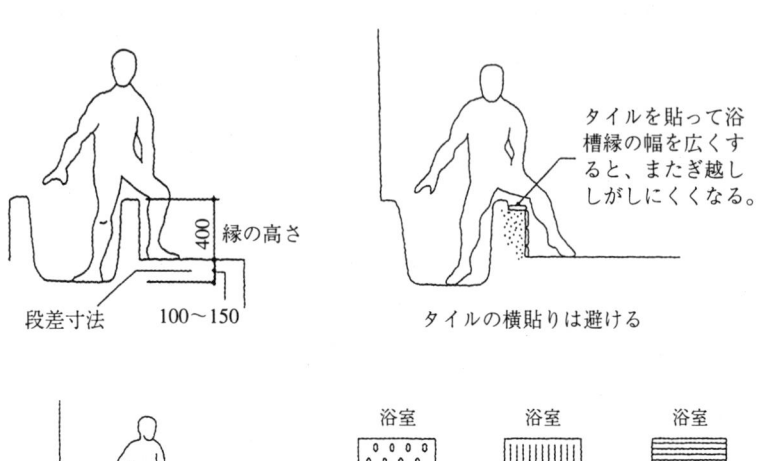

段差寸法 100〜150 / 縁の高さ 400

タイルを貼って浴槽縁の幅を広くすると、またぎ越ししがしにくくなる。

タイルの横貼りは避ける

座位の出入り動作に適した浴槽埋込み高さ

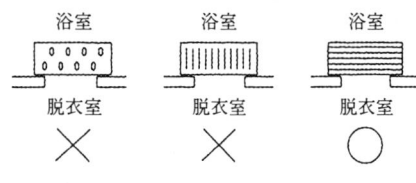

浴室／脱衣室 ×　浴室／脱衣室 ×　浴室／脱衣室 ○

グレーチングの形状

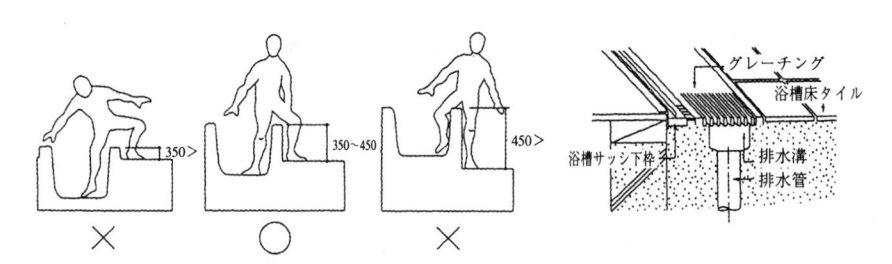

350＞　350〜450　450＞

またぎごしに適した浴槽埋込み高さ

グレーチング／浴槽床タイル／浴槽サッシ下枠／排水溝／排水管

新装する場合の段差解消例

第 5 章　高齢期に適した住宅の条件をめぐって

入浴時、体を安定させる背もたれ　　　　十分な腰掛けスペース

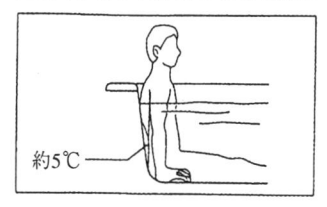

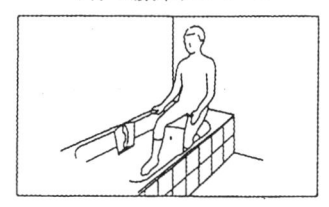

約5℃

1,100〜1,200　　　　　　　　　1,300〜1,700

500〜550　　　　　　　　　　　430

（和洋折衷浴槽）
● 浴槽内で足を伸して爪先がつく広さが目安です。
高齢者にとっては体の安定を保ちやすい浴槽です。

（洋式浴槽）
● 背もたれの角度が大きな浴槽は身体の小さい人や、高齢者にとっては浴槽内の溺水につながる危険な浴槽です。

腰掛台を使用して浴槽に入る場合

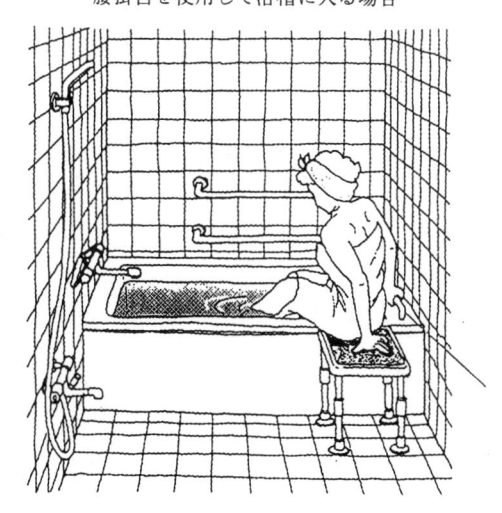

出所：高本明生編『高齢者向け住宅改修の実務』

185

第6章　ケアハウスの現状と課題

池田敏史子

1　単身高齢者等の増加と自立期・介護期の住まい

　今日はケアハウスの現状と課題ということですが、本題に入る前に社会的な背景にふれておきます。国立社会保障・人口問題研究所で行っている「日本の世帯数の将来推計」(2003年) によると、2005年の予測推計では、世帯主が65歳以上の世帯のうち夫婦のみ世帯が35％、単独世帯が29％となっており、高齢者世帯の64％が単身・夫婦世帯です。この傾向は今後も続き、2015年には67％、2025年に70％になると予測されており、高齢者だけで生活する世帯が著しく増えると見込まれます。

　また、現在65歳の女性の平均余命が23年、男性18年と長生きできるようになりました。それだけに元気な間はよいとしても、高齢期の定めで、体力低下に伴うケアが大きな心配事になりました。超高齢化時代では、誰もが気になっている課題です。

　一方で少子高齢化の時代は、子供が4人の親の心配をしなくてはならないと言われています。夫婦共働きが一般化し、親の世話をしたいと思ってもできない現状があります。親のほうも、老後はできるだけ子供の世話にならないでなんとかしようとする人たちが増えてきています。これは高齢者の貯蓄高とも無縁ではありません。今日の高齢者の預金高は平均約2千万円弱、それに加えて年金収入と、特に都市部の高齢者は比較的ゆとりのある老後資金の持ち合わせがあります。それをベースにどのように生活を組み立てるべきか、私たちが考えていかなくてはなりません。それを考える上で、大きく3つに分けて考えることが必要かと思います。

　まず、元気でサポートも要らない第一自立期。このステージは主に自宅での暮らしとなります。しかし、早晩、元気だけれども家の管理ができなくなる、

掃除も十分できなくなる、食事作りがめんどうといった時期が訪れます。これが第二自立期、そして、やがて、人の手を借りなくてはいけなくなる介護期に移っていく。住替えのテーマはこの第二自立期から本格的に始まってきますが、自宅で住み続ける選択について考えてみましょう。第二自立期と介護期を自宅で住み続ける選択があります。今日では、介護保険が利用できるようになり、国は自宅介護を奨める政策を取っています。しかし、現実問題として軽度の段階はよいとしても中・重度になると介護保険では必要な量の半分しか使えません。家族の援助があれば別ですが1人になって24時間介護を受けるようになった場合については、今の介護保険の報酬額ではとても足りないのです。

例えば、要介護度5で寝たきりの単身者と設定しましょう。毎日訪問介護を利用して午前、午後2時間ぐらいずつ来てもらう（身体介護も含む）、それから週1回ぐらい訪問入浴サービスを使い、月に2回ぐらい訪問看護を利用すると、大体それぐらいで介護費用の限度額に達してしまいます。そうすると夜間のサービス費用が不足します。夜間1回訪問介護を利用すると約3,000円程度が自己負担になるので、月額10万円は自己負担になります。私の知人は夜間をヘルパーにはいってもらい、何とか自宅での介護を行っています。

介護保険以外のサービスですから、半日契約すれば、約1万5,000円ぐらいかかります。それだけで月45万円かかってしまう。要介護度5で、介護保険の1割負担が3万6,000円ぐらいですけれども、それに生活費がかかる。おむつ代がかかる。大体月70万円ぐらいはかかっています（2005年の介護保険の見直しでは、地域密着型サービスとして小規模多機能型居宅介護が介護保険の制度として導入され、訪問介護、デイサービス、ショートステイを兼ね備えた複合サービスによって在宅での暮らしを可能にしようとしている）。

2　住替えは第二自立期のテーマ

以上の点から、条件が整わない限り、自宅での重度介護は非常に難しいことが分かっていただけたと思います。それにしても私たちが心掛けなくてはならないのが、介護期をできるだけ短くする努力です。裏返せば元気でいる時間を長くする努力です。介護保険や医療保険の負担が社会的にも大きな問題になっています。そのカギの一つに第二自立期の住まいが大きく影響しているようなのです。前項でも述べましたように、第二自立期は自立をしていても、様々な

第6章　ケアハウスの現状と課題

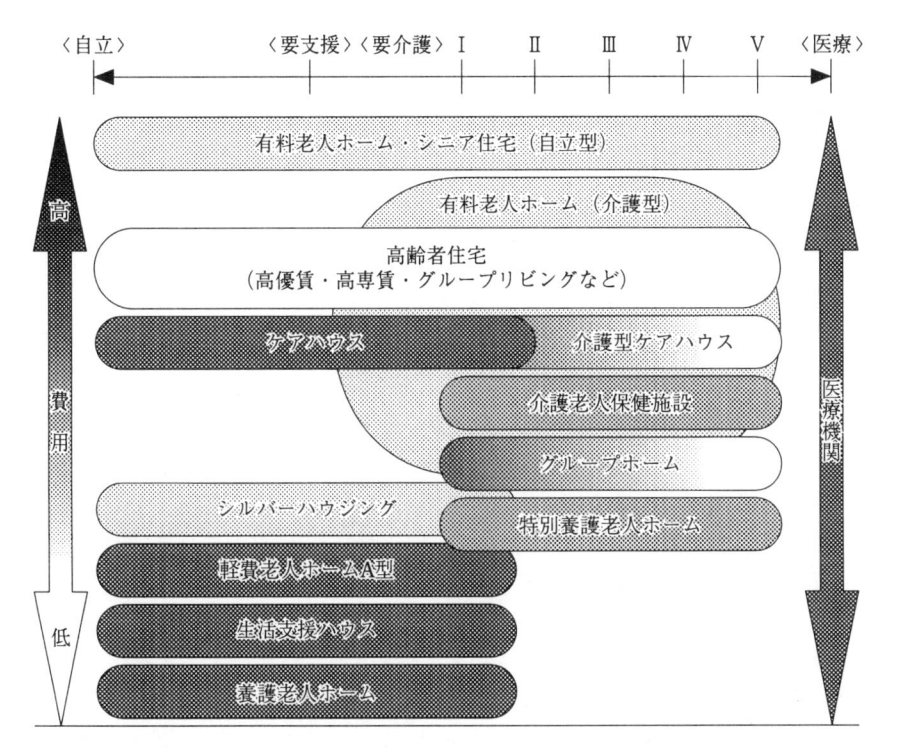

図6-1　高齢者の住まいの種類

〈自立〉　　〈要支援〉〈要介護〉Ⅰ　　Ⅱ　　Ⅲ　　Ⅳ　　Ⅴ　〈医療〉

費用　高／低　　　　　　　　　　　　　　　　　　　　　　医療機関

- 有料老人ホーム・シニア住宅（自立型）
- 有料老人ホーム（介護型）
- 高齢者住宅（高優賃・高専賃・グループリビングなど）
- ケアハウス
- 介護型ケアハウス
- 介護老人保健施設
- グループホーム
- シルバーハウジング
- 特別養護老人ホーム
- 軽費老人ホームA型
- 生活支援ハウス
- 養護老人ホーム

出所：2007年シニアライフ情報センター作成。

不安が生じてきます。これまで大丈夫だったこともできなくなったり、物忘れも多くなってきます。第二自立期の基本的な生活要件として、健康管理や衛生的な環境の確保、食事管理、社会的参加など日常生活の管理が十分にできることが大事だと思います。第二自立期の住まいは、それをカバーできる環境が必要です。そこで、住み替えが頭をかすめるようになってきます。

それでは、住替え先にはどういう施設があるのでしょうか。図6-1は、高齢者の住替え先として現在整備されているものです。

横軸に身体状況、自立度⟷介護度をとり（医療を必要とする場合は医療機関）、縦方向に費用とし、様々な住居、施設を2次元で配置したものです。上にいく程コストが高い設定になっています。これをごらんいただくと分かりま

189

すが、左側は、自立者が利用する住まい。右半分のほうは要介護認定を受けている人が利用する施設です。やはり有料老人ホーム（シニア住宅も含む）は費用が高いのですが、重度の介護になっても住み続けられる契約になっている施設であることが分かっていただけると思います。

有料老人ホーム

施設・住まいの配置をざっと説明すると、有料老人ホームというのはご存じのとおり、民間がやっている事業で、ざっと3,000カ所（2007年現在）。実質的にはこのうち入居時自立を条件にしているのは、全体の約2割、残り8割は介護認定者を対象にしたものです。最近の新聞や雑誌などで安い有料老人ホームとして紹介されているほとんどが、後者の介護型有料老人ホームですので注意が必要です。新聞等の広告では、元気な人から介護が必要な人までどうぞと書かれていますが、どちらも類型では介護付有料老人ホームになっているので、とても分かりづらいと思います。何が違うのかと言えば住む環境です。自立者を対象にした施設は、全ての生活ができる設備が整っている住宅ですが、要介護者を対象にした施設では、せいぜいトイレなどの設備しかありませんし、部屋の広さも6畳程度のところが多く見られる居室です。また、こうしたところの入居者は90％近い人たちが、すでに障害をもたれている方で、軽い、重いはありますが認知症の診断を受けた人が多く生活されています。

高齢者向け住宅

近年国交省が積極的に推進しているのが、高齢者向け住宅（高齢者向け優良賃貸住宅〈高優賃〉と高齢者専用賃貸住宅〈高専賃〉）です。有料老人ホームと違って、借地借家法に基づく賃貸契約であること、サービスはオプションで利用することなどが大きな違いです。最近ではそのオプションサービスをたくさん用意し、一見有料老人ホームと見間違う高齢者住宅も出始めています。選ぶ時には長期に利用できる環境にあるのかどうか、例えば食事が作れなくなった時、あるいは一時的に体調を壊した時など、サービスがあるのかといったチェックが必要です。最近はLSA（ライフ・サポート・アドバイザー）が日勤の高齢者住宅が増えています。LSAがいることによって、何かあった時に相談ができるとか、緊急時の対応をしてもらえるという安心感があります。また、セキュリティも厳重になっていることや、バリアフリー構造で、緊急通報装置がついており、警備会社への連絡体制が多く見られます。

これに近いものでは、公営の高齢者住宅としてはシルバーハウジングがあり

ますが、所得に応じた家賃補助があるので、希望者が多く、人気のところは空き倍率が30倍とも聞いています。それに代わって、民間住宅でも家賃補助があるのが高齢者向け優良賃貸住宅です。しかし、国も地方も財政的に苦しくなっており、家賃補助の住宅には消極的で、家賃補助のない、高齢者専用賃貸住宅が増えています。

　私たちが高齢者住宅に注目しているのは、これまでの高齢者施設が好むと好まざるとに関係なく全サービス付きであったのに対して、サービスがないことです。前段でも申し上げたように、自立期間を長くするためには、今までのサービス付きのものがいいのかどうか。高齢者住宅は自分で判断し、自分で財布をきちんと握り、自分で生活の責任をもつことが前提になりますが、高齢期は何時体調を崩すか分かりません。そんな時ちょっと助けてもらう、相談にのってもらうことができることが非常に重要な要素で、高齢者住宅はそんな安心が得られる住宅になっています。

　まだ、始まって間もないこともあり、結論は出ませんが、新しい住まい方として関心がもたれるところです。

3　自立者対象の福祉施設（ケアハウス）

　さて、第二自立期の住まいとして、比較的安いコストで利用できる住まいとしてケアハウスがあります。ケアハウスは1989年のゴールドプランに盛り込まれた福祉施設で、民間の有料老人ホームが全部自前でやらなければいけないのに対して、公的資金を使って整備されるものです。実質1990年からスタートして、10年で10万5,000人というのが目標数値でしたが、2006年度現在7万人、施設数は約1,700施設、そのうちの約16％が介護型ケアハウスとして運営しています。

　ケアハウスの特色は、元気な人がプライバシーを確保して安い利用料で生活できる点です。ケアハウスは150万円以下の所得の方であれば月額7万円程度で生活でき、軽度の介護者は居宅サービスを利用しながら生活ができるようになりましたが、重度介護までは期待できません。ケアハウスの現状について、紹介いたします。

（1）地方には空きも
　関東近辺は常に満室ですが、地方は空きが結構あるようです。こんなに低額で利用でき、居住性にも優れているのに、なぜ空きがあるかというと、地方の方たちは国民年金だったり、年金がない方たちも結構多い。土地や田畑があっても、現金として入ってくる収入は少なく、入りたくても入れない。あるいは、親をこういうところに入れると、子供が何でみないのかと、悪く言われる風習もあることなどが要因のようです。月額が7万、8万が安いと思うのは、厚生年金などをもらっている人で、どうしても都市部の需要が高い結果となっています。
　事業主体別には、96.1％が、社会福祉法人が運営をしています。あとは、自治体、それから医療法人だったりしています（社会福祉法人というのは社会福祉法に則って作られているもので民間ではあるが、社会の利益に貢献する団体であるということが前提。税金の優遇措置がとられており、自治体の管理下に置かれている）。

（2）ケアハウスには二つのタイプがある（一般型と介護型）
　ケアハウスには　一般型（自立者対象）と介護型（要介護者対象）の二つタイプがあり（末尾の表参照）、2006年度では、一般型84％、介護型16％になっています。一般型では、本来は自立をしている人たちを中心にして生活が営まれているはずですが、介護保険のもとで、入居者の約半分が要介護認定者なのです。平均年齢が82歳を超えるようになり、60歳から入れるのですが、後期高齢者の利用が増えています。中には60歳代、70歳代前半の元気な人もいますが、非常に暮らしにくいようです。途中退去される人はほとんどこうした元気な人です。「まだ早かったわ」と言って退去されます。
　私たちは2月にケアハウス事業者セミナーをやるのですが、要介護者が多くなってきて、ケアハウスの運営の舵をどのようにとるのか、事業者にとっては非常に大きな問題になっています。ケアハウスは、有料老人ホームと同様に介護保険では特定施設入居者生活介護の指定を受けることもできるので、介護型として転用することもできます。

（3）ケアハウスで使える介護保険サービス
　介護保険の給付は、大きく居宅サービスと施設サービスに分かれているのは

ご存じの通りです。特別養護老人ホーム、老人保健施設、介護療養型医療施設この三つが施設介護と言われています。あとは全部居宅サービスです。

その居宅サービスの中に、従来は、軽費老人ホームと有料老人ホームのみを対象にした特定施設入居者生活介護という、カテゴリーがあります。これは何なのかという話ですが、居宅の位置づけにありながらいわゆる施設サービスができるものなのです。24時間介護ができるように人員配置を整えますから、看護師やケアマネ、ヘルパーなどの直接処遇職員も 3 対 1 以上の体制をとって、設備も介護ができるお風呂や、何かあった時の静養室なども備えていなくてはなりません。その指定を受けたものが特定施設（特定施設入居者生活介護）です。

ここでは、ケアハウスで居宅サービスを利用する施設を一般型、特定施設入居者生活介護を利用するのを介護型として分類しています。

一般型では、要支援、要介護 1 ～ 2 の軽度介護者が多く生活されていますが、介護認定を受ければ自宅同様、訪問介護サービスを利用して掃除をしてもらったり、お洗濯をしてもらったり、あるいは通院についても行ってもらったりしながら生活されています。認定者は入居者の半数近くになるようです。しかし、要介護 3 以上になると、一般型では生活が難しいとされており、特に需要の多い都市部では介護施設への転居を求めるところが多く見られます。

中には、定員50名のケアハウスで、このうちの30室がいわゆる一般型、20室は介護型の併設型というものもあります。

こうした施設では、同じ屋根の下で居宅サービスから24時間サービスが可能な特定サービスに切り替えることができるので、重度に近い段階までここで介護が受けられることになります。

（4）費用

ケアハウスの費用ですが、事務費、生活費、管理費の三つになっています。この事務費というのは実は一般に言われる管理費で主に人件費に充当します。生活費というのが食費に該当します。この管理費というのが家賃に相当します。

福祉施設というのはもともと建築物に対して公的資金が投入されてきました。そのため、家賃が無料だったのですが、ケアハウスには利用者の家賃負担が認められました（2005年の介護保険の見直しでは、特別養護老人ホームにも家賃の負担が義務化されました）。それだけに、建物のグレードが高く、有料老人

ホームに近い雰囲気で、共用スペースも約50％近くとっており、とてもゆったりした住環境になっています。参考までに申し上げると補助金の額は、50人ぐらいの規模ですと3億5,000万ほどが国や県から建設資金として出ます（2004年以降一般交付税に組み込まれ、補助金額は各自治体ごとに格差が生じている）。しかし、その程度で建てた施設は、従来のいわゆる施設にしかならないので、多くのケアハウスでは建設費に8億円、高いところは10億を超す施設も少なくありません。補助額との差額分が管理費（家賃）として利用者から徴収されています。

　管理費の徴収額の分布（20年分の家賃相当負担額による）を見ますと、家賃400万から500万円台が一番多く見られます。高いところは1千万円を越します。東京の立川に、日本でも有数の高いレベルの社会福祉法人至誠ホームというのがあるのですが、ここは2004年の4月、スオミケアスウスというのを作りました。通常、ケアハウスの部屋は単身者で21.6平米、夫婦部屋で32平米以上が基準、平均は24平米くらいです。ところがスオミケアスウスは、単身者で、一番狭いところで35平米、平均が44平米ぐらいです。夫婦用では61平米の広さがあります。一般的な居室の設備はミニキッチン、エアコン、車椅子対応のトイレ、洗面台がついて、簡単な収納スペースがあることが多く、お風呂は共有になっています。洗濯機は大体共有ランドリーコーナーを利用します。スオミは風呂も洗濯機置き場も居室にあり、キッチンも広い使いやすいものになっており、お部屋の中で生活が完結できるようになっています。

　食事も通常ですと三食食堂に行って食べるために、全国一律4万5,000円ですが、スオミはオープンレストランになっていて、食べた分だけICカードで払う仕組みになっていますし、一部の床は暖房になっています。

　これで管理費がいくらかといいますと、一番広い61平米のお部屋で1,500万円程で、月額にすると8万円ほどになります。それでも、民間の有料老人ホームに比べると随分安いと思います。今民間の有料老人ホームで都内で60平米ぐらいのものを利用権で買おうと思ったら安くても3,500から4,000万円はかかります。

（5）支払い方法

　管理費の支払い方法はいくつかありまして、20年分の家賃を一括して払う方法と、それから併用払いという方法もあります。例えば500万のうち200万円を入居時に払い、あとの300万円を分割にして20年で割っていくというやり方も

あります。もう一つの方法は20年を完全分割にするという方法です。国は分割を奨めています。この支払い方法に関しては各施設が決めます。ということで、管理費はケアハウスに特有な制度です。

（6）事務費制度

　ケアハウスが安くて利用できるのは、所得に応じて事務費の助成があることです。
　例えば、所得が150万以下の場合は事務費が1万円、310万を超えるような場合については満額（施設の規模や、立地また併設施設かどうかなどによっても異なるが、おおよそ6万円から9万円）払うようになります。1万円払っている人と9万近く払っている人と、生活が違うかというと、同じです。男性の多くが厚生年金ですので、どうしても事務費負担は多くなります。また夫婦の場合には両者の所得をプラスして2で割った額が個々の所得と見なされます。ですから夫が250万円の所得があり、妻が国民年金50万円だとすれば、それぞれ150万円が事務費対象額となります。さらに、夫婦の場合には安い設定になっており、ランク1では月額事務費は各自7千円ですみます。月額総額は食事代約4万5,000円、事務費1万円とすると、それだけで5万5,000円です。20年分の家賃を月払いの平均にした場合、全国の月払いの平均は約2万円ぐらいですから、それをプラスすると7万5,000円、それに各自の部屋の水光熱費が施設側に払うお金になります。国民年金を満額もらっている人でも利用できる施設なのです。

（7）夜間体制

　先ほど言いましたように、ケアハウスには、第二自立期の受け皿としての役割があり、24時間人がいて、緊急時に備えている点に大きな安心感があります。夜間は、スタッフあるいは夜勤者が置かれていますので、何かあれば、ナースコールを押せば来てくれます。その人がお世話できるわけではないわけですから、すぐに救急車を呼んでくれます。

（8）食事

　もう一つ重要なことですが、ケアハウスでは、三食非常に健康的な食事が提供されるわけです。ケアハウスのパンフレットを見ますと、いい食事が出るの

だなと思われるかもしれませんが、あれは大体行事食です。例えばクリスマスの時とか、お誕生会とかそういう時の行事食で、普段は1,600カロリー前後で、塩分が8％ぐらい。薄味で、メイン料理に2小鉢ぐらいです。多分、皆さんが家で召し上がっているものに比べると非常に粗食かもしれませんが、管理栄養士がメニューを作っているものですから、家でいい加減な食事を食べている、特に男性の方の場合はこういうところに入られることによって非常に元気になられる方がずいぶんおられます。

　朝昼晩、上げ膳据え膳で、毎日毎日温かいものは温かいように食べられる。しかし、定食ですから不満も多く聞かれます。限られた食費の中でのやりくりですから、ある程度の我慢は仕方ないと思います。自宅で作れば1人で4万5,000円もあれば、結構なご馳走が食べられます。しかし、施設では人件費とか厨房の水光熱費などが含まれるので、食材費は2万5千円くらいが一般的です。一日約800円前後です。800円前後で、朝昼晩の食材費を回していかなければいけない。そんなに豪華なものが出せないのです。だから、その辺は、健康食を毎日食べているんだと割り切っていただくしかないです。

　また、食材の中身としては大勢の人の食事を作るので、安定供給が可能な食材を使います。中には冷凍品もあります。サトイモの季節になったら冷凍品ではなく生のサトイモが食べたい。サンマの季節には1匹丸ごと出してほしいといった声も聞かれます。

　施設ではそうした声に応えようと、サンマの季節になると、サンマパーティーをやって皆さんに食べていただくなどの試みが見られます。お刺身なんていうのは、初夏から夏場はほとんど出ませんし、その外の季節でも月に1回出るか出ないかだと思います。きちんと食生活が管理されているので、健康には申し分ないです。おいしいものを食べたい、季節のものを食べたいと思ったら、レストランなど利用する、あるいは自分で作って食べる。そういうことで欲求不満を解消するしかないと思います。

（9）広さと持ち込める荷物

　ケアハウスの居室は、一言で言えばワンルームマンションです。有効面積約8畳ぐらいのお部屋でミニキッチンがあって、ベッドまわり、トイレに緊急通報がついていて、お風呂はほぼ毎日利用できます（大浴場）。

　ただし、所詮ワンルームマンションですから荷物はそんなにもって入れませ

ん。これは老後の共通したテーマですが、住み替えをしてもしなくても、身軽になることが必要だと思います。相談にあたって、60歳を過ぎたらその準備をしてくださいと申し上げているところです。余談ですが、最近、こういう例がポツポツ出始めています。その一つの策として、まず一軒家を早めに処分して、都心部のマンションに移る人も出始めました。将来に備えて夫婦二人の適正な広さの住居の確保と、交通の利便性、そして荷物の処分が大きな目的です。いよいよとなった場合に、サービスがついている施設へ移っていこう、とお考えの方もいらっしゃいます。これは一つの賢い方法かもしれません。

　中には、住居を決めて一挙に整理をされた人で体調を崩される人が何人か見られました。一軒家の荷物というのは大量です。それが、契約をして3カ月以内に入れとか言われるわけです。そうすると死に物狂いでおやりになる。それが年をとってからですから、大変に負担になってきて、入ったはいいけれども、そこでほっとされて持病が悪化したとか、入院したということを、結構聞きますので、60歳ぐらいになったら少しずつ荷物を少なくしていく。これは非常に重要な心構えだと思います。

（10）共用設備

　ケアハウスの共用設備の設置状況を見ますと、お風呂が男女共用というのがかなり多い。男女共用という場合は一つの大浴場を、時間ごとに決めて入浴するわけですけれども、2000年以降開設した施設には共同の個浴が設置されているのを見かけます。一人でゆっくり入浴したい、他人にさらしたくない手術などの跡があるといった人にとって、個浴は好評です。入浴時間ですが、日中の時間帯が多いようで、3時ごろから夕食後の5時から7時ぐらいまで、スタッフが勤務している時間帯を設定しています。ですから寝る前に入りたいという方は不自由だと思います。特定施設になっているところでは、介護浴室とか機械浴室があります。

　その他としてはゲストルームがありますが、全体ではそんなに多くありません。ほとんどの施設が多目的ルームというのをもっていまして、皆さんでいろいろな活動をする場になっています。

（11）介護型ケアハウス

　ここで介護型ケアハウスについて説明したいと思います（末尾の表参照）。

介護型施設は文字通り主に要介護者を対象にした施設で、介護保険では特定施設入居者生活介護（特定施設）となり、介護保険収入が事業所の大きな財源になっています。直接職員単価の代わりに、介護保険報酬が入ってくるのです。
　皆さんが介護保険の介護認定を受けサービスを利用すると、その認定に従って介護報酬額を算出します。特定施設の場合は、要介護度5上限約24万円のサービスが受けられるようになっています。例えば要介護度5であれば皆さんの負担は、その1割の2万4,000円を負担すればいいわけですが、施設側には24万円が入ってくる。その上に特定施設の場合に関しては、人員配置の基準（3対1）を上回った場合、上乗せ分の自己負担が認められているので、事務費、食費、家賃、介護保険の1割負担に、上乗せサービス費が徴収され、高いところでは月額25万円の費用が必要なところもあります。平均的には20万円前後です。民間の有料老人ホームが20万円ぐらいです。おむつ代も別途必要です。施設サービスはおむつ代が介護保険の中に入っているのですが、特定施設は自己負担になります。これは大きいです。多い人は月におむつ代3万円ぐらいかかります。

(12) ケアハウスの課題

　ケアハウスの課題として、サービスに依存することに伴う問題と、同じ年代の人が共生して住むための人間関係があります。退去の理由としては、人間関係が一番多いのです。
　施設での一日の生活について、何人かについて取材をしたことがありますが、私たちが聞いた限りでは、ほとんどの方が自室で過ごされていました。散歩ぐらいするけれども、あとは新聞を読んだり本を読んだりテレビを見たり、それから女の人たちは若干手仕事をしたりとか、男性の方だと、ちょっと書き物をしたりとかなさるのですが、いずれにしろ、お部屋でじっとして暮らす場合が多くなります。あれだけたくさん人がいるのに食堂でもほとんど会話がない。それからお部屋に帰っても、ほとんテレビとの対話なのですね。本当の対話はしていないのです。テレビでは一方通行です。それで、どういうことが起こってくるかというと、もう歴然ですね。だんだん身体的能力が落ちてしまう。それから人と話す機会があまりないから、声を発することもなくなってしまう。それからもう一つは、すべての生活サービスがあるので、生活を丸投げしてしまう危険があることです。自分で考えることもなくなります。社会に出ていく

必要もない。館の中ですべての生活が全部できるわけですから、そうすると社会のいろいろな刺激もなくなってしまう。限られた空間で生きがいもなくなってしまう。この弊害が、ケアハウスで、また、有料老人ホームなどで起こっています。サービス付き施設にとって、これは非常に大きな課題だと思います。

ですから、入居をしたら暮らしの見直しが必要になります。自由になった時間をどのように過ごすかがサービス付き施設に入る時の重要なテーマです。

(13) グループの福祉環境

法人グループで他の福祉事業の展開をしているかどうかを調査したところ、単独運営は少なく、ほとんどは、特別養護老人ホームなど他の福祉施設が併設されています。あるいは老人保健施設など医療機関が一緒にある場合もあります。同じ場所ではないけれどもちょっと離れたところに別の福祉施設があるとか、医療機関も同じグループの中にもっているというように、だんだん総合化されつつある様子がうかがわれます。2000年以降の開設施設ではほとんどがデイサービス、訪問介護事業所などが併設されており、介護の認定を受けるとそこからヘルパーさんの派遣が受けられるようになっています。

あるいは、風呂も一人で入れないというような状況になってきた時には、週に2回ぐらいですけれども、デイサービスのお風呂を使い、見守ってもらう。あるいは介助を受けて入る人もいます。また、同じ屋根の下に、ケアハウスとグループホームが併設されているところもあります。もし認知症になれば、グループホームで生活することもできます。その場合、ぜんぜん知らないところではなく、介護を受ける場所は違っても見知った人がいる、あるいは同じ料理が食べられる安心感は大きいと思います。

このように、同じ法人のもとに、ケアハウスと関連の深い、その他の介護施設がある場合がありますので、説明しておきます。

イ) グループホーム

グループホーム（2005年以降地域密着型としての位置づけとなる）は、認知症の認定を受けた方を対象にして、少人数で、24時間スタッフと一緒に生活をする施設です。以前は3ユニットまで認めていたのですが、今日では2ユニットまでとなり、2007年1月現在では、全国で27,901人が利用しています。ワンユニットは5人から9人。かつての大家族の規模ですから、つくりも普通の家に近い環境です。一緒に食事を作ったり、買い物に一緒に行くなどしながら、

日常の生活に参加することで、認知症の進みが遅くなったり、改善に向かうなど、良い結果が得られているようです。部屋は個室ですから、プライバシーも十分に守られています。

ロ）介護老人保健施設

　介護老人保健施設は医療と介護の両方に対応できる施設です。特徴は短期利用を原則としていますが、地方では長期利用ができるところもあるようです。もともとは例えば脳卒中で倒れて治療が終わり、病院から直ちに家に帰るということは非常に大変なので、3カ月ぐらいリハビリを含め回復するための手助けを受ける場所でした。しかし最近では、特別養護老人ホームの入居待ちとして使われる傾向もでています。

ハ）特別養護老人ホーム

　特別養護老人ホームは、福祉施設として唯一、重度まで介護をしてくれるところです。しかし、介護保険制度が始まって、要介護1以上であれば、誰でも申し込めるようになり、非常に多数の人が入居を待っています。2，3年待ちといった話もよくあります（入居希望者が多くなったことから自治体で入所優先判定基準制度が設けられ、以前の措置と同様になっている）。

　特別養護老人ホームの大きな変化は、これまで複数部屋が当たり前でしたが、介護保険実施以降、ユニット型（個室対応）が整備されています。また、2005年の介護保険の見直しでは家賃、食事代などが個人負担となりました（所得によって補助措置がある）。

ニ）介護型有料老人ホーム

　介護保険実施以降急激にマーケットが広がったのが有料老人ホームです。前にも述べましたが中でも要介護者を対象にしたホームは全体の8割近くになっています。公的な介護施設が不足しているため、高額でも入居希望者は後を絶ちません。介護の経験のない飲食業や建設業、不動産会社などが参入してきており、良し悪しにはかなり格差があるようです

　最後になりましたけれども、私が一番言いたかったことは、みんな元気でいたいわけです。元気でいられるにはどうしたらよいのか、もう一つは自分にとって居心地のいい場所になるべく長くいるということです。住まいを変われば、いい部分もあれば必ずリスクもあるのです。例えば、管理されるということは、逆に皆さんにとっては窮屈なのです。あるいは、集団の中に入るという

のは一方では友達もできるかもしれないけれども、嫌なやつもいるのです。だから、全部いいことばかりではないのです。

　まず、自宅で暮らしていて、困っている問題がある。今のこの状況で解決するにはどうしたらよいか考える。男の方だったら毎日食事を作るのは大変ですね。でも配食サービスもありますし、スーパーでの惣菜もある。そういうものをうまく組み合わせることによって、問題は解消できるかもしれません。それから、例えば隣人あるいはお友達関係で非常に豊かな対人関係のネットをもっていらっしゃる場合には、もしかしたらそういう人たちで助け合いながら、「元気？　大丈夫？」と電話をかけあうことで居心地のよい自宅での生活が可能かもしれない。今の状況で何が大変なのかをまず整理していただく。そのうえで解決できないと思った時に、解決可能な場所に住み替えを考える。自分にマッチする住まいを選択し、移っていくことになると思います。

　人によっては、どんな状況にも対応できる有料老人ホームへ移られたほうがいい場合もあります。自己管理が十分行き届く人には、主体性をもって暮らす高齢者向け優良賃貸住宅のように自立度の高い住まいがよいケースもあります。

　それから、やはり老後の資金や収入によっても、選択する住宅は違ってきます。

　よく電話で老人ホームの情報をくださいと言われるのですが、実は、その人の資金計画や、身体状況、家族との関係などがわからないと、お答えできないのです。最近はインターネットで情報が得られるようになりました。高齢者住宅財団の高齢者住宅サイトでは、高齢者専用賃貸住宅情報が載っています。シルバーサービス振興会の介護サービス情報のサイトでは、介護保険サービスを利用している施設の詳細な情報が掲載されています。また、第三者評価の調査結果なども、都道府県の評価公表機関のサイトで掲載する等、情報開示は格段に進んでいます。これらの情報を利用することも大事です。

質疑応答

　池田（一括で支払って、途中で退去したような場合は、どうなりますか、との問いに対して）ケアハウスの場合、20年分の家賃の一括前払いになっているので、残っていれば返却されます。一括払いと分割払いは利子の部分で差が少し出ることになります。選択ができれば、一括でなく、分割をお勧めしています。有料老人ホームの場合は、償却期間（10年から15年）が

決まっていて、それを超えた場合、戻ってきません。初めに初期償却費用というのがあり、15％ぐらいが差し引かれます。これは、早期退所に対するペナルティになっているわけです。その点で、ケアハウスはリスクがありません。

池田（有料老人ホームとケアハウスの基本的違いはどこにあるのかとの質問に関して）決定的な違いは、有料老人ホームは、民間の費用だけで建設され、運営されるのに対して、ケアハウスは福祉施設なので、建設費、運営費に補助がある点が決定的な違いです。普通、地主さんが土地を社会福祉法人に寄付し、法人が土地の所有者となった上で建設します。また、有料老人ホームが重度介護まで可能なのに対して、ケアハウスは中重度になると介護施設に移らなくてはならない点が大きな違いです。

池田（二段構えの移動はどんな人がすることになるのか、その理由の説明を求められて）70歳ぐらいになると、健康上の不安をもたれる場合が多いことがまずあります。高血圧とか、心臓に病気があるとか、そう言った病気をもつ方は、かなり一般的です。そこで何かあったらと心配になります。悪徳商法などに対する安全の問題もあります。高齢者が危険に巻き込まれやすい社会になってきたということがあったりします。そう言った色々の事情がからんで、自宅からの住み替えを考えるようになりますが、まだ自立して生活できる人たちです。そこで、体力のある時に、ひとまず自立して生活できる施設に移り住む。重度介護までできる施設は有料老人ホームしかないので、高額であることなどから、自宅ではない安全な住まいに居を移して、住み続けが難しくなったら介護施設に移る。その方がコスト的にも安いのです。

池田（移動は、環境変化があり、高齢者にとって望ましくないとも思われるが、移動しないでも、例えば相互に助け合えるような、在宅の方式は何か、考えられないのかという趣旨の発言があり）これから、地域で助け合って暮らせるシステムが必要です。生協の組合員同士で支え合う組織が始まっていますし、また、グループリビングとか、コレクティブハウジングなど入居者同士が支えあって暮らすスタイルが試みられ注目されています。私としては、もう少し距離を置いた戸建に近い小規模の集合住宅がよいのではないかと考えております。その拠点として支援センターがあり、そこがコミュニティの場で食事などの提供ができる。そんなイメージを希望して

います。岐阜県の池田町というところで、社会福祉法人が試みている例があります。羽田澄子さんが映画を作られた舞台になったところです。ロッジの集まりのような外観です。夫婦の場合は、2部屋あって寝室とリビング、独身の場合はワンルームで35平米です。それらがまとまっていて、隣の動き、音、匂いが伝わってきます。これだけですとロッジに過ぎませんが、隣接して、グループホームとデイサービス併設センターが24時間活動しています。何かあると、スタッフが直ぐにきてくれます。レストランもあるので行けば食べられますし、体調の悪い時などは自宅にももってきてくれます。関連の特別養護老人ホームと病院があり、どうしてもここではやっていけない場合、そこに移る。これだけの環境が整っていると移動しないでも最後まで在宅で過ごせると思います。

池田（ケアハウスが登場した背景にはどんなことがあったのかとの質問に関して）特別養護老人ホームは、措置によって介護が必要なくても入居している社会的入居者が2割程度いました。そこで、そうした人たちの受け皿としてケアハウス構想が始まったと理解しています。

池田（軽費老人ホームA型とケアハウスの違いはどこにあるのか、また、ケアハウスは中間所得層をターゲットとしているのかとの質問に答えて）本質的な違いは、ケアハウスは家賃をとっていることです。基本的にはA型とケアハウスのサービスはほとんど同じです。ただしケアハウスは家賃負担があります。また、職員配置の基準が違います。例えばA型では看護師の配置が義務付けられていますが、ケアハウスでは必要がありません。A型では、所得の上限が定められていますが、ケアハウスは上限がなく福祉施設にはこれまでなかったことです。中間所得層と言われましたが、億単位の財産をお持ちの人もケアハウスに入っておられます。ケアハウスの入居一時金の費用負担も色々のものがあり、もちろんサービス内容に違いもありますから、それぞれの方が御自身に適したものを選ぶことができればよいのではないでしょうか。

池田（ケアハウスが介護型に移行し、特別養護老人ホームの不足を補う可能性があるかとの質問と関連して）ケアハウスの入居者の多くが要介護認定を受けている状況から、厚生労働省では、ケアハウスを将来的には特定施設にしたいようです。ただ、事業者は、介護については、特定施設になった方が、経営的には有利ですが、介護の経験と自信がない場合が多く、ま

た、設備面での対応などもあり、事業者は考え中というところでしょう。介護型が多くなっていくでしょうが、質の高い介護を期待できるのか心配です。今後は、介護型と、元気な方を中心とした施設とに分化してゆくことが予測されます。

池田（介護型ケアハウスは、ターミナルケアも扱いうるようになるのかとの発言があり）有料老人ホームでは終身利用権という言葉がありますが、実際、終身ホームで過ごすことはまずなく、病院で亡くなられる方が大部分です。看取りをするとなると、医師との連絡や、夜間の看護師の配置も必要となり、費用面にも跳ね返ることになります。有料老人ホームでも徐々に看取りへの取り組みが始まっているように、介護型ケアハウスもいずれ、同様な方向に向かうと思います。

池田（ケアハウスに対する公的な監査などについてどうなっているか、質問があり）一般の福祉施設と同じで、1年1回会計検査があります。費用についても特別なものを勝手にとってはならないことになっています。特別の費用の徴収には、県の承認が必要です。千葉県の場合は共益費を県の許可を得てとっています。特定施設で、配置人員が所定より多い場合は、料金をとっていいことになっています。

　なお、国、地方自治体の財政が苦しくなっている中で、ケアハウスについてもPFI方式が用いられるケースもでてきています。公的な負担を抑えることができるためです。民間企業も参入できるので介護型ケアハウスの市場が活発になることが予測されます。

司会　ケアハウスの内容ばかりでなく、その問題点、選ぶ人への助言など有益な情報を沢山いただき、有難うございました。熱い論議も始まりかけたところですが、時間が過ぎましたので、終わります。（拍手）

（2003年12月13日・訂正07年10月）

一般型ケアハウス

対象者	60歳以上 自炊ができない程度の身体機能の低下等が認められ、または高齢者のため独立して生活するには不安が認められる者で、家族による援助を受けることが困難な者
設置者	地方自治体、社会福祉法人、以下は整備費補助無し（社団法人・財団法人・農協・医療法人も可）
サービス	相談・食事・入浴・緊急時の対応
利用料	7〜15万円（管理費・生活費・事務費）
利用の手続き	施設と利用者の契約
居室の広さ(部屋面積)	21.6m²／人以上
居室定員	個室、2人室（夫婦用）
居室設備	洗面所、トイレ、収納スペース、調理設備、緊急時通報設備
介護保健サービス	居宅サービス
スタッフ(定員50人の場合)	施設長1人、生活相談員1人、寮母2人、栄養士1人、調理員等4人
期間	介護保険の居宅サービスを利用して生活できるまで。ただし、特定施設では、重度の介護まで提供（特定施設の詳細は介護型ケアハウスを参照）

介護型ケアハウス

対象者	原則として65歳以上で、要介護認定者
設置者	地方自治体、社会福祉法人、許可を受けた民間法人
サービス	特養レベルのサービス提供（入浴、排せつ、食事等の介護、そのほか日常生活の世話、機能訓練および治療上の世話）
利用手続き	施設と個人の契約
費用の支払い	要介護度に応じて1割負担、事務費、生活費（食費）、介護保険外サービス費
家賃	管理費
居室の広さ	21.6m²以上（収納スペース、洗面所ふくむ） 15.63m²以上（ユニット形式の場合）
定員	20人以上（特別養護老人ホーム併設の場合10人以上）
居室設備	収納スペース、洗面所、緊急通報設備
介護保険サービス	居宅サービス、または特定施設入居者生活介護
期間	重度の要介護サービスまで提供。ただし、要介護状態が改善し、自立になっても住みつづけられる
スタッフ（定員50人あたり）	施設長1人、看護職員2人、介護職員（要介護者3人に1人）、栄養士1人、調理員4人、生活相談員（利用者100人につき1人以上）

出所：シニアライフ情報センター『終の住まいの探し方』(岩波ブックレットNo.581、2002年)

第7章　有料老人ホーム
　　　——経過、現状、課題

五十嵐さち子

1　経過（制度の変遷）

（1）昭和の動き

　老人福祉政策が着手・整備されたのは昭和30年代であった。老人福祉法は、昭和38年制定され、有料老人ホームは、「第5章　雑則」の中に規定された。

> （届出）第29条　有料老人ホーム（常時10人以上の老人を収容し、給食その他日常生活上必要な便宜を供与することを目的とする施設であって、老人福祉施設でないものをいう。以下同じ）を設置しようとする者は、あらかじめ、その施設を設置しようとする地の都道府県知事に、次の各号に掲げる事項を届け出なければならない。

　つまり、自立自助の生活をなしえる施設は、公的助成を受けない施設であることから、福祉施設ではないものとして位置付けられ、行政指導が行われることになった。有料老人ホームの統計数値は、昭和45年が初めてで、ホーム設立母体を見ても、社会保険庁が（財）厚生団に運営委託したホーム、簡易保険郵便年金福祉事業団が運営している半公的ホームが半数近く含まれており、ビジネスの観点より、老人福祉の観点からの事業展開の様相が強かった。

　昭和40年代に入ると、家族構成の変化が顕著に表れ、国民皆年金、そして国民の80％以上が中産階級という意識を持つようになってきた。昭和45年、わが国は65歳以上の高齢者人口が7％（730万人）を超える高齢化社会に突入した。

　そのような時代背景の中、公的扶助の福祉の範疇ではなく、自立・自助の精神で、老後の安心と、終の棲家を求めようとする高齢者のニーズに応えようと、入居一時金による「終身利用権」方式の有料老人ホームが昭和48年に誕生した。

　民間における有料老人ホーム設置の活発化等を受け、国が、入居者の福祉の観点から、少なくとも満たすことが望ましい要件を「有料老人ホーム設置運営

表7-1-(1)　有料老人ホームと老人福祉施設の推移（その1）

年次	有料老人ホーム 施設数	定員	特別養護老人ホーム 施設数	定員	養護老人ホーム 施設数	定員	軽費老人ホーム 施設数	定員
昭38	—	—	1	80	673	47,024	16	1,082
昭40	—	—	27	1,912	702	51,569	36	2,259
昭45	50	1,900	152	11,280	810	60,812	52	3,305
昭50	73	3,731	539	41,606	934	71,031	121	7,527
昭55	76	5,567	1,031	80,385	944	70,450	206	12,544
昭56	82	6,488	1,165	89,510	945	70,220	229	13,831

指導指針」として提示したのは、昭和49年であった。社老第90号《1.立地条件、2.設置主体、3.構造設備、4.施設の管理及び定員、5.処遇、6.利用、7.契約内容等》である。また、公的融資も導入された。

　昭和56年当時の65歳以上の高齢者人口は1,060万人で、老人福祉施設全てをあわせても入居定員数は約18万人、高齢者人口の1.7％を占めるに過ぎず、有料老人ホームにいたっては0.06％でしかなかった（以上、表7-1-(1)参照）。

　昭和55年有料老人ホーム向陽会サンメディックが倒産し、大きな社会問題になった。厚生省は「有料老人ホーム問題懇談会」を設置し、"有料老人ホームの健全育成と利用者保護に関する当面の改善策について"と題する報告書の中で（老人の多様なニーズにこたえるためには、民間の活力と創意工夫を十分に活用すべき……民間の自由な活動の中で利用者保護をいかにして確保していくかが行政に課せられた課題……事業者が自主的な努力や規制を行っていくことが最も現実的且つ妥当な方策……）と指摘し、これを受けて昭和57年2月「事業の健全育成と入居者保護」を事業目的として、社団法人全国有料老人ホーム協会が13法人19ホームで発足した。

　昭和50年代後半になると、経済状況の好調の中、これまで社会福祉事業に直接かかわりを持たなかった、生命保険会社、建設会社、鉄鋼会社、ガスや電力などの公共事業会社等々、大手の株式会社が社会貢献の一つとして、有料老人ホーム事業を検討、参入の動きを見せてきた。

　有料老人ホーム事業は、事業者側から言えば、高齢期の20年前後をそこで暮らすという観点からのハード・ソフト両面の設備費用の投資額の大きさがある。また消費者側から言えば、それら費用を、全額自己負担することの重さはあっ

第7章　有料老人ホーム

表7-1-(2)　有料老人ホームと老人福祉施設の推移（その2）

年次	有料老人ホーム 施設数	定員	特別養護老人ホーム 施設数	定員	養護老人ホーム 施設数	定員	軽費老人ホーム 施設数	定員
昭57	90	6,813	1,311	98,903	946	69,963	246	14,681
昭58	91	7,015	1,410	105,887	946	69,734	259	15,341
昭59	92	7,815	1,505	111,970	946	69,600	271	16,079
昭60	97	8,490	1,619	119,858	944	69,191	279	16,462
昭61	111	10,588	1,731	127,233	944	68,848	286	16,804
昭62	119	12,354	1,855	135,182	945	68,436	288	16,941
昭63	141	14,428	1,995	144,673	945	68,156	288	16,917

ても、加齢とともに必要な様々なサービスを受けながら終末を迎えることができる施設として、また、退職金等を生涯家賃としての一時金で支払い、月々は年金の範囲内での支払いで暮らせる。有料老人ホームは、高齢期の収入構造にマッチする仕組みとして、消費者の支持を受け、ホーム数を確実に増やしてきた。

　老人福祉法制定時、高齢者に対する国としての関連諸施策上、有料老人ホームをどのように位置付け方向付けるかについて明確な方針・姿勢を打ち出すことができなかった。しかし長くなった高齢期の住まいとして、消費者は福祉施設ばかりではなく、新たな選択として有料老人ホームを必要とし、経営母体の信頼性を求めながら、参入の後押しをしてきた。

　昭和56年社老第68号「有料老人ホームの設置運営指導指針の改正について」では、①有料老人ホーム設置の計画段階での把握　②届出義務の履行　③調査、勧告　④情報の収集、提供等について改正した。

　設置前の市場調査の義務付け、借地・借家の原則禁止、体験入居制度の創設等が盛り込まれている。

　昭和61年には、老人福祉法の文言が一部訂正された（収容し⇒入所させ、給食⇒食事の提供）。合わせて指針の改正も行われ、

　・入居定員の5％以上の特別介護室の設置の義務付け
　・やむを得ない場合の借地・土地信託の容認
　・利用料、入居一時金、介護費用の明確化

等が規程された。

また、市街化調整地域に一定の要件を満たすことを条件に有料老人ホームの建設が認められている（市街化調整区域における有料老人ホームの取扱い）。
　昭和62年、福祉関係三審議会合同企画分科会から厚生大臣宛に、当面のシルバーサービスの在り方について、「むしろ、民間事業者の創造性、効率性を損なうことの内容を充分配慮しつつ、国、地方を通ずる行政による適切な指導とあいまって、サービス提供者である民間事業者自身がその倫理を確立し、高齢者の信頼にこたえるとともに高齢者の心身の特性を充分配慮するという認識の下でサービスの質の向上を図るための自主的な措置を取ることが求められる。」等とする、シルバーサービスの背景・シルバーサービスの健全育成の必要性・健全育成の方策からなる「今後のシルバーサービスのあり方について」（意見具申）が提出された。
　有料老人ホームの数の増加とともに（表7－1－(2)参照）、実態に即して「有料老人ホーム設置運営指導指針」は改正されていく。
　63年老福98号の改正では、
　・介護型有料老人ホームの基準の追加
　・特別介護室の基準の弾力化
　・契約書に明示すべき事項の設定（有料老人ホーム重要事項説明書の導入）
　・専用居室等の規定の廃止
　・特定有料老人ホーム設置運営指導指針の設定
等、変更された。
　このほかに
　昭和62年　社会福祉士及び介護福祉士法公布
　昭和63年　「ケアハウス」建設の方針決定
　　　　　　建設省　ケア付高齢者住宅政策検討
など、高齢人口が10％を超え平均寿命が世界一になったことなどを背景に、高齢社会対策の制度が次々に打ち出されてきた。一方、社会福祉事業関係にも、民間を活用していくべきとして、「社団法人シルバーサービス振興会」が立ち上げられた。
　昭和63年法108号「消費税法」の制定がなされたが、有料老人ホームの入居一時金は、家賃相当分として非課税扱いとなっている。

表7-2　設置主体別の有料老人ホーム数（昭和63年）

個人等	簡保・厚生団	社会福祉法人等	株式会社等	総計
14	33	45	49	141

（2）平成元年～平成11年

　高齢化対策が本格的に打ち出され、平成元年には、ゴールドプラン（高齢者保健福祉推進10カ年戦略）が策定され、平成2年には、老人福祉法を含む福祉8法の改正が行われた。「老人福祉法等の一部を改正する法律」（平2法58）で有料老人ホームの規定が「雑則」からはずされて、独立の1つの章に格上げされた。また有料老人ホームの届出が事後から事前届出に改められたほか、30条に（有料老人ホーム協会）、31条には（名称の使用制限）（協会の業務）（厚生大臣に対する協力）（立入検査等）が新たに設けられ、"社団法人全国有料老人ホーム協会"が30条に指定された法人となった。

　協会は、老人福祉法30条に指定された法定団体として、入居者保護を一層求められることになり、第三者委員を中心にした「苦情処理委員会」の設置、入居者保護事業として、入居者一人当たり20万円を事業者が基金に支払い、倒産等入居者全員が契約解除、退去に至った場合、基金は一人当たり500万円の支払いを行う「入居者基金」制度の創設等を行った。

　法改正に伴い、有料老人ホーム設置運営指導指針の全面改正も行われ、
・安定的な経営確保のための基準の充実
・入居者に対する情報開示の推進
・適正な契約手続き、入居金の支払いの確保
・借地・借家での設置の容認
・分譲型の基準の追加
等変更され、有料老人ホームの6類型が定められた。

　また、平成4年には協会が定めた「広告等に関する表示の基準」を、厚生労働省は各都道府県に送付し、対象が高齢者であること等から特に広告やパンフレット等の不適当な記載の改善指導を指示している。

　有料老人ホームは利用対象者が高齢者であり、終身にわたる家賃を前払い一時金として受領する金額が高額となることから、有料老人ホームは高額商品を扱うシルバービジネスとしての捉え方が強くなってきた。

表7-1-(3)　　有料老人ホームと老人福祉施設の推移（その3）

年次	有料老人ホーム		特別養護老人ホーム		養護老人ホーム		軽費老人ホーム	
	施設数	定員	施設数	定員	施設数	定員	施設数	定員
平元	155	15,742	2,125	152,988	949	68,156	290	17,021
平2	209	19,229	2,260	161,612	950	67,938	295	17,331
平3	228	21,825	2,403	171,267	947	67,730	306	17,878
平4	244	24,276	2,576	182,280	948	67,678	337	19,416
平5	261	26,120	2,770	194,091	949	67,703	368	20,842
平6	265	26,776	2,982	206,611	947	67,505	436	23,656

　平成5年、総務庁は、シルバーサービスに関する利用者の保護及び民間事業者の健全育成を図る観点から調査を実施した。この結果から厚生省に対し①募集広告の内容の適正化　②重要事項説明書の交付及び、入居契約書・管理規程の入居希望者への交付を法的に義務付けることの検討　③全国有料老人ホーム協会会員に対する指導及び支援の機能の充実方策について検討・指導することを求めた（平成元年～6年の統計を表7－1－(3)に示した）。

　平成7年には、東京都は有料老人ホームに関する「東京都表示条例による表示」を26項目にまとめ、情報開示・消費者保護の観点から、都内で営業活動を行う場合は書面の交付を義務付けている。

　他方公正取引委員会は、「近年有料老人ホームの表示について各方面からの指摘があり、また、今後高齢化に伴いその一層の適正化が国民生活において重要となることを鑑み、有料老人ホームについて調査を行いました。」として、平成5年に4事業者、平成8年に6事業者、平成9年には、協会の「輝16号」とともに、5事業者に警告を行った。

　平成8年、岡山県にある「しあわせランド」が倒産、加入していた入居者全員に入居者基金（入居者に500万円の保証金の支払い）の発動が行われた。

　このような状況に鑑み、平成10年、厚生省は、今後の民間育成の観点から「有料老人ホーム等のあり方に関する検討会」を設置し、有料老人ホームに係る現行制度の課題、介護保険制度の導入と残された課題、有料老人ホーム類似施設に対する行政関与の必要性、高齢者住宅施策の連携と役割分担のあり方、有料老人ホーム協会のあり方等について報告書をまとめている。

　介護保険法（法律123）が、平成9年12月に成立した。国民の共同連帯の理

念に基づき、社会全体で介護を必要とするものの介護を支える仕組みで、新しい社会保険制度として公布された。

「介護保険」は、それまで"民間の創意と工夫"で高齢福祉の一翼を担ってきた有料老人ホームに、初めて公的な資金が導入されることになり、有料老人ホーム事業は名実ともに、高齢社会を支える大きな柱の一つとして位置付けられた。

有料老人ホームにおける、介護保険法下の介護は、「居宅サービス」とされ、ケアハウスとともに「特定施設入所者生活介護」として位置付けられた。

有料老人ホームにおける介護サービスに要する費用は、相互扶助の仕組みで介護一時金（おおよそ300万円～500万円）を受領するホームも多く、また月払い、都度払い方式のホームを含め、それらのホームは、介護保険施行までに、公費である介護費用との調整を入居者の同意を得て行った。

平成10年「有料老人ホーム設置運営指導指針」改正内容
・介護専用型ホームの指導指針との統合
・重要事項説明書の拡充等
・有料老人ホームの類型の見直し
・情報開示の推進
・特別介護室の名称及び5％以上確保の規定の見直し

認知症の高齢者や知的障害者の財産管理や生活などを法的に守る制度として「成年後見法」（平成11年法律149号による民法一部改正法）が施行された。併せて、判断能力のあるうちに、あらかじめ後見人をきめておく任意後見（契約後見）制度も設けられた。

超高齢社会を目前に、国の高齢者施策は介護保険を「社会福祉」制度ではなく、新しい社会保険とし、その一翼を民間に依存する方向に大きく転換してきた。高齢者が弱者、護るべき対象としての側面ばかりではなく、自立する高齢者には、自己選択や、自己責任を課す方向に進みだした。

そのため、これまで以上に事業者にも積極的な情報開示、コンプライアンス等が強く求められてきている。

平成12年には、「地方分権の推進を図るための関係法律の整備等に関する法律」の施行により、有料老人ホームの届出等に関する事務が機関委任事務から、自治事務となり、介護保険の実施主体が都道府県であるとともに、有料老人ホームは自治体との結びつきがより一層強化されることになった。これに伴い、

表7-1-(4)　　有料老人ホームと老人福祉施設の推移（その4）

	有料老人ホーム		特別養護老人ホーム		養護老人ホーム		軽費老人ホーム	
	施設数	定員	施設数	定員	施設数	定員	施設数	定員
平成7	272	27,833	3,201	220,916	947	67,219	551	27,666
							(261)	(10,706)
平成8	275	29,146	3,458	235,992	947	67,014	740	35,096
							(450)	(18,180)
平成9	281	30,100	3,713	251,893	949	66,944	912	41,314
							(623)	(24,479)
平成10	287	31,142	3,942	266,568	949	66,906	1,082	47,987
							(794)	(31,228)
平成11	298	32,302	4,214	283,822	949	63,992	1,272	55,105
							(985)	(38,444)

＊軽費老人ホーム（　）内はケアハウス数

　有料老人ホームの設置運営指導指針は、「有料老人ホーム標準指導指針」と名称を変更し、一部の改正が行われた（平成7～11年の統計を表7-1-(4)に示した）。

（3）平成12年～現在

　平成12年4月、介護保険が施行された。今まで公的な補助、助成の一切なかった有料老人ホームに、一定の条件のもと、介護給付がなされるということは、経営面でも、入居者の介護費用負担軽減という面でも大きなメリットが生じた。しかし一方では、高齢者福祉の分野に以前にはなかった「介護ビジネス」という市場原理が導入されることになった。従来の自立から終末期まで長期にわたって暮らす有料老人ホームの事業モデルと異なり、要介護状態になっていることを入居条件とするホームの急増は、初期投資の額が比較的少なく開設することができることもあり、"シルバー産業"と捉えた様々な分野からの参入を以後急激に増加させた（表7-1-(5)参照）。
　平成14年「有料老人ホームの設置運営標準指導指針」が改正された。
　・標準指導指針の性格
　　各都道府県は、標準指導指針を参考に、地域の状況に応じて指導指針を定

第7章　有料老人ホーム

表7-1-(5)　有料老人ホームと老人福祉施設の推移（その5）

	有料老人ホーム		特別養護老人ホーム		養護老人ホーム		軽費老人ホーム	
	施設数	定員	施設数	定員	施設数	定員	施設数	定員
平成12	350	37,467	4,463	298,912	949	66,495	1,444 (1,160)	61,732 (45,272)
平成13	400	41,445	4,651	314,192	951	66,612	1,580 (1,297)	67,154 (50,804)
平成14	508	46,561	4,870	330,916	954	66,686	1,714 (1,437)	72,364 (56,383)
平成15	694	56,837	5,084	346,069	959	66,970	1,842 (1,566)	77,374 (61,563)
平成16	1,045	76,128	5,291	363,747	962	67,181	1,928 (1,651)	80,951 (65,167)
平成17	1,406	96,412	5,535	383,326	946	66,837	1,966 (1,693)	82,594 (67,032)
平成18	1,968	123,155	5,759	400,241	962	66,667	2,016 (1,750)	84,325 (69,160)

＊軽費老人ホーム　（　）内はケアハウス数

　　めること
　・指導上の留意点
　　有料老人ホームの届出の徹底
　　地域に応じた指導指針の策定
　　情報開示、報告の徴収等
　　立入調査の定期的実施等
　　全国有料老人ホーム協会との連携
　　介護サービスに係る表示の留意事項
について記述し、主要な改正点として
　・介護居室の個室化及び設備構造に係る規定の適正化
　・借地・借家により設置運営する場合の規定の適正化
　・有料老人ホームの類型化の見直し
を行った。

215

一方では、国の高齢者福祉における施策も大きく転換して来た。
① 新型特養（特別養護老人ホーム）でのホテルコストの利用者負担
② PFI法を活用した公設民営方式の施設整備推進
③ ケアハウス等への株式会社の参入促進
④ グループホームにおける情報公開の推進
⑤ 介護事業者の情報公開、利用者や第三者による評価の推進
⑥ 介護職員の質の向上
等が逐次実施されている。

　ホーム数の増加に伴い、広告量の増大等をふまえ、平成15年、公正取引委員会は、有料老人ホーム3事業者に初めて排除命令を適用した。そして"有料老人ホーム等が提供する各種サービスの内容に係る、消費者に誤認される恐れのある表示を明確にすることにより、不当表示を未然に防止し厳正に対処する"観点から不当景品類及び不当表示防止法第4条第1項第3号の規定により「有料老人ホーム等に関する不当な表示」を平成16年10月から施行した。

　介護保険施行は、自立から入居し終末期まで暮らすという有料老人ホームから、要介護状態で入居する、いわゆる特別養護老人ホーム型の有料老人ホームの数を激増させ、その数の増加とともに介護サービスに特化した有料老人ホームの事業モデルを確立した。

　国の施策の転換とともに、民間事業が高齢者福祉を大きく担っている現状に鑑み、国は平成18年、老人福祉法に規定されている有料老人ホームの定義を昭和38年以来初めて変更した。

老人福祉法第29条

「有料老人ホーム（老人を入居させ、入浴、排泄若しくは食事の介護、食事の提供又はその他の日常生活上必要な便宜であって厚生労働省令で定めるもの（以下「介護等」という。）の供与（他に委託して供与をする場合及び将来において供与することを約する場合を含む。）をする事業を行う施設であって、老人福祉施設、認知症対応型老人共同生活援助事業を行う住居その他厚生労働省令で定める施設でないものをいう。以下同じ。）を設置しようとする者は、あらかじめ、その施設を設置しようとする地の都道府県知事に、次の各号に掲げる事項を届け出なければならない。」

　人数の撤廃、サービス内容の弾力化は、有料老人ホームの範囲を大きく広げ

ることとなり、一方では「有料老人ホーム」の内容(居室面積・費用・サービス・設備等)を一括りで論ずることが、一層困難になった。

定義のほかの大きな改正点
○**帳簿の保存の義務付け**（老人福祉法第29条第3項）

> 次の事項を記した書類を作成し、作成の日から2年間保存すること
> ○一時金、利用料等、入居者が負担する費用の受領の記録
> ○入居者に提供したサービスの内容
> ○緊急やむを得ず入居者に身体的拘束を行った場合の、その態様、時間、入居者の心身の状況、緊急やむを得ない理由
> ○サービスに関する入居者や家族からの苦情の内容
> ○サービス提供により事故が発生した場合のその状況、処置の内容
> ○サービスの提供を委託により他の事業者に行わせる場合、当該事業者の名称、所在地、委託に係る契約事項、業務の実施状況
> 　　　　　　　　　　　　　　　　　　　　　　　（施行規則第20条の6）

○**情報開示の義務付け**（老人福祉法第29条第4項）
　次に定める事項を書面により交付すること。

> ○有料老人ホームの設置の届出の際の届出事項の一つとされている「施設において供与される便宜の内容、費用負担の額その他の入居契約に関する重要な事項」
> ＝重要事項説明書の事項（指導指針により標準様式を示している）
> 　　　　　　　　　　　　　　　　　　　　　　　（施行規則第20条の7）

○**一時金保全措置の義務付け**（老人福祉法第29条第5項）
＜保全措置の対象となる費用の内容＞

> ○いかなる名称であるかを問わず、家賃、施設の利用料、サービスの供与の対価として収受するすべての費用が、一時金保全措置の対象となる。
> ※家賃6ヶ月分に相当する額を上限として敷金は対象外とする。

<保全措置の範囲>

○500万円か返還債務残高いずれか低い方とする。

<保全の方法>（施行規則第20条の9・10、厚労省告示第266号）

①銀行等による保全金額に相当する部分の連帯保証 ②指定格付機関による特定格付が付与された親会社による保全金額に相当する部分の連帯保証 ③返還債務の不履行により入居者に生じた損害のうち、保全金額に相当する部分を保険事業者がうめることを約する保証保険 ④信託銀行との間で締結する保全金額に相当する部分についての入居者を受益者とする信託契約 ⑤民法34条により設立された法人との間の保全のための契約で①から④に準ずるものとして都道府県知事が認めるもの※ ※（社）全国有料老人ホーム協会の入居者基金も該当しうる。

あわせて指導指針の改正も行われ、社団法人全国有料老人ホーム「標準契約書」に以前から盛り込まれていた短期解約特例の項目が指針上にも規定された。

・契約締結日から起算しておおむね90日以内の契約解除の場合について、前払い金の全部を利用者に返還すること。
　　＊ただし、契約解除日までの利用期間に係る利用料及び原状回復のための費用等について、適切な範囲で設定し、受領することは差し支えない。
・老人福祉法に規定する一時金の保全措置が義務付けられていない有料老人ホームであっても、適切な保全措置を講じるよう努めること。
・有料老人ホームの表示事項として、外部サービス利用型特定施設である場合には、その旨明示すること。
・重要事項説明書の標準様式を改正し、情報の公表制度の特定施設入居者生活介護に係る基本情報項目の様式と同様のものとすること。

また、有料老人ホームの類型が下記のように、また表示事項が（表7-3のように）変更されている。

〈類型〉
　介護付有料老人ホーム（一般型特定施設入居者生活介護）

介護付有料老人ホーム（外部サービス利用型特定施設入居者生活介護）
住宅型有料老人ホーム
健康型有料老人ホーム

表7-3　介護付有料老人ホーム（一般型特定施設）の表示事項

居住の権利形態	利用権方式
	建物賃貸借方式
	終身建物賃貸借方式
利用料の支払い方式	一時金方式
	月払い方式
	選択方式
入居時の要件	入居時自立
	入居時要介護
	入居時要支援・要介護
	入居時自立・要支援・要介護
介護保険	※※県（市）指定介護保険特定施設（一般型特定施設）
介護居室区分	全室個室
	相部屋あり（※人部屋～※人部屋）
一般型特定施設である有料老人ホームの介護にかかわる職員体制	1.5：1以上
	2：1以上
	2.5：1以上
	3：1以上
その他	提携ホーム利用可（※※※ホーム）

　同時期、介護保険法の改正も行われた。特定施設の分類は図7－1の通りとなった。制度改正による大きな変更点として、①介護予防の導入　②地域密着型サービスの新設　③ケア付高齢者住宅の充実化等が図られている。
　以上有料老人ホームに係る制度の変遷を、老人福祉施策を中心に述べてきた。
　最後に、現在の有料老人ホーム事業に関連する法令等をまとめた（図7－2）。高齢者人口の激増は少子化社会状況の変化等とあいまって、老人福祉施策に今後ますます民間活力を必要として来るものと思われる。

図7-1 特定施設入居者生活介護

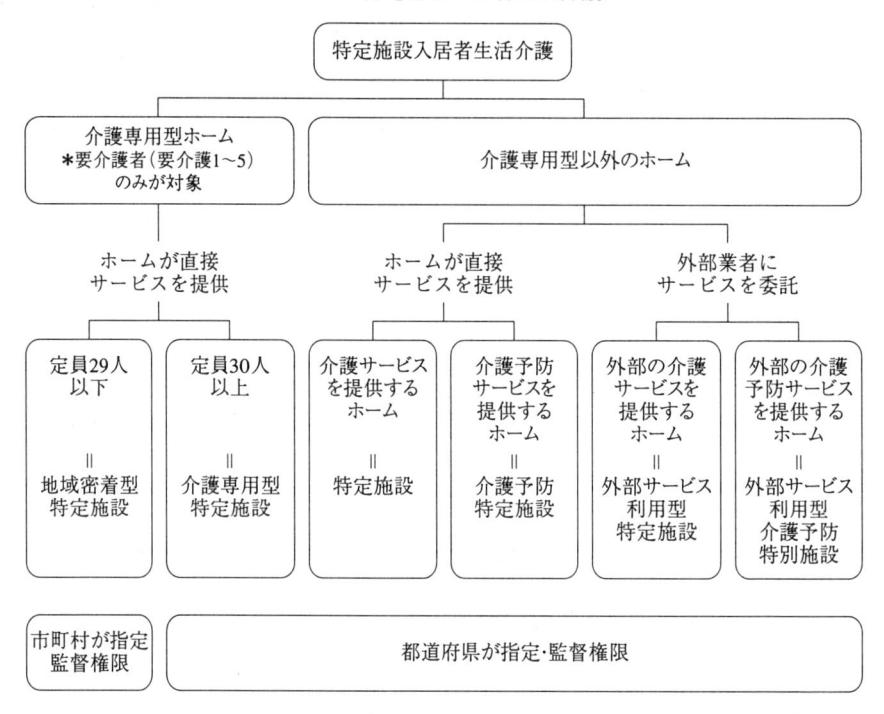

```
                    特定施設入居者生活介護
                              │
         ┌────────────────────┴────────────────────┐
    介護専用型ホーム                          介護専用型以外のホーム
    *要介護者（要介護1～5）
     のみが対象
         │                                         │
   ┌─────┴─────┐                    ┌──────────────┼──────────────┐
ホームが直接                    ホームが直接                     外部業者に
サービスを提供                  サービスを提供                 サービスを委託
```

定員29人以下	定員30人以上	介護サービスを提供するホーム	介護予防サービスを提供するホーム	外部の介護サービスを提供するホーム	外部の介護予防サービスを提供するホーム
＝	＝	＝	＝	＝	＝
地域密着型特定施設	介護専用型特定施設	特定施設	介護予防特定施設	外部サービス利用型特定施設	外部サービス利用型介護予防特別施設

市町村が指定監督権限	都道府県が指定・監督権限

2　有料老人ホームの現状

（1）有料老人ホームの基本的な仕組み

　有料老人ホームの基本的な仕組みを必要経費と提供サービス内容等の関係で見てみると、表7-4のようにまとめられる。
　これらの全て、あるいは組み合わせで有料老人ホーム事業が展開されている。

（2）有料老人ホーム事業の多様化

　有料老人ホームは、高齢期の住まいの選択肢の一つとして、その数を確実に増やしてきたが、その多くを特別養護老人ホーム代替型の、入居時要介護のホームが占めている（表7-5）。
　この他に、急増低価格型ホームの特色として、

第7章　有料老人ホーム

図7-2　有料老人ホーム事業関連法令等一覧

経営	ソフト	ハード		
利用料・契約内容等に関するもの / 事業収支計画に関するもの / 施設管理・サービス提供等運営に関するもの	職員の配置等人員に関するもの	建築物の敷地・構造・設備に関するもの	職員の配置等人員に関するもの	有料老人ホームの定義、設置届出に関するもの

国の法令等：
- 老人福祉法
- 都市計画法
- 建築基準法
- 消防法
- バリアフリー法
- 高齢者が居住する住宅の設計に係る指針
- 高齢者の居住の安定確保に関する法律
- 介護保険法
  - 厚生労働省令第35号
  - 厚生省令第36号
  - 厚生省令第37号
  - 厚生省老企第52号
  - 厚生省老企第25号
- 景品表示法・指定告示及び運用基準
- 消費者契約法
- 個人情報保護法
- 高齢者虐待防止法
- 公益通報者保護法
- 有料老人ホーム設置運営標準指導指針・重要事項説明書

都道府県：
- 有料老人ホーム設置運営指導指針（都道府県は、国の標準指導指針を参考として、地域の状況に応じて策定）
- 福祉サービス第三者評価制度
- 福祉のまちづくり条例

市区町村：
- 有料老人ホーム設置運営指導要綱　等

注1）バリアフリー法＝高齢者、障害者等の移動等の円滑化の促進に関する法律（平成18年12月20日施行）
2）厚生労働省令第35号＝指定介護予防サービス等の事業の人員、設備及び運営並びに指定介護予防サービス等に係る介護予防のための効果的な支援の方法に関する基準（平成18年3月14日）
3）厚生省令第36号＝介護保険法施行規則（平成11年3月31日）
4）厚生省令第37号＝指定居宅サービス等の事業の人員、設備及び運営に関する基準（平成11年3月31日）
5）厚生省老企第52号＝特定施設入所者生活介護事業者が受領する介護保険の給付対象外の介護サービス費用について（平成12年3月30日）
6）厚生省老企第25号＝指定居宅サービス等の事業の人員、設備及び運営に関する基準について（平成11年9月17日）

表7-4　有料老人ホームにおける必要経費と提供サービス内容等の関係

費用項目	提供サービスの内容	使途
入居一時金 （家賃相当分の前払い）	終身にわたり居室、共用施設を利用できる権利の提供	居住する個室、その他共用施設の利用のための費用
室料（月払い家賃）	居室、共用施設を利用できる権利の提供	同上
管理費	生活支援（フロント、家事、代行等）サービス 健康管理サービス アクティビティサービス等	事務管理部門の人件費、事務費 共用施設等の維持管理費 日常生活支援サービス提供のための人件費
食費	3食の食事サービス	食材費、厨房人件費、厨房維持費等
介護費		
・介護保険対象費用の1割負担分	介護保険法上の特定施設入居者生活介護サービス	介護・看護職員 人件費
・介護保険対象外費用（一時払い、月払い、その都度払い）	介護保険対象外の介護サービス	
・その他費用	おむつ、消耗品費	
その他費用	個別サービス 水道光熱費、電話代	

・チェーン展開

・地元密着

・合理性、効率性の追求等

があげられる。

（3）高齢者のための施設

　有料老人ホームは、福祉施設ではないが、高齢者に居住の場とサービスを提供する福祉施策の一環として老人福祉法に位置付けられてきた。しかし、国民皆年金等、費用負担が可能な高齢者の増加にともないサービスを切り離し、"高齢者に適した住まい"の側面から、国土交通省も高齢者への施策を積極的に展開してきている（表7-5、6参照）。

表7-5 有料老人ホームのタイプ別比較

	急増低価格型ホーム	従来型ホーム
規模（室数）	小規模（50室前後）	中規模（100室～）
立地	都心・都市近郊	都心・都市近郊・郊外
建物	改装・新築	新築
部屋の大きさ	比較的狭い	比較的広い
共用施設	少ない（狭い）	多い（広い）
家賃相当分の支払い	入居一時金 月額払い 入居一時金＋月額払い	入居一時金
介護費用	介護保険1割負担＋都度払い（介護保険対象外サービス費用） 介護保険1割負担＋一時金、都度払い（介護保険対象外サービス費用）	
入居対象	要介護者向けが多い	健常者向け、または健常者＋要介護者向けが多い

3 有料老人ホームの課題

（1）有料老人ホーム定義変更による変化

表7-7は、平成12年～19年の各県別届出有料老人ホーム数である。

特に18年度以降急激に届出数が増加した自治体のホームは、10室以下のホームが多い（平成18年10月、9人以下届出ホーム45、定員322）。

平成18年の老人福祉法における、有料老人ホームの定義の改正によって、10人以下のいわゆる宅老所を運営してきた事業者も、有料老人ホームとしての届出が義務付けられ、ホーム数も増加している。有料老人ホームの幅は大きく拡大し、選択肢は広がったように見える。しかし、居室面積・費用・規模・サービス内容等大きな隔たりがあるものを有料老人ホームの名称でくくってしまうこと、あるいは、高齢者が一人でも入居していれば、有料老人ホームとすること等、消費者の選択責任の観点からは一考の必要がある。事業モデルごとのカテゴリー化等現行の有料老人ホームの表示を含めて検討することは喫緊の課題と思われる。

表7-6 高齢者の

		対象者
有料老人ホーム	介護付（一般型）	①入居時自立の方②入居時自立・要支援の方
	介護付（外部サービス利用型）	③入居時自立・要支援・要介護の方④入居時要支援・要介護の方⑤入居時要介護の方＊ホームにより対象者は異なる
	住宅型	
	健康型	自立生活可能な方
シルバーハウジング（公営住宅・公団住宅）		60歳以上の単身、夫婦世帯等
シニア住宅		自立生活可能な方
高齢者向け優良賃貸住宅		60歳以上の方
高齢者専用賃貸住宅		高齢者
認知症高齢者グループホーム		要介護1以上で、比較的安定状態の認知症症状がある方
介護老人福祉施設（特別養護老人ホーム）		要介護1以上の方
介護老人保健施設（老人保健施設）		要介護1以上の方
軽費老人ホーム	A型	身寄りがない、あるいは家庭の事情によって家族との同居が困難な60歳以上の方（所得制限あり）
	B型	家庭環境、住宅事情等の理由により居宅での生活が困難な60歳以上の方で、自炊ができる程度の健康状態の方
	ケアハウス	自炊ができない程度に身体機能が低下し、また独立して生活を営むには不安があり、家族による援助を受けることが困難な60歳以上の方

第7章　有料老人ホーム

ための施設

設置主体	介護保険サービスの利用	施設数
制限なし ＊個人経営でないこと	「特定施設入居者生活介護」事業者としてホームの職員が介護サービスを提供	2,513施設（H19.2) ※厚生労働省
	「特定施設入居者生活介護」事業者としてホームの職員が安否確認や計画作成等を実施し、介護サービスは委託先の介護サービス事業者が提供	
	外部の居宅サービスを利用	
	（介護が必要になった場合には契約を解除）	
地方公共団体、 都市再生機構	外部の居宅サービスを利用	21,994戸／821団地 （H19.3)※高齢者住宅財団
管理者＝地方住宅供給公社、地方公共団体が財産を提供して設立した民法34条法人、賃貸住宅管理実績のある法人等	施設により異なる	高齢者住宅財団認定施設：12※高齢者住宅財団
制限なし	外部の居宅サービスを利用	31,999戸／732団地 （H19.3)※高齢者住宅財団
制限なし	外部の居宅サービスを利用 ＊特定施設入居者生活介護の指定を受けた場合は、施設がサービスを提供	13,406戸／576件 （H19.9)高優賃含む ※高齢者住宅財団
法人であれば制限なし	「認知症対応型共同生活介護」事業者として、施設がサービスを提供	9,180施設（H19.8)※ WAMNET
地方公共団体、社会福祉法人	施設がサービスを提供	5,956施設（H19.8)※ WAMNET
地方公共団体、医療法人、社会福祉法人等	施設がサービスを提供	3,487施設（H19.8)※ WAMNET
地方公共団体、社会福祉法人	「特定施設入居者生活介護」の指定を受けた場合には、施設がサービスを提供	235施設（H18.3) ※厚生労働省
地方公共団体、社会福祉法人		33施設（H18.3) ※厚生労働省
地方公共団体、社会福祉法人 都道府県の認可を受ければ社会福祉法人以外でも可		1,738施設（H18.3) ※厚生労働省

表7-7　都道府県別有料老人ホーム数の推移

都道府県名	平成12年7月	平成16年7月	平成18年7月	平成19年2月	都道府県名	平成12年7月	平成16年7月	平成18年7月	平成19年2月
北海道	15	28	66	88	滋賀県	4	6	8	9
青森県	1	19	25	45	京都府	9	9	10	10
岩手県	0	0	34	40	大阪府	13	70	192	185
宮城県	2	7	20	32	兵庫県	23	44	73	81
秋田県	1	2	7	13	奈良県	4	9	16	16
山形県	0	4	16	39	和歌山県	3	3	6	7
福島県	3	4	71	63	鳥取県	2	5	9	9
茨城県	11	20	27	33	島根県	2	4	8	11
栃木県	3	4	9	9	岡山県	4	16	45	47
群馬県	10	17	29	33	広島県	4	19	45	49
埼玉県	13	44	102	105	山口県	3	15	42	42
千葉県	37	58	114	118	徳島県	0	0	5	8
東京都	48	166	283	313	香川県	3	16	37	41
神奈川県	53	151	265	265	愛媛県	5	8	22	27
新潟県	4	8	11	22	高知県	0	0	6	11
富山県	0	0	1	3	福岡県	11	51	181	201
石川県	1	4	9	10	佐賀県	1	2	9	11
福井県	4	3	5	6	長崎県	1	5	25	39
山梨県	3	4	6	6	熊本県	2	5	16	59
長野県	3	8	18	41	大分県	4	15	35	42
岐阜県	0	6	19	20	宮崎県	1	9	41	45
静岡県	19	36	60	64	鹿児島県	3	6	23	22
愛知県	12	56	150	145	沖縄県	1	5	14	12
三重県	3	9	15	16	計	349	980	2,230	2,513

（2）総量規制について

　有料老人ホームの届出数は、確実に増加している。一方、各自治体が3年ごとに定める「老人福祉計画」と第3次「介護保険事業計画」において、特定施設枠については、ほとんどの場合、規制し、あるいは3年後の計画再策定以降にしか、枠の改訂を認めていない。

設立希望者は多く、また消費者のニーズも、多くは特定施設としてのサービスを期待している。しかし、現行の介護保険制度の中では、希望するすべてのホームに、特定枠を与えることは困難な状況で例えば、100室のホームのうち、10室のみ特定施設として指定するなど、変則的な指定が生じている。人員配置基準等コンプライアンスの観点、あるいは表示の面からも問題が生じかねない。
　一方、やむを得ず「住宅型」で届出を行い、介護専用型を運営するホームが増加している。特定施設サービスとの違いを表示等で明確にすることが求められる。

(3) 医療的介護の増加

　介護保険上の施設の1つである、療養型病床の廃止、転換が決定している。有料老人ホームだけでなく、在宅の高齢者にとっても医療的介護が必要となった場合どこで過ごすかは大きな問題となってきている。医療施設ではないとされてきた有料老人ホームで、家族なら行える胃瘻対応等が、医師の指示のもと看護師しか行えない。一方ホームは、終の住家として、終末見守り、介護が期待されることは必然であり、関連する法整備の問題は残るが、医療介護・ターミナルケアを有料老人ホームはどこまで支えられるのかは、大きな課題となっている。

(4) 社団法人全国有料老人ホーム協会の役割

　民間の創意と工夫で、消費者ニーズに応えながら有料老人ホームはその数を拡大して来た。しかし今後は、特定施設である有料老人ホームは、民間施設ではあるが介護保険対象サービスを提供する公的な施設の1つとなったことを強く意識していかなければならない。協会は老人福祉法に位置付けられて以降、単なる事業者団体ではなく、「基金の創設」「苦情処理委員会」等、入居者保護に特化した事業を積極的に展開して来ている。ホームにおけるサービスの質の確保・向上のための研修等、あるいは消費者への積極的な情報の提供等、協会の役割は益々重要となってくる。

〈参考資料〉
　(社) 全国有料老人ホーム協会『有料老人ホーム便覧』
　厚生労働省「社会福祉施設等調査」
　(社) 全国有料老人ホーム協会『20年のあゆみ』

厚生労働省老健局振興課「介護保険制度改革における居住系サービスの見直し」他
松岡昭任「多様化する高齢者向け住宅と有料老人ホームの探し方」
中島弘和「入居契約のチェックポイント」

第8章　高齢者グループホームにおけるケアのあり方をめぐって
──住まい方、ケアの在り方の優れたところ

吉田正浩

　ノベライズ社の吉田でございます。ただいま、全国的にグループホームが急増しておりまして、それに伴い、いろいろな問題も生じています。私は、全国団体にも属しておりまして、それを具体的にはどうしてゆくか、課題となっています。高齢者グループホームの現状と課題について、少しでもお伝えできればと思っております。

　当社は、八王子市と調布市でそれぞれ、1ユニットのグループホームを持っております。八王子の高齢者グループホーム「まりや」は平成13年6月にオープンしました。調布の高齢者グループホーム「布田の家」は、平成15年7月にオープンしました。当初、2軒目も八王子に置きたいと考え、具体的な場所もありまして、八王子市に打診したところ、もうグループホームはいっぱいなので承認できないということだったので、違うところを探して、調布市になったということです。

1　グループホームにおけるケアのあり方の基本

　全国痴呆性高齢者グループホーム協会（当時の名称。現在、痴呆性を認知症と変更）が、グループホームの全国団体ですが、5月15、16日に大阪で全国フォーラムが行われます。全国のグループホーム数ですけれども、よく新聞などにも書かれていますけれども、最近で、4,585カ所あります。東京都では79カ所になっています。全国的なグループホームの問題としては、質の問題がよく指摘されています。質と言われても、何をもって質というのか、私たちには、漠然としすぎている感じです。事業者としては、質の評価とか、質が悪いとか、サービスの質という場合、何をもって質と言うのかよくわからないのですが、よく言われる例としては、鍵を締め切りにしている、虐待まがいなこともある

ようなこともあるとの話が例示されております。

それから急増していくなかで、大手の会社がワッとグループホームを建てると、そこに入る管理者は、老人ホームの相談員をやられていた方などのわけです。私たちもグループホームを運営して、まだ3年目ですけれども、グループホームで何をすればいいのかというのがわからないなかで、特別養護老人ホーム（特養）の人が入ってくると、その人は多分もっと苦労されて、どうしても特養風になってしまうのではないかと思います。特養風のケアとグループホームのケアでは、違いが大きいのですが、簡単ですけれども、全国の状況はそんなところだと思います。

お配りした文書を見ていただきます。そこに厚生省令「指定居宅サービス等の事業の人員、設備及び運営に関する基準第156条（認知症対応型共同生活介護の基本方針）」があると思いますが、私たちがどういう仕事をするかという基本的な枠を決めています。これに関してお話をしたいと思います。

「指定居宅サービスに該当する認知症対応型共同生活介護の事業は、要介護者であって」、以下ずっと進んできて、私たちが注目しているのが一番下のところです。「家庭的な環境の下で入浴、排せつ、食事等の介護その他の日常生活上の世話及び機能訓練を行うことにより、<u>利用者が</u>、<u>その有する能力に応じ</u>、<u>自立した日常生活を営むことができるようにするものでなければならない</u>」とあります。

これをそのまま読んでしまうと、「利用者がその有する能力に応じ自立した日常生活を営むことができるようにするものでなければならない」という一つの文章になってしまうのですが、「<u>利用者がその有する能力に</u>」の「利用者が」というのは当たり前のことですけれども、これはお年寄りのことを言っている言葉です。その次の「<u>その有する能力</u>」はそのお年寄りがそれぞれ持っている能力で、これも年寄りのことを言っていることで、「<u>応じ</u>」というのは、私たちの仕事になってきます。人それぞれ違いがあるなかで、<u>体力、日常生活の力</u>に応じ、お年寄りが自立した日常生活を営むことができるようにしなければいけないというのが私たちの仕事になってきます。

2　ケアの本質の具体化——お年寄りのできないところを助ける

では具体的に何をしているのかというところで、今日はビデオを持ってきて

いますので、ちょっとビデオを見ていただきたいと思います。

　このビデオは、私たちはお年寄りが主体的に生きてもらうために、ご飯づくりはお年寄りにやってもらおうじゃないかというので、まだ始まったころのビデオです。いろいろぎこちなさもあると思いますけれども、お年寄りの力を信じ、少しずつ見極めてやっていくところです。ちょっと見てください。

（ビデオ上映、室内の生活風景）

　話の続きですけれども、なぜお年寄りにご飯をつくってもらうことになったかというきっかけはこうです。東京のグループホーム「きみさんち」の林田俊弘氏が代表をしているグループホームが3軒あります。彼と食事をしながら話したときに、私は彼に、「まりやでは、お年寄りにご飯づくりを手伝ってもらいながらご飯を食べている」と言ったわけです。その林田さんとの会話のなかで、これは実はすごくおかしなことだと、気づかされたのです。お年寄りが食事づくりを手伝っていることになると、だれのためのホームなのか、だれのための生活なのかということに気づかされたのです。それでお年寄りにやってもらうためにどうしたらいいのかを話して、試行錯誤のなかで少しずつお年寄りにバトンタッチしていくことをしました。

　調布でもまりやでもそうですけれども、皆さんそれぞれ認知症老人と言われる方は何ができないのかということを考える。生活のなかの一部ができないだけで、そこを私たちが声掛けなり手助けをすることによって生活ができるようになることも、私たちは少しずつ気づかされてきたわけです。

　生きていく暮らしのなかで、地べたについた生き方を提供していこうということで、うちのホームではレクリエーションみたいなことはほとんどなく、朝ご飯を食べて、そのあと、スタッフ、お年寄りが一緒になってみんなで掃除をします。その後に、お年寄りはたぶん聞かれたくないのだろうけれども、毎日、ご飯、何にする？　ということをスタッフは聞きます。昼食は何にしましょうかと聞くと、スパッと返ってくる人もいれば、そうでない人ももちろんいます。そうすると、ご飯がいいか、うどんがいいか、そばがいいか。魚がいいか、肉がいいかということを、たぶん毎日聞かれたくないけれども、聞きます。それは主体をお年寄りに置きたいという私たちの願いからそういうことをしているわけです。そして午前中に近くのスーパーまでみんなで買い出しに行って、ご飯をつくるということをしていると、1日があっという間に過ぎてしまいますが、今までの生活の継続をしていこうというふうにケアのスタイルを変えてい

ます。ちょっと格好よく言うと、生きる姿を支えていきたいということです。
　私たちの目指しているお年寄り像は、施設を利用するわけではないけれども、道端で重そうなビニール袋を持って歩いている人たちのように、たくましく一人で自立して、腰を曲げながらも買い物に行くような人たちのほうが豊かではないかと思っているところがあります。それでそのようなことを目標にしています。
　お茶を飲むときを例に、グループワークをしてみようと思います。ご協力ください。もっとも具体的に、どういうことを考えて、何をしているかというところで、3名ずつになっていただいて、自分がお茶を飲もうと思って飲み終わるまでを、こと細かに3人で話してもらいたいと思います。たとえば「お茶を飲もうと思う」ということが一番初めに来ると思います。その次に「やかんを確認する」「やかんにお湯を入れる」というような、お茶を飲むためのいろいろな行動があります。それではこちらの3人が一緒になっていただいて、いいですか、お茶を飲むまでの過程を考えていただきたいと思います。
　それで、あと5分ぐらいでまとめていただければと思います。

　　　　　　（5分間。3人ずつで話し合う）

　これは私たちの支援のなかですごく大事なことで、ちなみにお風呂に入るためには、無意識ですがいくつもの工程があり、支援者が項目を整理すると何十項目になります。ちょっと詳しすぎるような感じですが（笑）。
　だいたいよろしいでしょうか。それでは第1のグループから何項目に分かれたか、発表していただきたいと思います。
　○○　お茶を飲みたいと思う。台所に行く。お湯があるかを確認する。なければやかんに水を入れる。ガスに掛ける。急須、湯飲み茶碗を選ぶ。それを出す。洗っていなければ洗う。お茶筒を出す。お茶の葉を確認する。お茶缶を開ける。お茶の葉の量を量って急須に入れる。ガスを消す。沸いたお湯をお茶碗に入れる。少しお湯を冷ます。急須のふたを開けてお湯を入れる。お茶碗にお茶を注ぐ。お茶を飲む。以上です。
　吉田　有難うございます。そちらはよろしいですか。何項目ぐらいになりましたか。
　○○　昔方式のやつは、やかんを持ってくるところがあります。水を入れる。ガスを点火する。茶碗を人数分用意。茶碗を1度お湯で温める。それでその水を捨てる。お茶を持ってきて、急須にお茶の葉を適当量入れる。急須にお湯を

第8章 高齢者グループホームにおけるケアのあり方をめぐって

注ぐ。しばらく待つ。ここの茶碗にお茶を注ぐ。茶碗を配るということで、14項目かかっていますかね。（笑）

吉田 有難うございます。

○○ ここに書いていないのですけどほとんど同じでした。ただ、いま普通の家では朝ポットにお湯を入れておくところが多いですから、やかんを探さないで、ポットにお湯があるかどうかを確かめる。それを入れて、なかったらやかんを探してお湯を…（笑）

吉田 いまなぜわざわざ話していただいたかというと、私たちがやると何も考えないで、無意識のなかで、置いている場所も何も全部わかって、お茶なんかすぐに入れられることなのです。ただ認知症の人たちは場所がわからなくなったりするのです。それでその項目が非常に大事になってくるわけです。お茶を飲むということでは私たちが考えているのは22項目ぐらいあります。そこで、だれだれさんはどこでつまずくかということを考えていないと、できることまで私たちは提供するようになってしまう。それは支援ではないのではないか。代行業ではないか。体は自分で洗えるのに、体まで全部洗ってしまっていいのかというふうに考えているわけです。

きょうの午前中、私は調布のホームに行ってスタッフと話をしていたら、お年寄りがお茶を用意して私に持ってきてくれる人もいるのです。そして八王子に着いたら、「あんた、お茶を飲んでいきなよ」と言ってくれました。その人がいつもつまずくのは、お茶の葉が置いてある場所がわからないのです。それでスタッフはそこに置いてそっと手伝う。それからポットを使っているのですが、今のポットは二つボタンを押さなければいけないわけです。介助というと、そこに「1、2」と番号を振ってあるのですが、そこでつまずくので、「1、2」と職員が言うと、自分でポットからお湯を出せるのです。そうするとお茶を私のところに運んでくれることができるわけです。

ずっとそういうことの積み重ねをしております。今のはお茶だけだったのですが、お風呂もそうで、自分でできる人はやってもらう。基本は自分でやることだというふうに思っています。もちろんできない部分は私たちがお手伝いをさせてもらうということで生活を考えています。

3　ケアの実際にあたって考えていること

　次のビデオの準備がきたようなので、ビデオを見たいと思います。まだまだつたないものですけれども。
　　　　　　　（ビデオ上映、グループホームでの生活を描く）
　このような感じで生活を送っています。
　先ほどのグループホームの基本方針ですが、これをどう理解するかですが、「利用者がその有する能力」というのはそれぞれ違うもので、それに「応じ自立した日常生活を営むことができるようにするものでなければならない」。お年寄り一人ずつの能力、何ができて、何ができないのか。よく「見極め」という言葉が使われますけれども、それをまず自分たちもしっかり行っていくこと。それから物事の順番や、何ができて、何ができないかの見極め。それから、いかに行いやすい環境づくりができるか。
　今のビデオの後半部分に「アプローチ編」というのが入っているのですが、昨日の夜、NHKでメジャーリーグに行った松井選手のバットを作っているという番組をやっていました。そのバットを作っている業者の人は、バットを持った瞬間に、これだったら打てそうな気がするバットを作りたいと言っていたのですが、私たちはグループホームという環境のなかで、これだったら私はできるかもしれないという気になるようにうまく誘導することが今度は必要になってきます。これはその日の天気だったり気分だったり、午前中と午後でもぜんぜん違いますから、これはまた非常に難しいところです。
　「認知症高齢者」という言葉が使われますけれども、そんな乱暴な言い方はないだろうと思っています。骨折した人を「骨折人間」とは言わないわけです。認知症の人に対するケアは、私たちは8時間の勤務で、交替勤務だからできるという前提が絶対にあると思います。家族に私たちと同じようにしろといっても、それは難しいと思います。リフレッシュできる環境のなかで行っていることですけれども、認知症によって日常生活に障害が出る部分はほんの一握りではないかと思います。八王子でもいま1人の方が、ココセコムを持っておられます。その人はホームに入ってくる前もそうだったのですが、近くの老人憩いの家みたいなところまで毎日行くのが日課だったので、その感覚が残っているのか、もともと家にいるのがきらいな人なのか、ホームでも同様にご飯が終わ

ると外へ出て行く。その人について絶対細かく考える必要があるのですが、そこで「無断外出」という言葉を使ってしまえば、それだけで終わってしまうのですが、その人には何らかの目的が絶対あるのだろうと私たちは考えています。それから玄関に出て、自分の靴を絶対に間違えずに履き、玄関から出て行くというところまでは少なくとも間違えていないのです。その先で、どこに行ったかわからなくなってしまうというところで障害が出てくる。それでスタッフのだれかが、後ろからついていけば、その人の問題点はなくなるわけです。そういうような生活の繰り返しをずっとしています。

　この間、箱根にスタッフ勉強会に行ってきたのですが、そのとき、もうこういう言葉を使うのはやめようというものが何個かありました。一つは、「認知症が進んだ」という言い回しです。というのは、「認知症が進んだ」という言葉を介護職が言っていたら、いくらたってもいいものにならないのではないかという気がするのです。何が落ちたのか、何ができなくなったのかを具体的に研究していかなければいけないのではないか。だから「認知症が進んだ」という安易な言葉をもう使うことはやめようと話しました。

　それからグループホームでも福祉の世界で、「その人らしさ」、「その人らしく」というのはよく使われる言葉ですけれども、そんないいかげんな言葉はないだろうという話を最近しています。「その人らしさ」というのは、少なくともその人の言葉ではないということは理解できると思います。私たちの仕事で言えば、介護者が一方的に決めつけて、この人はこういう人だというところから、「この人らしいね」という言葉を使うと思います。私たちのところでの生活は、人生のなかのほんの半年や1年であって、そういうなかでそこまで決めつけていいのかということが一つ。「その人らしさ」ということを考えたときに、どういうときに使っていい言葉なのかということで、この言葉を使うのをやめようということになりました。

　全国グループホーム協会の機関誌は「ゆったり」という名前ですが、お年寄りを見ているとぜんぜんゆったりなんかしていないのです。ゆったりの次には、絶対に行動があって、行動が終わってゆったりしているときもあるのかもしれませんけれども、むしろはつらつというか、生き生きとして、生きている残酷さというか、老人ホームと比べても比較にならないと思います。老人ホームには老人ホームのよさはあるし、グループホームにはグループホームのよさがあるわけです。ただ老人ホームだとオール・イン・ワンというか、洗濯室があり、

栄養士さんもいて看護師さんもいて、ある程度生活環境が整っていて、それはグループホームとは比べ物にならないのですが、そこでやりすぎてしまうと、のほほんとしてしまって、私は個人的に、生きているのではなくて、生かされているような状態になる危険があるのではないかと思うことがあります。

　それは具体的に老人ホームの否定ということではなくて、あまりにも充足しすぎているということです。うちのホームは栄養士さんもいなければ、掃除をしてくれる人もいない。だからそれをやらないと、汚いままだから、一緒にやりましょうとか、だれかがやっていると、ほかのお年寄りもやったりする。それは楽か楽ではないかと考えると、決して楽ではないと思いますけれども、生きているたくましさみたいなことがあります。

　きょうも八王子のホームで、お年寄りが「私、嫁いびり大好きなのよ」と38歳の女性スタッフに言葉をかけたりするのです。安心し切っている感覚が感じられました。お年寄りもそこで自ら選択をして、ご飯をつくり、買い物に行くということから、ここに居ていいんだ、自分がここで必要とされているんだということが少し出てくるのではないか。その人が生き生きとする環境というのは全部を与えるのではなくて、その人が主体的に何かが少しでもできる環境なのではないかということを考えたりします。だから、うちは「ゆったり」よりも、「生き生き」とか、「生きている残酷さ」という言葉のほうが合うのではないかと思います。

　「グループホーム」という言葉も少し疑問に思うところがあります。入っているお年寄りはだれもグループだなんて思っていないということです。行政のカテゴリーのなかで「グループホーム」と言われるのですが、そこに入っている人みんなは自分たちがグループだという意識はない。また「もう一つの家」とか「もう一つの家族」というふうに言われるけれども、お年寄りにとっては、そんなことは決してないということを、私たちは考えておかないと、お年寄りに変なことを強要するようになってしまうのではないか。ここは今日からあなたの家ですからね、と言っても、実態的に家がある人が多いわけで、そういうことを言うのは少し控えたほうがいいのではないかということも話しています。

4　ターミナルケアをめぐって

　それからよく質問があるのは、グループホームでターミナルができますかと

いうことです。この間、厚労省の認知症ケアの関係の研究会の作業部会ですか、ターミナル班に私はオブザーバーで呼ばれたのです。そこで何が話し合われたかというと、ターミナルケアをするためには、訪問看護の必要性があるということですが、逆に私は福祉のほうに偏っているので、訪問看護師さんには入ってもらいたくないということを個人的に思っています。訪問看護師さんがおられたら申し訳ないのですが、今、幸いなことに八王子のまりやは、N病院の先生が往診に来ています。調布では、近くの医院の先生がいつでも往診に来てくれます。

　訪問看護師さんがグループホームに月2回、3回入ってきたところで、何ができるのだろうかと思うところがあります。利用者からお金が出るのですが、結局、医師の指示がなければできませんという回答が返ってくるのであれば、訪問看護師さんよりも、むしろ近隣を訪問してくれるいい医者が、グループホームのターミナルの必須条件になるのではないかと考えています。

　それぞれのホームでいま具体的にターミナルができるのかということになりますと、人によってはできるという回答しか私はできないのです。グループホームでターミナルができると言っているところは、症状によっては、ということですし、また、クリニックが併設されていたりするところはできると言っていいと思いますけれども、そうでないところは物理的にできる要素はないと思います。看護師さんがそこにいるわけではないですし、医療的な処置ができないわけです。

　人によって、症状によってと言ったのは、往診に来てくれる先生がいることがまずあって、その上でということです。うちのグループホーム場合、お世話になっている先生からは、何か困ったことがあっても、電話ではつながりにくいことがあるので、ファックスで流してくれと指示を受けています。転倒したら、どういう状態で転倒したからということを書いてファックスをすると、先生から時間が空いたときに電話が来て、こういうふうにしろという指示があったり、もしくは整形の先生を今から往診に出すというような連携が取れるから、多少のことはできるのではないかと思います。ただ、もっと医療依存度が高くなってくると、こうした対応は、無理だろうと思っています。

　本来グループホームでターミナルを考えるときに、医療とケアを混在させないで考えたほうがいいのではないかと考えるところがあります。ターミナルということになると、医療的なことばかりに目が行ってしまいがちですけれども、

グループホームのスタッフは医療面の資格を持っている人ではないですから、医療的なことはできなくて当たり前なわけです。医療的な協力があって、じゃ、私たちは何をするかというと、短い期間の人から長い期間の人までいますけれども、その人が好きな音楽や好きな話題、好きな食べ物を、私たちは短い間ですけど一緒に暮らしていてわかっている部分があると思うので、私たちはそういう部分でのアプローチができるのではないか。そういうときは1日1回笑ってもらおうというケアプランを作っていこうと考えています。

　そのターミナルについては少しあいまいな言い方になってしまいますけれども、その症状でできるときもあれば、できないときもある。家で看取れるようなタイプの症状であれば、うちのホームでも看取れる可能性が出てくる。そのとき家族は24時間ずっとみているわけですから、グループホームのスタッフは1日1回笑ってもらおうとか、この人は何々のコーヒーが好きだったから、しゃべれなくなってしまったときでも、コーヒー、飲まない？　という話しかけができたり、ターミナル期においても豊かに過ごしてもらうことがグループホームのスタッフの仕事だろうと思っています。

5　小旅行をしたときのこと

　時間がまだあるようなので、もう少しビデオを見ていただきます。
　これは、お年寄りとスタッフで石和に旅行に行ったときのものです。初めは車で行こうという計画をしていました。私はそのほうが安いから絶対いいと思っていたのです。もっと言えば、ドア・ツー・ドアにしなければならないのではと職員に言ったのですが、職員は、電車とバスで行くと言うのです。それはすごくお金がかかるのです。でもいまこの人たちは電車とバスで石和まで行けるから、電車とバスで行きましょうというわけです。それで電車とバスを利用したわけです。八王子駅までバスで行って、そこでお茶を飲んで休憩をしました。
　スタッフが下見に行ったとき、電車のなかで駅弁が回ってくるから、その駅弁を食べるということだったのですが、その駅弁が三つしかなくて（笑）、結局、石和駅で立ち食いそばを食べたりしたのですが、これはふつうの暮らしということを考えていますので、こんなものかなと思っています。
　私のつたない話で申し訳ないのですが、グループホームというのはいっぱい

危険があるのではないかとか、いろいろ質問がおありだろうと思いますので、ご質問をお願いします。

質疑応答

○○　本当に一生懸命献身的な活動をなさっている点は、私は心から敬服します。老人の見方だとか基本的なことをもう一度よく考えてみたいと思っております。

　それで、厚生労働省の基本方針に従って、それをグループホームらしいものとする解釈で、スタッフの皆さんが努力なさってきたことが分りました。その厚生労働省の基本方針を守ろうとすればするほど、ご苦労が多いのではないかと思います。僭越な言い方ですが、有限会社として、何もグループホームという形にこだわらずに、たとえば、もっと有料老人ホーム類似みたいなかたちで介護保険の指定を受けないやり方をすれば、経営的には楽かも知れない。しかも、大手でたくさんグループホームをつくっていますので、それと競争していくことは、容易でないでしょう。この厚生労働省の基準では、職員を必要人数確保するとか、非常勤でもケアマネを持たなければいけないとか、結構、締めつけも厳しくなっています。それなのに、なぜグループホームにそれほどこだわって、いわば殉教者みたいな苦しい立場になられているのではないか。そこをどういうふうにお考えなのかをお教えください。

吉田　まずなぜグループホームにこだわるのかというところでは、これからもグループホームにこだわろうと思っています。また今年も立ち上げ準備室をつくり、グループホームに絞って次をまた考えています。それはなぜかというと、簡単に言うと、私はグループホームが好きなのです。私は福祉系の専門学校を出て、初めは障害者施設に勤めて、そして老人ホームにも勤めました。それなりによさがあって、絶対必要なところだと思います。でも、出される同じご飯を一緒に食べるスタイルから、グループホームでは、何食べる？　という風に替える。利用者の意見を聴いて、極端な話、今日はお茶漬けにしようか、ということで、利用者が中心になって、つくって、皆で食べる、そう言ったグループホームは、とても良いものだと確信しているとでも申しあげたらよいでしょうか。

　八王子のお年寄りは「さっぽろ一番塩らーめん」が大好きなのです。そ

れはたぶんそれなりの柔らかさがあるからだと思います。でももっと大きなところから見たら、そんなのは栄養的にどうなのかとか、問題はいろいろ含まれてくるのですが、本当に考えてどっちが豊かなのか。決められた食事がワゴンでガラガラと運ばれてくるのが本当に豊かなのか。インスタントラーメンの日もあれば、きょうは回転ずしに行っちゃおうよと、今までの生活ができるのとどちらが豊かなのか。そういう部分ではグループホームの方が多少自由度があると思っているところがあります。それで今はグループホームを続けていこうと思っています。

　料金表がなければ話にならないみたいなところがあるかと思って、布田とまりや両方の料金表をお配りしました（付属資料に「まりや」のみ掲載）。うちのホームはまりやも布田も入居金はありません。この金額は、東京都内のグループホームの相場から見るとかなり安いものです。うちは有限会社で補助金も何ももらっていないのですが、社会福祉法人と同じくらいの金額でやっています。

　しかし、うちのスタッフが、お父さんを入れたいとかお母さんを入れたいというときに、毎月15万5,000円を払えるのかということを考えると、決して安い金額ではないとも思っています。うちの会社としては、採算ベースに乗せて、できるだけ安い金額でやろうというのが方針です。ちょっとここで宣伝をさせてもらいますけれども、八王子のほうは5万8,500円という家賃です。調布のほうは7万2,000円という家賃です。ここが一番ポイントになるのですが、社会福祉法人ですと建物に4,000万円の補助金が下ります。医療法人でも2,000万円下りたりするのです。国からお金をもらっているにもかかわらず同じような家賃設定をしているのです。うちは、お借りした建物で運営しているので、利用者から家賃をもらって、私たちも家賃を払っているのです。ですからここは、私たちは努力していますというところで、ここが実はポイントのひとつなのです。

　同業者の方を見るとすぐに分かることだと思いますけれども、きょうもチラシが入っていて、世田谷のほうで、3ユニットでNPOがやるグループホームですが、そこの家賃設定が11万5,000円です。それを考えてもらうと、家賃は安いと思っていただけるかと思います。

　基準に縛られない方が楽ではないかとのご意見ですが、私はもともといい加減な性格なので、基準がないとやっていけないところがあります。基

準があってサービスを行うスタッフの数、居室の量が確保されているのです。それがないとたぶん私の性格だとすぐに崩れてくるのではないか。

　私はグループホームを始める前にいろいろなホームを見せていただいたのですが、そのなかでも私がよく見たのは岩手県で、1週間で1カ所ずつ回ったことがありました。それはグループホームの指定前だったから平成11年頃だったと思います。そのとき衝撃的だったのは、リビングがあって、リビングにベッドが5個ぐらい並んでいるのです。それでも「グループホーム」という名前を使っていて、これが本当にグループホームなのかと驚いたことがありました。基準を守ったなかでこれからも運営はしていきたいと考えています。

○○　非常に立派な、ケアをされておられる。自己決定、生活の継続性、残存能力の活用とか抽象的に言われますけれども、それを現実の場で実践されている。例えば、高齢者が、行動してゆく過程でどこかで、つまずく。その「つまずく」というところだけをサポートする。あとは自主的にやってもらう。そこで、前の質問と関係があるのですが、お宅さまのケアのあり方では、厚労省の基準のこういう規制があるからこれしかできないとかいった支障はありませんか、また厚労省への要望といいますか、そういうものがありますでしょうか。

吉田　これは少しケアとは違ってきてしまうのですが、経営者という立場で、私は厚労省の政策では困るところがあります。経営者の端くれでよくわかっていないところが多いのですが、厚労省に先日、痴呆対策課ができたのです。グループホームはTさんという方が一生懸命やられていて、Tさんは課長補佐でそのままその課におられます。私は全国グループホーム協会の理事という立場もさせていただいていて、厚労省の人に会うことが何度かありますけれども、そのとき私が必ず厚労省の人に言うのは、これは経営的な問題になってしまうのですが、一番大きいのは退職金の問題だと思っています。

　社会福祉法人も医療法人も社会福祉医療事業団の退職金制度に加盟されていると思います。本人が3万9,000円払うと、都道府県が3万9,000円出してくれて、国が3万9,000円出してくれて、1年間で3万9,000円なのに12万円の年金になっているという代物ですが、それが今も継続されてあるのです。12年から民活導入というような流れですけれども、うちみたいな有限

会社ではその退職金制度が使えないのです。スタッフにも大きな声で、話せないことなのです。本当に話がわかるスタッフに、これ、何とかしたいねと話しています。うちの退職金は銀行に積み立てするようなものですから、今、銀行で利息が増えるものではないですから、たとえば月1万円ずつ積んでも1年間12万円しかならない。

　いま有限会社、株式会社のグループホームは全国に4,500もできていますけれども、隣の医療法人のグループホームで働いている人と、たまたま有限会社のグループホーム、あるいは株式会社のグループホームで働いている人が10年して辞めるときに、10年働いていたらどのくらいになるんでしょう。私は事業団というところに勤めていて、5年で140万円くらいの退職金をもらったんです。たかが5年でなんです。事業団自体がお金にいいところなので、ほかのところよりも多いいのかもしれないですけど。

　うちで5年間働いて、毎月5,000円なり1万円なり積んでも何十万という金額しかできないわけです。それはNPOもそうなのです。NPOも退職金制度に入れませんから。それで民活導入と簡単に言うけれども、ちょっと無責任ではないかと私は常日頃思っています。Tさんという厚労省の人には、どこかからそういう要請は来ているか、毎回聞いても、全国でまだそういうことは言われていないとの返事です。それは経営のほうになってしまうのですが、これは、問題ではないかと思っています。これからどういうふうに動くのかよくわからないのですが、現状では厚労省の人に会うたびに私はそういうことを言っています。

○○　理論的に言っても道義的に言っても、それはぜひ吉田さんの主張が通ってほしいですね。それからもう一つケアのあり方ですけれども、グループホームにこだわるとおっしゃいました。その理由として、スタッフが見守り、利用者が主体的に行動することが本来のケアと思って、こだわっておられると思います。特養は本来のケアができない。それで本来のケアに近づけるために新型特養ができたと思います。それで、新型特養とグループホームのケアの違いをどうお考えか、伺いたいと思います。

吉田　ユニットケアの特養とグループホームというところで何が一番違うかと私が思うのは、地域があるか、ないかだと思います。八王子のホームまりやは、以前、Nまりやの家という助産所だったのです。それで「まりや」という名前はそこからいただいているのです。「まりや」というと、その

地域では、みんな知っているのです。今まで助産所をやっていたNさんの名前を借りてやることは、地域の人に受け入れられているなかで始められたということですごくラッキーなんです。防災訓練もホームではしていないのです。2軒隣に自治会館があって、防災訓練を自治会館でやっているので、そこの防災訓練に参加させてもらっていたり、老人会があると、ホームにおいでよ、なんて言ってくれたり、そういう地域があるか、ないかだと思います。やはり人数が多くなるとそういう地域との関係を持ちづらいのではないかと思います。

　ただ、グループホームと特養を比較したときに、私がどちらに入るかというのは少し揺れるところがあります。それはグループホームの少人数ゆえのデメリットが絶対にあるからです。布田は6名のホームですが、6名のなかに私がポンと入っていったときに、自分と気の合う人が何人いるかと考えるときがあります。定員50人の特養だったら、友達の1人や2人できるのではないかということも思ったりするのです。グループホームがすべてではないと思うけど、欲を言うと、特養でグループホームのようなケアをしてくれればそれに越したことはないのではないかと思ったりするのです。少ないより多いほうが絶対友達はできると思いますから。

　家族ということになるとどうなのでしょうね。私が自分の親を介護できるかというと、その自信は少しなかったりもします。先ほども言ったように、介護職というのは、いくら立派なことを私たちが言ったところで、8時間のローテーションでしかないのです。まりやにしても布田にしてもみんなローテーションで働いていて、今日は天気がよくて汗をかいたから、帰ったらビールだ、なんて話しながら私たちは勤務ができるのです。ところが家族は24時間、それもいつまで続くかわからない状況に置かれている。そういう人たちとは私たちは比べられる存在ではないと思うし、やっぱり家族にはかなわないというふうには思っているところはあります。

○○　ケアする側の問題とケアを受ける側の問題があります。ケアされる人は自分の家でケアを受ける場合とグループホームでケアを受ける場合の得失といいますか、メリット、デメリットはどうでしょう。

吉田　数は少ないのですが、今まで私がお年寄りに出会って感じるところでは、今までその人がどうやって、家族のなかで生きてきたのかということが、家族介護ではすごく大きくケアのあり方と結びついているのではない

かと思うところがあります。グループホームに入られる人もそうですが、長男の義務としてお金だけは払いましょうという人が在宅にいたら、それはもっと不幸だと思います。私たちから見ても、ほんとによく面倒をみてもらったことがわかる家族は、ある程度敬意を持った接し方ができると思いますが、それはグループホームに入ってからもそういうことははっきり出てきます。全然面会に来ない方もいらっしゃいますし、しょっちゅう面会に来てくれる方がいらっしゃいます。ですからその人がどうやって生きてきたのかというのが一番大きいのではないでしょうか。グループホームと家族のどちらでケアを受けほうがよいかの違いというのはなかなか私には、判断しかねます。

〇〇　良好な家族関係と家族の介護力もある、サービスも100％介護保険も利用する、そして地域の関係もいいという在宅介護があったとして、それと非常に恵まれた吉田さんのところのグループホームに入るのとどちらのほうがその利用者にとって幸せなのかです。家とグループホームの違いは、グループホームは共同生活ですが、家は共同生活ではないです。自分の生活です。そうすると共同生活のメリットというのは、人間関係がうまくいけばそれだけ人間関係が広がり、生活が広がるということがあるのではないでしょうか。吉田さんのところのようなグループホームでうまくいけば、そこのほうが認知症の方にとってはよいのではないか。殊に認知症の方の場合、関係障害と言われる側面がありますので、外との関係が自然に生活のなかでできていくわけだから、やや恵まれた在宅でケアを受けるよりもグループホームのほうが認知症のケアを受ける場としていいのではないか。そういうことが言えるかどうか。

吉田　その人とか家族の想定が難しいので何とも言えないですが、私は家のほうがいいのではないかと思います。私たちの事業というのは「認知症対応型共同生活介護」という名前が付いていて、お医者様に認知症という診断をもらわなければいけないので、皆さんいちおうその診断書を持って、認知症ですという証明のなかで入ってこられるわけです。私たちがお世話の対象としている人は、認知症老人というよりは、その「人」であると言ったらよろしいでしょうか。1日のなかで、朝起きて、歯を磨いて、ご飯を食べて、そして寝るまでに、認知症によって生活が障害されるのは何パーセントか。それを出したことはないですけれども、5％とか3％だと思

うのです。お風呂に自分で入れるけれども、入るタイミングがわからない。昨日も入ってない、一昨日も入ってない。そろそろ誘おうというときに職員が、「きょう、お風呂どう？」と声を掛けると入れれば、それだけですむ仕事なのです。

　さっきのお茶もそうですけれども、「お茶をいれてあげるわよ」と言うけれども、お茶っ葉がわからない。だから、「お茶っ葉、そこだよ」と言ってあげる。そして「イチニ、イチニ」と私たちが声を掛けると、ポットからお湯を出してお茶をいれて、お茶を私のところまで運んでくれるような人たちなのです。認知症は進行性なので、そういうこともどんどん落ちていってしまいますけれども。さっき皆さんに考えていただいて出た17項目や18項目を私たちはスムーズにやってしまうけれども、そのなかで二つのことだけについて私たちは声を出せば、生活の一連の動作はできてしまうような人たちなのです。

　それが難しくなってきても、湯飲みが10個置いてあるので、お茶が入っている急須を渡せば、いれられるわけです。そういうふうに認知症による障害は少ししかないと思っています。実際に一緒に生活していて本当に少しだと思います。

　「認知症老人」なんていうひどい言葉を使ってはいけないと思いますけれども、私たちの対象はそういう人たちなのです。人間なのです、人なのです。認知症なんていうのはほんとに少しのことだから、それよりもその人の豊かな感情を持った人たちと私たちがいかに付き合えるかということなので、家でできるという前提を置いて考えると、やはり家で暮らしたほうがいいのではないかと思います。

　だから私がどうしたいかという話だと思います。皆さんがどうしたいか。認知症老人だから、施設だからということではなくて、自分がどう老いたいか、いま何を食べたいか。これはすべて管理されていて、低カロリー食ですよとポンと持ってこられるのがいいのか。おれはご飯が少なくてもいいから、油ものを何か食べさせてよと言える環境がいいのかということだと思うところもあります。

○○　家がいいという場合は家族がある程度プロにならなくちゃだめですね。認知症の人のケアについては、今言われたように、作業項目17といったもののどこができないか。そこだけサポートしてやる。それ以外はやらせて、

見守る。そういったプロとしての知識などを家族介護者が持たなかったならば、かなり認知症は進むと思います。家にいて、家族がその人の在宅を希望しても進むでしょう。そのために家族がどう学ぶか。グループホームの職員と同じようなプロにならなかったら介護できないと思います。

吉田　地域には友達がいたり、いつも行くラーメン屋があったり、スーパーがあったり、グループホームはその継続だと思うのです。その地域のなかにグループホームがあるというのが望ましいわけです。パリの目抜き通り、私はぜんぜん行ったこともないのですけれど、そこにもグループホームがあるそうです。その地域で暮らしていた人は、散歩などでウィンドーショッピングをしていたわけです。その人たちは、地域の違う山のほうで暮らすよりは、家ではないけれども、同じところにグループホームがあって、同じようなところを散歩できるというのが、グループホームの、基本的な考え方にあったと思います。

○○　そういう意味では、グループホームに入居する人はその地域の生活圏のなかで生活していくことを目指すというかたちが一番望ましいわけですが、現実は広域化しているわけです。しかし、なかに入って新しい生活を通じて、新しい環境で、新しい関係が深まってくる。そういう関係性も大事ではないでしょうか。ただ、それも限界があるでしょう。

吉田　関係がすごくよくなる人もいれば、すごく悪くなる人もいます。やっぱり人間関係ですから、無理やり修復するようなことを私たちもしません。ここに入ったらみんなでちゃんと仲良くやりましょうなんていうのは虐待じゃないかと思うところもあって、嫌いな人がいてもいいのではないかと思うのです。ふつうの生活の延長で、私たちが考えられる限界まで考えたなかで、いいと思うことをやっていこうということです。

○○　仲良くするということも一つのケアだと思いますけれども……。

吉田　その場面づくりは必要です。しかし、無理やり、今日は手をつないでいてくださいというのはちょっとどうでしょう。大人ですからね。

○○　1点よろしいでしょうか。ビデオですと、食事に相当時間がかかるのではないかと思いますが、1日の日程のなかで朝も昼も晩もでは、相当な時間がかかって、ほかの時間が非常に短くなってしまうというようなことはありませんでしょうか。

吉田　ありますね。まず私たちの目指していることなのですけど、日常を

しっかりやろう。日常と非日常を分けて考えようというふうにすると、私たちのホームでいう非日常というのは、老人のこういう狭いカテゴリーに当てはめると、風船バレーボールをするのは非日常のような気がするのです。今までしていないことをする。それよりも日常をまずしっかりつくろう。掃除すること、歯を磨くこと、ご飯を食べること、寝ること、風呂に入ること。それは普遍的なもので、いくら電気製品がよくなっても、寝るのを助けてくれたりはしないわけです。このご飯づくりもそうですけれども、今までやってきたことの継続、日常をしっかりして、まず基盤をつくろう。そのなかで非日常ということが生きてくるのではないかと思います。

　うちの八王子のスタッフには突拍子もないことを考えるスタッフが多くて、家族会を年4回しているのですが、八王子の山のほうに行って、ニジマスを家族と利用者で釣って、その場で焼いて食べさせてくれるところに家族会で行ったり、その次は、西八王子のレジャー浴場へ行って、家族と一緒にお風呂にも入ったりしてきました。家族を抜いても外に出て行く機会を考えていますが、まず日常をしっかりやろうというのが基礎にあります。

　たぶん皆さんもそうだと思いますけれども、1日の生活というのは、実はそういうものではないでしょうか。休みの日は、朝掃除をして、ご飯をつくって、あら、夕方ね、ということのほうが多くないですかね。私たちはそれを目指して、今までと変わりない生活を考えているのです。

○○　ビデオのなかで、たばこを吸っている人がいましたね。夕食のときになにもしないで、縁側に出て。今日は順番じゃないから、たばこを吸っているんだというご説明でした。よく分かりませんけれども、皆さん全体が何かのかたちで、食事とか、生活にかかわっていて、一種の共同生活ですけれども、個人の動きもあるわけですね。そういう場合、共同の日常的な生活のなかに加われない人があると思います。そういう場合には、それでいいのではないかとお考えでしょうか。そうではなく、何とかしてその人が共同生活に加われるように誘導することも考えられます。放って置くのではなくて、ケアの一つの目標として、日常生活に参加しない人については、非日常でもいいのですが、その人がどうしたら参加するかというケアが必要ではないかと私は考えるのです。吉田さんの方針としては、できたら何とかその人が自発的に何らかの形で加わるようなことを見つけたり、

あるいはキャリアを見たりして、何か見つけようとされているのではないかと私は思いましたが、そのへんのところはどうお考えなのか、吉田さん自身のご方針をお聞きしたいと思います。

吉田　それぞれ皆さんが自分のできることはするということは必要であると思いますので、基本的な考えはそこにあります。実際、行動することがみな難しくなってくる人もいます。いま八王子で毎日点滴を受けている方もいらっしゃいます。最近、先生にパーキンソン病ではないかと言われて、歩行もちょっと厳しい方がおります。年齢的にも今年95歳になり、年齢は関係ないとしても、しゃべるのにも、ろれつが回らないような状態です。しかし、洗濯物を畳んでくれたりします。椅子を用意して椅子に座ってもらって、スタッフが1枚ずつ渡すというような、その方が居やすい環境をつくって、それで、自身でやっています。どんな状況でも、なにか進んで役割をするといったことがあると思います。

　何でもそうですけれども、やってあげたほうが私もスタッフも楽だと思っていますけれども、それではいけないのではないかと考えて、そういうことをしているのです。

　正直に言ってしまうと、私どものホームのある男性の方ですけれども、食事づくりとか、家事のようなことを今まで全くしたくないという方がおります。この人が階下に下りてくるのは、たばこを吸われるときと、あとは自分で外食に行かれるということで、週2回ぐらい外に出られます。このことについては、家族の了解を取っています。特に何がいいのかというのはよくわからないのですが、その方は糖尿病がありますが、でも昼間、ビールを飲んで帰ってくるのです。家族とも話しています。

　グループホーム協会の前の代表が外科医の先生で、糖尿病になったら認知症の人はすぐコントロールされるけど、先生、どう思いますかと私は聞いたことがあります。その先生は目が悪いのです。病名は忘れてしまったのですが、失明率がすごく高くて、お酒とたばこは絶対にだめという病気らしい。その先生が言っていたのは、おれは健康によくないことは知っているけど、おれは酒、飲んじゃうね、ということでした。だから病院にいる場合は、先生が言われたことは医療的な点から見れば問題だと思います。ただ、グループホームでは、医療とはいちおう別の、生活の質みたいな、その人が気持ちよく生きられるかという次元が併せてあるような気がして

いて、そのへんも家族と話して、家族も、もう好きにさせてくださいといっており、たばこも吸ってもらっています。

　うちのホームではあの人は確かに、本人が居にくいだろうという訴えがあるのです。それで次のホームに行ったほうがいいのかどうか。具体的に言うとケアハウスを考えているのですが、そのへんは家族とは話しています。

　グループホームが万人に合うかというと、そうではなくて、布田は特に6人のホームですから、そこで合わないということになったら、そこにいることは、本当に不幸だと思います。

○○　私はその方とお話ししたことがあります。居心地が悪いわけでもなさそうで、散歩をさせてもらって、食事を自由に好きなものが食べられる。それが救いだと言っておられました。

吉田　健康によくないが、たばこは飲みたいというような場合、バランスの取り方も重要だと思います。それを、規制するのでなく、自発的にやるように、誘導することが課題となるでしょう。

吉田　もう一つビデオを写して見ましょう。前回のビデオもそうなのですけど、シルバーチャンネルといって、こういうものを専門で撮っている業者の方がいて、八王子と布田を年間で撮って、スカイパーフェクトTVで放映されているものを送ってもらっています。さっきの食事のシーンはもう1回編集をして、今年、京都で世界アルツハイマー大会が行われるのですが、そこにも出展をしたいと思っています。編集をしていないほうが実は笑えて面白かったのです。編集して短くなっているのですが……

（ビデオ上映、旅行を写したもの）

吉田　自由席に乗っていったので席取りが大変でした。私はしゃべるのが下手くそな分、ビデオで感じとっていただけるところが多いかと思います。

○○　本当に楽しそうで、普通の人と全然変わらないですね。

吉田　「認知症老人」ときめつけたり、頭に「認知症」なんてつけてしまうような言い方をしてしまいがちなのですが、旅行の両方のビデオを見ていても、こっちが少し手をかけてあげればよくなったり、手助けすればできたりという人たちだということを基本的に考えているということです。

　石和で失敗したなと思うのは、石和温泉は八王子から1時間で着いて、交通の便がいいということで選んだのですが、無色、無臭の温泉です。そ

れがいけなかったのか、どうしたのか。帰ってきて、じゃ、夕食を準備しようかと、30分ぐらいしかたっていないけど、そのあと話してみると、温泉に行ったことを覚えていた人は1人だけ（笑）。でも、そんなのは全然かまわないことなんです。覚えてもらうために私たちは遊びに行っているわけではないし、そのとき楽しんでいれば絶対にいいから、もうそれだけで十分なんです。だから今度は色のあるお湯に行きたいと思っているのです。（笑）

　うちのホームは玄関を締めないでお年寄りと一緒に暮らしているので、たまに八王子市の放送（各戸に聞こえる放送）とかも使わせていただいて捜索をしたりもするので、そんなときはちょっと耳を傾けて、まりやのお年寄りかなと思っていただければと思います。100％ではないのですが、これからも玄関を締めないで、続けていこうと職員もがんばっているところなので、八王子に住まわれている方も一緒に協力していただければと思います。今日は、有難うございました。

司会　吉田さん、どうも有難うございました。ケアの原則的なあり方を提示していただき、また得難いグループホームの日常を見せていただきました。なお、今回のシリーズは、全体としては、高齢者の住まいとケアになっております。住まいのことは、あまりお話になりませんでしたが、ビデオで感じられたように、普通の住宅を改修したものです。普通の家に普通に住んでいるということになりましょうか。まりやは、もと助産院であったとのお話で、産婦のいた部屋があり、普通の家より部屋数が多いです。布田の家の方はその名の通りに、家族数の多かった普通の家で、住宅地のなかにあります。両方とも手すりはついていますが、階段で2階にゆきます。グループホームでのケアの本質について質疑応答で理解が深まりました。また、楽しそうに皆さんが生活している様子がわかり、感銘をうけました。感謝申し上げます。これで終わります。（拍手）

　　　　　　　　　　　　　　（2004年4月17日、法政大学での報告）

有限会社ノベライズ社

高齢者グループホームまりや
高齢者グループホーム布田の家

●高齢者グループホームでは●

　少人数の認知症のお年寄りがスタッフと一緒に家庭的な環境の下で共同生活を送っています。

　認知症のお年寄りの忘れかけていた日常生活活動や可能性を引き出すことによって認知症があっても普通に暮らすことを目標にしています。

　◎居室は、全て個室です。馴染みの家具や大切なものを持ち込むことで安心感がえられます。

　和室のほか洋室があります。

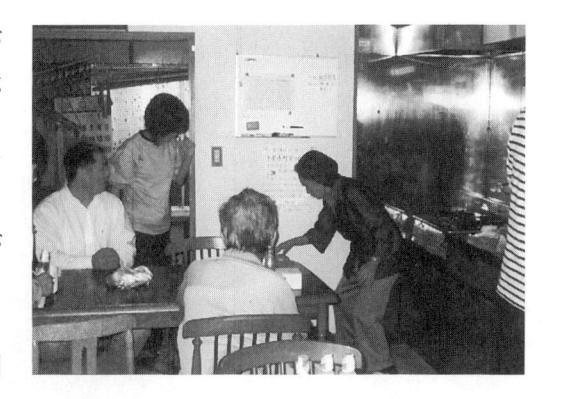

　　　　生活の継続〜今までと同じように〜
　　　　　　　（私たちの思い）

　これまで地域や施設でさまざまな取り組みが行われて来ました。その中でたどり着いた最良のあり方が、「グループホーム」でした。それは、ケア手法にとどまらず、「人が普通に生活でき、老いる拠点づくりであり、町づくりである」と考えています。

高齢者グループホームまりや（外観）

高齢者グループホーム布田の家（外観）

　グループホームで生活しているお年寄りを見ていると、本当に認知症の症状のある人なのかと思ったりします。そうなんです。認知症と診断されても、生活の僅かなところで戸惑うだけなんです。これからもお年寄りから多くのことを学びながら、いきいきと過ごします。

●ご利用できるかたは？●
認知症の症状が見られる方で、介護保険の要介護1～5の方です。

第 8 章　高齢者グループホームにおけるケアのあり方をめぐって

高齢者グループホームまりや（認知症対応型共同生活介護）料金表

1　介護報酬に係る費用（利用者1割負担分）

項目	金額（単位）	内容の説明
①基本額	要介護度1（1日）796単位 要介護度2（1日）812単位 要介護度3（1日）828単位 要介護度4（1日）844単位 要介護度5（1日）861単位	サービスに対する1日あたりの料金
②初期加算額	初期加算（1日）30単位	入居日から30日までの期間
③夜勤ケア加算	初期加算（1日）71単位	
※利用料	（①+②）×10.6円（八王子市の地域加算）を計算した合計の10％（合計額から90％を引いた額）なお、請求は月単位で四捨五入します。	

注）報告当時のもの。2006年度より改訂された。夜勤が義務付けられたため、夜勤ケア加算がなくなり、他方、わずかに、基本単位が引き上げられた。また、「医療連携体制加算」が新設され、当事業所はそれを取得（編者）。

2　運営規定で定められた「その他の費用」（利用者負担10割分）

項目	金額（1カ月）	内容の説明
①部屋代	58,500円	各部屋約6畳
②食費	40,500円	
③水道光熱費	20,000円	水道・下水道・電気・ガス・暖房代等
④共用経費	10,000円	トイレ・バス・食堂・電話・電球等
④理美容代	実費	利用者及び家族の希望で提供した場合
⑤日用品費	実費	利用者及び家族の希望で提供した場合
⑥オムツ代	実費	利用者及び家族の希望で提供した場合
⑦行政手続き代行	5,000円／一回	家族・本人からの希望時のみ
⑧病院付添い	1,500円／時間	交通費は、実費
⑨入居金	設定なし	

253

第9章　認知症高齢者グループホームの展開と課題

嶺　　学

1　高齢者グループホームの形成と発展

　1）第8章で、グループホームの優れた実践について報告されている。ここでは、第1章の叙述枠組みを踏まえて、グループホームに関する政策・制度・運営の展開と現状、また、グループホームの運営に関わる最近の課題について述べる。本書では、グループホームにおける介護は、高齢者介護のありかた全体について、現状において、望ましい方向を示唆する意義をもつと考えている。
　高齢者グループホームの事業者の全国組織として、全国認知症グループホーム協会がある。ここは、グループホームにおける介護サービス向上のための調査と研究、グループホームの設立運営の支援、グループホーム職員に対する各種研修、ネットワークづくりと情報の収集・提供、行政その他との連携、調整などの活動をしている。この組織は、1998年5月に「全国痴呆性高齢者グループホーム連絡協議会」として発足した。協会は、「住み慣れた町にグループホームを──その人らしく最後まで」を掲げて活動してきた。住み慣れた町にグループホームをということになると、全国のすべての町にということが必要となろうが、グループホームの普及、発展を目的としていると思われる。この量的な拡大とともに、ケアの質の向上も課題としてきた。
　協会のホームページによれば、認知症グループホームとは、認知症の人が、小規模な生活の場で、少人数（5〜9人）の共同居住の形態で、食事の支度や掃除、洗濯などをスタッフが利用者とともに共同で行い、家庭的で落着いた雰囲気のなかで生活をすることにより、認知症の進行を穏やかにし、家族による介護の負担軽減に寄与しようとするものというように書いている。これは、高齢者グループホームとはなにかを簡潔に紹介しているといえよう。ホームページでは、さらに、グループホームの特徴的機能、あるいは優れたところを、つ

ぎのように掲げている。
 1 慣れ親しんだ生活様式が守られる暮らしとケア（束縛のない家庭的な暮らし）
 2 認知障害や行動障害を補い、自然な形で、もてる力を発揮できる暮らしとケア
 3 少人数のなかで、1人1人が個人として理解され、受け入れられる暮らしとケア
   （人としての権利と尊厳、個人の生活史と固有の感情）
 4 自信と感情が生まれる暮らしとケア
   （衣・食・住全般に生活者として、成人した社会人としての行動、役割を回復）
 5 豊かな人間関係を保ち支えあう暮らしとケア
   （家族との、擬似家族としての、スタッフとの、地域社会との、入居者同士の）
 これらは、優れた活動のなされている場合にあてはまり、グループホームという名前があり、形式的な条件を備えていれば、すべてこれが実際となるわけではない。

　2）高齢者グループホームは、スウェーデンで、1980年代に民家を借りて、共同生活を始めたのが起源とされている。認知症の高齢者にとって好ましいケアであるとして注目され、1990年代に、日本でも試みが始まった。しかし、外国のモデルを待つまでもなく、日本でも1980年に「呆け老人支える家族の会」が京都府で、「託老所」を始めたとされており、以後宅老所は、各地で発展して今日に及んでいる。宅老所は、おおむね、認知症の人に対する小規模なデイサービスで、ときにショートステイで泊まることもあるというものである。永く住む人もでてくることがあるようである。高齢化の進展とともに、当事者である高齢者（その中に認知症の人も含みうる）のグループリビングが各地に生まれている。これらは、宅老所と同様に、民間の自主的活動であるが、住居として、入り口を共有し、居間、浴室、食堂、台所などを共有し、独立した居室がありつつ住む人の間の交流がある。これについては、続く2章で論じている。
　国の制度としてのグループホームは、1997年度から、「痴呆対応型老人共同生活援助事業」が開始されている。市町村が実施主体で、社会福祉法人、医療

法人等に委託できるものであった。その条件は、現行のものと基本的に同じであった。また、老人福祉法は、高齢者グループホームをこの名称で呼んできた（2005年の痴呆→認知症の変更はある）。98年度に社会福祉法人、医療法人について、国は、補助金の制度を設けた（その後、NPO等に対する国の支援、東京都などの財政支援などの経過がある）。1997年に介護保険法が制定、公布されているが、グループホームは介護保険の在宅系のサービスとして位置づけられることとなった。介護保険下では、特別養護老人ホームなどと異なり、法人であれば、グループホームの指定を受けることができ、各種の業種から、グループホーム事業への参入もみられるようになる。自由度が相対的に高い準市場を形成していることとなる。多様な供給主体、特に、民間の事業者の競い合いにより、サービス基盤を築こうとしたが、それが成功した例と言えよう。最近の時点で、グループホームの経営主体の半数近くが会社（営利法人）であり、以下、社会福祉法人、医療法人となり、NPOその他は少ない。

3）高齢化の急速な進展に伴い、高齢者福祉に関わる施設やサービスの充実が国の政策課題となり、「ゴールドプラン」（1989年12月）に次ぐ、「新ゴールドプラン」（1994年12月）で、認知症高齢者に対する総合対策が掲げられたが、グループホームの数値目標が掲げられたのは、「ゴールドプラン21」（1999年12月）で、2004年度に3,200か所を目標とした。計画書によると、2000年度の実績が675か所であったから、かなり大幅な増加の計画であった。

表9-1　グループホーム数の推移

時期	1999年末	2000年末	2001年末	2002年末	2003年末	2004年末	2005年末	2006年末	2007年9月末
事業所	12	790	1,493	2,543	4,273	6,099	7,604	7,965	9,210

福祉医療機構のWAM－NETによる年次別の推移は表9－1の通りである。1999年末で、グループホーム数は12であるが、これは、提供された情報の集約数で、把握もれがあるかもしれない。これによれば、2004年末には約6,100と急増し、上記の計画数を大きく上回っている。執筆時に利用可能な対応数字は、2006年9月末の9,210である。このように、事業所数が増加しているが、新設の場合、定員は、2ユニット18名までであるから、認知症の高齢者数（2005年に約170万人。社会保障審議会介護保険部会2004.7.30の資料）と比較して、わずか

である。この認知症の人の数は、認知症の程度でランクⅡ以上（だれかが注意していれば、自立できる）に関するものであるが、心身の状況、家族による介護の可能性、経済的条件などにより、グループホームを利用することができる人は限定されようが、現状において、グループホームの定員が、特に都市部において、不足していることは、明らかと思われる。2005年10月から、介護保険施設等で、家賃相当分（ホテルコスト）、食費が保険外、個人負担となったが、グループホームでは、当初からこれらは利用者負担となっている。

　4）介護保険制度のもとでは、施設・サービスの種類ごとに、厚生労働省が人員、設備、運営の基準（省令）を設けている（第1章Ⅰの第3の領域の施策）。社会保険制度として、給付の基準（最低基準とされているが、方針などを示した項目もある）を示し、サービスの下限を確定する必要があるためであろう。基準の項目の立て方は、施設、サービスを通じて類似している。グループホームに関しても、介護保険の発足の前（1999年3月）に、他のサービスとともに、最初の基準が設けられた。しかし、同年12月、グループホームは密室性が高く、利用者保護の必要が強いとの趣旨から、管理者は、専門的な知識経験をもつ者であるべきこと、計画作成担当者をおくべきこと、一定の居室面積（7.43平米以上、和室4.5畳以上）を確保すべきこと、市町村が行う調査・指導に協力すべきことなどが加えられた。

　その後のグループホームの展開状況を踏まえ、行政の方針として、運用の改善が図られた。指定の要件として、住宅地等への立地（その後、規制の仕方に変遷あり）、複数のユニットをおく場合、3ユニット超えは望ましくないこと、管理者と計画作成担当者について、研修を義務づけること、サービス評価の義務づけ（定められた基準で評価したうえ、公表する）、都道府県、市町村による連携、指導の強化などが規定された。その後、第三者評価は2002年度より実施することとなった。

　2003年には、介護報酬の見直しに合わせて、介護サービスの質の向上を図るため、指定居宅サービス全般に基準と運用の改正があったが、そのなかで、グループホームについては、共同生活の単位を1または2とすること（現にこれを超える場合は例外措置）、宿直勤務または夜間・深夜の勤務を兼務する場合は2ユニットまで、計画作成担当者の内1名以上は介護支援専門員とすること（2004年度より実施、2006年3月まで経過措置）が定められた。また従来からの

自己評価に加えて、まずみずから自己評価を行ったうえ、各都道府県が選定した評価機関の実施する評価（第三者評価）を受けるよう義務づけた（基準（省令）に明示）。

　2005年に介護保険法改正が行われたが、法の目的について、要介護となった者が「尊厳を維持し」その有する能力に応じ自立した日常生活を営むことができるようにするよう、給付を行う趣旨の文言が盛り込まれた。改正の過程などから、尊厳の規定は、今後認知症の高齢者が増加する見通しで、認知症の人のケアを主眼とした新しいケアモデルとの関連で登場したものであるとされている。社会福祉の基本法である、社会福祉法（2000年改正後）では、基本理念として、「個人の尊厳を維持」することをあげている。社会福祉における普遍的理念というべき、当たり前の生活が保障されること、人間の本質である自己決定ができること、社会的偏見がないことなどが含意されていると考えられる。グループホームでも、利用者の尊厳を維持することが理念となってくる。痴呆から認知症への用語の変更もなされた。これは、偏見克服の配慮によるものである。

　改正の内容として、グループホームは、地域密着型居宅サービスに位置づけられることとなった。基準（2006年3月14日）は、地域密着型サービス全体として、事業者が、利用者の意思、人格を尊重して、利用者の立場にたったサービスを提供すべきこと、地域、また、地域の事業者などと結びつきを重視した運営をなすべきことを謳っている。

　グループホームについても、この改正により、介護予防の範疇が加わったこと、また、小規模多機能型居宅介護が併設される場合を想定して、規定が複雑化しているが、一般の介護従事者の数はユニットごとに、昼間、利用者数3またはその端数ごとに1名（常勤換算）であり、基準の基本には変更がないが、そのうち1名は常勤であるべきこと、夜間は宿直でなく、夜間、深夜勤務の介護従事者を置くべきこととしている。

　なお、2005年2月に石川県で、一人夜勤の職員による利用者への虐待致死事件が報じられ、社会的な批判も高まったという事情がある。介護保険施設でもそうであるが、厚生労働省の人員の基準では、人員が不足である。基準を上回って配置することも少なくないが、介護報酬が決まっており、職員の給与を抑えなければならないなどの皺寄せがどこかで必要になる場合が多い。グループホームの夜勤は1人である場合がほとんどで、昼にはない仕事もあり、介護

のための緊張度も高い。夜勤にあたる職員は高いストレスに晒される。
　前記基準では、計画作成担当者の配置（ユニットごとに1名）とその資格、研修についても、従来と同じであるが、介護支援専門員でない計画作成担当者の資格について、認知症の人の介護サービスに関わる計画作成の経験があることが必要であることが新たに加わっている。また、ユニットごとに置かれる管理者がもつべき、経験についても、3年以上の認知症の人の介護経験を加え、厳格化している。新たに、事業者の代表者についての規定が置かれ、代表者（法人の理事長や代表取締役等）は、認知症介護の従事または福祉サービス事業所等の経営の経験があることと、所定の研修を経ていることを求めている。以上をみると、グループホームの指導層に、認知症介護に関わる専門性を期待する政策意図が反映していると思われる。
　設備については、共同生活住居（ユニット）は5人から9人が、個室である居室（処遇上必要な場合は2人にできる）におり、居間、食堂（両者は兼ねることができる）、台所、浴室などを共用して日常生活をすることを予定しているが、基準は、新たに、「消防設備その他の非常災害に際して必要な設備」を置くことを求めている。これは、グループホームでの火災による悲惨な死亡事故（2006年1月、長崎県大村市で、火災により入居9名中7名が亡くなった）が直前にあったことを考慮したものと推測される。
　なお、消防法施行令の一部改正（2007年6月）で、防火管理者（消防計画の作成、防災教育、訓練などの管理業務にあたる）の選任、275平米以上（事実上2ユニット以上の場合）簡易なスプリンクラーの設置、すべてのグループホームにおいて、自動火災報知設備、消防署へ通報する火災報知設備、消火器の設置を義務づけた（2009年4月施行。既存の消防設備等につき猶予措置）。
　これまで触れてこなかったが、運営に関する基準については、改訂・追加を経て、現時点において、介護サービスを提供する場合、ほぼ当然のことが、やや網羅的に、明文化されているといってよいであろう。指定認知症対応型共同生活介護の場合、入居の対象者は、要介護者で、認知症の人（主治医の診断書などで確認）で、少人数で共同生活をするのに支障のない人である。グループホームにおける介護のあり方としては、症状の進行を緩和して、安心して日常生活を送れるようにすること、一人ひとりの人格の尊重、家庭的な環境のもとでそれぞれが役割をもって日常生活をすること、緊急やむを得ない場合を除き拘束は禁止であること、利用者の心身の状況に応じ、利用者の自立の支援と日

常生活の充実に資するよう適切な技術をもって介護を行うべきこと、食事その他の家事等は原則として利用者と介護従事者が共同で行うよう努めること、利用者の趣味や嗜好に応じた活動の支援に努めること、家族との連携、交流を図ることなどが、網羅されている。また、介護保険制度下の施設、居宅サービスのそれぞれについて共通であるが、介護について、認知症対応型共同生活介護計画をつくり、それにもとづき、介護することとなっている。また、地域住民との連携、地域との交流、「地域密着型サービス」であることと関連して、新たに、運営推進会議（利用者、利用者家族、地域住民の代表、所在地市町村の職員、地域包括支援センター職員などが参加）を置くこと（概ね2月に1回開催）が定められた。

　これらのほか、基準は、いわば介護の外枠とも言える、運営規定、重要事項の説明、利用料等、介護に関わる計画の同意、記録、苦情処理、事故報告、その他グループホームが社会的責任を果たす上で必要と思われる主要な事項について定めている。

　以上のようにみると、行政による管理と指導が、強力になされていることになる。グループホームの経営が、介護報酬を主たる財源としているため、事業者は、介護報酬を受け取るためには、これらの管理と指導を受け入れざるを得ない立場にある（第1章における第3の領域の施策が厳しい）。

　5）こうした枠組みのなかで、福祉の理念をもつ事業者は、個別自主的に、利用者中心のサービスのあり方を追求してきたし、全国協会も、行政と必要な連携をしつつ、独自に、活動してきた。協会と傘下の地域組織では、情報収集と提供、経験交流と研鑽、相互協力などが行われてきた。しかし、全国的にグループホームが急増しており、それに伴い、すでにふれた2つの事件をはじめ、各種の問題も生じており、人権と安全、グループホームに相応しい運営などの質の維持が課題となっている。

　各種の問題のうちで、質の向上が必要であると、よく指摘されてきた。グループホームでは、第三者評価が義務づけられており、東京都の例をみると、多数の評価項目について、評価が行われ、評価項目の一つひとつにつき評価し、総合する方式であるが、「日本経営品質賞」が基礎となっている。これは、日本的経営が優れているとの観点で、アメリカで開発され、日本に再輸入されたものである（(財)社会経済生産性本部が1995年末に創設)。社会福祉事業等も

経営であるとみなして、経営における評価方式を適用できると考えられている。全国的には、厚生労働省がモデルとなる評価方式を示している。

2　グループホームにおける介護の基本的ありかた

1）グループホームにおける介護のあり方は、従来の特別養護老人ホームにおけるものと対照的なところがある。最近において、特別養護老人ホームの入居者は、平均年齢が高く、重度の人が多いという背景もあるが、利用者の大部分が認知症などで、コミュニケーションに支障がある場合が多い。「など」と書いたのは、認知症に関して、専門病院で診断を受けている人は少なく、コミュニケーションという「活動」に制限がある場合、ホームは、認知症とみなしていることが多いからである。特別養護老人ホームという、日常生活とは異なる環境に移り、または移され、それまでの生活とは継続性がなく、混乱したまま、日常生活動作について、手厚く介護されると、かえって精神機能に障害が生じることも、ICF図式から考えられる（第1章I4の例示4参照）。また、デンマークに始まり、日本にも影響を及ぼしてきたといわれる「高齢者3原則」といわれる、継続性の維持、残存能力の活性化、自己決定に照らしても、問題があろう[1]。この3原則は、文化的背景が異なる日本において、戦前、戦中、特に大正や昭和の初めの時代に性格形成してきた年齢層には、違和感があろう。しかし、最近、特に2005年の介護保険改正後の高齢者福祉政策・制度はICF図式に沿うようになっていると思われる。特別養護老人ホームにおける介護を通じ、専門知識、技術が蓄積されてきたことはあろうが、これらがどのようなコンテキストで用いられるかが問題である。

2）前章では、厚生労働省の省令による基準に依拠し、これがグループホームの介護のあり方の基本を示しているとみなして、解釈を加えつつ解説している。少人数の家庭的雰囲気であることと、特に、自立支援となる介護（利用者主体で、介護職は、見守り、必要な限りで支援する）ことが中心であるといえよう。この基準を定めた省令（平成11年3月31日、厚生省令第37号）は、改正を重ねたあと、介護保険制度改正の際、グループホームについては、「指定地域密着型サービスの事業の人員、設備及び運営に関する基準」に規定されることとなり、これに伴う変更があった。「家庭的な環境の下で」が「家庭的な環

境と地域住民との交流の下で」となったが、その他は従来のものと変更はない。地域住民との交流は、社会福祉法の改正と見合うものであるが、生活を広くとらえるとともに、グループホームが地域に開かれたものとなることが期待されているといえよう。先進的な、前章のグループホームでは、以前から地域との関係を重視してきている。

　グループホームの介護の機能については、ICF図式では、精神機能に障害があっても、高い生活機能を維持できることになっていることを示した（第1章Ⅰ4の例示3）。前掲の高齢者3原則にもおおむね即している。グループホームらしい運営をしているところでは、継続性については、家庭的な環境を目指しており、居室にも馴染みの家具やものを持ち込めるようにしているなどのことがある。自主決定については、生活の日程は、自然に決まってくるが、個人の自由度が大きい。徘徊のおそれがあっても、種々の工夫で自由な外出を認めている。残存能力の利用については、できる限り利用者が行動するように介護職は条件を整えたり、必要最小限の支援をすることとしている。もっとも、現実のグループホームでは、有料老人ホームや従来の特別養護老人ホームと同じようなサービスをしているところもある。これは、利用者が独自に行動すると効率が悪いことによるところが大きいと考えられる。

　以上のようにみると、従来の特別養護老人ホームにおける介護よりグループホームにおける介護の方が、あたりまえの生活に近く、自己決定の原理に沿い、生活機能の維持・向上を追求するようになっていると考えられ、利用者にとって望ましいと思われる。特別養護老人ホームについても、個室とユニットケアが原則となってきたことは、このことが認識されるようになったためであろう。

3　グループホーム運営に関する諸課題

　1）グループホームの建物と構造については、このケアの基本的あり方が実現できるようなものであることが必要となる。ICF図式でも、建築設計、建物等が環境因子として、生活機能に影響しうることが示されている。少人数、家庭的な環境ということがあるが、既存の住宅を改修すれば、そこに家族が生活していた雰囲気が残っていて、それを引き継ぐことができる。新築であると、どうしても施設風になりがちである。新築の場合はまた、地価との関係で、普通の住宅街から遠い場所になったりするが、利用者が出かけられる場所に、店

舗、スーパーなどがあったり、利用者が地域の人と交流できることが望ましい。住宅を法人が所有する場合もあるが、賃借りする場合もあり、東京都の場合は、賃借の方が自己所有より多い。賃借した家屋では、返却時に現状復帰が必要なことが通常のため、あまり手を入れることができないと考えられる。古い住宅ではバリアフリー化が充分でないことが多い。バリアフリーでないことが、常識とは逆に、適切な配慮のもとで、利用者の能力維持に貢献することもありうるという現場の意見もある。

　新築の場合、土地の形状などによる制限がなければ、建物の構成などをかなり自由に決めることができよう。その際、第1章、第4章でふれた外山義の研究による構成が有力なモデルとなってきたようである。施設では、真っ直ぐな廊下に沿って、部屋が並んでいるような場合も多いが、これは、普通の住まいではみられない。集合住宅の場合は、住居が直線に並んでいるが、住居はもちろん独立している。グループホームは、物的には、一つの家である。玄関も一つであることが多い。家のなかの部屋の配置としては、例えば9室について、3室ずつまとめ、そこに小さな憩いのスペースを置き、全体として、共有の居間を置くといったことなども考えられる。閉じられた建築物ではなく、地域に開かれたものとする工夫も必要である。

　建物の内部は、高齢者にとって親しみやすいものとする必要がある。畳、障子、飾りなど。また、すでに述べたように、個室には、そこに居る人にとって、大事にしてきたもの、日常的に使っていたものなどをもち込めるようにすることがよいとされている。

　2）介護保険制度が導入されるにあたり、ケアマネジメントがケアの諸過程を合目的的に編成する方式として導入された。第1章の枠組みでは、介護保険サービスという準市場が機能するため、ケアマネジャーは要の役割を果たしていることとなる。在宅の場合、要介護者等から依頼をうけたケアマネジャーは、まず要介護者の心身の状況、環境、希望等を考慮し、「居宅介護サービス計画」をたて、サービス供給事業者との調整などを行う。サービスの実施、要介護者の状況をモニターし、必要な計画の調整をする。この計画をたて、実行し、状況をみるというマネジメント・プロセスは、民間営利企業の経営におけると同様である。介護保険制度では、個別のサービス、施設においても、同じようなプロセスが予定されており、グループホームにおいても同様である。

第9章　認知症高齢者グループホームの展開と課題

　グループホームでの介護の経験が積み重ねられ、研究も行われるなかで、グループホームでの介護計画のための、「センター方式」が、最近注目を集めている。この方式は、現場からの要望をうけて、認知症介護研究・研修東京センターほか2センターが共同して開発したものであるが、「その人らしさ」「安心・快」「力の発揮」「安全・健康」「くらしの継続性」の5つの視点で、情報やアセスメントを、多数のシートに蓄積してゆき、それらを24時間の生活の流れに沿って課題としてまとめてゆくものである。各シートが私（利用者や家族）を主語として、記入されてゆくこと、また、その人の詳細な生活歴も記載されるようなシートもあることなどは、特徴的な点であろう。認知症の人は、自己の意思を明確に表明できない場合が多いなかで、どのようなとき、安心感があり、快く感じているか、また、他人にくらべた個性的な行動などの情報や生活歴により、何を望んでいるか、自己決定に近い行動の支援ができよう。「その人らしさ」は、ICF図式では、背景因子のなかの、個人因子とみなすことができよう。ICFでは、個人因子は分類されておらず、利用者の判断に委ねられている。センター方式は、先の高齢者3原則にも沿っており、利用者の生活機能を高く維持するツールたりうると思われる。

　3）　グループホームの入所時と毎月の費用については、中位以上の所得層でないと、本人が入居したり、親を入居させることは困難といわれている。介護報酬は、要介護度別に定められ、加算などもあるが、利用者は1割負担する。この部分は準市場として公定価格であるが、家賃等は、自由市場の価格である。種々条件が違うので、単純に価格だけ比較しても意味はない。また、全体として、供給不足なら、価格が高まると想定される。

　首都圏では川崎市が2007年2月現在の利用料金一覧表をホームページで公開しているのでこれを整理した。42のグループホームの入居一時金は、最高522千円で、450千円以上がこれを含め5件である。330〜300千円が11件、他方で、0が5件、残り、つまり多数は100〜200千円程度である。一時金の額は、家賃とどう関係づけるか、一時金の相場をどう考慮するかを含め、経営の考え方で決まってくると思われる。

　家賃は50千円〜60千円が多く、この範囲に入るところ〔幅がある場合この額がその幅のなかにあるもの含む〕が23件となっている。賃貸住宅などの家賃と同様に、個室の広さ、建物の構造、建設時期、所在地とそこの家賃相場、改築

か新築か、経営の方針など、多様な要素に左右されると思われる。
　厚生労働省の基準では、介護保険の1割負担のほか、食材料費、理美容代、おむつ代、その他日常生活で通常必要とされる費用で、利用者に負担させることが適当と認められるものを利用者・家族に事前に説明のうえ、利用者から受け取ることができるとしている。川崎市の表では、食材費が最低30千円、最高45千円となっている。これも、所在地の食材の価格とか、経営の方針により幅があると推測される。同じ表には、水道光熱費があるが、これは、2件の例外以外は、10千円から25千円である。これらの費用とその他を含めた月額利用料金は、表によると、最低100千円、最高約160千円であった。100千円以上、120千円以上、140千円以上の3区分〔幅のある場合は最高、最低の平均〕で、それぞれ、5件、21件、16件で、120～140千円未満がもっとも多く、140千円以上もかなりある。
　以上のほか、介護保険の介護報酬額の基本が、要介護3の場合、865単位、医療連携制度加算が39単位（いずれも1日あたり）で、1月を30日とすると、27,120単位となり、その1割（約28,800円）を利用者が負担する。平均して、利用者は、月20万円をいくらか下回る程度の費用が必要となる[2]。

　4）近年、景気持続をうけて、対人サービスである社会福祉の活動では、どこでも人手不足に悩んでいる。グループホームも同様である。事業者は、介護報酬と入居者の利用料金で、必要な費用を賄わなくてはならない。介護報酬は、介護保険制度の持続のためということで、2006年4月の介護報酬改訂で、全般的に抑制され、グループホームは、相対的に良い方であったが、経営の実態からみると、問題があるようである。利用料金は、競争関係があり、引き上げには限界がある。
　ベテランとして、グループホームで働いている介護職に、適切な処遇をし難い状況になっている。基本的問題である。どこの社会福祉法人も、従業員のため、社会福祉施設職員等退職共済手当法による、独立行政法人福祉医療機構の退職手当共済制度（社会福祉事業等に従事する職員の確保と定着を図ることを標榜）に加盟していると思われる。2007年度の場合、本人分として、約4万5千円払うと、都道府県と、国がそれぞれ、同額支出してくれ、支払は賦課方式で行われる。社会福祉法人以外では、その退職金制度が使えないことになっている。

5）これまで、グループホームでターミナルケアができるかが、しばしば問題とされてきた。グループホームの歴史はまだ短いが、入居者に居場所だと感じてもらい、定着が進むと、もともと高齢の入居者の年齢がさらに高まる。できないことが次第に多くなる。また、高齢化に伴い病気にかかりやすく、重症になることもある。グループホームができ始めた頃は、要介護度が高まれば、特別養護老人ホームなどに移ってもらう方針のところも多かった。現在もそうしているところもある。

しかし、介護保険改正の準備段階の審議資料（社会保障審議会介護保険部会第8回、2004.1.26）によれば、グループホームの管理者等の約3分の2がグループホームでのターミナルケアについ前向きに考えている（「ケースごとに条件を整えながら前向きに援助していきたい」44.5％、「制度上条件が整えば、援助していきたい」22.4％、全数は1,192。択一回答）と報告されている。この調査報告では、14.4％の事業所で、ターミナルケアに取り組んだ経験があると答えている。

厚生労働省の政策でも、医療費（特に老人医療費）抑制を考慮してのことと思われるが、診療報酬、介護報酬において、在宅ターミナルケアを推進しようとしている。

グループホームは、従来看護師をおく必要はなかった。しかし、医療機関と契約して、その協力を得てきた。医師が週の特定曜日に訪問する場合もある。重大な病気のときは、契約病院に行って診断をうけたり、入院したりする。もっとも、実態としては、文書のみで、実質のない場合もなきにしもあらずである。

自宅においても、高齢者が通院できない場合、ふだんでも、訪問診療などの態勢が整えられている必要がある。これまでの実態は、意欲のある開業医、24時間365日対応してくれる訪問看護ステーションなどに出会うことは、幸運といった状況であった。日常的にこのような条件があってはじめて、在宅でターミナルケアが可能となる。グループホームでも同様である。一般に在宅療養支援診療所という診療報酬上の制度ができたので、事情が好転することに、期待がもたれている。

グループホームにおけるターミナルケアであるが、終末期には、夜間を含め、頻回の医師、看護師の訪問が必要になる場合も多く、医療法人が設置し母体で

ある病院があるような場合以外では、開業医、訪問看護師ともに、特別にターミナルケアに使命感のある人が、グループホームに協力してもらえることが必要になる。また、人により（グループホームで最期を迎えることの本人、家族の意思が明瞭で、変化がないことなど）、病気の状況などにより、可能かどうかも異なる。

　2006年度からの介護報酬改訂にあたり、そのひとつの基本的視点として、在宅の中重度者が在宅生活を継続できるよう支援を強化し、また施設や居住系サービスでの重度化対応や終末期ケアへの対応を強めることが謳われたが、高齢者グループホームでは、健康管理、医療連携体制を強化している場合に、医療連携体制加算が新しく設けられた。事業者が加算を得られる条件は、訪問看護ステーションとの契約その他により、看護師1名を確保し、24時間連絡可能な体制をとること、入居者が重度化し看取りの必要が生じた場合などにおける対応の指針を定め、入居者または家族等への説明・同意を行っていることなどである。

　病院、医療施設以外、すなわち、自宅、特別養護老人ホーム、グループホームなどにおいて、対象者が終末期に入ったかどうかの判断は、現代日本の法秩序においては、医師によることが求められてきたと考えられる。対象者が、現代の医学の視点において、治療の方法がなく、生命の終わりに近づいていると、医師または、医療関係者集団が判断した場合（その判断が医学的に妥当であるためには、別の医師の意見も徴したうえでなされるべきであろうが）、本人が、その後も救命措置を望むのか、または、苦痛を緩和するなどの措置は別として、生命の終わりにいたる期間をあえて延伸することを望まず、尊厳ある最期を望むかによって、医療的対応がなされるべきであろう。現実には、本人の意思が明確でない場合、また、超高齢期にあって病気の種類によって、または、老衰が進む場合などには、関係者にとって判断には困難があると考えられる[3]。

　介護福祉の立場では、医学的モデルによる判断とは別に、しかし、医療的ケア（ホスピスケアを含む）と連携しつつ、終末期と経験的に判断される時期においても、これまでの介護の継続性と本人の意思を尊重し、または（生活歴や個性、介護の経験などから）推測して、支援することが適切と考える。これは、人生の終わりにおけるQOL（生命の質）を高めることに連なるといえよう。これまでは、自宅、特別養護老人ホーム、グループホームなどにおいてケアしても、最後は入院して、人生を終わることが多かった。可能な限度まで、生活の

場で過ごすことができるようにすることは、ターミナルケアとみなしてもよいであろう。ただ、福祉の分野においてもターミナルケアについて、多様な考え方もあり、社会的な合意に達することが求められよう。

注
1）松岡洋子『「老人ホーム」を超えて』（クリエイツかもがわ、2001年）73～80ページ。著者は、プライエムから高齢者住宅への変化を経て、3原則が実現されるようになったと考えているようである。
　　天本　宏（日本医師会　常任理事）は、高齢者の地域医療に携わってきた個人の立場で、生活の地域内継続、受益者本人の意思決定の尊重、残存能力の活性が「ヨーロッパにおける福祉3原則」であるとし、日本でも行われつつあり、これが必要とした。なお、地域内継続は、コミュニティケアとしている。『ご存知ですか？　後期高齢者医療制度』（第29回老人の専門医療を考える会全国シンポジウム〔平成19年3月〕報告書）
2）2006年10月現在の厚生労働省の全国調査（8,528事業所）によると、分類不能を除く平均で、家賃月額は39,237円、入居一時金240,349円［なしを除く。なしを含めると約163,600円と推定される］、食材料費（月額）34,327円、光熱費13,175円であった。
3）認知症の人以外も含めて、本人の意思確認ができない場合の対応の決定は、困難な問題であるが、2007年5月「終末期医療の決定プロセスに関するガイドライン」が策定された。これは、医師等の医療従事者から、適切な情報の提供と説明がなされ、それにもとづき、患者が医療従事者と話合いを行い、患者本人による決定を基本として、終末期医療を進めることをもっとも重要な原則としている。上記において、医師でなく、医療従事者（看護師やソーシャルワーカーも含みうる）としている点は、従来にないところである。
　　そして上記の原則のもとで、本人の意思が確認できない場合の対応過程について指針を示しており（家族の意思の尊重、最善と思われる方針についての家族との話し合い、［家族がいないとき等］患者にとって最善の方針をとるという順序）、グループホームの場合、重要な基準となろう。なお、以下は個人の判断であるが、終末期に入ったと医学的な判断がなされても、積極的延命を希望する場合には、グループホームは適当な場ではないと考える。積極的延命を試みていなくても、病院でなくては、対応できない症状のため、入院を要する場合もあろう。グループホームとしては、終末期における、本人、家族（本人の意思をもっとも代弁できる人）の意思の確認や、終末期に生じる可能性ある諸事態を想定した、対応策を予め決め、本人、家族の同意を得ておくことが必要と思われる。

第10章　高齢者に対応する共生住宅、その現実と課題

岡本健次郎

1　高齢者の共生住宅　4つの側面

　共生住宅は、着実に多様に広がっています。とくに、高齢者の共生住宅は、人口高齢化が加速する時代に入って、これまでの桎梏を離れて独自の展開を始めつつあります。
　この状況をどう位置づけるかは、高齢者の住宅問題という以上に、高齢者の生活構築に大きく関わる意義を有しています。それを、1福祉的側面、2住宅的側面、3地域的側面、4社会経済的側面の4つの側面について検討します。もちろん、個人的、家族的な事情が色濃く反映することですから、一般論に置き換えにくい側面も強くありますが、時代的潮流として共生という考え方が世の中に受け入れられつつあることが、根底にあります。
　筆者の立場を明らかにしておきますが、共生の家づくりを推進するNPO法人のメンバーとして活動しております。本稿では状況を分析すること、共生の住まいが必要な理由の探究を行います。ご意見ご批判を賜われば、率直に新たな共生の住まいづくりに役立てたいと考えます。
　「あるグループリビングの入居者」（表10-1）を掲げましたが、これを見ると、高齢者の住宅に関する考え、とくに夫が亡くなるなどした単身者にとって病気や事故など不安を軽減する対策として、高齢者共生の住まいであるグループリビングが選択されていることが分かります。このグループリビングは「一人で生活できる人」を対象にしており、かなり元気な人ばかりの印象がありますが、対象が異なるものも出てきています。ともかく、この事例を念頭において、いや、さらにはもっと大きな不安や医療介護に関わることや、生涯への思いなども含めて、高齢者の共生住宅がいかなる機能、役割を果たしていくのかを考えていきます。

表10-1　あるグループリビングの入居者

	年齢	性別	前の住居	住み替え理由
a	79歳	女	戸建	骨折してから不安だったので。
b	77歳	女	老人ホーム	有料老人ホームにいたが、不自由多いので。
c	78歳	女	戸建	主人が亡くなったので、自分の人生を。
d	82歳	男	マンション	体が弱ってきて、探していた。
e	79歳	男	戸建	近くに娘が住んでいて、勧められて。
f	78歳	女	戸建	病気勝ちで、近くに住む娘さんに勧められて。
g	79歳	女	マンション	娘夫婦と同居していたが、迷惑掛けないようにと。
h	82歳	女	マンション	骨折や病気の不安があったので。
i	70歳	女	マンション	掃除が嫌い。主人が亡くなり、早めに住み替え。

なお、NPOが関わって2007年9月に開設した「狛江共生の家」の平面図（1階部分）を末尾に図10-2として、掲げます。共生住宅のイメージが得られるでしょう。

（1）共生住宅の条件

まず、「共生」と「住宅」を、どう考えているかを検討しておきます。

共生住宅を一言で言い換えれば、それは「未来の長屋」だということができます。

「住人はそれぞれ自分の家を持ち、独立した家計を営んでいますが、扉を開けて一歩外へ出ると、談笑し、ちょっとした助け合いもする。老人にとっては敬意と協力が得られ、子どもにとっては近所の子どもや大人と接して成長していく場になる。個人生活が守られていて、それでいて共同で過ごす小社会の楽しさもあり、なおかつ医療や介護など、いざというときの備えがある……」（『未来の長屋——住まいと暮らし実例集』筆者の論文より）。

この条件として、次のように規定しています（同論文より。ただし、④、⑤については、同論文ではコミュニティという言葉を使っているのを、地域と書き換えています。その理由は後に述べます）。

1　住居として（ないし終の棲家として）権利関係があること
2　十分な居住性があること
3　入居が低額で容易であること

4　地域と協力関係を結ぶことができること
5　地域でケアを推進し、医療・福祉ネットワークを構築すること

（2）共生住宅の社会的要件　3つの共生

「共生」については、3つの共生を掲げています。3つとは、地域、多世代、環境です。

　地域との共生は、後に「地域的視点」のところで検討しますが、地域なしに共生の住まいが存在するとは考えられません。むしろ共生の住まいは地域でつくるのが本質です。地域の力を活用しなければ、共生の住まいは運営できないからです。とくに、高齢者については、このことは明らかにしておかなければなりません。例えば、藤沢市のCOCO湘南台や狛江市の「狛江共生の家」では、地域の人たちが相談して立ち上げ、入居を口コミで働きかけ、運営しています。生活のさまざまな分野で地域の人々が関わり、協力しています。

　多世代共生とは、多世代がいる、ということではありません。多世代が一つのマンションに集合しているだけで何の交流もないことが多いのでは、共生住宅とは言えません。通常、集合住宅では、世代は偏りがちですが、かりに多世代が集まっても集合住宅であるにすぎません。多世代共生住宅は、多世代が交流や協力する、未来の長屋のような形態を指しています。多世代との共生は、住居の中と外と、どちらにも当てはまりますが、住居の中の多世代の例としては埼玉県住宅供給公社の「蕨ふれあい住宅」やコレクティブ・ハウジング社の「かんかん森」など、多世代が交流スペースを使って、仲良く有意義に暮らしていることがわかります。

　環境との共生は、住居の計画、実践の中で、生活に効果の上がること、例えば緑化とか、農園、園芸とか、堆肥づくりとか、できるだけ自然に触れ合う気持のよい生活ができるような工夫に重点があります。これは、「狛江共生の家」でも取り組んでいますし、COCO湘南台でも園芸の庭があるなど、小さいながら始まっています。いまのところ、環境共生住宅を標榜する住宅は数多くなりましたが、高齢者の住宅としてはこれからです。高齢者は身近なケアなどの生活課題の取り組みが切実で、環境も健康問題として取り組んでいます。

（3）共生住宅の定義　参加、共同、福祉

　共生住宅が成立する5つの居住要件（(1)参照）と3つの社会的要件（地

域、多世代、環境、(2)参照)に基づいて、わたしたちは、「共生型住まい」を次のように定義しています。

「さまざまな入居者が運営管理などに連携して主体的に参加し、共用空間や共用施設を活用しながら、食事またはその他の共同活動を楽しみ、その恩恵を受け、プライバシーを保ちつつ相互に支えあい、地域とつながりながら必要な支援も受けられ、自立した生活が続けられるような住まいと暮らし方」(同前、中林由行論文)。

これを空間的に説明すると、集合住宅に加えて、共用の食堂、居間や場合によっては風呂、その他生活のための活動の場所があるもの。ただ、こうした共用空間があるだけでは単なるアパート、マンションに集会室がある場合とほとんどかわりません。共用空間があって、日常生活の中でそれが「共生」の機能をしなければ、単に共用の場所があるだけになります。そうではなくて、入居者が共用空間の利用について共同して参加すること、それが入居者の各個人にとって有益であることです(ただし、「集合住宅に加えて」と書きましたが、集合住宅の概念は、当てはまらない場合があります。共生住宅は、住宅が集合したのではなく、人が集合した場合が多いからです。人が共生のために集まって住むのですから、これを「共生集住」ということができます。共生の概念が明確であればいいのですが、そうでないと、どういう住宅か曖昧になりがちです。実際、割り切れないことがあります)。

共生の住まいでは、例えば食事を一緒にすることがよくあります。高齢者が生活する共同住宅では、食事はほぼ必須要件になっています。

共生の住まいでは、①どんな共生集住の住まいと住まい方をするか、(共同生活、生活環境をつくるなど)計画、運営について決定と活動への参加、②生活の一部、例えば食事やイベントなど共同生活があり、それを利用するかどうかを自己決定する選択肢があり、なんらかの生活の共同をすること、③高齢者、障害者、乳幼児、何らかの配慮・支援が必要な入居者がいる場合、それに対処する用意があること、つまり行政制度の定めのないことでも生活上必要な福祉を行うこと。

これを共生の住まいの3要素として、いずれも満たすものが共生型の住まい、住まい方だと考えています(中林、同論文)。

共生型住宅に該当する住宅概念としては、グループリビング、コレクティブ・ハウジング、コーポラティブ・ハウジング(コー・ハウジング)などがあ

り、さらにシェアード・ハウジングなども含まれると考えられますが、これらの住宅概念は基本的に共生型住まいの3要素を持っている、あるいは持っているものが多い、と言えます（本稿では、高齢者の住宅をテーマとしているので、主としてグループリビングを共生住宅の代表のように取り上げますから、他のタイプが該当しない記述もでてきます）。

（4）共同の食事、生活支援

　今日、高齢者は孤立しがちであり、かつ、食事をつくるのが困難になったり、面倒になったりするので、食事を共同すれば、孤立を避けやすいということを主たる共生の生活の要素として、個別の住戸と共同の空間を用意して、10人前後の高齢者が住む共生集住の住宅がグループリビングです。では誰が食事をつくるのかというと、コレクティブ・ハウジングでは、一緒にまたは交代で行うようですが、高齢者の場合には誰か入居者以外の外部の人（グループ、団体）に依頼することが多い。

　また、その他のお世話役、相談相手としてサポート役をおく場合も多い。横浜市青葉区のライフリー荏田は、フロント役的なパート職員をおいていますが、それが、どれくらいの役割を果たしているかは、まだ明確ではありません。つまり、いないと緊急の時など困難が予想されるが、24時間いるわけではない。いると管理的になりがちで、地域の交流に支障が生じることもある。そして何がしかの人件費を入居者が負担するだけの価値があるか、ということです。

　医療、介護については、まだ解決手段が曖昧で、緊急対応を含めて確立していないところが多い。なるほど緊急通報は、各戸に取り付けてある場合が多いのですが、これは実際上、気休めにしかならないかもしれない。というのは、緊急の通報に対する対応が問題ですが、かなり杜撰であったり、単に救急車を呼ぶのであったりでは、ほとんど意味がない。普段から医者が入居者の健康状態を知り、緊急や入院などの場合に対応してくれるかというと、はっきりしていないことが多い。

　しかし、いろいろ曖昧なグループリビングが多いとはいえ、多くのボランティアやパートの職員が関わり、地域的にも認知され、現に高齢者が自分の生活を送っていることは、福祉的にも住宅的にも地域的にも画期的な前進です。高齢者が生活できる新しい形態が確立され、確かな現実になったのです。

　その画期的なところ、これまでの桎梏をいかに超えるかを、以下、検討して

いきます。

2　高齢者居住の福祉的側面——施設から在宅へ

　戦前そして高度経済成長頃までは、家族が助け合って暮らすのが普通でした。都市化とともに小家族化が進みましたが、それでも親子を中心に家庭を築き一緒に暮らすのが当たり前だったのではないでしょうか。この戦前、戦後の家族の様子は、テレビドラマにしばしば登場し、年配の世代の郷愁を誘うほどの、まだ記憶に残る情況だと言えます。その後、経済の工業化、社会の都市化が進み、高度成長とともに家族、家庭の様相はすっかり変わりました。小家族のマイホームの時代が過ぎ、子どもが次々に独立し、残されたエンプティ・ネストと揶揄される家には、今では高齢者の一人暮らしも珍しくありません。核家族から単独世帯へと、世帯構成が急速に変化し、とくに高齢者単独世帯は約2割（厚生労働省「平成16年国民生活基礎調査」）、この傾向は、今後いっそう強まるので、高齢者は一人で生きていく時代といって過言ではなく、また、社会的に見ると単独生活の孤独、事故、傷病など多くの生活上の懸念があり、なんらかの対策が必要ではないかと思われます。

　この情況における住居問題、とくに高齢者の加齢とともに生じる「何処に、どの様に住むか」という切実な課題の一側面——共に生きる住まいの追求が今日の緊急課題になっています。

　高齢者が一人で生きていくには難しいことが多々あります。その基礎的な問題としては、食事などの日常生活と介護・医療などの対応が懸念されることです。高齢者が「どこに、どのように住むか」という場合、まず、基礎的な問題、言い換えれば生活のケアへの対応が必要になりますが、窮極的には何処に住むにせよ、生存の維持が最大のテーマです。

（1）生存ケアとしての老人ホーム

　生存のためのケアについて、対応ができるといっているのが公的老人ホーム、民間老人ホーム、医療関連施設などで、いろいろな種類態様があります。ただ、食事・介護・医療、とくに身体介護をしてくれる、いわば病気ではない状態の生存の基礎を確保するケア、これを生存ケアと言いますと、このタイプの施設には、必要に迫られているだけに強い需要があります。

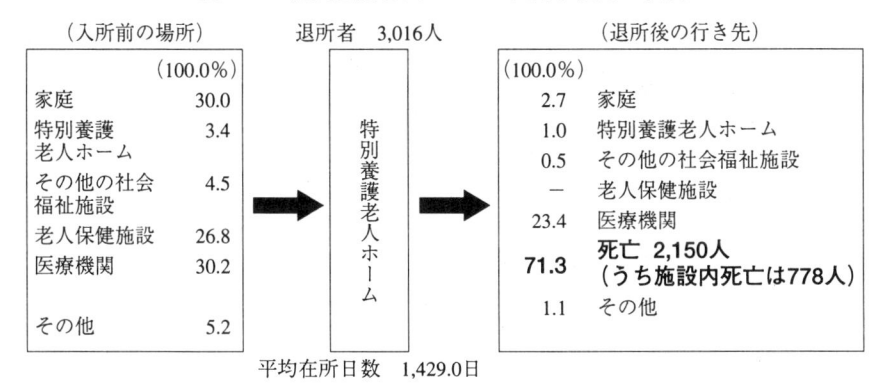

第10章　高齢者に対応する共生住宅、その現実と課題

図10-1　特別養護老人ホームの入所、退所の状況

（入所前の場所）　　　　　退所者　3,016人　　　　（退所後の行き先）

	（100.0％）			（100.0％）	
家庭	30.0			2.7	家庭
特別養護老人ホーム	3.4			1.0	特別養護老人ホーム
その他の社会福祉施設	4.5	→	特別養護老人ホーム	0.5	その他の社会福祉施設
老人保健施設	26.8			―	老人保健施設
医療機関	30.2			23.4	医療機関
				71.3	**死亡　2,150人**（うち施設内死亡は778人）
その他	5.2			1.1	その他

平均在所日数　1,429.0日

注）「その他」には不詳を含む。
資料：「平成15年介護サービス施設・事業所調査」（厚生労働省統計情報部、平成15年9月時点）

　ところで生存ケアの専門施設では、大勢を一挙に見ることに傾きがちです。有料老人ホーム（介護型）の開発責任者に聞きますと、どの業者も「50人程度入居できる規模の施設でないと採算が合わない」と異口同音の答えです。50人というと、生活ケアであるグループホームの9人ないしその2倍まで認められる18人の人数制限と比較して、明らかに多過ぎ、人間的な生活ができる限度を超えていると思われます。とすると、介護型の老人ホーム（つまりほとんどの公的、私的老人ホームが含まれますが）とは何か、という疑問が湧いてきます。

　老人ホームとは何か、答えのヒントになるデータがあります。平成15年介護サービス施設・事業所調査（厚生労働省統計情報部）によると、特別養護老人ホームの退所者の平均在所日数は1,429日、約4年弱、退所のうち約7割は死亡によるものなのです（図10-1）。どんな人が入所したのかが問題ですが、入所して4年で死亡するとは、短過ぎるのではないでしょうか。ここは、死を迎える場所なのか、という疑問が湧いてきます。これと関連するのですが、有料老人ホームの入居一時金の償還を5年に設定しているところがかなりありますが、これも退所年数と関連していると説明した施設がありました。経営上の判断とはいえ、目的と経営とが本末転倒に陥りがちな事情をあらわしています。

　つまるところ老人一人一人は、死へのケアをしてもらうために入る施設ということになりかねないのです。生存生活ケアは生活維持ないし社会復帰のための支援を受ける場所ではなく、だんだん悪化する心身状況の過程で、死ぬまで

いる場所だという傾向が生じています。

　このことは、老人ホームに入りたい人がどれくらいいるか、元気な高齢者ないし高齢者に近い人に聞いてみると、ほとんど老人ホームに入りたい人がいないことから、わかります（筆者は、講演で聴衆に「老人ホームに入りたい人はいますか」と質問すると、おおよそ50人に1人くらいしか望んでいない。もちろん、共生の住まいについての講演の場なので、そのままを社会事情と受け取ることはできませんが、しかし歓迎されている施設ではないことは明瞭です）。実際、老人ホームの入所に反対する家族が多いのは周知のことで、それでも入所するのは、家庭などではケアができない、行き場がない、という事情が大きいと推定されます。

　施設から住宅へ、という介護保険の施策方針などに見られるテーマは、この施設への心理的な抵抗感に対する答えとしては理解できます。それは、特養に代表される施設の生存ケア、死に至るケア、現代の姥捨てへの抵抗感だからです。

（2）生活ケアとしての住宅介護

　それでは、住宅は、施設とどう違うかを考えてみます。もちろん住宅は人間の生活の主要舞台ですから、住宅とは何かに答えを出すような無謀な捉え方はできませんが、違い、ということで見ると、多少、指摘できることがあります。

　まず、簡単な比較ですが、住宅では、家族が介護を含めた世話をして、介護などの専門家は依頼した時間だけいます。つまり、介護であっても家族介護が中心になります。この家族の世話、家族介護の内容が、専門家の介護とは違うのではないでしょうか。まず、時間が違います。専門家の介護は、一時的、1日のうちのわずかな時間です。また、家族は、単に、介護するだけではありません。一緒に生活そのものを過ごすのです。ですから、この介護は生活ケア、生存に関わる場合も生存生活ケア、と生活の文字を加えるべきではないでしょうか。これは、死に至るケアに対して、生きるためのケア、といっていいでしょう（もちろん、議論を単純化し過ぎですが、比較のために敢えて明瞭化しています。また、家族介護に依存すべきだと主張しているわけではありません。家族介護の負担の重さ、非常な困難が悲劇的な結末や家族介護者の病気などの結果を引き起こしていることを考えれば、何らかの対策が必要であることはいうまでもありません）。

ともあれ住宅は、介護だけではなく、生活の場所です。介護が必要になったときには、介護が重大問題になり、家族が、介護に追われるわけですが、それまでは、通常は、それぞれの高齢者自身が生活を過ごすところです。有料老人ホームや軽費老人ホーム（ケアハウス）など、そうした介護以前の老人が過ごす施設があります。これと住宅は、どう違うかを考えてみます。
　施設と住居の違いはどこにあるのか。それは、住居は、生存を維持するというより、もっと人間的な生活の場です。家族との交流、社会活動、趣味、健康運動、人それぞれ、いろいろあります。老人ホームでは、そんな元気な人はあまり入居しないかもしれませんが、仮に入居したとしても、家族との交流はなかなかできない、社会活動からは遠ざからざるを得ない、趣味もできにくいことが多い、健康運動はできるかもしれませんが、多くの交流、活動ができなくなります。その主要原因は、自分の住居、地域を離れ、生活の場を失ったからです。ここに、老人ホームと住居との基本的な違いがあります。
　さらに、老人ホームの問題点があります。それは、管理的（ひょっとすると）強権的な収容施設になりがちです。というのは、大勢を一挙に介護する結果、管理者側の都合で運営するからです。その極端な例が身体の縛り付けであり、そのことからして、目に見えない精神の縛り付けは、いっそう多いと思わざるを得ないのです（管理束縛をやめる方法は、おそらく１つしかない。管理者と利用者、出し手と受け手の関係をやめることです。つまり高齢者が主人公であることです。有料老人ホームは購入者とサービス係りの関係だから、管理ではないという説明はできますが、高齢者が自分で生活しているのかどうかというと、そうはいかないのです。ここに、共に生きる住まいのテーマが見えてきます）。
　これが福祉的な側面から検討した、共生の住まいの必要性の考え方ですが、次に、住宅的側面から検討したいと思います。

3　高齢者居住の住宅的側面

　かつて住宅問題は、住宅の確保とほとんど同じことでしたが、現在では住宅の質が、あるいは住宅が社会問題の根底にあるという意味では、住宅とは何かが問われています。具体的に言えば、高齢者問題に、住宅と関連してどう対処すればいいのか、が課題になっていると思われます。

(1) 戦後の住宅問題

　戦後、東京など大都市をはじめ多くの都市が焼け野原となって、急いで大量に、雨露をしのぐ最小限の生活の場を、住宅を、確保しなければなりませんでした。大量に住宅をつくることを至上命題として、国が直接的に、一般国民向けに住宅を供給すること、長期低利の融資を行うこと、大都市周辺の宅地開発を促進すること、などを柱として、住宅づくりを推進しました。住宅公団、住宅金融公庫、団地開発などが、その具体的な手法でした。

　公団も民間も、規格型の、大量につくりやすい住宅が量産され、公団住宅、住宅団地が開発されていきました。典型的な表現になったのは、2DK、3LDKなど、家の部屋数を目安とする販売手法でした。このことが、日本の住宅のあり方に後々まで影響を与えたのではないかと思われます。団地サイズという言葉に表される例外規格が普及したのをはじめ、住宅の部品に至るまで、規格はメーカーの都合に合わせて勝手に横行しました。他方で、プレハブ住宅など、工業化した住宅も広がり、在来工法住宅も工場加工が進み、現場は組み立てへと単純化して、職人も減少の一途をたどりました。この結果として、いろいろな部材や製品を組み合わせたり、さまざまな好みの素材で発注したりして、自分の生活イメージを実現する家づくりは、事実上ほとんどできなくなりました。

　さらに戦後的発想としては、不燃住宅をつくろうという路線がひかれました。日本の木と紙の家は燃えやすいから、燃えない住宅づくりを、という主張です。これが木の家を排除してきました。鉄筋コンクリートに囲まれた鉄の扉、昔から比べると小さな開口部、アルミサッシの窓と、だいたい同じ下地に紙を貼った壁に囲まれた小さな部屋（2つか3つくらい）。

　また、これが戦後住宅の特徴ですが、三種の神器と呼ばれた電化によって、台所は発達して電気製品が置かれるようになり、風呂トイレも燃料が変わり給湯も普及しました。新三種の神器では、自家用車が普及し、駐車場が玄関の前に置かれるようになったことも特記しておくべきでしょう。

　核家族化が急速に進行しましたが、ここで必要だったのは家族の数だけ部屋があることでした。子どもが誕生し、成長するとともに子ども部屋が必要となり、これに応じて民間マンション、戸建て住宅団地が大都市の郊外へと延びて行きました。地価の高騰が常態化する中で、小さな土地、小さな建物を小さく区分けする小さな家が広がりました。もちろん、一般のサラリーマンでも購入

できる住宅、それを銀行ローンなどで借金しつつ、働いてローンを返済して住宅という財産を手に入れる、というスタイルでした。住宅スゴロクという、家づくりを揶揄する流行語も生まれましたが、団塊の世代などニューファミリーを形成していく人たちには、冗談ですらなかったのです。まさに、工業化、都市化の申し子たちにとっては、この社会過程から生まれた一定の規格の住宅を疑いすらしなかったのです。

だいたい、戦後から今日に至る住宅づくりは、住宅ではなく、住人が適応し、生活平準化をもたらしました。暮らしが概念化・記号化し、広告宣伝やセールストークが営業の勝負を決める状況が今日に至っているのです。ここには生活感覚から住宅をつくるという工夫も思想も捨てられ、ほとんどの人は住宅メーカーのカタログから選択しているに過ぎないのです。

あるいは在来工法で近所の工務店に依頼する人でも、平面図を描いて注文するのですから、特別の注文といっても、常識の範囲内で規格外や特別仕様、特別材料は、まずなくなったのです。

(2) 高齢者の住宅状況

さて、今日の住宅はどんな状況かをごく大雑把に素描し、なぜ、どういう問題を抱えているのかを検討します。

高齢者のいる世帯は全体の3分の1を上回っていますが、5年で2割近くも伸びているので、住宅問題は高齢者、とくに急増する一人暮らし高齢者が中心だ、と言えます。高齢者は、約8割が戸建に、一人暮らし高齢者では6割が戸建に住んでいることにも注目しておくべきでしょう（総務省統計局「住宅・土地統計調査」平成15年）。居住歴が30年以上の人が6割、建築時期が30年以上前の人も5割以上、また部屋数は4室以上が8割以上もあります。住宅で困っている人は約4割、その内容は「古く傷んでいる」「使いにくい」「台所、便所、浴室が使いにくい」など、高齢者問題の一面が窺えます（内閣府「高齢者の住宅と生活環境に関する意識調査」平成17年）。

こうして見ると、今日の住宅問題の中心に高齢者の世帯、とくに一人暮らし高齢者の問題があると考えられます。それは、古い家では使いにくいということや、エンプティネスト、子どもが独立した後で空間を使い切れないということもあり、台所近くの1室だけを使用して残りは使わないということになりがちです。こうした一人暮らし高齢者は、どう生活するか。

高齢者の日常生活での心配ごとの内容を見ますと「病気がちで介護を必要としている」「頼れる人がなく一人きりである」「生活のための収入がたりない」「家事が大変である」など（内閣府「世帯類型に応じた高齢者の生活実態に関する意識調査」平成17年）。

　病気や介護が一番で、「頼れる人がいない」ということや「家事が大変」など、まさに生活そのものが問題となっていることがわかります。食事と身の回りの対処、朝、起きてから寝るまで、この季節的な変化への対応、買い物や医療機関への通院、散歩や運動、趣味や社会参加など、一人でやりづらいこと、できないこともいろいろあります。例えば、単純なことですが、天井の灯が切れても取り換えができないために、明かりをつけないで過ごしている一人暮らし高齢者をときどき見かけることがありますが、そんなことは取り立てて珍しいことではないようです。小さなことですが、かなり我慢や無理や負担がかかっているのです。

　つまり、統計では見えないのですが、ハード面の問題があり、バリアフリー化工事で解決できることもありますが、それ以上に人とのつながりの欠如や身の回り、家事が問題になっている場合が多いということです。このことは、住宅分野ではないのですが、住宅と関わっていると考えるべきではないかと思います。

（3）孤立した住宅で欠乏する交流

　さらに問題なのは、人との交流、コミュニケーションでしょう。一人暮らしだと、どうしても会話する相手が不足しがちになる。家の中にはだれもいないので、よくテレビとお話する、相槌を打ったりする、これくらいなら愛嬌があるかもしれません。

　もっともっと孤独に陥る事態も生じかねない。例えば、正月3が日を一人で過ごした人がどれくらいいるか、という調査によると（東京都港区のことですから、大都市型ですが）、およそ3人に1人は、一人で過ごしている。正月3が日を一人で過ごすということは、普段も、一人で過ごすことが多いということでしょう。だから、孤独死は、すごく広がっている。死亡を誰が発見したか、という調査によると（これも東京都の調査ですから、大都市型ですが）、家人は約4割（38％）にとどまり、あとは隣人約1割（9.6％）、知人約1割（8.8％）などはいいとしても、管理人16.4％、保健所・福祉事務所員13.9％、警察官

5.6％、などになるとやはり寂しい孤独死だったと推量せざるを得ない。

もちろん死は、本人の思想や生き方によるわけですから、一概に決めつけることはできませんが、総体的には一人暮らしには問題があると言わざるを得ないのではないでしょうか。ここに、今日の住宅問題の根本が横たわっているのです。

介護や医療の問題、ないしは心身が不自由になった時や将来の不安がありますが、これは住宅的側面からではなく、地域的な側面から捉え検討します。

4　高齢者居住の地域的側面

自宅に住む高齢者は、男女ともに地域の中で暮らすようになります。今日の高齢者、とくに後期高齢者は主人が外で働き、主婦は家事をするのが普通でしたが、退職し、仕事から遠ざかるほどに自ずと自宅と地域の機能が必要になります。ここで地域とは何を指しているか、具体的に例を挙げると、1生活交流のための地域、2生存や安心確保のための地域、という2つに分けられるようです。

（1）生活のための地域
1　外出……買い物、理髪・美容、銀行・郵便局、市役所へ行く、子や孫、友人知人と会う
2　健康……散歩や運動、クリニックや病院へ行く
3　参加……ボランティア、地域協力・お世話、地域事業に参加する

しかし、自分が外へ向かうだけではなく、外から自分の方へやってきてくれるのも「地域」です。例えば、

4　出前、配達、配食、来訪者など

こうした活動や交流が多くの老人にとって地域との生活上の関係の基礎にあると思われます。

（2）生存や安心確保のための地域
1）緊急対応ネットワーク
緊急の連絡がとれ、緊急に相談や診断や治療が受けられるようになっていること、そのために普段から医者に自分のカルテを持っていてもらい、緊急時に

必要なら病院に連絡してもらい、必要な情報を出してもらうというように、緊急対応をしてもらうことです。
　緊急対応は、地域でこそ役立ちます。つまり、実際に手伝ってくれたり、医療や看護などが必要なのですから、地域の外では、役に立たないからです。
2）専門家のチームケア
　一人の高齢者が最期まで自宅で暮らしていくにはどうしたらいいかを考えると、例えば、終末期のケアは、医療、看護、介護が一人の患者のためにケアチームをつくる必要が出てきますが、これは実際に行われています。
　グループリビングのCOCO湘南台では、癌で余命数か月と診断された入居者が、病院に入らないで余生を過ごしたのですが、そのために医師、看護師、ヘルパーなどによるケアチームをつくって最期まで対処しました。これは、グループリビングというグループがあったからで、一人ではできにくかったでしょう。
3）災害対策ネットワーク
　緊急対応は地域ネットワークの1つですが、併せて災害対策に進むと地域各戸、各個人のネットワークに広がるので、コミュニティ・ネットワークと呼べる役割を果たすことになります。ただ、これは日常はあまり機能せず、災害時だけのものかもしれません。だから、医療・福祉などのネットワークが、災害ネットワークと重なって、コミュニティを形成していく、というように広がるわけではないでしょう。
4）自分ネットワーク
　生活のためのネットワークは自分のためにつくっていくという性格を持っていますが、もちろん得意な人、苦手な人の差が大きく左右しますし、別にそんなことは必要ないと考える人もいます。しかし実際のところ、生活ネットワークは、生存ネットワークの基礎となる可能性があります。逆に言えば地域づきあいが活発な人が困った時にも協力が得やすい。これは当たり前のことですが、緊急対応や災害対策ネットワーク、専門家チームケアなどは自分一人ではなかなかつくりにくい。それで、とくに生存のための自分ネットワークをつくるための集まり、グループをつくろうというのが、共生の住まいに人が集まる動機だとも言えます。
5）コミュニティケア
　こうしたことが地域において実現できれば、老人ホームの必要性は相当に薄

れてきます。
　つまり、地域で老後を過ごすことができるのではないでしょうか。それでも「介護度が上がっていったら、施設に入るしかないし、誰でも最期は施設か病院に行くしかない」と主張する人もいます。しかし、誰もが施設か病院に入るわけではありません。最期を自宅で過ごそうという人も増えています。

（3）コミュニティケア
　厚生労働省の政策スキームを説明すると、軽費老人ホーム、特別養護老人ホーム、有料老人ホーム、グループホーム、老人保健施設、療養型病床群、それぞれに老人の身体状況に合わせた施設制度があり、これらをつなぐと老人の一生は全うできるかのように説明されています。この説明を逸脱できにくいのです。けれども、地域において終末ケアができれば、このような施設への依存は軽減されます。
　施設介護の問題は、施設に入所すれば介護を受けられますが、施設と制度の枠組みの中に入るということでもあります。枠組みに入らない場合あるいは一部利用の場合にも、高齢者にはさまざまな状態の変化が生じますが、現状ではそうした高齢者には、臨機に対応できないのです。この現実から出てきたのが「宅老所」で、さまざまな状態に応えています。「宅老所」を制度化したと見られるのが「小規模多機能」型の介護で25人定員などの規制がありますが、柔軟に対処しています。これに医療を含め、行政もボランティアも含めて対応できることが望ましい。
　これはコミュニティケアの問題ですが、この言葉はイギリスと日本では大きく事情が異なります。イギリスでは、コミュニティそのものが取り組むのですが、日本の場合、専門機関、専門家が対策に対し支配的で、コミュニティで対応するというものがありません。
　そこで、地域のネットワーク構築によってこれに代えていくのが「自分ネットワーク」の考え方です。ただ、自分ネットワークが自分ではできにくく、グループでつくっていくというのが、共生の住まいの考え方として理解されれば、自分ネットワークが数多く重なっていくのが「共生の地域づくり」になると想定しています。その拠点となるのが共生住宅です。
　このような民間コミュニティケアが将来的に結実するのか、どう変化していくかは、まだ分かりませんが、実際の成果が積み重なっていくことが、社会的

に受け入れられていく基盤になることは間違いありません。

5　高齢者居住の社会経済的側面

(1) 土地の有効活用

　高齢者の共生住宅が普及するには、言うまでもなく事業として成立しなければなりません。この問題は、わりあい単純で、入居者を確保できれば経営はできます。アパート経営とかわりはないのです。もっとも、アパート経営とは、通常何を指すかと言いますと、地主が自分の土地にアパートを建てて賃貸するわけですが、地代は収入に計上しません。もちろん、土地を購入してアパートを建てる、つまり土地購入費を家賃に付加することは、通常、困難です。
　これは土地の有効活用と言われる方法です。活用していない（事業していない）土地に、（金融機関から借り入れて）事業投資（建物を建てて）、事業収入を得る（家賃収入を得る）ことを指しますが、この事業収支シミュレーションの成否は入居率に係わります。即ち、入居者が完工後早期に満たされれば、経営は成り立ち、入居者が居ないとか遅れると、その分経営は困難になります。金融機関は土地（ないし建設する建物）の評価額の一定程度まで融資しますが、工事代金支払いに合わせて融資し、入居後も一定期間返済猶予するなどの対応をとることもあります。つまり、この融資スキームは確立されていて、融資額は土地の評価に係わるだけ、と言っても過言ではない。なぜなら、土地評価は、入居者が確保できるかどうかと大いに関係しているので、評価できるということは、それなりに入居者がいるだろう、ということになるのです。入居者は、普通、駅前の不動産屋に依頼し、立ち寄りの客が現地を見て決めるわけですが、これも長年の判断があり、一定の立地にそれなりの建物や設備があれば「入居者はある」ということになります。

(2) 共生住宅の入居者募集

　さて、10戸程度の住戸は経営的にはアパートと同然なのですが、基本的に違うところがあります。駅前の不動産屋に入居者募集を出しても、共生住宅には入居者は来ない、ということです。では、どうするかというと、一つは、はじめから入居予定者が集まってつくる、もう一つは、口コミで集める、ということです。なぜ、不動産屋では共生住宅の入居者が来ないのかというと、そもそ

も新住居を探していないのです。不動産屋に行かない、頼まないのですから、不動産屋での募集は空振りです。探していないというのは、不自由していてもやっていける限りは我慢していよう、ということだと思います（これは高齢者住宅相談の経験的に基づく判断です）。

そこで、共生住宅では、はじめから入居者が集まってつくる方法がとられることが多い。コーポラティブ住宅は、その典型といっていいし、コレクティブ住宅もつくる前に入居予定者が集まり相談を進めないと実現は困難であろう。グループリビングは、名前の通りとすると、グループをつくって住まいを実現するということになる。実際、そうしてつくったグループリビングもあります。COCO湘南台は、そうしてつくられたし、これに準じるつくり方が模索されてグループリビングが普及してきた。準じるつくり方とは、口コミによる入居者や運営者の募集で情報が広がり、協力者や協力機関が増えていくということです。

現実問題として、白紙の状況からグループをつくって共生住宅を実現しようとすると、何年かかるか分からない。ヨーロッパでは、3年とか5年とかかけて協議や事業取り組みを進め、実現を果たしている（オランダ、デンマークなどでのヒアリングによる）が、日本では、グループが集まっても、事業の実現に結びつかないことが多い。これまでは、市民グループに土地を提供し事業をしようという地主は極めて稀だったからです。だから、地主探しは、コネクションがあって、説得ができた時に限ってきた。狛江共生の家では、人脈に基づき地主に出会い、それから説得にあたったわけですが、普通は市民の熱意だけでは難しい。

（3）金融機関の関門

次に、金融機関への融資説得だが、これも前例がないという理由で実行しない場合があります。金融機関は明確な理由を示さないが、金融情勢による融資方針（引き締め、緩和）が左右し、ケースバイケースですが、融資スキームはないようです。大手銀行では融資せず、中小金融機関が融資に応じるという実例を分析すると、どうやら、市民が関わる事業はリスクが大きい、引締めの時は融資を回避する態度です。これも、市民グループでは、対応が難しいことが多いようです。

まとめて言えば、入居者が確保できれば共生住宅の賃貸事業の経営は成り立

つのですが、地主が着手するためには金融機関の関門があります。入居者や運営者などのグループが事業を立ち上げるには、地主、金融機関などの説得が関門としてある、ということになります。ですから、立ち上げの要素として、地主、金融機関、運営者（地域市民）、入居者（高齢者）、これに医療、介護機関などの協力が必要になる。そして、このような要素の多く（金融機関も地元のことが多い）は、地域であり、口コミだということです。

（4）共生住宅の多様な展開

こういう状態なので、高齢者の共生住宅の市場は、まだ自立して存在していません。

高齢者の収入は年金が中心ですが、それ以外には子どもなどからの仕送りとか、現在住んでいる家を売って資金をつくるとか、統計などに現れない要因が大きいことや、入居判断が経済事情によらないことも多いので、老人ホームよりは、住宅市場の中で成立するのではないか、というのが高齢者共生住宅の新しい可能性です。

ただ、行政の区分を離れて見ると、多様な展開があります。

有料老人ホームは、従来、熱心に需要開拓しており、最近、需要者の要求水準に合ったもの、つまり入居金等の低いものが出てきています。が、行政の介入が強く（無駄な空間や人の配置を要求される場合も多い）、あいかわらずワンセット主義（一そろい経営者が対応しなければならない、その結果、地域の力を活用しにくい）で、どうしても高価になりがちです。

高齢者住宅は、一定の居住環境があって、「生涯」暮らせれば、単身高齢者増大などから見ても（欧米と比較すると日本は5分の1程度なので）大きな市場があります。もっとも、行政の関与によっては、違った展開になる可能性もあります（行政は住宅と介護を分けていますが、徹底していない。社会的には老人ホーム的発想が抜け切らない傾向があります。老人ホーム関係者からは規制強化の意見が出ています）。

高齢者住宅に、先ほど（285ページ）の小規模多機能介護を併用できれば高齢者は地域で生涯安心して暮らしていける可能性が相当に出てくるわけです（淺川澄一著『高専賃＋小規模型介護』が制度分析と事例を紹介しています）。さらに、医療機関が加われば、安心度、生涯暮らせる度合いが、いっそう高まります。この鍵を握るのは、多様柔軟に医療、介護に対応できるかどうかで、

第10章 高齢者に対応する共生住宅、その現実と課題

地域の力にかかっています。
　課題は、小規模多機能の住宅型も含め、年金水準にできるだけ近い水準で入居し、生活できるか、というところにあることは言うまでもありません。
　もちろん、高齢者の共生住宅は、賃貸住宅ばかりではありません。例えば、奈良県斑鳩町の「コミュニティハウス法隆寺」は、入居者が出資して株式会社をつくりました。入居者は株主、株は、建物をつくることに充て（土地は借地なので）ています。これは、コーポラティブ住宅的な方法に近いところがあり、住宅をつくる前に入居者グループで取り組んだと言えます。今後、このような新しい方法はさまざまに試みられるはずで、分譲方式の高齢者共生住宅も検討されています。しかし、分譲ということは、はじめは高齢者住宅であるにしても、いずれ若い世代も交じっていくことになる。つまり多世代住宅になるわけで、これの仕組みがあれば、新しい住まいの可能性が開けます。
　高齢者共生住宅も、制度上、高齢者専用賃貸住宅とか有料老人ホームの届けが必要になる場合が多いでしょう。ただ、企業が、新商品や宣伝を含む営業力で普及していくというよりは、さまざまな形態が広がり、地域、市民の受け皿が広がり、潜在需要が広がっていくと考えられます。
　住宅が財産的な価値から離れ、高齢者本人の判断によって住み替えや処分が決められていくのは、こうした動向と並行して進んでいく、と見ることができます。
　いずれにせよ、課題は地域であって、地域で、住宅をつくり、運営する、介護にとどまらず医療も緊急対応ができる、というところにあります。医療機関を含めたコミュニティケアを、住民が関与して構築していくことにあります。
　この理想にはまだ遠いのですが、東京都狛江市で、2007年9月「狛江共生の家」が開業しました。地主の土地有効活用（286ページ参照）によるもので、地元の高齢者市民団体が立ち上げの協議、わたしたち「共生の住まい全国ネット」が準備協力し、開業に合わせて地元NPOを設立、運営（入居者の食事、掃除など）にあたり、医療法人および系列の介護会社が在宅医療と介護を担当するというコラボレーションです。これによって、生涯暮らせる住宅が可能になったと考えています。高齢単身者向け居室14、サロン、厨房・食堂、トランクルーム、庭に庵、数坪の池や田圃があります。入居一時金がゼロ（敷金、礼金のみ）というのが評判です。内部の設備は分譲住宅くらいで質が高いものです。地域でつくったという意味で、これからの「地域共生の住宅」の1つの基

289

準、標準ともなると考えています。

これに類似したものがつくられており、これからも増えていく見通しです。

6 高齢者共生住宅は、社会改革の事業

　高齢者の共生住宅は、福祉的には脱施設社会の動きによって、住宅的には脱孤立住宅の動きによって、地域的にはネットワークづくりによって、そして社会経済的には多様な取り組みと高齢者自身の判断によって、全体としては住民主体でコミュニティケアを志向することによって、従来の桎梏を離れて展開していくことになる、その事情を検討してきました。

　政策的な課題についてですが、共生型住宅のメリットを評価して推進の方向を出している自治体も出てきています。財政事情からして自治体が共生住宅をつくることは困難ですが、制度設計は可能性があります。高齢者は財産を子どもに譲らないで自分で使うという傾向が高まり、かつ、老後の生活維持が課題ですから、財産を寄付して自分も利用できる共生の住まいや施設をつくる、もちろん住民も協力して取り組むということです。実際、「風の丘」など、寄付ではないが、これに準ずるケースも出てきています。贈与税等を、寄付者に対し非課税にすれば、大きな反響が出てくるものと思います。

　高齢者向け優良賃貸住宅（※）では、民間に建設費一部補助、家賃一部補助をしていますから、これを高齢者の共生住宅へ適用することは現に可能でしょう（※通称、高優賃。平成13年「高齢者の居住の安定確保の関する法律」で、要綱事業から法定事業になった）。

　北ヨーロッパの国々では、共生住宅の中間団体が存在して、力強く推進役を果たしています。市有地など公共の土地が使われることもあり、日本でも、この点は検討して取り組めるのではないでしょうか。

　共生住宅は、単に、住む人だけの問題ではなく、地域で取り組んでいく地域づくりでもあります。さらに地域の住宅事業、福祉事業、医療事業とも結びつきます。ただし、住宅問題として捉えないと、介護や医療など複雑な行政の規制をしたのでは、大きな推進はできない。介護や医療は地域で取り組んでこそ、住民のためにもなります。コミュニティの中、コミュニティケアを構築することで、地域と共生する住宅という位置づけが重要です。

　したがって、これを日本のさまざまな問題の核として捉えるならば、社会を

第10章　高齢者に対応する共生住宅、その現実と課題

改革していくことにつながります。

図10-2　狛江共生の家

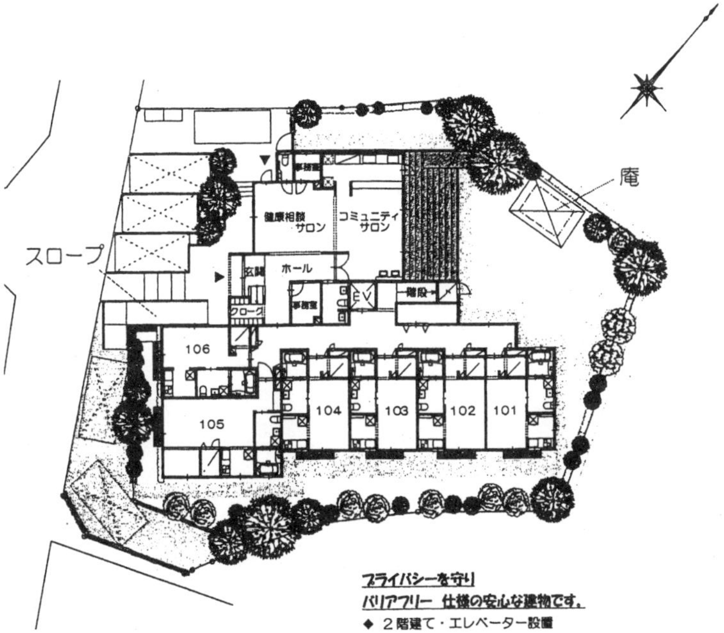

プライバシーを守り
バリアフリー 仕様の安心な建物です。
- ◆ ２階建て・エレベーター設置
- ◆ 居室１４＋２つのサロン
- ◆ 居室内に緊急通報ボタン（3箇所）
- ◆ 〃　冷暖房設備
- ◆ 〃　キッチン（IHクッキングヒーター）
- ◆ 〃　車椅子でもゆったりのトイレ
- ◆ 〃　浴室
- ◆ 〃　クローゼット収納

第11章　共に住む家のあるやさしくやわらかい街

崎野早苗

1　下宿屋バンクの概要

　私は、1990年代の初期から、グループホームに関心を持ち、95年には、グループホーム研究所をつくり、「予防的福祉」の提言や実践をしてきた。1996年10月に、神奈川新聞社新社屋記念の懸賞論文に応募し、2010年を展望した横浜の福祉とまちづくりとして「よこはまに吹く風はやさしくやわらかい」を書き、優秀賞を受賞した。ここで、世代を超えたいろいろな人と高齢者がともに住む「グループホーム」（その後実態に即し各種の呼び名を付してきたが、今回、末尾注のように表記の統一を試みた。）をつくることを提唱した。共に住むことで、認知症の予防も可能と考えた。また、地域のネットワークをつくってゆくことを構想した。これが、下宿屋バンクの発端となった。翌97年5月、「シニア下宿屋バンク」を会員制度で発足させることができた。日本の伝統のなかでは、「グループホーム」に見合う住まい・生活としては、下宿屋があると考え、下宿屋（の情報）バンクを名乗ることとした。しかし、居住者が支え合って共に生活すること（シェアリビング）を理念としており、これを実現するように整えられた住まいをシェアハウスと呼んできた。下宿屋バンクの情報誌第2号は『the シェア』とした。

　組織発足後、講演会、住まい展、オーナー研修や、建設の支援等の活動を行ったが、組織は、99年にNPO法人として認証を得た。この折、関西、群馬の会員は独立して活動し、下宿屋バンクは神奈川県中心で活動することとなった。定款の目的には、高齢者、心身障害者に対して、よりよい住環境を提供するとともに、安心して生活できる地域づくりに関する事業を行い、福祉の増進とまちづくりに寄与することを掲げている。事業としては、高齢者等の共同住宅の普及に関する事業、バリアフリータウンの推進を図る事業等をあげている。

現在、NPO法人の社員は約25名であるが、情報誌・紙を購読する一般会員約100名や、オーナー会員、賛助会員、合計約300名の組織である。また、ボランティアとして協力する専門スタッフ（専門職、事務局員など）が活動を支えている。
　NPOとなって以降、情報誌の発行、住まい展、シンポジウムなどの活動をした。2002年に誰でも利用できる「総合福祉・生活情報案内所」（名称は「住まいの相談センター」に変更の予定）という情報提供、相談窓口を開設した。回を重ねてきた住まい展の役割は、窓口に引き継がれた。
　2002年末までの5年間で、下宿屋バンクが立ち上げに関わったグループハウス等は20であった（うち、グループハウスなど11、リゾート・田園型シェアハウス5）。これら、また、下宿屋バンクが関わったその後のグループハウスは、いずれも、今日まで倒産などの問題はなく、持続している。下宿屋バンクの発行した2冊の雑誌で、13のグループハウスの事例を紹介している。そのうち、下宿としての性格があり、下宿屋バンクが初めて関わった「グループハウス欅」について、訪問記録を、本節末に要約掲載する。その他の紹介されている事例は、基本的に同じ考え方であるが、それぞれ特徴があるシェアハウスとなっている。
　最近のグループハウスでは、入り口はひとつで、風呂、キッチンは共用であることが多い。その場合、例えば、食事は通常個別につくるが、キッチンの使用をそれぞれの生活スタイルに合わせてうまく調整している。グループホームのように共同で食事をつくることは、日常的にはしない。食事室、リビングなど皆が集まることのできるところがある。コレクティブハウスは、共同居住で、共有のリビングなどがあり、そこで居住者同士、また、地域の人とのふれあい活動がなされたりする。また、介護サービスなどが付帯していたり、連携したレストランがあって食事がとれるようにしていることもある。介護については外部サービス利用の場合もある。
　下宿屋バンクでは、最終的には、住み慣れた地域で生活を安心して完結できる仕組みを目指しており、このころから現在まで、横浜市瀬谷区内で、シェアハウス「コ・テラス和花」を地域に開かれた拠点として、200～250世帯を対象とする自治会運営型のモデル的活動を行ってきた。
　神奈川新聞（2004年11月23日）から、記事を要約して引用したい。──この日、大倉山に築30年超の民家2軒を活用したシェアハウスと茶屋が開業した。

第11章　共に住む家のあるやさしくやわらかい街

1軒（5室、風呂、トイレ等共用。6畳で、25,000円、管理費10,000円）は協同生活の住まいで、男性のみを入居させる。これは、仕事人間が地域に根ざした生活をできるようにすることを期待するものである。他の1軒の「茶屋」では、中国茶や薬膳料理を提供（入居者が、ここの仕事につき、所得を得ることもできる。男性が料理を経験できる）。2階2室を宿泊室としている。茶屋には、地域住民がサークル活動のできる多目的スペースがある。

　以上が、報道してもらった記事である。執筆時のホームページに掲載しているが、下宿茶屋べんち（サロン）と下宿茶屋えんがわ（サポートハウス）があり、これは、既存住宅の再活用であるとともに、「地域小規模多機能型シェアハウス」であると書いてある。「べんち」は、地域住民の憩いの場・サロンである。これらは、地域の「便利施設」で、世代、属性を超えた小規模多機能（子育て中の人の多様なニーズの充足支援、疲れた介護者の憩いの場、緊急時のシェルター、低所得の人のサポートハウス、地域のサロンなど）の拠点である。

　下宿屋バンクはまた、瀬谷地区に、新しい着想の「投資型分譲住宅」を計画している。6室の個室（約25平米）と投資用賃貸住宅3室と共有スペースを持つ建築物である。6室を2,500万円（これは、入居者が自宅を処分して得られる程度の額）で分譲し、入居者は、3室の共同オーナーとなる。賃貸収入を6分する（月30,000円程度）というものである。長生きするほど、総収入が多くなる。ここも男性の居住を予定。共有スペースは下宿屋バンクで掃除し、希望すれば、食事も提供する。介護が必要なときも、サービスの提供をうけられるようにする。共有スペースは地域にも開かれたものとする。

　下宿屋バンクの活動については、3節で再論する。

　案内所には、執筆時で、1月あたり20くらいの電話照会があり、グループリビングの社会的な関心は持続していると思われるが、最近、提供側の反応が鈍くなってきたように思われる。

　グループリビングが、曲がり角にきているという印象である。その原因のひとつは、介護保険制度の改正（2006年4月全面施行）により、小規模多機能型居宅介護のサービスが新設され、自治体は介護保険事業計画で、これを築こうとしていることである。これは、認知症の高齢者等が、在宅で、通い、泊まり、訪問介護をうけながら生活するもので、グループリビングと近似するところがある。小規模多機能型では、住み込むことは予定していないが、これを行う事

業者が、住まいを併置する場合もある。事業を行おうとする者、法人が、この新しい分野に進出しようとすることもある。また、グループハウスをつくろうとするオーナーが、少なくなってきたように感じている。資産の運用、経営上のメリットが少ないことがこれと関係しているであろう。

「グループハウス欅」の紹介　神奈川県伊勢原市にある。1998年に建物が完成し、99年に協同の生活が始まった。オーナーのI夫妻は、グループハウス欅に4世帯のアパートを隣接して持っている。これは、若い世代と「住み合わせたい」ためである。欅は、6人の入居者を予定し、当初は大学生2人の入居を希望していた。入居者募集のチラシによると、「高齢者向け共同住宅」で、各自個室でプライバシーが保てると謳っている。身の回りのことが自分でできる55歳以上の人が対象。必要なときは介護を行うが、医師が入院することを勧めた場合退去となる。保証金が250万円で10年償却。毎月の支払〔2000年当時〕125,000円（家賃65,000円、電気・ガス・掃除の共用費用10,000円、共益費〔食材購入費、その他の補助費〕50,000円）ほかに、光熱費〔部屋ごとにメーターあり〕。食事は自分でつくってもよいが、提供を受ける場合は賄い料が、15,000円。写真には、6人が和室で、食卓を囲んで食事をするところが写っている。契約期間5年、更新できる。入居時に礼金、仲介料、家賃各1カ月分。自然に親しみ、楽しく生活することを掲げ、無農薬野菜、ハーブづくり、自然食づくり（味噌、梅干など）、趣味活動などができる。また、「ユニセフ援助」とあり、ボランティア活動の機会もあるということである。

　訪問記では、オーナー夫人は、下宿屋のおばさん気質の人。入居者は6名であるが、協同で暮らすことは、喜びと緊張、悩みがあるが、入居者同士が話し合い解決している。それが、若さに連なると述べられている。もし、オーナーと入居者との関係の調整が必要な場合は、下宿屋バンクの出番となる。

2　下宿屋バンク形成の動機

　私が、下宿屋バンクの活動を始めるに至った、個人的背景について自省してみると次のような経験をあげることができると考えている。

第11章　共に住む家のあるやさしくやわらかい街

　私は、運送業、父の介護を契機にホームヘルパー、不動産仲介業で、仕事を経験したが、それらを通じて、3つほどのことを強く感じた。
　今から約15年位前のことであるが、運送の仕事に携わっていて、横浜市のなかで、のどかな農業と住宅とが入り混じった地域が、都市計画とともに自然や山が壊され、コンクリートの道路ができ、そのなかに新しい住宅ができる有様を見ることになった。ニュータウンの新しい住宅ができると、それまで開放的であった農家が、閉鎖的になっていく様に驚かされた。古い農家は、障子張りで、オープン、泥棒が入ろうとすれば自由に入れるというような感じであったが、玄関に鍵をかける、さらに門に鍵をかけるという風で、農家が閉鎖的になっていった。商店街の人たちの対応も親しい対話のなかでの受け渡しから、そのときだけの販売に変わっていった。協同性、あたたかい人間交流の喪失といったものが感じられた。
　次に、そのころ2級ヘルパーの資格をとって、ヘルパーとして、あちこちの街に行くことになった。そこで、街によって、外来者である私への人びとの接し方が違うことを強く感じた。初めての街でも、私を知らない商店街の人たちが「こんにちは」とか「おはようございます」と声をかけてくれる所がある一方、全然言葉もかけてくれない地域がある。ヘルパーの仕事を通して、そういう、街の雰囲気の暖かさと冷たさの差を感じることが多々あった。ヘルパーの仕事を通して、街と住まい、住民の関連について考えさせられた。地域性ということを考えるようになったが、これが下宿屋バンクをつくることになった第2の背景である。
　第3。私がヘルパーをやっているとき、新しいマンションを建てるために高齢者が立ち退きをさせられて、住む場所がないというようなことが、しばしばあった時代であった。
　他方で、地域とはかなり密接に関わっていた不動産会社に勤めていた時期がある。その中で、マンション、住宅、アパートなどいろいろな管理に携わった。しかし、不動産業者は仲介はするが、住民の問題とかトラブルにはあまり関わらない。住まいを替わる人に親切なサービスも必要なのではないか、とも感じていた。
　私は3つの仕事内外の体験を通して、今述べたようなことは、望ましい状態とは言えないのではないかと感じていた。経済大国になって、住宅も豊かになり、子供たちが個室を持てるようになった。しかし、子供たちが孤立してしま

うといったこともあり、住民も、家族も、自分本位の傾向が強くなって、相互関係は閉鎖的になってきていると肌で感じていた。これらに打ち克つ途はないのか、と考えてきた。

　また、不動産業の仕事との関連では、先をみると、これから間もなく団塊世代が老人になってくるため、子供が独立していった住宅、居室が余ってくるのではないかと予想された。ヘルパーとしては、家に困っている人と家が大きすぎて持て余している人がいることも見てきた。この不足と過剰を調整して、コミュニティが再生できるような住宅ができないかということを考え、グループホーム研究所を設立したのであった。

　グループホームは、今では、良く知られているが、研究所設立の頃は、情報が乏しかった。グループホームとは何かということで私の調査が始まった。外国と日本を比べて行くと、住宅の背景にある精神的風土が大きく関わっていることがわかってきた。北欧、カナダなど、いろいろな暮らし、住まいについて知ったが、私としては、いわゆる下宿屋が一番日本人の住まいと生活の本性を表しているのではないかと思いあたった。日本では、下宿屋はだんだんなくなって、早稲田でも1軒しかなかった学生の下宿屋も終わろうとしているという報道が最近あった。しかし、下宿屋を見直し、21世紀に合うような下宿屋をつくれば、地域の、先にあげたような問題も解決するのではないかということで、同じ考えの人たちに呼びかけ、下宿屋バンクを会員制の組織として立ち上げることとなった。

　私たちの年代であれば、下宿屋のイメージが浮かぶ。賄い付きの下宿屋のおばちゃんがいるふれあい住宅のような感じのものである。下宿屋は、ハード面では、玄関が一つであり、これが、アパートと違うところである。下宿屋は、玄関を共通にしながらプライベートの部分として個人の部屋がある。マンションとかアパートは個々に玄関があるが、これは、集合住宅ということになる。これらは、共用のスペースも持つ場合があり、それが、そこに住まう人びとの交流を意識的、積極的に進めると、ソフト面では、下宿と近似してくるとも考えられる。設計の段階から、交流が起こりやすいように、リビングなどを付設することも考えられよう。

　研究所を立ち上げた1995年は、阪神・淡路大震災が起きた年で、仮設住宅のなかで、自然に、高齢者等の協同の生活、共生の住宅が、始まっていた。私は自分のやっていること（シェアリビング）はまさにこれだなという確信を持っ

て取組み、今に至っている。

3　下宿屋バンクの活動と役割

　下宿屋バンクの活動内容を改めて紹介する。
　①　アンテナショップやサテライトの場としての役目。まず、情報を提供することが一番必要だと思っている。下宿屋「バンク」は情報提供を主にしている。情報の提供の場が各地域にあることが理想的であるが、いまのところ、横浜のワールドポーターズ6階のビルの一角にある「総合福祉・生活情報案内所」のみである。情報窓口ということで市民から生活の相談を受けながら情報を提供してきた。ここから、下宿屋バンクの情報発信をしていると自負している。また、これまでは、この窓口の名称と関連して、どういう家があるか、生活保護をうけられるかなどの生活相談にものってきた。
　②　下宿屋バンクのメインの仕事は、福祉施設、グループホーム、シェアハウスをつくるに当たってコーディネートすることである。活動の本事業ということができる。認知症高齢者のグループホームを別として、シェアハウスについては、これがどう進むかについては、介護保険制度が大きく在宅サービスに影響してくる。住宅として著しく発展という状況ではないが、利用者のニーズは高い。2004年に、下宿屋バンク自体の最初の現代的下宿、グループハウス欅をつくっている。
　③　居住者とオーナーのパイプ役としての役割がある。経営する人とそこに住まいたいという人たちを仲介、コーディネートする事業をしている。
　④　地域環境を活かすまちづくりのための活動。これからは生活課題の解決に地域の役割が重要となってくると思われる。最近、NHKでも、地域で泥棒よけといった具合に、地域で協力して、問題を解決してゆくことについて放映しているが、今後、そういったことが重要となってくるであろう。街によって、課題解決がスムーズであったり、そうでもなかったりする違いが出てくる。高齢期を地域で暮らすことについて考えている人は多いが、そのためには、地域で支援体制が組まれ、機能することが必要である。横浜市瀬谷区内の活動については、先にふれたとおりである。
　⑤　その他の活動　講演会等による情報提供、調査研究などもしている。おしゃれクラブということで、自分でクラブをつくりたいという人のために、

(仲間づくりを手伝う意味で）広報したり支援したりすることもしている。

　私たち下宿屋バンクは次のような思い、理念で活動してきた。宮沢賢治の「雨にも負けず」の詩を言い換えたものである。

　　「東に病気のロウジンあれば、行って看病したり、
　　西につかれたカゾクあれば、行ってその悩みを聴き、
　　南にコドクな人あれば、行ってこわがらなくてもいい、といい、
　　北にけんかがあれば、つまらないからやめろといい、
　　スマイヲサガシテイルヒトあれば、いっしょにさがしてあるき」
　　　　　　　　　　　　　　（シェアの詩より、一部表記変更―）

　下宿屋バンクの今後の方針としては、これまでの活動の経験を活かしつつ、①既存の住宅（空室、空家）の活用の相談、②関心を持つ人が増えている田舎暮らしについての調整役、③地域資源の活用、商店街の空洞化の防止など、地域の再生に貢献することを考えている。
　今、シェアハウスは世間に認知され、建築家の間で広がりを見せている。そして、これからのシェアハウスは、住むだけでなく、「遊び、学ぶ、仕事」と三要素を兼ね備えた生きがいの持てる生活空間のあるものとして、下宿屋バンクは、その普及を目指している。

4　グループリビングの視点と課題

　下宿屋バンクは、小規模な協同住宅を主として視野にいれて活動してきた。住み慣れた地域で住み続けられること、そして、認知症予防に連なる家が目標である。
　まず、協同性の側面のある生活、共生の暮らしを目指すことになるが、これは、どうも女性に人気があって、男性はこのタイプの暮らしに入るには勇気がいるようである。これまでの生活のありかたを反映するものかも知れない。
　小規模な協同住宅（シェアハウス）と住まい方にはたくさんの種類がある。建物としては、大きく分けてコレクティブハウスと小さなグループハウスがある。私たちは、グループリビングとしては、大きくても15人、20人程度の住宅

第11章　共に住む家のあるやさしくやわらかい街

を中心としている。

　小規模な協同住宅、また、グループハウスの建設には、大きな敷地は要らない。また、やや大きめの家を改修しながら使っていくこともできる。高齢者は、住み慣れた場所で自分の人生を全うすることができるようにしていくことがベストではないかと私は考えている。住みなれたところに住んでいれば、ある程度、物忘れがひどくなってきても、残っている記憶により、生活を続けることができる。

　大きな施設、共同住宅に住もうとする場合は、どうしても転居、地域間移動が必要になる。地域で、そこにある資源を活用しながらグループハウスをつくることが望ましい。高齢者が転居すると、そこを業者が買い取って住宅を壊して建て売り住宅を建てるといったところもあり、一概には言えないが、自分の家の周りには、意識して見ると空き家は多分あると思う。空き住宅はこれから増えてくると推測され、グループハウスをつくる際の地域の資源と見なすことができよう。高齢化社会では、空家の利用は、そこがゴーストタウンにならないようなまちづくりのためにも必要である。グループハウス等を沢山つくっていくまちづくりが必要であると考える。

　高齢者向きの住居の種類としては、ケアハウス、有料老人ホーム、認知症高齢者グループホーム、高齢者生活福祉センター（生活支援ハウス）、高齢者向け優良賃貸住宅、高齢者専用賃貸住宅、シルバーハウジング、コレクティブハウジング（個人住居部分と別に居住者同士が交流しあうダイニングキッチン、リビングなどを備えた集合住宅）、グループリビング（高齢者が身体機能の低下を補うため、お互いの生活を共同化、合理化し共同で住まう居住形態）と各種ある。下宿屋バンクが手がけているというか、つくっているのは、最後の方のグループリビングとか、コレクティブハウジングに概ね見合うものである（末尾注参照）。

　シルバーハウジングは、地方公共団体などが、集合住宅として50世帯とか大きい住宅としてつくっている。高齢者向け優良賃貸住宅とコレクティブハウジングは、現在、企業がつくっている。グループリビングとか下宿屋バンクのいうグループハウスは個人が運営していたり、団体が運営していたりする。また、住宅メーカーが「コレクティブリビング」（共同のスペースを重視し介護サービス等を付帯した有料老人ホームや高齢者向け住宅）を最近は手がけてきている。下宿屋バンクの雑誌にも企業のコレクティブリビングを紹介している。

シェアハウスでの生活のしかた（シェアリビング）には、いろいろなパターンがある。食事を提供してもらう形と自分たちで食事をつくる形。提供してもらって、さらに自分たちもつくるというミックス型もある。
　介護については、シェアハウスでは、高齢者向け優良賃貸住宅、シルバーハウジングと同様に、在宅で外からサービスをうけることになる。介護保険の認定を受けた人は、在宅サービスとして、ヘルパーに来てもらうことになる。
　シェアハウスでも、シルバーハウジングに配置されているLSA〔生活援助員〕（どちらかというと安否確認をしたり、本当の緊急対応のときに救急車を呼んだりなどする人）を行政から派遣してもらえるようになるとよいと考えている。しかし、横浜市や神奈川県などには派遣してもらえないので、個人がその役割をしている。LSAの代わりに、居住者が励ましあいながら、何か緊急事態などないかと互いに配慮しながら生活を営んでいるのがグループリビングである。
　規模の大きい施設、ホームなどとどう違うかであるが、大きいところでは、どうしても管理が必要になる。外出とか、その他さまざまの行動などに、安全や秩序の確保のため、チェックがなされる。これに対して、協同の生活は自分の家にいるかのように、自由気ままに生活できる、それが皆の人気を集めている理由と思われる。シェアハウスは、見張られずに、自然体で家庭的な生活ができる住宅ということができる。
　家族ではない人の間での、親しい対人関係はわずらわしいのではないかという疑問もあろうが、実際には、プライバシー、個人の生活のスタイルの維持のため、あまりにも隣人と近すぎることは意識して避け、均衡を保つようにしている人が多くなっている。性格的に、小規模な住宅に合う人と、大きいところがいいという人があるかとも思われる。どちらが優れているか、一概には言えないが、協同の生活は自分の家にいるような感じで過ごしていることが一番のメリットであろう。
　病院に行くときなどは、どうするのか。オーナーとかそこを運営している人が病院までの車の手配をしたりしており、そういうアフターサービスはどこでもしているので、居住者はあまり不安感がない。
　また、地域のボランティア団体の人たちが、グループハウスで生活する人を地域で支える活動をしているところもある。そういう支援も活用しながら生活している場合もある。
　ボランティアによる送迎については、横浜市内では、ボランティアが自分の

車を提供して行う場合でも、保険とその他費用も考慮のうえ、ガソリン代500円はとっている。無料とするとかえって、煩わしいことが生じることもあるためである。こうしたことで、介護なども皆が不安なく過ごせるシステムができている。

家賃・入居金。グループハウスでは、普通の賃貸アパートのように、入居時に、2年単位で敷金、その後毎月家賃、その他の費用を払う場合と、かなり建物に費用がかかっているところでは、毎月の家賃が高くならないように、最初に建物の利用料を取る場合がある。後者では、入居金として100万〜150万円とか、高いところで600万円位となるところもある。平均して、150万から200万円程度がグループハウスでは入居金として、最初に利用者が負担することになっている。家賃は7万円〜3万円程度である。

生活費としては下宿屋的になっているところであれば、9万円位から、平均13万円位である。女性の基礎・厚生年金は、ほぼ12万から13万が平均であり、生活費はこの枠にとどめているわけである。最近では、生活費12万円〜13万円がおよその相場になっている。

介護費用。介護保険の介護認定者は、1割負担で介護保険を活用する。要介護2とか3程度までは、認定に見合う限度枠内ですませている。

グループの大きさと交流。シェアリビングでは、最低3人から15人位までで共に住んでいるといえよう。認知症高齢者グループホームも1ユニットの定員は5人から9人になっている。有料老人ホームでもこういった人数の区分けをして、2ユニットとか3ユニットとかユニット形式で運営するシステムになっているところが最近多くなってきている。

5人から9人では介護するにも、生活を支援するにもやりやすい。この程度の人数では、スタッフが多く要らないということもある。これは、有料老人ホームでも、ユニット形式のものが増えている理由と思われる。

人の交流は大規模なホームなどと比較して密であるといってよいかと思われるが、先に述べた通りである。個室にいる間は、隣人と交流を盛んにする傾向はあまりない。ダイニングリビングといったところで皆が朝食、夕食をする。日中は皆それぞれ外出したり、日常の種々の各自のことをする。朝晩だけ顔を合わせ、一緒になる。その際、元気確認もできることになる。

食事のあり方は、各種あるが、朝飯は提供してもらって、夕飯は元気な人は自分がつくったり、つくるのを手伝ったりしていることが多い。一緒に食事を

した後は、自分の茶碗は自分で洗ったり、当番ではなく、やりたい人がやるところもある。また、自分の仕事はこれと決めて、それを毎日している人もいる。高齢者が健全に過ごすためには、何もしないことはよくなく、食事に関することは、できる人は面倒でも自分のことは自分でやることが大切であると考えている。

毎日の交流の実情は、上記のようであるが、やや非日常的なこととなるが、一緒にショッピングに行ったり、お花見に出掛けたり、絵手紙、趣味活動などを共にしたり、音楽会をしたりとか、そういうような行事なども、自発的に行っている。これが協同の生活の重要な部分である。これらのことでは皆活発に、コミュニケーションをとりながら自分たちの生きがいになるような行事をしている。生活のメリハリをつけないとよくないとか、生活にあきてしまうということもある。また、各人が交流により自己発見ということもあると思われる。

最後に、これから求められるグループハウスに関してであるが、下宿屋バンクとして、これから進めていこうとしていることの一つに、ハードとソフト面で障害種類に合った障害者専用の住まいをつくることがある。聴覚障害者なら聴覚障害者が自立できるような住居である。視覚障害者も、障害の状況は多様で、薄暗く見えたり、全く見えなかったりとかの違いがある。こうした障害を超えて、自立できる住居をつくって、そこで障害者が生活できるようにしていくことが今後必要であると考えている。設備などでも電化製品の優れたものができており、それらを活用すれば、障害によるバリアをなくすことは可能と考えている。これは、バリアフリーの住宅の発展、バリアフリーのまちづくりに連なっていくのではないかと考えている。

シェアハウスの利用者に聞くと、施設のようにではなく、自分の部屋にはキッチンもほしいと希望している。そこで、使うかどうかはともかくとして、新設の場合は、最低限度キチンを使えるようなハードをつくって、満足・安心して暮らせるようにしている。

建物に加えて、ソフトのところも、同じような考えで提供していくようにする必要があると思っている。

認知症の人の場合、認知症を受け入れる老人ホームに、夫1人だけ行かせてしまうといったことがあるが、これは不自然ではないかと、私は常々思ってきた。認知症の方にとっても、認知症の人を受け入れる施設に1人で住むのでは

なく、夫婦で住めるような、ソフトとハードのあるところに入るのが自然ではないか。病気で病院に行くことは別として、夫婦、親子単位で、家族に障害者がいれば、その人も一緒に住まうべきではないか。そういうことのできるものをこれからつくっていくことが必要であると考え、メーカーにも訴えている。

5 有料老人ホームとシェアハウスの対比

　前項では、高齢者の住まいの大規模なものと比較しつつ、主として、グループハウスとそこでの協同の生活について紹介したが、民間の高齢者の住まいでよく知られている、有料老人ホームとシェアハウスの生活とそこに住む人の意識など比較しながら、シェアリビングの特徴について述べたい。
　有料老人ホームを、介護型、健康型、住宅型、下宿型と区分すると、これらのうち、下宿屋バンクが建設に関わったり、仲介したりすることがあるのは、小規模な住宅型と下宿型が主である。介護保険上の特定施設となっているものが、介護付き有料老人ホームと名乗ることができる。住宅型であるが、マンションで有料老人ホームとして運営されるものが最近かなり増えてきている。生活援助員のような要員をおいていることが多い。介護が必要となった場合、外部からサービスを受ける場合や、事業者で介護についても対応するところもある。これが大規模なところの状況であるが、下宿型は、これらとは違う位置にある。有料老人ホームは2006年度以前は、定員10名以上であったが、現在は人数にかかわらず、食事、その他所定のサービスを提供するものとなっている。下宿型では、もともと、定員10名未満のものもあった。
　一方、有料老人ホームを経営する会社のなかに、小規模なホーム（ユニットと言われる程度の規模、10名未満程度）をつくるところがでてきた。これらは、大規模なホームより自由度が高い雰囲気の住まいを求める層の要求に応えようとするもので、共用のスペースなども設けているが、協同の生活までは、考えていない。
　入居したいところについての希望を調べたことがある。親は親、子は子という形に住まう希望が多くなっているが、その際、安心な住まいであることが一番大事であると思われる。何かあったときに困らないようになっていることが必要であろう。亡くなって1週間も気づかれなかったとかいう不安もないことが必要である。安心が、シェアハウスとか有料老人ホームに移る第1位の理由

となっている。このことは共通している。

シェアハウス特にグループハウスと有料老人ホームの違いで一番大きいことは、必要な金額である。それからシェアハウスに住む人は、自分を老人と認めたくないということがある。有料老人ホームにいる人は、当然ながら、第三者から老人と見られる。シェアハウスでは、そう見られないため、ここに来る人がある。私たちとしても、高齢者層に限定して斡旋しているわけではない。シェアハウスでは、学生なども一緒に生活している。これは、ホームという概念から外れており、抵抗なく誰でも入居しようとするのではないかと思われる。

必要費用が手ごろの金額であること、アパートなどの1人住まいの不安が解消すること、そして、高齢者向け施設ではないこと、この3つが、協同の住まいが選ばれる理由になっていると考えられる。

シェアハウスに入居する場合、一時金が必要な場合、預貯金をあてる人がほとんどである。有料老人ホームの場合のように、自宅売却という人はあまりいない。下宿屋バンクは、自宅を売却しないで他人に貸して、所得に家賃をプラスして協同の住まいで生活したらどうかと助言したりしている。また、現在、中古の住宅はなかなか売りにくい状況である。そこで、資金調達のため、最終的には、自宅を売却しなければいけないということがあるかと思われるが、ギリギリまで自分の資産として活用していったらいいのではないかとも言っている。もう一つ、自分の家を持っていれば、いつでも戻れるという安心感もある。下宿屋バンクでは、必要な場合、持ち家を流通させることを勧めるが、それでグループハウスなどに入り、どうしても介護が必要になってきたときは、重点的に介護をしているところ、24時間介護できるところに移ればよいのではないかと言っている。自分の心身の状態に合ったところに、住むことが安全、安心ではないかと説明している。

シェアハウス入居を考えた理由のひとつに、家の維持管理が大変だという人もある。大きい家を持っていて、掃除など管理ができないとか、また、下宿屋バンクに依頼のある、特徴的な例としては、雪国の人で、冬になると除雪が大変だから、移ってみたいという例もある。夏になったら北海道に帰りたい。冬になったらこちらに来るというわけである。そういうふうに季節により生活する場所を分けて生活している人もある。

管理費と月々の生活費は、さきにふれたように、シェアハウスの居住者は、年金で賄っているといってよい。国民年金の人は足りないので、預貯金から持

ち出したり、そのほか、配当金とか、各自いろいろなところから調達して生活している。

　次に、有料老人ホームで暮らそうとする人の場合、その理由の第1に、介護をうけられることがあげられているが、下宿屋バンクで関わってきた人たちの場合は、生活の場を選ぶポイントの第1位はやはり支払い費用が安いことである。第2位が立地条件となっている。有料老人ホームを選ばれた人は、第2に、事業主体、運営主体がどこか、その大きさ、つぶれないかどうか心配する。個人営業が多い協同の住まいを選ぶ人は、同じようなことも考えるであろうが、個人営業はかえって倒産するということも少ないので、皆あまり考えないようである。

　そして、シェアリビングの選択理由の第3番目は、居室の大きさである。部屋は平均で30平米位の場合が多い。居室のなかには風呂がなく共用にしたり、または、シャワー室で替えたりしていることもある。個々の風呂を望む人も多いが、掃除が面倒なので風呂場は要らないという人もかなりいる。シェアハウスでは、そのほか、ミニキッチンやトイレが居室のなかにあることが普通である。

　有料老人ホームでも、自室に風呂があっても、不安なので、使わないで、共同の大風呂に行く人がいる。光熱費も使わなくてすむ。そういう方も結構多い。従って、この点については、シェアリビングとも共通していると言えよう。

　満足度で言うと、有料老人ホームにいる人は、介護サービスの頻度を重要視しているようである。小規模の協同の住宅になると、警備保障が重視されている。ここでは、セキュリティ・サービスと提携して、何か緊急対応が必要となると、すぐに警備保障から飛んでくる形になっている。有料老人ホームには、24時間スタッフがいるので、スタッフ対応となり両者の違いとなっている。

　人件費がかかるとそれだけ費用もかかるので、なるべく自分たちでできることは自分たちでやりながらカバーしていくことが小規模なシェアハウスの特徴かと思う。

　以上のように、人々は有料老人ホームに何を求めているか、シェアハウスについてはどうか、見てきた。選択する人の意識の違いがあると言えよう。シェアハウスの優れた点に気付いている人も少なくないと考えられる。

6 「ひとつ屋根の下の運動」——人がふれ合える街づくり

『the シェア』に、堀田力氏の「ひとつ屋根の下——人の本性にあっている下宿屋」という一文を掲載している。人びとがふれあって生活することが人間の本性で、近代社会では、これが失われた。下宿屋バンクの運動はこれを回復しようとしていると述べられている。シェアリビングという協同の住まいでのふれあいが、地域にも当てはまるようにならなければと、下宿屋バンクでは考えてきた。共生型、協同型のまちが、これからは必要になってくる。

　かっては、人びとと地域との交流があった。私などの記憶にもあるが、お年寄りがいつまでも家族の一員として仕事を持っている、そして近隣の人などとふれあいもあった。今でも、80歳位でも畑仕事をしていて、現役である地方がある。その歳で高齢者という意識も持たない。しかし、現在の都市や多くの地域では、高齢者が、別格に置かれているように感じる。共生、協同性のあるまちでは、世代間交流も重要な中身となる。

　私どもは、循環型地域という主張をしてきた。循環型の住居については、日本家屋の伝統的文化を保ち、民家の木造建具などのリサイクルに資するため、私たちは、建設リサイクル法（建設工事に係る資材の再資源化等に関する法律）の施行を期に、NPO法人エコリサイクルバンクを設立した。

　これは、住まいの文化の物的な側面であるが、日本の環境に適合した住宅に住む人についても、地域における世代的な循環が必要であると考えてきた。子供たちが出ていって生じた空家、空室などを地域の資源としてフルに活用し、若い年代層を含む協同の生活の意欲のある人を迎えいれる。協同の家を、地域になじむような環境づくりに寄与できるような位置づけでつくっていくことが必要と思われる。日本人の気質に合い、地域に合ったそして、若い世代にとっても魅力的な、住宅とか住まい、生活をうまくつくっていくことが必要である。これが、まちづくりとなり、地域の発展なりまちの活性化になっていく。それが高齢者にも好ましい環境となると期待される。

　私の3つの仕事の内外での経験は、地域に始まって地域に終わるものであった。下宿屋バンクは、これを受けてまちづくりの視点で活動を試みてきた。住まいや生活について、この時代に欠けている、人のふれあいをつくることを期待しつつ、シェアリビングを展開してきた。それとともに、協同の生活という

人の間のふれあいから、地域とのふれあいに発展させようとしてきた。なお、これらに加えて、生活のなかに自分でプラスして、居心地のいいところを自分なりにつくっていくことが、これからの私たちのテーマであると思っている。シェアリビングのなかに逃れるのではなく、そこで、人びと、地域と関わってゆくといったことである。

注

　　下宿屋バンクは、建設、調整（オーナーと建築関係者、オーナーと入居希望者間におけるもの）に関わってきた。協同の住まいなどについては、原則として以下のように、用語を統一したい。

　協同、共同、共生→協同を用いる。自らの意思で、共に住むことを選択した住まいかた。自立したプライバシーを持つ生活をしながら、同じ意思を持つ人と共に生活する部分があり、対話、協力、助け合う関係を持つ。協同の生活をすることをグループリビングということとしたい。

　21世紀的な下宿屋

　　厚生労働省の、高齢者の住まいのなかの定義では、コレクティブハウジング（個人の住宅部分とは別に、ダイニングキッチン、リビングなど居住者同士が交流し、支え合う協同の空間を備えた集合住宅）、グループリビング（高齢者が身体機能の低下を補うため、互いに生活を共同化、合理化して共同して住まう一定の居住形態（定員5〜9人）としている。

　　下宿屋バンクでは、高齢者に限らず、多世代が居住することにも積極的意義を認めている。また、上記グループリビングとほぼ同じものをグループハウスと呼ぶこととしたが、これは、「身体機能の低下を補うため」以外の場合も含む。また、人数も概ね10名未満程度で、5人未満も含み、上記のように厳格ではない。

　　厚生労働省のコレクティブハウジングとグループリビングを合わせたものにほぼ見合う住まいを、シェアハウスと呼ぶことにしたい。厚生労働省のグループリビングにほぼ見合うもの（これは、玄関がひとつであることが普通である）をグループハウスと呼ぶこととする。また、コレクティブハウジングに見合うものをコレクティブハウスと呼ぶこととしたい。この2種の区分や各種の有料老人ホーム、高齢者向け共同住宅、高齢者向けマンションとの境界は、法令や補助金にとらわれない場合、自由で、現実には明瞭でない場合がある。認知症高齢者グループホームは、介護保険制度上確立しており、また、障害者などのグループホームもあるが、これは下宿屋バンクでもグループホームと呼ぶこととした。

第12章　終りに
　　　——自立した生活、その支援と住環境

（1）叙述の枠組み

　本書は、法政大学大原社会問題研究所の「加齢過程における福祉研究会」での1年間（2003～04年）の報告を基礎に、その後の変化を考慮して修正したり、新たに書き下ろしたりして編成されている。2005年の介護保険法の改正（2006年4月全面施行）により、またはこれに連動して制度面ではかなりの変化があったが、もちろん変わらないこともある。そこについては、元のままとなっている。当初、住まいとケアについて、編集者は一定の編成上の枠組みをもっていたが、今回、諸報告を踏まえて、それを再構成した（第1章Ⅰ）。

　戦後、先進諸国は、福祉国家という経済社会システム——直接的な財政負担を伴う大きな政府による社会保障を基軸とする全社会的福祉の実現を目指す公的政策群——をとるが、1970年代には、経済の停滞等によって、このシステムに綻びが見え始め、80年代初頭から、イギリス、アメリカを中心に、市場原理の尊重、小さな政府への移行がなされた。この2国は、この新自由主義的政策により経済の活性化に成功した。しかし、格差拡大などの問題を伴った。日本でも、これに相応する政策変更（行政改革、構造改革）があったが、特に小泉政権下（2001～2006年）におけるものが重要である。

　住まいとケアについて、その制度面については、このような経済社会全体の動向との関連でとらえることが必要であると考えた。介護保険制度が2000年に発足しているが、これは、それまでの公的な社会福祉が措置として行政の裁量により行われてきたものが、介護認定を受けた人が契約によりサービスを受けることとなった点で、画期的であった。サービス供給についても、可能な分野では営利企業も参入できることとなり、実はこれにより、社会保険により基礎づけられた介護サービス需要の急速な伸びに対応できたのであった。住宅政策についても、2000年頃から市場重視、ストック重視（新築より優良な既設住宅

の流動化）の政策が打ち出され、福祉国家では住宅政策の基礎となる公営住宅の新規増加は事実上ほぼ停止することとなった。なお、回顧すれば、このような大きな変革の前に、シルバービジネスの概念が成立し（それまでは、高齢者に対する世話などはビジネスではなかった）、有料老人ホームの発展も期待された経過がある（第7章、五十嵐）。

公的な社会福祉制度は、社会保障の一部で、高齢者、障害者など特定層の生活上の困難で、社会的に必要と認められたもの（介護については、要介護認定による）について、一部または全部公的費用負担によりサービスが提供されるものである（公的介護は、社会福祉でないとの見解はとらない）。その理念は、現在、社会福祉法によれば、個人の尊厳、自立生活のできるような支援、良質なサービス、地域における社会参加と規定されている。また、世界的、普遍的にはノーマライゼーションがある。社会福祉（民間の自主的活動を含む）は、サービスの経営、実践として、個別具体的に展開されるが、その際、社会的理念、個別事業主体の目的、専門職の活動などが重要である。介護は社会福祉の一部として、介護福祉としてとらえることとした。

住まいについては、該当箇所で述べたように居住福祉の観点からとらえられる。

叙述、整理のため3つの視点をとった。

第1に、社会福祉とケアは、生活に関するものであるが、生活をとらえる際、WHOの国際生活機能分類ICFにおける図式が有用と考えた。この考え方は、介護保険制度改正にあたり、生活が不活発なことによる廃用症候群を予防する方針の基礎となった。これと並行する考え方は、ケアハウス、特別養護老人ホームなどでは、「生活を丸投げ」してしまい、弊害が生じるとの指摘（第6章、池田）、また、第8章（吉田）では、特別養護老人ホームでは、生活全般のケアにより「のほほんとしてしまう」が、そのグループホームでは、「生きている残酷さ」を見据えつつ、支援する趣旨の発言をしている。居住福祉におけるICFの適用例なども第1章で示した。ICFは、医療モデルと社会モデルの統合である点でもケアのあり方に示唆を与える。

第2は、市場原理が経済に関して積極的役割をもつこと（価格を指標とする経済諸活動の調整、合理的な投資や雇用の配分、競争を通ずる技術革新など）は確かであるが、他方で市場の機能に伴う問題も発生する。これらの問題については、それを①市場そのものを合理的に機能するようにする施策、②市場に

おける弱者（労働者、消費者）の交渉力を強化する施策、③社会的に容認できない条件を規制する施策、そして④市場機能になじまない、または、市場機能により生活困難となる層を支援する施策、以上の4タイプが公的に要請され、種々の程度で実行されてきたと考える。介護保険のような準市場においても同様である。この施策の分類と適用は、主として第1章Ⅱで行った。中間的な住まいのなかでは、有料老人ホームがもっとも自由な市場を形成してきたが、第7章（五十嵐）では、入居者の不利益を防止するため、③のタイプの施策が逐次強化されてきた過程が詳細に述べられている。

　第3に、高齢者は、市場において弱者として公的諸施策を講じられる必要もあるが、生活一般においては、自立した主体とみなされるべきである、またはそのような者でありうるように扱われるべきであるとする国連のスタンスは重要である。国連は、人権について普遍的基準を樹立してきたが、1991年に高齢者原則（自立、参加、ケア、自己実現、尊厳）を採択している。また国連の文書からは、積極的高齢者像というべきものが浮かび上がる。これは、ケアにおける、自己決定、自立支援などの原則的思考と通ずるものであり、施設よりは自宅、在宅を望む高齢者の意識などと関連している（第1章Ⅱ、第3章嶺、第2章坂田）。また、グループリビングなど、高齢者等が共に住む動きの背景となっている（第10章、岡本。第11章、﨑野）。岡本論文の、地域、多世代、環境との共生の住まいは、グループがあって共に住まうもので、そのうち、コーポラティブ・ハウジングは、仲間が住まいの企画にもあたり、主体性において徹底している。なお、人間が社会的関係における存在である以上は、自己決定もそのような人間によるものであり、2つの報告でも、シェアハウス等が地域に開かれていること等に留意したい。

　第7章（五十嵐）は、介護保険は、それまでの社会福祉の対象である高齢者という弱者から、高齢者を自己責任、自己選択の主体としたと指摘した。

（2）高齢期を自宅と在宅で過ごす

　前項の第1、第3の視点によりつつ述べたい。

　高齢期には、医療や介護を必要とすることが多いが、人びとは、家族に迷惑がかからないといった状況があり、可能ならば、自宅で最後まで過ごしたいと望んでいる。特別養護老人ホームならば、専門的な介護を受けられると考えて施設入居を希望する人もいる。病院に関しても同様である。自ら理解して施設

に入居し、必要と思われる場合、入院を選択する高齢者には、それが実現できるようにすることは、国連原則にも沿い、政策の課題である。しかし、地域におけるケアが安心できるものであれば、自宅で過ごすことができよう。また、一人暮らし、高齢者のみの世帯が増加しているが、自宅での介護等ができない場合、在宅で、すなわち自宅に近い中間的な住まいで生活することが望ましいと考えられる（第4章、前川）。第6章（池田）では、将来、生活する上での不安が生じた場合、まず、自宅でできることを検討し、中間的住まいへの移動などは、その上で検討するよう助言するとのことであった。第10章（岡本）は、（重度の人が入居していることもあろうが）、特別養護老人ホームが、死を待つ場所となっていると鋭く批判するとともに、自宅では、家族が本人とともに生活するなかで、家族が介護し、専門サービスは、時間を限って行われると指摘した。

　高齢期の公的介護については、自宅では、居宅サービスまたは、2006年度から発足した地域密着型サービスを利用することとなる（第1章付論）。長期療養については、訪問診療、訪問看護、在宅療養支援診療所（同じく2006年度から発足）、訪問介護を利用することになろう。介護付き有料老人ホーム以外の中間的住まいの多くでも、同様であるが、現在のところ、重度、重症の人がそこにとどまりうるか、実態としては、明らかではない。制度としては、自宅、在宅で最後まで過ごすことができるようになってきたが、実際には困難が多い（第3章、嶺の末尾）。介護保険制度は居宅での介護を原則に掲げてきたし、高齢者医療についても在宅中心としてゆく行政の方針は明確である。ただ、行政は保険給付費の抑制に迫られているために、問題を随伴しがちである。また、例えば要介護5の人が在宅で過ごす場合、状況にもよるが、介護保険給付の限度までサービスを利用した上で、多額の自己負担が必要となるといった問題がある。

　高齢者が自宅で過ごす場合、第4章（前川）が詳しく論じているように、心身の状況に応じた、バリアフリー化、ユニバーサルデザインが必要である。もちろんそれ以外のフォーマル、インフォーマルなサービス等が必要になることもある（第10章、岡本）。高齢者が自宅で事故に遭うことも少なくないが、これは心身の条件と建物の物的条件によるものである。このような状況に対応するため、介護保険制度には、住宅改修について費用の給付がある。これを標準的なバリアフリー化工事に価格がきまっている準市場とみなすと、円滑に機能

しているとは言えない。他の介護保険給付と違い、事業者の指定制度がなく、きわめて自由な参入がでくることがその要因である。また、自治体では独自の制度で費用負担している場合がある。適切な改修を行い、介護保険や自治体の制度を利用するためには、ケアマネジャーのほか建築設計の専門家やリハビリテーション専門職の支援があることが望ましく、さらに言えば、不可欠である（以上は、第5章、高本）。

　高齢者の安全、安心のためには、緊急通報装置等各種のものがあるが、シルバーハウジングには、緊急通報装置のほか安否確認、またそれ以上の各種の役割を実際に果たしている生活援助員がおかれている（第1章Ⅱ、嶺）。

　前川報告では、自宅（ホーム）から、自宅に準ずる家庭的なグループホームへ、そしてユニット型特別養護老人ホームへと、ホームの住まいの構成とそこでの人間的交流が伝播・拡大することが望ましいと考えられている。これまでは、施設が収容施設となり、個人の自立の支障となるおそれもあったと言えようが（第10章、岡本）、その改善は望ましいことである。

　施設におけるよりは、高齢者住宅において生活の自由度が高いという印象は、現状では拭いえないが、施設と高齢者住宅は機能において類似しまた連続してきた（第2章、坂田）。これは、高齢者専用賃貸住宅が介護サービスを提供すること、特定施設としての有料老人ホームに外部サービス利用型ができたことによるものである。施設でも住宅でも、提供される介護サービス（特に外部から供給されるもの）が自立支援を指向し、高齢者の対人関係が豊かに保たれるようになっているかどうか、その内容が問題であろう。

（3）中間の住まい推進構想と個人の選択

　第2章（坂田）は国レベルの「安心ハウス」構想について、また第3章（嶺）のなかでは、東京都の「ケアリビング」について扱った。いずれも、介護保険施設と自宅の中間にある住まい（ケアハウス、有料老人ホーム、グループホームなどの全体）の建設促進を目指すものであった。

　これらと高齢者住宅を含めると、多様なものがあるが、それらがどのような位置関係にあるか明らかにすることは、これらを利用しようとする人にとって、また、関係者にとっても重要であろう。第2章、第6章（池田）では、費用［縦方向］と心身の状態（要介護度等）［横方向］により、それぞれの工夫により表示している。また、第4章（前川）では、横方向は同じであるが、縦方向

は自宅→施設として示している。なお、この章には、施設と中間的住まいの詳細な説明の表が付されている。主要な中間的住まいについては、第6章以下で、個々に論じられている。

　前記の構想ないし政策は華々しかったが、間もなくこの華は生気を失っていった。その理由としては、安心ハウスについていくつかあげられているが、構造改革を行っている内閣のもとで、補助金を新設して誘導する類の措置はとりえなかったことや、遊休公有地を利用するといった利点も実現が容易でなく、民間が事業として住宅を建設する誘因とはならなかったことがある。安心ハウスの一部であった、市場性が強く、採算のとれるグループホームと有料老人ホーム（介護付き）が、その後増加した。財政負担のあるケアハウス等はあまり増加しなかった。ケアリビングについても、基本的な背景は同じであったと言えよう。

　最初に述べた、財政支出を削減し、市場の活動に期待する経済社会政策の流れのなかでは、当然な結果であったと言えよう。しかし、同じく、財政負担を軽減するため、療養病床の削減が日程にのぼり、ここにいる高齢者や将来生じる長期に医療的ケアを要する人の受け皿として、老人保健施設のほか、再び、中間的住まいや自宅があげられており、この施策の行方はなお注目されるところである。

　安心ハウス、ケアリビングは、高齢者が中間的な住まいに入居する希望があることを前提としていた。第1章Ⅱ、第3章に引用された意識調査からみると、割合としては多くないが、実数としては、かなりの高齢者が中間の住まいへ移ることを考えている。そして、日本の現状では、高齢者住宅などの中間的住まいが、少なすぎると指摘している。

　施設、中間的住まいへの移動は、早めの移動とかなりの介護が必要となったときの移動が区別されてきた。第6章池田報告では、早めの移動は、要支援、要介護1、2程度の時期（「第2自立期」）に当事者の課題となるとみなしている。移動により、少しの不安から解放され、生活を積極的に楽しみ、これによって寝たきりなどの要介護の期間を短くすることができると述べている。一般のケアハウスや、混合型（入居時自立と要介護）の有料老人ホームなどはこの典型例であろう。

　他方で、中間的な住まいでは、重度の要介護状態となった場合、そこにとどまりうるか、問題がある。「終身」利用権により入居した有料老人ホームの利

用者も、最後は病院に移らなければならないことが多い（池田報告）。グループホームの場合は、当初は認知症が進み、または身体的に重度となった場合、特別養護老人ホームなどに移動することを予定していたホームも多く、現在もそのような方針のところもあるが、ターミナルケアまで視野にいれるホームも増えてきている（第9章、嶺）。他の高齢者の住まいでも、そこが快適な場であれば、同様なことが生じてくると思われる。高齢者のケアには、継続性が重要で、住みなれたところに住み続け、環境が変わらないことが望ましいとされる。年齢が高まるとともに、継続性はいっそう重要となろう。

　第4章前川報告の終わりの部分で、住宅をユニバーサルデザインによりつくり、そこに住み続けるとともに、個人別に必要が異なるサービスを逐次いれてゆくことが提案されている。外部サービス利用型の特定施設も類似の考え方によっていると言えよう。

（4）自由市場と規制

　有料老人ホームは、中間的住まいのなかで、自由市場的な性格が強いとしてきた。グループホームも同様である。第7章五十嵐報告のなかで、有料老人ホームは当初は少数にとどまり、それらは半公的なホームが主であったが、1973年に終身利用権という、有料老人ホーム特有の契約形態が生まれ、80年代に一般産業からの参入が目立ったとしている。叙述の枠組みに翻訳すれば、終身利用権の市場が形成されたことになるが、入居しようとする人（需要側）は、多額ながら入居一時金により終わりまで必要なサービスを受けうるという期待と、月々年金程度の支払いで暮らせるという権利を購入したわけである。他方事業者（供給側）は採算に合うと見込んで、長期投資等を行ったこととなる。

　介護保険制度創設にあたり、「特定施設入居者生活介護」ができたことにより、介護付き有料老人ホームという新たな形態のホームが急増した。特定施設として指定を受ければ、事業者は、介護報酬が得られる。公的介護に要する費用は、事業者、利用者が負担しないですみ（利用者1割負担を除く）、供給価格が低くなる。しかし、介護報酬は公定されており、それを得るためには、特定施設としての基準を満たす必要がある（準市場）。なお、公的介護以上、以外のサービス部分はなお自由市場的である。そして、介護保険制度の改正により、総量規制がなされるようになった。社会保険給付とこれに見合う公費負担軽減の一環である。これにより介護付き有料老人ホームは、基本的サービスの

価格と供給量を規制され、市場機能部分が著しく縮小されたと言えよう。しかし、他方で介護情報公表制度ができたこと、有料老人ホーム全体として類型の表示により、利用者にとって選択が容易になったことは、1）の①の施策の進展であった。

　ケアの分野でビジネスチャンスを求める民間の事業者は、自由で利潤の期待できるところに進出しようとする。執筆時では、有料老人ホームと類似した、高齢者専用賃貸住宅（高専賃）の分野が代替的な領域となっているようである。高専賃で一定の条件（住宅としての最低条件、介護サービスの提供等）を行うものは、有料老人ホームとみなされず、したがって、有料老人ホームとしての届け出は必要でなく、その規制は受けない。他方、需要側としての中間層などの高齢者としても、特別養護老人ホームに入ることは容易でなく（またはそれほど重度でなく）、有料老人ホームにも適当なものがない場合、ケア付きの賃貸住宅は魅力があることもあろう。

　先に述べたように、介護保険の適用外の有料老人ホームでも、老人福祉法を根拠に、しかし、行政の判断によるところの多い規制が、実態を考慮しつつ、逐次強化されてきたと言えよう。五十嵐報告には、有料老人ホームに適用される法令の一覧図があるが、自由な市場的な分野と言いながら、守るべき法令等は多数ある。事業者としては、規制が多すぎる等の感覚はあろうし、また、法令自体でなく「通知」で規制することが適当か疑問もあるが、法令等は、老人福祉法に則して言えば、「老人」の「心身の健康の保持」「生活の安定」「生きがいを持てる健全で安らかな生活の保障」といった要請によるものである。この基準は利用者に保障されると期待されているとともに、事業者はみなこの基準を満たした上で、相互に競い合うこととなる（③のタイプの弱者保護）。

　グループホームについても、規制が順次強化されてきたが、同様なコンテキストにある（第9章、嶺）。

（5）自立を支えるケアと人びとの交流の回復

　この図書では、介護福祉の内容あるいはケアの専門知識、技術などにはふれていない。

　ここでは、（1）の第1、第3の視点によりながら述べることとしたい。第8章吉田報告では、その経営する二つの高齢者グループホームでの実践の紹介があった。単純な日常的な作業を構成動作に分解すると、認知症の人ができない

ものは、ごく一部で、そこをスタッフが声掛けなどで支援するのである。食事にしても、何を食べたいかを聞いて利用者が皆で決め、食材を自分たちで買いに行くといったことをしている。また、スタッフは本人が動きたくなるように条件を整えるといったように配慮する。このようにスタッフは、黒子として必要な支援をする。これは、当事者の自己決定を尊重するもので、グループホームのみでなく、他の介護サービスでも基本となる原則を示していると考えられる（第4章、前川）。

　グループホームで、入居者が自立的に生活するといっても、特にアルツハイマー病の場合、ホームを居場所と心得て生活するうちに、長期的には重度化を避けられない。そして終極に至るわけであるが、この重度の時期また終末期に、どこまで自立支援的なケアをなしうるか、答えることは容易ではないであろう。吉田報告によれば、スタッフがともに生活する過程などで知りえた、本人がしたいであろうことをするとのことであった。

　高齢者の自立、自己決定の究極に、自己自身の終わりをどのように選ぶかという限りなく重い事柄がある。先に公表された、「終末期医療の決定のプロセスに関するガイドライン」（2007年5月）でも、医師等医療従事者からの適切な情報提供と説明があり、患者と医師等との話合いにもとづき、患者本人による決定を基本とすることが最重要な原則とされている。本人の意思が確認できない場合があるので、その後のプロセスについて指針が書かれたのである。（第9章、嶺）

　第6章池田報告によると、ケアハウスの聞き取り調査では、入居者は自室に閉じこもって一人でいることが多く、食堂という共同の場でも会話がないとのことであった。しかし、吉田報告からは、既述のことのほかに、利用者がスタッフと深い信頼関係にあるとか、ホームが地域の一員となっていることとかの、利用者と他の人びととの交流関係も読み取れる。一方、第4章前川報告では、外山義の研究を踏まえ、グループホームの建物を設計するにあたり、個室で個人のプライバシーが守られるとともに、近い居室の人同士、グループホームの入居者同士、そして地域に開かれた、交流関係ができやすい構成を考慮するとのことであった。第11章﨑野報告では、開発が進むなかで従来開放的であった農家が閉鎖的になっていく様を鋭く観察し、人びとの交流を回復する必要を感じて、21世紀的な下宿屋を築く活動を始めたとされている。報告者は、下宿での赤の他人との間の親しい（しかしプライバシーの保たれる）関係のみ

でなく、地域に開かれた関係を築こうとしてきた。第10章岡本報告も、日常生活で当たり前になっている、集合住宅の鉄の狭い扉に象徴される、個々の家族の孤立化、さらには孤独死を克服する意義をもつ共生住宅（未来の長屋）や、「自分ネットワーク」を共同で形成するという興味深い提案をしているが、その目指すところは、﨑野報告と共通している。

　吉田報告では、グループホームでは日常活動をしっかりやるとのことであるが、旅行など非日常的な（しかし、普通の家庭でもする）活動も、入居者の希望に沿って行っている。第11章﨑野報告では、シェアハウスでは、入居者が一緒に非日常な行事も行っていること、また、報告者としては、住む、遊ぶ、学ぶ、仕事の諸活動を行うようにしてゆきたいと考えている。健康型の有料老人ホームなどでは、多様なレクリエーションなどの活動の場が準備されている。社会参加や自己実現は、ICFや国連原則にも見合う、社会的存在としての人びとの欠くことのできない活動であり、中間の住まいでも、その機会があることが望ましく、それを実現していることもある。

（6）住まいと生活

　研究会は、もともと高齢者のウェルビーイングを対象としてきた。社会福祉より広い範囲にわたるが、まずケアが中心テーマであった。この順序で言うと、高齢者が自宅で生活を続けるには、さしあたり、物的にはバリアフリー化が必要であるが、第5章高本報告では、住宅改修に取り組むなかで、日本の住まいの特徴、「よい住まい」、「作り手中心から住み手中心へ」、「安心して老いるための住まい」、「予防的改修」といったより根本的なことが提起された。第10章岡本報告も活動の当面の課題である共生住宅を論じるにあたり、戦後日本の住宅一般の推移など広い範囲に目配りしている。

　本書全体としても、第1章Ⅰ（嶺）は、建築物としての住宅にとどまらず、人びとがそこに住み、各種の社会的な関連のある住まいという把握が必要であること、そのような住まいが人びとのウェルビーイングの実現に不可欠であると把握した。

　ついで、第1章Ⅱでは、戦後の住宅政策についてスケッチしている。それは、量的な拡大から質的な向上へ、そして、社会保障の流れと類似して、公的負担を減らし、市場の機能に期待する方向に推移してきた。特に（1）の第2の視点④のタイプの施策である公営住宅を抑制するにいたったことは注目される。

第12章　終りに

市場原理の展開に伴い、市場における弱者の支援が必要となるが、このことと関連した高齢化に対応する住宅政策は、第8期住宅建設5箇年計画（2001年度～2005年度）で体系化されていた。

2001年には、高齢者居住法が施行され、高齢者円滑入居賃貸住宅の登録制度ができることとなったが、高齢者が、賃貸住宅市場で差別をうけずに、買い手となりうるよう市場の組織化を図ったと解釈できよう（①の施策）。その後、この制度の一部として、高齢者専用賃貸住宅の制度ができている。また、公営住宅等を基礎とするシルバーハウジングの民間版というべき高齢者向け優良賃貸住宅制度もこの法律により設けられた。

住宅建設計画の基礎となった住宅建設計画法（1966年）に代わり、「住生活の安定の確保及び向上の促進」に関する施策の基本を定める住生活基本法（2006年）が施行されて現在に至っているが、この法律は、市場重視、ストック重視の方針を明確に打ち出すとともに、かぎ括弧内の施策を行うにあたり、低所得者、被災者、高齢者、子どもを育成する家庭等の住宅の確保に特に配慮を要する者の居住の安定を確保することを旨とすべきことを規定した。趣旨としては理解できるが、実態が趣旨に沿っているか、検討が必要である。

住宅の品質確保の促進等に関する法律（1999年、翌年施行）は、住宅性能表示制度により、住宅の質の把握を容易としたほか、買い手の地位を強化する瑕疵担保責任、苦情処理制度を導入した。（1）の①、②のタイプの施策であり、住宅市場（新築および既設住宅）が機能可能なように制度の構築を図ったと言えよう。

住宅に関して市場という認識が深まり、また市場分野が実際に拡大しても、国連の文書をまつまでもなく、高齢者のウェルビーイングの確保、向上には住まいの安定などが不可欠である。それ自体社会的関連性のあるよい住まいという環境のもとで、初めて、よいケアが期待できる。自立、好ましい人びとの交流、社会参加などの点で、両者は同じ原則に立っていると言えよう。

　　［編者後記］この章は、編者が原案を書き、執筆者の意見を聞いて、編者の責任でまとめた。編集を終えて、改めて以下のように考えている。高齢者の介護福祉と居住福祉を、新自由主義との関連において把握しようとしたが、新自由主義の政策がそうであるように、住まいとケアに関する施策をめぐっても、プラスとマイナスの要素や効果が、切り離しがたく結びついている。

〈執筆者紹介〉（執筆順）

嶺　　　学（法政大学大原社会問題研究所名誉研究員）
坂田　英督（(財)建築行政情報センター）
前川　佳史（東京都老人総合研究所、福祉と生活ケア研究チーム研究員）
髙本　明生（一級建築士事務所アーク・ライフ）
池田敏史子（NPOシニアライフ情報センター事務局長）
五十嵐さち子（(社)全国有料老人ホーム協会事務局次長・総務部長）
吉田　正浩（(有)ノベライズ社代表取締役）
岡本健次郎（NPO共生のすまい全国ネット事務局長）
﨑野　早苗（NPO下宿屋バンク事務局長）

編者紹介

嶺　　学（みね　まなぶ）

　　1929年　東京に生まれる
　　1954年　東京大学経済学部卒業
　　1954年　労働省勤務
　　1967年　関西大学社会学部専任講師
　　1969年　同助教授
　　1972年　法政大学社会学部教授
　　1999年　法政大学定年退職、名誉教授
　　現　在　法政大学大原社会問題研究所名誉研究員

（主要著書）
『職場の労使関係』（高文堂出版社、1976年）
『第一組合』（御茶の水書房、1980年）
『労働の人間化と労使関係』（日本労働協会、1983年）
『労働の人間化を求めて』（法政大学出版局、1991年）
『労働の人間化の展開過程』（御茶の水書房、1995年）
『高齢者のコミュニティケア』（共編著）（御茶の水書房、1999年）
『高齢者の在宅ターミナルケア』（共編著）（御茶の水書房、2002年）

法政大学大原社会問題研究所叢書
高齢者の住まいとケア
──自立した生活、その支援と住環境

2008年3月31日　第1版第1刷発行

　　　　　　　　　　編 著 者　　嶺　　　学
　　　　　　　　　　発 行 者　　橋 本 盛 作

　　　　　　　〒113-0033　東京都文京区本郷5-30-20
　　　　　　　発 行 所　株式会社 御茶の水書房
　　　　　　　　　　　　電話 03-5684-0751
　　　　　　　　　　　組版・スタジオ・ウイング
Printed in Japan　印刷・平河工業社／製本・東洋経済印刷
ISBN978-4-275-00567-0　C3036

高齢者のコミュニティケア	嶺 学 他編	A5判・二六四頁 価格 三八〇〇円
高齢者の在宅ターミナルケア	嶺 学 他編	A5判・三三〇頁（品切）
労働の人間化の展開過程	嶺 学 著	A5判・三一〇頁 価格 四五〇〇円
証言 産別会議の運動	法政大学大原社会問題研究所編	A5判・三九〇頁 価格 六五〇〇円
証言 占領期の左翼メディア	法政大学大原社会問題研究所編	A5判・四四六頁 価格 六六〇〇円
労働組合の組織拡大戦略	鈴木 玲 早川征一郎 編著	A5判・三三〇頁 価格 四二〇〇円
政党政治と労働組合運動	五十嵐 仁 著	A5判・四五〇頁 価格 六〇〇〇円
社会運動と出版文化	梅田俊英 著	A5判・三七〇頁 価格 六〇〇〇円
近代農民運動と政党政治	横関 至 著	A5判・三一〇頁 価格 五〇〇〇円
高齢女性のパーソナル・ネットワーク	野邊政雄 著	A5判・三五〇頁 価格 六四〇〇円
雇用労働者の労働時間と生活時間	水野谷武志 著	A5判・三六六頁 価格 五二〇〇円

御茶の水書房
（価格は消費税抜き）